**高等学校法学系列教材**
Gaodeng Xuexiao Faxue Xilie Jiaocai

华东政法大学
教材建设和管理委员会

主　　任　郭为禄　叶　青
副 主 任　张明军　陈晶莹
部门委员　虞潇浩　赵庆寺　王月明
　　　　　洪冬英　屈文生
专家委员　王　迁　孙万怀　杜素娟
　　　　　余素青　任　勇　钱玉林

An Introduction to Constitutional Law (2nd edition)

# 宪法学基础

(第二版)

主　编　朱应平
副主编　刁振娇　姚岳绒
撰稿人　朱应平　王月明　沈静怡
　　　　刁振娇　姚岳绒

北京大学出版社
PEKING UNIVERSITY PRESS

图书在版编目(CIP)数据

宪法学基础/朱应平主编. —2 版. —北京:北京大学出版社,2021.5
高等学校法学系列教材
ISBN 978-7-301-32208-6

Ⅰ. ①宪… Ⅱ. ①朱… Ⅲ. ①宪法学—中国—高等学校—教材 Ⅳ. ①D921.01

中国版本图书馆 CIP 数据核字(2021)第 098095 号

| | |
|---|---|
| 书　　　　名 | 宪法学基础(第二版) |
| | XIANFAXUE JICHU(DI-ER BAN) |
| 著作责任者 | 朱应平　主编 |
| 责 任 编 辑 | 吕　正 |
| 标 准 书 号 | ISBN 978-7-301-32208-6 |
| 出 版 发 行 | 北京大学出版社 |
| 地　　　　址 | 北京市海淀区成府路 205 号　100871 |
| 网　　　　址 | http://www.pup.cn　　新浪微博:@北京大学出版社 |
| 电 子 信 箱 | sdyy_2005@126.com |
| 电　　　　话 | 邮购部 010-62752015　　发行部 010-62750672　　编辑部 021-62071998 |
| 印 刷 者 | 天津中印联印务有限公司 |
| 经 销 者 | 新华书店 |
| | 730 毫米×980 毫米　16 开本　27.25 印张　460 千字 |
| | 2016 年 2 月第 1 版 |
| | 2021 年 5 月第 2 版　2021 年 5 月第 1 次印刷 |
| 定　　　　价 | 72.00 元 |

未经许可,不得以任何方式复制或抄袭本书之部分或全部内容。
**版权所有,侵权必究**
举报电话:010-62752024　电子信箱:fd@pup.pku.edu.cn
图书如有印装质量问题,请与出版部联系,电话:010-62756370

# 再版说明

宪法学是高等学校法学专业的基础主干课程和必修课程,在法学学科中占有重要地位。本书第一版自2016年出版后,先后印刷7次,受到广大读者的欢迎。尽管如此,教材仍有不足。首先,党的十八大以后,我国法治建设进入新时代发展阶段。党中央在宪法和法治建设方面作了新的战略部署,各项事业对以宪法为基础的法治建设提出了更高的要求。人民群众对宪法法治建设的期待越来越高,不少法律不断制定和修改。特别是2018年宪法修正之后,《中华人民共和国监察法》《中华人民共和国公职人员政务处分法》《中华人民共和国生物安全法》《中华人民共和国香港特别行政区维护国家安全法》《中华人民共和国民法典》等相继出台,还有更多的法律法规作了重大修改调整。党中央、全国人大及其常委会、国务院等作出诸多重大决策。这些都需要在宪法学教材中有所反映。其次,党中央、国务院就思想政治课以及专业课程的思政教育等工作作了重要部署,原教材内容没有特别关注宪法学课程思政育人功能,不能适应形势发展的要求,需要及时对教材内容作出调整。最后,读者在学习过程中也提出了一些意见和建议。基于上述考虑,我们对教材进行了修改。

本书主要作为法学本科教学教科书,也可以作为法律职业资格考试、法学专业研究生考试学习的参考书。

本书具有以下特点:(1)突出中国宪法的本质特征在于人民性,明确党的领导是社会主义制度的最本质特点。本书以中国宪法为出发点,以宪法文本内容及其宪法实践中的问题为主要内容,着重让学生掌握中国宪法的特点及优越性,认清中国宪法发展规律的特殊性,增强对中国宪法及其实践的信心,增强对宪法规定的中国特色社会主义制度的自信心。(2)注重反映最新的宪法实践、立法、行政、监察和司法成果,尽可能反映中共中央最新的政策精神。(3)重点阐述中国宪法问题。各章主体内容对应中国宪法的相关部分内容,各部分内容均以中国宪法为主,以把中国宪法相关规定的含义及其运用原理和思路说清楚为基本原则。我们除了在宪法历史发展部分和其他相关部分介绍宪法发展史内容外,各部分也重点介绍了宪法本身的内容,压缩一般的法理学、法制史、宪法史以及部门法的内容。原则上不对学界争论的问题进行介绍。教材各部分尽可能为学生提供相关概念的基本含义、特征、构成要素、宪法条文的基本内容及其相关原理,等等。(4)内容强调基础性和实践性。除减少学术争议相关内容外,也减少有较深理论深度的内容,注意介绍宪法相关适用技术方面的内容。如平等权、言论自由、宗教信仰自由等权利的适用技术等。突出实用性,增强学生运用宪法规定和相关原理分析问题的能力。如此安排也为教师在上课时及时补充新知识和相关资料提供便利。

本次修改由华东政法大学宪法学教研室老师负责,具体分工如下:朱应平撰写第一章第三节、第二章、第三章第一节至第四节、第四章第四、五节;王月明撰写第四章第一节第一部分至第八部分;刁振娇撰写导论、第一章第一节、第四章第一节第九部分;姚岳绒撰写第一章第二节、第四章第三节、第五章;沈静怡撰写第三章第五节至第七节、第四章第二节。

本书的修改参考了国内其他研究成果。由于我们的水平有限,缺点和错误在所难免,恳请广大读者继续关心本教材的完善、提出批评和建议,以便将来修改时进一步完善。

感谢北京大学出版社王业龙主任和吕正编辑在本书修改过程中提出的宝贵意见和建议,感谢北京大学出版社一直以来的信任和支持。

朱应平

2021 年 4 月

# 目 录

导论 ……………………………………………………………………（1）

**第一章 宪法概述** ……………………………………………………（6）
 第一节　宪法基础概念 ……………………………………………（6）
 第二节　宪法发展史 ………………………………………………（19）
 第三节　宪法基本原则 ……………………………………………（44）

**第二章 宪法权利与义务** ……………………………………………（60）
 第一节　公民基本权利与义务概述 ………………………………（60）
 第二节　平等权 ……………………………………………………（73）
 第三节　政治权利和自由 …………………………………………（83）
 第四节　宗教信仰自由 ……………………………………………（117）
 第五节　人身自由 …………………………………………………（124）
 第六节　社会经济权利 ……………………………………………（141）
 第七节　社会保障权 ………………………………………………（151）
 第八节　教育文化权利 ……………………………………………（158）
 第九节　监督权与请求权 …………………………………………（167）
 第十节　特定主体的权利 …………………………………………（172）
 第十一节　基本义务 ………………………………………………（186）

## 第三章　国家机构 (200)

第一节　国家机构概述 (200)

第二节　中央国家机关 (216)

第三节　地方国家机关 (252)

第四节　监察委员会 (267)

第五节　审判机关和检察机关 (273)

第六节　民族自治地方的国家机关 (292)

第七节　特别行政区的国家机关 (297)

## 第四章　宪法规定的制度和政策 (309)

第一节　政治制度 (310)

第二节　经济制度 (361)

第三节　文化制度和政策 (377)

第四节　社会制度和政策 (381)

第五节　生态文明政策和制度 (393)

## 第五章　宪法运行 (399)

第一节　宪法制定 (399)

第二节　宪法修改 (401)

第三节　宪法解释 (405)

第四节　宪法实施 (409)

第五节　宪法实施的监督 (419)

# 导 论

宪法是根本法,是法律体系的核心。宪法学是以宪法、宪法现象及其发展规律为研究对象的基础性法学课程。宪法学课程是理论性和实践性密切结合的一门专业课。

**一、宪法学的研究对象和范围**

宪法学是研究宪法概念、本质、原则、作用等基本理论和基本内容,揭示宪法所调整的社会关系的内容、基本特征,以及宪法发展规律及其与社会发展诸要素之间关系的一门学科。

宪法学研究范围包括两部分。第一部分是理论宪法学,主要包括:一般宪法学,即具有普遍意义的宪法学;宪法史、宪法学说史;比较宪法学、宪法社会学、宪政经济学,等等。第二部分是实用宪法学,主要包括两方面:一是宪法教义学,即着力于研究某个特定宪法,一般是研究本国现行宪法的解释与适用的规范科学。二是宪法政策学或宪法政策论,即为实现宪法上的一定目的,而探究有效的法技术体系的科学。二者均属于实用宪法学。两者差别在于,宪法政策学具有一定的反思性与批判性,突破既有框架的取向比较明显。而宪法教义学比较保守,着力于维护某种宪法规范及其精神。宪法教义学是最基本、最重要的部分。①

基于宪法教义学理解,宪法学学科体系与宪法文本有密切的关系。本教材结构安排尊重我国宪法文本,与宪法文本结构高度一致。如我国现行宪法的结构体系是序言十三自然段加上正文四章,总共143条。第一章总纲,第二章公民的基本权利和义务,第三章国家机构,第四章国旗、国歌、国徽、首都。我国国内宪法学理论体系也大多按照这样的结构安排内容:第一部分宪法概述、第二部分宪法制度,这些内容和宪法文本第一章总纲部分相对应,宪法文本中第四章国旗、国徽、国歌和首都也放在这里,对应的是国家形式部分;第三部分基本权利和义务,与宪法文本第二章相对应;第四部分国家机构,与宪法文本第三章相对应;

---

① 参见林来梵:《宪法学讲义(第三版)》,清华大学出版社2018年第三版,第20—26页。

第五部分宪法运行,是与第一到四部分的静态宪法内容相对应设置的动态部分。可见,宪法文本内容被吸纳到宪法学理论框架里面,而宪法学理论框架大体与其相符合。

**二、宪法学课程教学目的和基本要求**

宪法学课程教学目的不仅包括专业知识的传授,也包括思想道德的提升。《中华人民共和国教育法》(以下简称《教育法》)规定,教育必须培养德、智、体、美等方面全面发展的社会主义建设者和接班人。宪法规定,国家培养青年、少年、儿童在品德、智力、体质等方面全面发展。国家通过普及理想教育、道德教育、文化教育、纪律和法制教育,通过在城乡不同范围的群众中制定和执行各种守则、公约,加强社会主义精神文明的建设。国家倡导社会主义核心价值观,提倡爱祖国、爱人民、爱劳动、爱科学、爱社会主义的公德,在人民中进行爱国主义、集体主义和国际主义、共产主义的教育,进行辩证唯物主义和历史唯物主义的教育,反对资本主义的、封建主义的和其他的腐朽思想。教育应当坚持立德树人,对受教育者加强社会主义核心价值观教育,增强受教育者的社会责任感、创新精神和实践能力。国家在受教育者中进行爱国主义、集体主义、中国特色社会主义的教育,进行理想、道德、纪律、法治、国防和民族团结的教育。《中华人民共和国高等教育法》(以下简称《高等教育法》)第4条规定,高等教育必须贯彻国家的教育方针,为社会主义现代化建设服务、为人民服务,与生产劳动和社会实践相结合,使受教育者成为德、智、体、美等方面全面发展的社会主义建设者和接班人。第5条规定,高等教育的任务是培养具有社会责任感、创新精神和实践能力的高级专门人才,发展科学技术文化,促进社会主义现代化建设。

2017年,中共中央国务院《关于加强和改进新形势下高校思想政治工作的意见》提出:"要以立德树人为根本,以理想信念教育为核心,以社会主义核心价值观为引领,切实抓好各方面基础性建设和基础性工作,……为实现'两个一百年'奋斗目标、实现中华民族伟大复兴的中国梦,培养又红又专、德才兼备、全面发展的中国特色社会主义合格建设者和可靠接班人。"这给宪法学课程教学目的和总要求提出了新的标准。

根据上述要求,宪法学课程教学目的是:通过教学,使学生掌握宪法产生和发展的历史、相关规定、相关概念、规则、原则,宪法制度、宪法权利义务、国家机构,以及宪法的运行(包括制宪、修宪、解释宪法、宪法实施、宪法遵守、宪法适用等)等基本知识和原理。通过教学,提高宪法学课程的育人功能,提升学生德育和思政水平,使学生牢固地树立马克思主义宪法学理念、自觉以我国宪法规定的社会主义核心价值观引领行为;增强对我国宪法规定的中国特色社会主义的道路自信、理论自信、制度自信、文化自信;树立正确的中国特色的宪法权利义务观念,增强社会责任意识;提升学生运用宪法思维和方式思考问题、分析问题和解决问题的能力;增强学生宪法方面德才兼备的知识和能力。

与教学目的相适应,教学基本要求包括两方面:第一,德育方面的要求。要求通过教学,提升学生掌握中国特色社会主义宪法的精神,增强对我国宪法制度的自信,自觉遵守宪法、维护宪法、实施宪法,掌握和践行社会主义核心价值观的内容和要求。第二,智育方面的要求,掌握宪法、宪法现象及其发展规律方面的知识、原理,能够运用宪法规定、宪法原理分析问题、解决问题。

### 三、宪法学研究方法

宪法学主要采用法教义学的研究方法,要求在研究宪法学时,基于宪法文本,在宪法体系内部对其进行反思,形成具体的思考方法。具体而言,主要包括宪法解释、宪法适用和宪法发展等方法,而且讲究体系化的思考。此外,在此基础上,宪法学可以或者说有必要开放性地吸收其他方法,诸如哲学方法、政治学方法、社会学方法、经济学方法,等等。具体说,宪法学的研究方法应包括如下内容:

(1)阶级分析法。即运用马克思主义阶级理论观察分析宪法、宪法现象及其发展规律。不同性质国家的宪法,对国家制度规定不同;即使不同性质国家的宪法在外观上、形式上规定相同,但往往本质不同。我国宪法是广大人民利益意志的体现,这不同于资本主义国家的宪法。这种不同根源于宪法所依赖的经济基础和阶级基础不同。

(2)理论联系实际。即运用马克思主义基本原理观察和分析宪法、宪法现象及其发展规律。我国目前的理论是新时代中国特色社会主义理论,是马克思主义最新理论发展成果。宪法学既有很强的理论性也有很强的实践性。研究宪法,既要了解宪法规定和理论内容,也要了解宪法实施和运行的实际情况;既有必要依据宪法实施的情况来检验宪法原理、评判宪法学教材,又要用宪法学原理来指导和推动宪法修改和宪法实施。

(3)规范分析法。即对宪法文本规范的结构、体系、目的等进行分析。规范分析法是主要通过文义解释、体系解释、历史解释、目的解释、合宪性解释等方法来阐发宪法规范含义的方法。

（4）案例分析方法。即把宪法规范运用于具体的案例（不限于司法案例，也包括立法案例、行政案例），进一步解释、阐释以明确宪法规范含义和适用范围。尽管与其他部门法规范相比，宪法规范比较抽象，但是宪法同样可以解释，将其在具体的案件中加以技术规范化、提炼出可以判断适用的相关技术规范。如宪法平等权很抽象，但通过解释，将其细化为相同情况相同对待、不同情况不同对待、合理的差别对待、禁止歧视、对弱势者予以优惠性照顾等。

（5）比较分析法。把不同国家、地区宪法概念、规则、原则、原理、解释适用等进行对比，以认识宪法功能、本质及其发展规律。考查其他国家和地区宪法的规定及其实施，找出我国与其他国家及地区宪法的规定中存在的区别和共同点，可以借鉴的经验等。比较分析法有助于借鉴其他国家和地区的成果、精华，吸取教训，为完善本国宪法的制定修改实施提供有益的借鉴。使用此种方法要注意比较与其他国家和地区宪法制度在功能上的相似性和不同点，避免简单文义化，切忌生搬硬套、盲目照搬。

**四、学习宪法学的意义**

学习宪法学有多方面的重要意义。

（1）有助于掌握宪法的基本精神，了解宪法的基本内容，自觉守宪和护宪。遵守宪法、维护宪法的权威，是国家机关、社会团体和公民个人的宪法义务。我国《宪法》序言规定："全国各族人民、一切国家机关和武装力量、各政党和各社会团体、各企业事业组织，都必须以宪法为根本的活动准则，并且负有维护宪法尊严、保证宪法实施的职责。"只有认真学习宪法，准确把握宪法的内容、原则和精神，才能自觉遵守宪法和维护宪法，保证宪法的实施。

（2）有助于了解公民的基本权利和义务，增强公民的权利意识和义务观念，更好地运用宪法维护自身的合法权益。公民不仅要了解自身所具有的合法权利，还要善于运用宪法和法律维护和保障自身的权利。公民在享有宪法和法律规定的权利的同时，必须履行宪法和法律规定的义务。履行义务的目的，是为了更好地保障权利的行使和实现。这要求我们认真学习宪法，了解公民依法享有的权利和应尽的义务，并正确行使权利、义务。

（3）有助于推进国家的民主政治建设和法治建设。我国社会主义政治体制改革的基本目标是发展社会主义民主政治,依法治国,努力建设社会主义法治国家。认真学习宪法学,研究宪法各种问题,是推进社会主义民主政治,实现依法治国目标的前提和基础。

(4) 有助于学好其他课程。宪法在国家法律体系中居于最高地位,它从总体上规定了国家制度、社会制度和法律制度的基本原则;而其他部门法的内容是根据宪法制定的,是宪法原则和主要内容的延伸和具体化。只有学好宪法学,才能深刻理解其他法律学科的理论基础;才能充分理解宪法与各部门法之间的"母子"关系;学好宪法学,可以为学习研究其他部门法提供有益的理论和方法帮助。

(5) 有助于培养现代化建设需要的德才兼备的人才。通过学习这门课,除了帮助学生掌握宪法一般知识、原理外,还能增强学生的德育观、社会主义核心价值观等,自觉按照宪法要求努力成为德、智、体、美全面发展的综合型人才。

# 第一章 宪法概述

本章主要介绍宪法学基本理论,包括宪法学的基本概念、基本原则等,并对近代以来的宪法,尤其是我国宪法的发展史作简单介绍。

## 第一节 宪法基础概念

### 一、宪法概念

从不同角度看,宪法一词有多种不同的含义。

(1) 原始意义上的宪法。指国家组织法。国家是人类社会特定历史阶段的产物。国家这种特殊的社会组织形态须由法律进行调整,由法律设置国家机关的构成、职权及相互关系,包括中央与地方国家机关的职权分配和相互关系。这种意义上的宪法,其基本功能仅仅作为一种调整国家组织的法,与其他普通法律位阶相同,存在于国家存在的所有阶段。

(2) 立宪意义的宪法。立宪意义的实质是通过制定法律以限制国家权力从而保障人权。此种实质意义上的宪法,是指国家存在通过限制国家权力以保障人权的法。世界上绝大多数国家的宪法属于此种类型。有的以统一的成文法典表现,也有的表现为分散的一系列法典。

(3) 部门法意义的宪法。它是指所有调整国家与公民之间关系的法律规范的总和,既包括在一国法体系中居于最高地位、具有最高法律效力的宪法典,也包括仅具一般法律效力的法律,即宪法性法律。

(4) 根本意义上的宪法。指不仅制定了成文法典,且成文法典在一国法的体系中居于最高地位、具有最高法律效力的宪法。近代以来,世界上绝大多数国家制定了此类宪法。成文宪法典一般规定了宪法的最高地位。如1946年《日本国宪法》第98条规定:"本宪法为国家的最高法规,与本宪法条款相违反的法律、命令、诏敕以及有关国务的其他行为的全部或一部,一律无效。"现行《中华人民共和国宪法》(以下简称《宪法》)序言规定:"本宪法以法律的形式确认了中国各族人民奋斗的成果,规定了国家的根本制度和根本任务,是国家的根本法,具有最高法律效力。"

通常所说的"宪法"是指根本法意义上的宪法,不仅体现立宪主义精神,而且在规范层面上明确、具体、全面,在法律效力上居于最高,便于判断法律的合宪性,有利于保证一国之内法规范的统一性和宪法秩序的统一性。

综上,宪法是调整国家和公民及其他社会主体之间基本社会关系,确认一国民主制度,规范和控制国家权力、保障公民基本权利,具有最高效力的国家根本法。宪法是规范和控制法律的法律,是防范和控制统治者滥用权力侵犯人民权利的最高的根本法,在某种意义上是"审查法律的法律"。[①] 宪法首先指向立法机关,其次指向行政机关、司法机关、其他公权组织。

**二、宪法的特征**

(一) 形式特征

宪法作为法的一个部门,与其他法律有共同点,即它们都是调整社会关系的重要规范,是具有国家强制力的行为规范等。但宪法又不同于普通法律,具有与其他法律部门不同的形式特征。宪法在形式上的特征主要有以下三方面:

(1) 内容特征。宪法规定的内容大多比普通法律更为全面、广泛和重大。宪法所调整的是国家最根本的社会关系,是国家的根本制度和根本任务等根本性问题。国家权力与公民权利之间的关系,是一个国家最根本的社会关系。世界各国宪法调整的,都是涉及国家权力与公民权利的最基本关系。国家的根本制度,一般包括国家性质(国体)、政权组织形式、国家机构形式和社会经济制度、公民的基本权利和义务、国家机构等。这些都是带有全局性、根本性的问题。我国《宪法》序言规定:"国家的根本任务是,沿着中国特色社会主义道路,集中力量进行社会主义现代化建设。中国各族人民将继续在中国共产党领导下,在马克思列宁主义、毛泽东思想、邓小平理论、'三个代表'重要思想、科学发展观、习近平新时代中国特色社会主义思想指引下,坚持人民民主专政,坚持社会主义道路,坚持改革开放,不断完善社会主义的各项制度,发展社会主义市场经济,发展社会主义民主,健全社会主义法治,贯彻新发展理念,自力更生,艰苦奋斗,逐步实现工业、农业、国防和科学技术的现代化,推动物质文明、政治文明、精神文明、

---

[①] 参见张千帆主编:《宪法学》,法律出版社2004年版,第6页。

社会文明、生态文明协调发展,把我国建设成为富强民主文明和谐美丽的社会主义现代化强国,实现中华民族伟大复兴。"

可见,宪法的内容大多是国家生活中最根本、最重要的问题,是国家和公民活动的根本法律基础。而部门法(普通法律)是根据宪法的内容,为实现和保障宪法所规定的根本任务而制定的具体规定,所涉及的是国家和社会生活中某一特定方面和局部的问题。

(2) 程序特征。在制定和修改程序上,宪法比普通法律更严格、复杂。从世界各国制宪史和有关规定看,宪法制定和修改的程序主要有:① 宪法的制定和修改一般都是依法组织专门的机关来进行的。制定宪法的权力称为制宪权,制定宪法的机关称为制宪机关。许多国家成立专门的制宪委员会或者制宪会议负责起草和制定宪法。如美国《1787年宪法》是在费城召开的由各州代表参加的制宪会议上制定的。我国制定1954年宪法时,成立了以毛泽东为主席的宪法起草委员会。② 宪法的制定和修改需要经过特别的批准程序。通过或者批准宪法及其修正案的特别程序大致有三种情形:一是由制宪机关或修宪机关以绝对多数通过。如我国《宪法》第64条第1款规定:"宪法的修改,由全国人民代表大会常务委员会或者五分之一以上的全国人民代表大会代表提议,并由全国人民代表大会以全体代表的三分之二以上的多数通过。"二是将宪法修正案提交各州(邦)议会批准或议决,这是联邦制国家的特别程序。如美国宪法规定,经过国会两院2/3议员的同意,或者2/3州议会的请求,可以提出宪法修正案;经过3/4州议会或修宪会议的批准,得以发生法律效力。三是进行全民公决,即由全国公民表决通过。如法国宪法规定,宪法修正案经国会两院通过后,还要经过全民公决之后才能生效。

(3) 效力特征。宪法与普通法律相比具有最高的法律效力。法律效力是指法律借助国家权力所具有的强制性和约束力。我国宪法序言规定:"本宪法……是国家的根本法,具有最高的法律效力。"这一特征,主要表现在:① 宪法是其他法律的立法依据。不仅宪法所确认的原则是普通法律的立法基础和立法依据,而且普通法律的内容通常是宪法内容的延伸和具体化。宪法与普通法律的这种关系,通常被称为"母法"与"子法"的关系。② 宪法与普通法律相比,具有最高的效力。一切法律规范的制定都必须以宪法为依据,其内容和精神不得与宪法的原则和规定相抵触、相违背,否则就会因违宪而无效。我国《宪法》第5条规定:"一切法律、行政法规和地方性法规都不得同宪法相抵触。"《中华人民共和国立法法》(以下简称《立法法》)第 87 条规定,宪法具有最高的法律效力,一切法律、行政法规、地方性法规、自治条例和单行条例、规章都不得同宪法相抵触。③ 宪法是一切国家机关、政党、社会团体和公民的最高活动准则。宪法序言规定:"全国各族人民、一切国家机关和武装力量、各政党和社会团体、各企业事业组织,都必须以宪法为根本的活动准则,并且负有维护宪法尊严、保证宪法实施的职责。"

一般来说,成文宪法具有上述三个特征。但并不是所有宪法都同时具有上述三方面基本特征。如有些国家的不成文宪法,虽然内容是有关国家根本制度,但在效力和修改程序等方面却与普通法律基本相同。因此,宪法学上有"实质意义上的宪法"与"形式意义上的宪法"之分。凡是只具有根本法内容上的属性的宪法,称为实质意义上的宪法,又称广义的宪法;同时具有根本法内容和形式上的属性,即除了内容具有根本法的内容以外,还具有最高法律效力、有严格的制定或修改程序的宪法,称为形式意义上的宪法,又称狭义的宪法。

(二) 本质特征

学界对其有不同的概述。传统上认为宪法的本质与一般法律相同,是反映政治力量对比关系,并依靠国家强制力保障实施的行为规范。但作为根本法,宪法在反映政治力量对比关系的内容和形式方面有自身的特点:反映的统治阶级意志和政治力量对比关系更为全面和集中;以根本法的形式协调各种主体的利益关系,确立利益协调的共同规则。宪法首先反映统治阶级的意志,是统治阶级内部不同阶级、阶层、社会集团的具体意志的总和,体现利益之间的合理协调与妥协。① 林来梵教授认为,上述观点有必要反思,其方法论有问题,他主张从规范角度看其本质更好。在此基础上,他认为:宪法是赋予国家的存在为基础的基本法,宪法规定了国家的目标、国家的根本制度、国家的机构设置等,可以说,宪法是给这种国家、这种法人以基础的一种法律。宪法是人的尊严和基本权利的基础法。这是关系国家正当性的问题。② 我们认为,规范控制国家权力和保障公民权利,是宪法的根本宗旨和目的所在,这是其本质性特征。近代宪法是民主政治的产物。民主政治建立的首要前提,是承认公民在法律上的充分权利和自由,规范、防止和控制政府权力的非法行使。这个法定的范围,就是由宪法来划定的。

(1) 保障公民权利。这是宪法的核心价值,宪法的基本功能和任务就是保

---

① 参见胡锦光、韩大元:《中国宪法》,法律出版社 2004 年版,第 30 页。
② 参见林来梵:《宪法学讲义(第三版)》,清华大学出版社 2018 年版,第 59—61 页。

障公民不受包括法律在内的公权行为的侵犯,保障宪法确认的权利与自由的实现。

我国宪法规定了这一宗旨。第一,宪法第二章对公民基本权利作了专章规定,这些规定体现了公民在国家中的地位,为公民与国家之间和公民相互之间的关系确立了准则。第二,宪法有关公民权利的规定,成为普通法律的立法依据。普通法律是保障公民宪法权利的必要条件,如果公民权利遭到侵犯,可以通过法律途径寻求保护。第三,宪法规定的其他内容有助于促进社会经济的发展、有助于公民科学文化素质的提高,也有助于树立正确的权利观,这些规定都对公民宪法权利的实现与保障产生重要影响。

(2) 规范和控制国家权力的运作。宪法对公民权利和自由的保障,除了具体规定公民应享有的权利和自由外,更主要的是通过对国家权力的规范与限制来实现。

宪法对国家权力的规范,主要体现在通过规定国家权力运作的范围、方式和程序,使国家权力在宪法设定的规范内有效运行。宪法通过规定国家机构的组织活动原则,使国家机关权责分明,运行有序,既能减少、避免冲突和内耗,更能阻止国家权力的滥用,保障公民权利自由的切实实现。从这个意义上说,宪法就是限权之法。

### 三、宪法分类

依据不同标准,可以对宪法作不同的分类。通常有传统分类和现代分类。

1. 传统意义的宪法分类,即按照形式标准对宪法进行分类,常见的有以下三种。

(1) 成文宪法和不成文宪法。这是以是否具有专门的宪法典为判断标准所作的分类。由英国著名法学家蒲莱士(James Bryce,又译为布莱斯)于1884年提出。成文宪法是指用一种或几种特定书面文件构成的有统一文本的宪法典。美国《1787年宪法》是历史上第一部成文宪法。当今世界绝大多数国家采用成文宪法。不成文宪法是没有一个一次性通过的由一种或几种法律文书组成的完整文本构成的宪法,换言之,是指没有成文宪法典的宪法。英国宪法是典型的不成文宪法,它是由不同历史时期通过的一些宪法性法律,在政治实践中逐步形成的宪法性习惯、宪法判例等构成的。不成文宪法国家还有以色列和新西兰。

(2) 刚性宪法与柔性宪法。由英国学者蒲莱士提出,其区分标准是宪法修改程序与普通法律的修改程序是否相同。刚性宪法是指普通立法机关按照普通立法程序不能修改,需由特殊立法机关或依特殊程序才能修改的宪法。世界上绝大多数国家的宪法是刚性宪法。刚性宪法还可以进一步分为高度刚性的、中度刚性的和低度刚性的宪法。从实际情况看,宪法的刚性与宪法的成文性有一定程度的必然联系。将宪法设计为刚性的,目的在于防止轻易修改宪法、损害宪法的稳定性和权威性。刚性宪法在维持宪法自身的稳定性、权威性方面的意义有目共睹,但它也有修改困难、难于及时适应社会经济生活变动需要的问题。美国宪法是典型的高度刚性的宪法,自 1787 年制定以来,只有 27 条(26 条有效,1 条废止)宪法修正案。日本 1946 年《宪法》自 1947 年实施至今没有任何修改。我国宪法属于低度刚性的类型。其修改过于频繁,成为稳定性程度较低的类型。柔性宪法是指修改机关或修改程序与修改普通法律相同的宪法。柔性宪法通常是不成文宪法。英国宪法是典型的柔性宪法。柔性宪法的优点是比较容易修改,使宪法较能适应社会经济生活的发展变化。但也有其不足,如修改比较容易,频繁修改会损害宪法的稳定性和权威性。

(3) 按宪法制定主体为标准,可以将宪法分为钦定宪法、民定宪法和协定宪法。钦定宪法是指按君主的意志制定并由其颁布施行的宪法,如 1814 年法国国王路易十八颁布的《宪章》,1889 年日本明治天皇颁布的《宪法》等。民定宪法是指由人民或人民选举的代表制定的宪法。当今世界各国的宪法,大都属于民定宪法。协定宪法是指由国民代表与君主双方协议、妥协制定的宪法,或由欲结成联邦的两个或两个以上主权单位通过相互协商而制定的宪法。1215 年英国《大宪章》是典型,它是由当时的英王与贵族们签订的协议,是具有重要的历史意义的宪法性文件。1830 年的法国宪法和 1850 年的普鲁士宪法都是协定宪法。

2. 其他分类

(1) 以产生时间的先后为标准,将宪法分为近代宪法和现代宪法。主要标志是 1918 年《苏俄宪法》和 1919 年《魏玛宪法》,前者是社会主义宪法,后者是资本主义宪法。一般认为在这两部宪法之前制定的宪法属于近代宪法,在这两部宪法之后制定的宪法,大都属于现代宪法。当然这只是形式意义的区分,从实际意义上说,近代宪法立足于传统的自由主义,倾向于保护传统的自由,如经济自由;而现代宪法一般更加重视平等,重视社会权利的保障。所以,从实际意义上看,虽然有的宪法是在近代诞生的,但是随着时代有所发展,具有了现代内涵,那就演变为现代宪法。如美国《1787 年宪法》属于近代宪法,但在现代时期,其内涵却在宪法解释当中不断变迁,通过判例等规范方面的变化,演变为现代宪法。

(2) 按照国家的性质进行分类,分成社会主义类型的宪法与资本主义类型的宪法。这一种理论分类盛行于社会主义国家,是一种实质性分类。资本主义宪法最早以不成文的形式形成于英国,标志其初步形成的政治事件是 17 世纪 40 年代推翻斯图亚特王朝的革命和同一世纪 80 年代的"光荣革命",标志其初步形成的文献标志是 1628 年《权利请愿书》、1676 年《人身保护法》、1689 年《权利法案》和 1701 年《王位继承法》等宪法性法律。历史上第一部成文的资本主义宪法是美国《1787 年宪法》。社会主义宪法是俄国"十月革命"的产物,历史上第一部社会主义性质的宪法是 1918 年《俄罗斯苏维埃社会主义联邦共和国宪法》。随后出现了很多社会主义宪法,不过随着 20 世纪 80 年代末 90 年代初东欧剧变,苏联解体的大变局之后,社会主义国家宪法数量有所减少。

(3) 从功能意义上,将宪法分为规范宪法、语义宪法和名义宪法。这一分类由学者罗文斯坦(Karl Loewenstein,1891—1971)于 1951 年提出。规范宪法指的是政治权力所能适应并服从的立宪主义意义上的宪法。这种宪法存在于成熟的法治国家。名义宪法指的是只是名义上存在,但在现实中不能发挥其规范性的宪法。语义宪法指的是即使被使用,也只是掌握权力者的宣言手段或点缀品的那种宪法。

**四、宪法的渊源**

宪法的渊源是指宪法规范表现的形式和存在的载体。它与宪法的起源不同,后者指的是宪法在历史上的产生或出现。各国的历史传统和现实状况不同,宪法的渊源也不同。

(一) 其他国家和地区的宪法渊源

(1) 宪法典。它是指形式上或实际上包括了一国几乎全部宪法规范,由制定机关经过严格的程序制定和公布施行的统一的宪法文件。成文宪法国家的宪法典是最基本的渊源。

(2) 宪法修正案。它是宪法重要的渊源,通常将宪法修正案作为宪法典的组成部分看待。

(3) 宪法性法律。它是指除宪法典以外,其他含有调整宪法关系内容的法律。具体类型有两种。第一种是严格意义上的宪法性法律,是指在实行不成文宪法制度的国家,国会按照立法程序制定,就其内容而言属于宪法性质的那些法律文件。在不成文宪法的国家,没有根本意义的成文宪法,只有按其内容属于宪法性质的部门法,这种宪法包括了历史上不同时期通过的宪法性法律,如英国1679年《人身保护法》,1701年《王位继承法》,1911年、1949年《议会法》,1918年、1928年《国民参政法》,1998年《人权法》等。第二种是指成文宪法国家里存在的确认基本权利、政府组织、选举和自治方面的法律等。但从严格意义上讲,这些法都属于普通法律,如我国《全国人民代表大会议事规则》,它们不具有宪法等级的效力。需要指出的是,虽然在成文宪法典国家,宪法性法律属于宪法的渊源,但并不是宪法性法律中的所有内容都是宪法渊源。

(4) 宪法惯例。它是指不是由宪法明文规定,而是在长期的宪法实践中形成的、被反复沿用并被普遍认可的习惯或先例。其作用主要体现在:第一,宪法惯例实际上可以改变宪法中的规范。比如,英国的宪制体系中,英王依宪法有权否决议会通过的法案,但是长期以来,英王从来没有否决过议会通过的法案,因此就形成了一个英王不能否决议会通过的法案的宪法惯例,这实际上就改变了法律规范的规定。如果英王哪天否定了议会通过的法案,那么在英国,就会被认为是英王违反了宪法惯例。这将导致宪制危机,甚至会导致英王退位。第二,宪法惯例使宪法规定更容易实施,更具有生命力。第三,宪法惯例还可以弥补宪法规范规定的不足。因此,宪法惯例被看成是一个重要的宪法渊源。

英国、美国是宪法惯例比较多的国家。英王统而不治,美国总统正式候选人由民主、共和两党在各自的全国性代表大会上推举等,都是著名的宪法惯例。美国宪法典和宪法修正案中都没有关于总统任职届数的限制,由于美国第一任总统华盛顿担任两届总统后就拒绝连任,由此就形成了一个美国的宪法惯例,即总统连续任职不得超过两届。这个惯例一直为美国历任总统所遵守。直到富兰克林·罗斯福总统在第二次世界大战中因领导美国进行战争而打破了连选连任不得超过两届的宪法惯例。新的政治实践改变了旧的政治实践,要想改变这一政治实践,不能再用政治实践,美国后来以宪法修正案形式对此加以确认。1951年,美国《宪法》第22条修正案规定:"无论何人,当选担任总统职位不得超过两次。"

(5) 宪法判例。它是由具有宪法案件裁判权的普通法院或违宪审查专门机构在审理宪法案件或作违宪审查的过程中形成的,在实行成文宪法制度的判例法国家是重要的宪法渊源。在实行判例法制度的国家,宪法判例作为先例对此后法院处理同类案件具有约束力,法院确立判例过程中所宣告的原理和原则,也具有近似于宪法的约束力。在美国,联邦最高法院的宪法判例一旦形成,只有两种方式可以改变,一是通过新的宪法修正案;二是联邦最高法院以新的宪法判例取代原有判例。值得注意的是,宪法性判决并不都是宪法判例,也不是凡有宪法性案件审理权的法院都能产生宪法判例。以美国联邦法院系统为例,尽管联邦地方法院、联邦巡回上诉法院也可以作出宪法性判决,但由于上诉制度的存在,通常只有联邦最高法院的宪法性判决能够形成在全国范围内有约束力的宪法判例。判例作为宪法的渊源,基本上限于普通法系国家。在大陆法系国家,判例虽有法律约束力,但不是宪法的渊源。

(6)宪法解释。它是指有宪法解释权的主体对宪法原则、宪法条文的具体含义和宪法精神所作的详细说明,有时具有轻微、小幅度修改宪法的性质和作用。与判例一样,宪法解释在判例法国家被认为是宪法的重要渊源;在实行制定法制度的国家,宪法解释虽然事实上有高于法律的广泛约束力,但通常不被看作正式的宪法渊源。在不同的政权组织形式下,宪法解释的享有主体与解释方式不一样,有的由立法机关通过解释案等形式进行解释;有的国家由普通法院(通常是最高法院)结合具体案件的裁判进行解释,如美国、日本;有的国家通过违宪审查专门机关进行解释,如法国和德国。有的国家有权对宪法进行解释的机关不止一种,如在法国,除宪法委员会外,总统在被认为与其职权密切相关的事务上,也有一定的解释权。

(7)国际条约。它是指国际法主体之间所缔结的书面协议,包括宪章、公约、规约等。通常被作为宪法法源的国际条约有《联合国宪章》《经济、社会和文化权利国际公约》《公民权利和政治权利国际公约》,在欧洲有《欧洲人权公约》等。这些都作为某些国家的宪法法源。有些国家的宪法对此有明确的规定,如美国《1787年宪法》第6条第2款规定,合众国已经缔结或未来将缔结的条约,与宪法以及以宪法为准据制定的法律,都是"国家最高的法",各州法官均受其约束;德国《基本法》第25条规定,国际法的一般原则是联邦法律的组成部分,其地位优于法律,对联邦领域的居民,直接产生权利和义务。我国宪法没有类似的明确规定,但大部分学者认为国际条约也是我国宪法的渊源。

(8)其他渊源。在普通法系国家,权威宪法学者提出的理论和权威的宪法学著作在一定情况下也被作为宪法的渊源看待。但通常要经过特定的国家机关的解释或者援引才有可能成为宪法渊源。

(二)我国宪法渊源

第一,宪法典和现有的宪法修正案属于我国宪法渊源。这是我国最主要的宪法渊源。

第二，其他渊源，学界有争论。有学者认为除宪法典和宪法修正案外，没有任何其他渊源。但多数学者认为，我国还有其他宪法渊源，即宪法性法律、宪法惯例、宪法解释、国际条约。

**五、宪法典的结构**

宪法典的结构是指用文字表现宪法内容的形式和顺序的编排。宪法结构是成文宪法特有的问题。一国宪法的结构受到诸多因素的影响，但主要是受宪法内容的制约和影响。通常情况下，如果制宪者有些重要事实、历史背景、政治性宣告和根本原则需要在宪法中宣示，那就会设宪法序言；客观上需要通过宪法记载和规范的内容有多少块，宪法就得按其性质，提供相应的章节；需要由宪法记载、规范的全部内容，按一定的标准，其重要性必然会有程度差别，那么宪法章节安排就得反映这些差别，将最重要的内容置前，将次要的内容安排得紧随其后，其他内容再往后，等等。

宪法结构除受内容制约外，还受其他因素的影响，包括历史文化传统、现实情况、文字表达习惯，甚至制宪或修宪主导者的个人偏好等。如1919年《魏玛宪法》，因正处于第一次世界大战结束后不久，德国人民饱受战乱之苦，渴求保护其权利与自由，故《魏玛宪法》第二编对德国人民的基本权利及义务作了详细的规定，成为《魏玛宪法》的一大特色。

各个成文宪法国家的宪法典结构不完全相同。从一般意义上说，宪法典结构大体上由序言、正文和附则等组成，但是这种结构并不是绝对的，不是任何国家宪法都具备的。有的国家宪法没有序言，也没有附则，有的国家宪法只有序言和正文。大多数国家宪法没有附则。

1. 宪法的序言。序言并不是成文宪法必须的组成部分，有些国家的宪法并没有序言。

序言的内容。写明宪法的制定者是谁、制定宪法的目的是什么。有些国家的宪法序言也用来记载一些在正文中不便于记载的内容。我国现行宪法的序言主要有以下内容：简述国家斗争历史；20世纪以来具有重大历史意义的四件大事；规定了今后国家的根本任务；确定了国家的政治意识形态；指明了实现现代化的国内外条件；确认了宪法的地位和作用。

序言的篇幅。有宪法序言的国家，宪法序言的长短不一样，有的国家宪法序言很长,如1974年《南斯拉夫社会主义联邦人民共和国宪法》,有一万多字;有的国家宪法序言很短,如《美国联邦宪法》,序言只有一句话,52个单词。我国现行宪法的序言有13个自然段,共1898个字(包括标点符号)。

序言的效力。学界对此有争议,我们认为宪法序言效力的有无要从宪法序言的内容是否反映宪法的内在结构确定。凡是能反映宪法的内在结构要素的,这种宪法序言就具有法律效力。比如,我国宪法序言中,关于宪法指导思想、基本原则等的规定就应具有法律效力。

2. 宪法的正文。这是宪法典的主体。正文通常包括公民基本权利和义务、国家机构。此外不少国家宪法还有宪法制度等。

3. 宪法的附则。它是指宪法对于特定事项需要特殊规定而制定的附加条款。附则不是成文宪法的典型组成部分,大多数国家宪法没有附则,附加条款的方法最早在比利时和瑞士联邦宪法中采用。有宪法附则的国家中,最典型的是比利时。1831年的《比利时宪法》没有序言,但是有附则。《意大利宪法》也有附则,称为"补则"。由于附则是宪法的一部分,因而其法律效力应该与一般条文相同。

我国现行宪法由序言和正文组成,没有附则。序言由13自然段组成。正文分为4章,第一章为总纲,第二章为公民的基本权利和义务,第三章为国家机构,第四章国旗、国歌、国徽、首都。我国从1954年宪法以来的四部宪法,都维持着序言加正文四章的结构。但是1954年宪法、1975年宪法和1978年宪法的第二章都是国家机构,第三章是公民的基本权利和义务。只有1982年宪法把公民的基本权利和义务调整到第二章,国家机构调整到第三章。这样调整的主要原因是,我国1982年宪法制定时,鉴于"文化大革命"严重侵犯公民基本权利和自由的历史教训,将公民基本权利调整到国家机构的前面,加强了对公民基本权利和自由的保障,也更好地体现了国家一切权力属于人民、人民是国家主人的思想,也反映了世界宪法发展的趋势。2004年修宪时对第四章标题作了修改。原标题为"国旗、国徽、首都",后改为"国旗、国歌、国徽、首都"。2018年修宪还对第三章国家机构内的结构进行了调整,原第三章下节标题为:第一节全国人民代表大会、第二节中华人民共和国主席、第三节国务院、第四节中央军事委员会、第五节地方各级人民代表大会和地方各级人民政府、第六节民族自治地方的自治机关、第七节人民法院和人民检察院。后增加一节"第七节监察委员会",原第七节改为第八节。

现行《宪法》自颁布迄今经过5次修正,关于宪法修正案在宪法结构中置于何处未规定。2004年3月8日,全国人大常委会副委员长王兆国在第十届全国人大第二次会议上所作《关于〈中华人民共和国宪法修正案(草案)〉的说明》时指出:"关于宪法文本问题。为了维护宪法的权威和尊严,保证宪法文本的统一,同时有利于学习和实施宪法,建议本次会议通过宪法修正案后,由大会秘书处根据宪法修正案对宪法有关内容作相应的修正,将一九八二年宪法原文、历次宪法修正案和根据宪法修正案修正的文本同时公布。"实践中也是这么做的。

**六、宪法规范**

宪法规范是指调整宪法关系并具有最高法律效力的各种规范的总和。宪法规范与普通法律规范的规范性具有共性,有被适用和实施的规范内容。法律规范的逻辑结构包括假定、处理和后果。假定是指适用某规范的前提条件;处理是指对假定事项所规定的明确的行为模式,即允许、禁止、鼓励等;后果是指有关主体的行为违反或适用于该规范的法律后果。也有学者将法律规范的逻辑结构简单地分解为行为模式和后果模式。宪法规范也有类似的逻辑结构。比如,按照假定、处理和后果三要素说,关于保护公民合法私有财产不受侵犯的宪法规范,其假定和处理部分主要体现在我国《宪法》第13条当中,其适用的基本前提是"公民的合法的私有财产",其基本行为模式是"不受侵犯"。这一规范的后果部分体现在《宪法》第62条和第67条以及立法法、监督法当中关于全国人大和全国人大常委会监督宪法实施的职权、措施和程序的相关条文中。可见,宪法规范和宪法文本或宪法条文不是一回事。通常来说,一个完整的宪法规范需要对宪法文本进行综合分析才能看得出来。

宪法规范的规范性与一般法律的规范性也有显著区别,表现在以下:

(1)宪法较多条文具有高度原则性,而普通法律中原则性规范很少。一般来说,规定国家基本制度和公民基本权利的条文带有原则性特点。比如,我国宪法总纲部分,几乎每条都能找出一条或几条原则性规范。但是原则性并不妨碍宪法规范具有规范性。从各国宪法实施实践看,宪法条文的原则性并未阻碍宪法的具体实施,反而增强宪法的适应性。通过一定的宪法解释技术,一部宪法能够适用较长时间而不发生大的变化,比如,美国《宪法》是1787年通过并于1789年生效的,生效之后的两百多年来只有27条修正案,其中原有关于权利内容的

10条宪法修正案,后来增加了17条修正案。而有的宪法规范长期发生效力并被不断适用达几百年,比如,英国1215年的《大宪章》中关于自由人不经裁判不受逮捕、不被监禁的规范至今仍然有效。

(2)宪法的政治性特点使部分宪法条文带有宣言性和纲领性的特点。宣言性和纲领性是指宪法中包含了准备实现但尚未实现的政治理想和政治目标。比如,1787年美国《宪法》的序言规定:"我们美国人民,为了建立更完善的联邦、树立正义、保证国内安宁、提供共同防务、增进公共福利,并使我们自己和后代永享自由的幸福,特制定美利坚合众国宪法。"又如我国《宪法》序言规定:"中国各族人民将……逐步实现工业、农业、国防和科学技术的现代化,推动物质文明、政治文明、精神文明、社会文明、生态文明协调发展,把我国建设成为富强民主文明和谐美丽的社会主义现代化强国,实现中华民族伟大复兴。"这些内容表面看似乎不具有明确的行为模式,不具有可执行的内容和不利法律后果,但实际上,这些条文同样具有与其他条文组成宪法规范的可能性。比如,1787年美国《宪法》序言中的"使我们自己和后代永享自由的幸福"可以与权利法案中的具体条文相结合,构成相应的宪法规范。同样,我国《宪法》序言上述内容的纲领性规定可以和宪法其他条文结合,如第26条"国家保护和改善生活环境和生态环境,防治污染和其他公害。国家组织和鼓励植树造林,保护林木"、第33条"国家尊重和保障人权"等相结合,组成我国宪法保护环境权的宪法规范。而且宣言性、纲领性条文通常存在向现实性条文转化的可能。

(3)特殊的制裁性。宪法规范的后果,在实际生活中主要表现为法律、法规、政治行为或行政行为被宣告违宪而失效或被撤销。各国宪法中一般都有关于判定违宪的规范,只不过有的国家是在成文宪法或者法律中明示,有的国家是通过宪法判例确认的。我国宪法对于违宪的处理规定在全国人大及其常委会等国家权力机关的职权当中。

宪法规范调整的社会关系主要是指宪法关系。一般来说,宪法关系主要包括四个方面:国家与公民之间的关系;国家与各民族、各团体之间的关系;国家机关之间的关系;国家机关内部的关系。宪法关系主要有两大特点:一是主体的一方是国家;二是内容具有广泛性。

## 第二节 宪法发展史

### 一、近代宪法的产生与发展

近代意义上的宪法产生并成为新世界的文明标志有深刻的经济、政治、社会及文化条件。

(一) 近代宪法产生的条件

1. 资本主义市场经济的产生与发展是近代宪法产生的前提条件。
2. 资产阶级民主政治的建立,为近代宪法的产生奠定了坚实的政治基础。
3. 政治国家与市民社会的分离,为近代宪法的产生奠定了社会基础。
4. 资产阶级启蒙运动,为近代宪法的产生奠定了思想文化基础。英国的洛克、法国的孟德斯鸠和卢梭等启蒙思想家提出的"天赋人权""主权在民""三权分立""法治"等观念,构成了启蒙思想文化的精神支柱,这些思想建立于自然法的理论基础之上,反映了新兴资产阶级的政治需求。取得政权后的资产阶级通过宪法体现这些理论和观念。启蒙运动中产生并得以传播的思想文化成为近代宪法基本原则的来源。

综上,经济上的自由、平等和竞争,政治上的限制君权与保障民权,市民社会与政治国家的分离以及思想启蒙运动的有机结合,形成了近代宪法产生的土壤,促使近代宪法产生,而近代宪法的产生则进一步巩固并发展这些需求。

(二) 近代宪法的产生

1. 英国宪法

尼德兰革命是历史上第一次成功的资产阶级革命,以民族解放战争的形式完成,建立了荷兰共和国,但这次革命并没有直接使近代宪法产生。真正意义上的近代宪法是伴随17世纪中叶英国资产阶级革命的爆发而产生的。近代宪法诞生地英国被誉为"近代宪法母国"。1215年《大宪章》确立的政治传统对近代英国宪法性体制产生了直接影响,其基本精神是限制王权,把王权置于法律之下,此外它还设置了"大议会"这一组织形式,规定了自由民某些特定权利,因此被视为英国的第一个宪法性文件。

英国资产阶级革命于1640年爆发,至1688年结束,长达近50年,大致经历内战、共和国、克伦威尔军事独裁以及光荣革命四个时期。这是资产阶级与封建阶级长期互为妥协的过程,也是英国资产阶级革命的显著特点。受其影响,英国未能形成一部独立成法典的宪法,而是散见于各个时期由议会制定的涉及国家根本问题的宪法性法律。除此之外,在长期的政治实践中,逐步形成了诸多具有连续性与稳定性的宪法惯例和宪法判例,并在长期的政治生活中得以确认与运用,这也成为英国宪法的重要组成部分。这一宪法模式被称为"不成文宪法"。

英国在各个历史时期制定的宪法性法律主要有:1628年《权利请愿书》、1679年《人身保护法》、1689年《权利法案》、1701年《王位继承法》。另外,1911年《国会法》、1918年《国民参政法》、1931年《威斯敏斯特法》、1948年《人民代表制法》和1949年的新《议会法》等也是英国的重要宪法性法律。

2. 美国宪法

美国宪法是美国独立战争的产物,也是世界历史上第一部成文宪法典。美国的立宪主要分为三阶段:第一阶段,1775年独立战争爆发后,北美13州先后制定宪法;第二阶段,1780年,美国各州代表制定《邦联条款》,建立弱中央政府式邦联国家;第三阶段,1787年,各州代表在费城召开制宪大会,制定《美利坚合众国宪法》,建立了权力相对集中与强势的联邦国家。

1775年,英属北美殖民地爆发了反抗英国殖民统治的独立战争。1776年7月4日,第二届大陆会议通过由杰斐逊执笔起草的《独立宣言》,它以自然法学的基本思想,如天赋人权、社会契约和人民有权推翻暴政等作为理论基础,宣布人人生而平等,每个人都有天赋的不可转让的权利。为了保障这些权利,人们才建立政府,政府的权力来自被统治者的同意,任何政府一旦损害这些权利,人们就有权变更或废除它,建立新的政府。同时,宣布美利坚合众国为"自由独立的合众国"。7月4日成为美国国庆日。《独立宣言》所确立的内容对美国宪法的产生和宪制体制的建设产生了直接影响,是世界宪制史上的重要历史文献。马克思将其誉为世界上的"第一个人权宣言"。[①]

1787年5月25日,制宪会议召开,由华盛顿主持。12个州[②]的55名代表经过3个多月激烈辩论,终于通过宪法草案。根据宪法草案规定,1788年,9个州制宪议会表决批准宪法草案,宪法正式生效。1789年,第一届联邦国会召开,宣布宪法生效,美利坚合众国第一届政府成立,华盛顿当选为第一届总统。1790

---

① 参见《致美国总统阿伯拉罕·林肯》,《马克思恩格斯全集》第16卷,人民出版社1964年版,第20页。
② 罗得岛州没有参会。

年,13 州全部批准宪法生效。

《美利坚合众国宪法》由简短的序言和 7 条正文组成。它以根本法的形式,确立了以联邦制和三权分立为原则的国家制度,建立了资产阶级民主共和政体。第 1 至 3 条分别规定了立法权、行政权与司法权。第 4 条规定了联邦与各州之间以及州与州之间的权限与关系;第 5 条规定了修宪程序;第 6 条强调了宪法的地位与效力;第 7 条规定了宪法的批准与生效。在其实施后不久,1791 年 12 月 15 日批准了 10 条宪法修正案即"权利法案"。此后又陆续颁布了一些修正案,迄今,共批准 27 条宪法修正案。

3. 法国宪法

法国是欧洲大陆最早制定成文宪法的国家。美国独立战争极大地推动了欧洲革命运动。法国宪法是法国资产阶级革命取得胜利后的产物。1789 年,法国爆发资产阶级革命,成立了制宪会议,同年 8 月 26 日通过《人权和公民权宣言》(简称《人权宣言》)。这是法国资产阶级在反封建斗争中提出的著名政治文件,由序言和 17 条正文组成。它仿效《独立宣言》,以美国各州的权利法案为蓝本,但又有所发展,系统地把启蒙运动时期的"天赋人权""主权在民""三权分立"等思想理论以法律的形式加以规定。具体内容有:人们生来而且始终是自由平等的,任何政治结合均旨在维护人类自然的和不受时效约束的权利。这些权利包括自由、财产、安全与反抗压迫。整个主权的本源在于国民。此外,《人权宣言》强调法律的公意性、罪刑法定以及无罪推定等基本的法治原则。这些充分体现了近代宪法的基本精神,对法国乃至全世界民主宪制制度的发展都产生了深远的影响。

之后,法国制宪会议着手起草宪法正文并于同年 9 月制定了宪法草案。1791 年 9 月 14 日,国王路易十六被迫签署,通过了宪法,这是法国历史上第一部宪法,它以《人权宣言》为序言。由于当时特定的历史条件,这部宪法所确立的政治体制为君主立宪政体,随着法国资产阶级革命的进一步发展,这部实行君主立宪的宪法被 1793 年的《共和国宪法》所取代。此后的 80 余年时间内,法国政治的动荡反映在制宪上,不仅表现为这一时期先后制定了 10 余部宪法,而且这些宪法所确认的政体及内容不断变化。直至 1875 年才正式将多党议会制度的资产阶级民主共和政体确立下来。1958 年,戴高乐主持制定了《第五共和国宪法》,这就是法国现行宪法。

(三)近现代宪法的发展

在英国、美国、法国革命及其立宪活动的影响下,世界各地的一些国家都先后进行革命并制定了相应的宪法。如在法国革命和立宪活动推动下,欧洲大陆诸国纷纷制定宪法,而北美和亚洲的一些国家的革命和宪法则主要受英国与美国宪法的影响。19世纪是宪法的世纪。这一阶段的宪法以君主立宪制为多数,少数采用美国式民主共和制。从19世纪中叶(1848年革命)到第一次世界大战结束,是近代宪法发展的第二个阶段,这一时期的宪法绝大多数采用美国式共和制和英国式虚君立宪制,其共同特点是承认主权在民,废除君主制或对君主权力加以限制。少数封建势力强大的国家,则以法国《波旁王朝钦定宪法》为蓝本,颁布主权在君的钦定宪法,如1871年的《德意志帝国宪法》和1889年的《大日本帝国宪法》。[①]

第一次世界大战后,诸多新兴独立国家大多采用成文宪法和普选制度,而且战前已实行宪法制度国家的民主政体也都有新的发展。宪法的发展进入现代宪法的门槛。1919年的《魏玛宪法》是近现代宪法分水岭。《魏玛宪法》共两篇181条,第一篇规定了联邦的组织与职能,第二篇规定了国民的基本权利与义务。在继承近代宪法所确立的基本宪法原则前提下,突出规定了范围广泛的公民权利,条款占整部宪法近1/3条文。这也是现代宪法与近代宪法区别中最为重要的一点。《魏玛宪法》宣告了德国帝制的终结,建立了民主共和制度。

随着十月革命的胜利和俄罗斯社会主义联邦苏维埃共和国的建立,1918年7月,第五次全俄苏维埃代表大会通过《俄罗斯社会主义联邦苏维埃共和国宪法》。这是另一种类型现代宪法的产生,即社会主义宪法。它突破了资产阶级宪法和宪制的局限性,意味着宪法也可以成为无产阶级实现民主和组织国家政权的基本法,并且它第一次系统地规定了经济制度,扩大了宪法的调整范围,使宪法由传统的政治领域进入社会经济生活领域,具有划时代的意义。[②] 苏俄宪法打破了资本主义宪法独占世界的格局,为未来社会主义宪法树立了典范。

第一次世界大战后的现代宪法以进一步民主化为主流,其中也有逆流,如德国法西斯对《魏玛宪法》的破坏,意大利法西斯体制的建立。不同国家采用不同方式发展宪法,逐步向现代宪法转型。《美国宪法》制定于1787年,之后通过修正案和联邦最高法院的宪法解释,近代宪法的文本不断被赋予现代宪法的内容。以罗斯福新政为转折点,美国宪法赋予总统的行政权力不断扩大;联邦中央的权力不断强化;政府宏观调控的能力进一步加强;社会公共福利问题成为宪法的重

---

① 参见张千帆主编:《宪法学》,法律出版社2004年版,第53页。
② 参见周叶中主编:《宪法》,高等教育出版社2011年版,第58页。

要部分。法国则以不断地重新制定宪法的方式来适应新的政治与经济发展的需要,直至1958年的《法兰西第五共和国宪法》,其宪法转型才完成,从此进入稳定发展阶段。

**二、当代宪法的发展特点**

第二次世界大战后,世界政治经济格局发生了重大变化:一方面,随着德、意、日等法西斯政权的覆灭,资产阶级民主共和制度得到了加强,一些资本主义国家(包括德、意、日等国)吸取第二次世界大战的教训,相继制定民主化程度比较高的宪法,以保障资产阶级民主共和制度。另一方面,第三世界国家纷纷独立,它们相继制定宪法,开始向民主化方向发展。再者,美国、法国等资产阶级民主国家为了自身的稳定与发展,在宪法的民主化方面也产生了新的发展变化。

与此相适应,宪法发展呈现新的状态。当代宪法的产生以第二次世界大战结束为标志。一方面,要对宪法发展中出现的逆流进行清理,实现对法西斯主义及其体制的改造,使德国、意大利、日本等国家的宪法回归民主和平的道路。另一方面,随着战后新兴民族独立国家的成立,民族主义特色的宪法成为当代宪法不可缺少的组成部分。这些宪法强调民族独立与国家主权,积极探索与本国特点相适应的宪制模式。而东欧与亚洲的社会主义国家,包括中国在内,大都以1936年苏联宪法为蓝本制定本国宪法。虽然苏联解体与东欧剧变后,社会主义宪法阵营的影响大减,但作为一种类型的宪法,在当代宪法发展中的影响力不可抹杀。整体上,当代宪法的发展特点主要表现在以下五个方面。[①]

(1) 公民权利不断扩大。各国宪法有关公民权利义务的条文和内容有不同程度的变化。首先,有关公民权利义务的条文数量增加。如1946年日本宪法有关公民权利义务的条文有31条,比战前《明治宪法》(帝国宪法)增加了1倍以上。战后的《意大利共和国宪法》有关公民权利义务的条文更是由原来的9条增加到42条。其次,关于公民自由权利限制的变化。早期西方各国对公民言论、集会、结社等自由设置了诸多限制和附加条件,特别是对言论出版自由实行"预防制",即公民在报刊上发表言论、出版书籍前,须得到当局的检查和准许。而在第二次世界大战后,西方国家普遍取消了这种事前限制的预防制,代之以追惩制,即由事前限制改为事后制裁。再次,公民权利内容扩大。战后,随着一系列

---

① 参见童之伟、殷啸虎主编:《宪法学》,上海人民出版社、北京大学出版社2009年版,第43—45页。

新的社会问题在西方各国出现,如环境污染、生态失衡、高层建筑数量急剧增加等,公民提出了一些新的权利要求,如环境权、健康权、空气权、日照权等,这些权利经宪法与法律的确认,成为公民的基本权利。最后,公民平等权范围扩大。战前资本主义国家宪法对公民平等权的规定,主要侧重于政治方面。而战后在世界民主化潮流的冲击下,资本主义国家宪法在强调和扩大公民各项政治平等权利的同时,还增加了公民在经济、生理、民族、性别等社会生活各方面的平等权。

(2) 人权问题普遍化、国际化。鉴于第二次世界大战的教训,人权问题成为各国宪法的中心问题之一,人权保障的范围也逐步扩大。随着第三世界国家的蓬勃发展,民族自决权和发展权也成为人权内容不可分割的部分,并反映在许多第三世界国家的宪法中。同时,人权问题扩展到世界范围。《联合国宪章》《世界人权宣言》《经济、社会和文化权利国际公约》《公民权利和政治权利国际公约》等一系列国际人权公约,不仅成为公认的国际人权道德准则,而且这些人权标准被许多国家的宪法认可,成为宪法的基本内容。

(3) 行政权不断扩张。在自由资本主义时期,立法、行政、司法三权之中,立法权处于优势或主导地位。第二次世界大战后,随着资本主义政治经济的进一步发展,国家行政事务日益繁重,政府在国家生活中的作用越来越大,导致国家行政权的不断扩大和议会权力范围的缩小,三权之间的重心由立法权向行政权转移。在美国,总统可以通过国情咨文影响立法,即获得一种立法倡议权。同时,总统还可以发布具有法律效力的行政命令和通过"委托立法",制定具有法律效力的文件,将政府的意志上升为法律,使行政权渗入立法领域。在法国,《第五共和国宪法》在确认总统至高无上权威的同时,对议会的权力作了种种限制乃至削弱的规定。因此,行政权的扩张成为战后资本主义国家宪法发展的共同趋势。

(4) 国内宪法与国际法的结合。进入20世纪以后,人类社会的活动范围日益扩大,国际的合作交往成为必然趋势。许多国家的宪法出现了同国际法接轨的内容。具体而言,主要表现在:首先,对国际法的直接承认和接受。一些国家在宪法中宣布遵守国际公约,承认国际法是国内法的一部分,并具有高于普通法的效力。如《联邦德国基本法》第25条规定:"国际公法的一般规则构成联邦法律的一部分,这些规则的效力高于各项法律,并对联邦领土内的居民直接产生权利和义务。"其次,对国家主权的有条件限制。随着战后传统主权观念的变化,并基于国际合作的需要,许多发达国家特别是欧盟各国都通过宪法对国家主权作了限制。如法国《法兰西第五共和国宪法》规定:"法国同意,基于相互之条件,为了组织及保卫和平,对其主权加以必要的限制。"其三,各国围绕人权问题签署了许多国际公约,如《公民权利和政治权利国际公约》《经济、社会和文化权利国际公约》等。许多国家加入国际人权公约,体现了在公民基本权利领域的国际化趋势。

(5)宪法保障制度日趋完备。战后,许多资本主义国家都意识到宪法的实施与制定宪法具有同等重要的地位。为了维护资产阶级的民主制度,它们采取了一系列措施,先后建立了不同形式的宪法保障制度,设立了宪法法院、宪法委员会等专门的监督机构来行使违宪审查权。同时,还制定了有关规范专门监督机构行使权力的法律,如德国1951年《联邦宪法法院法》,俄罗斯1994年《俄罗斯联邦宪法法院法》等,以保障宪法有效的贯彻实施。

### 三、中华人民共和国成立之前中国宪法的发展

(一)清末立宪

1."预备立宪"与《钦定宪法大纲》

1904年,日俄战争爆发。君主立宪的日本战胜了专制制度的沙皇俄国,这给当时的中国社会以强烈的刺激。人们认为,日本能战胜沙俄体现了立宪政体的优越性,于是国内要求立宪之声大起。尤其是日俄战争后,俄国也宣布预备立宪,进一步激起了中国社会舆论要求立宪的决心,认为召开国会、制定宪法、实行立宪已刻不容缓。一些官员也相继上书,请求立宪。在这种情况下,清政府派载泽、端方等5人为考察政治大臣,赴日、英、美等9国考察宪制。五大臣回国后,建议仿效日本,实行君主立宪。唯有这样才可以"外患渐轻""内乱可弭""皇位永固"。

1906年1月,清政府发布"上谕",宣布预备立宪,并明确提出了预备立宪的原则是"大权统于朝廷,庶政公诸舆论,以立国家万年有道之基"。作为预备立宪的基本措施,清政府于1907年下令设立资政院、谘议局作为中央与地方议院之基础,并于1908年8月公布《钦定宪法大纲》。这部《钦定宪法大纲》共23条,分为正文与附录两部分。正文部分为"君上大权",共14条,其中规定:"大清皇帝统治大清帝国,万世一系,永永尊戴";"君上神圣尊严,不可侵犯";皇帝总揽立法、行政、司法、军事等各方面最高权力;皇帝行使权力,议院及议员不得干预;在紧急情况时,皇帝可诏令限制臣民之自由。附录部分为"臣民权利义务",共9条,其中规定了臣民有言论、著作、集会、结社等自由;以及纳税、当兵、遵守国家法律等义务。

从形式上看,《钦定宪法大纲》不是一部真正意义的宪法,只是拟定关于宪法的原则或纲要的规定,不具有实际上的法律效力。从内容上看,它基本上抄袭《日本帝国宪法》(即"明治宪法"),对于有关限制皇权的规定很少,实质上是以宪法大纲的形式确认君主独裁制度。尽管也规定了臣民的"权利义务",但这些权利义务很难有实质性意义。但它作为以后起草宪法的原则和依据,又在事实上限定了宪法的基本内容,由此来说《钦定宪法大纲》已体现了预备立宪的精神和实质。

2.《十九信条》与清末立宪的终结①

1911年10月10日,武昌起义爆发,各省纷纷响应,宣布独立。清政府一方面调兵遣将进行镇压,另一方面继续玩弄立宪骗局,借立宪缓和矛盾,抵制革命。此时,驻扎在滦州的新军第20镇统制张绍曾和第二混成协协统蓝天蔚等将领联名致电清政府,提出了"政纲十二条",以"兵谏"的方式要求立即召开国会、制定宪法。清政府在震惊之余,被迫表示接受"政纲十二条",并命令资政院迅速起草宪法。在宪法颁布之前,先拟定《宪法重大信条十九条》(简称《十九信条》),于当年11月3日公布。

《十九信条》是非常时期的产物,内容与立宪技术等方面都与《钦定宪法大纲》有较大区别,主要表现在:第一,《钦定宪法大纲》基本上照抄日本的"明治宪法",而《十九信条》则仿效英国的立宪精神,较之《钦定宪法大纲》有所进步;第二,《钦定宪法大纲》授予君主权力不受限制,是套用宪法之名而无宪法之实,而《十九信条》肯定了"虚君共和"的原则,对君主权力作了较大限制;第三,《钦定宪法大纲》只是以后制定宪法的纲要和依据,本身没有法律效力,而《十九信条》则是先行颁布的宪法的重要条款,具有法律效力。

但由于《十九信条》是非常时期的产物,其制定过程本身说明了它实质上是一种应变的措施,而非真正意义上的制宪;其内容不过是对"政纲十二条"的宪法形式的认可而已。《十九信条》颁布后不久,溥仪宣布退位,预备立宪与清王朝一起宣告终结。

(二) 中华民国时期的立宪

武昌起义爆发后,各省纷纷宣布独立并成立军政府。为了巩固革命成果,一些军政府根据三民主义精神,参照欧美国家的宪法,制定了本省的宪法性文件。

---

① 参见童之伟、殷啸虎主编:《宪法学》,上海人民出版社、北京大学出版社2009年版,第47—48页。

其中,最先制定的是湖北军政府的《中华民国鄂州约法》。不久,各省军政府决定联合成立统一的临时政府,并起草通过了《中华民国临时政府组织大纲》。这部组织大纲共4章(临时大总统、参议院、行政各部、附则)、21条。它以法律形式宣告废除封建帝制,建立民国,确立总统制共和政体,按照分权制衡的原则设计国家机构。此后,据此选举了临时大总统孙中山。

1912年1月1日,中华民国成立,孙中山宣誓就任临时大总统,中国历史上第一个资产阶级性质也是唯一一个共和政府即南京临时政府成立。中华民国开启了我国历史真正意义上的近代立宪活动,但此路并非一帆风顺,之后制定的宪法往往是有宪法之名而无宪法之实,军阀统治尽显独裁特色,立宪活动频繁发生,立宪取得的成效微乎其微。中华民国时期的立宪可分为民国初期立宪、北洋军阀时期立宪和蒋介石统治下的立宪。

1. 民国初期立宪

南京临时政府虽已成立,但当时的资产阶级革命派因政治力量不足和阶级基础薄弱导致信心不足,不得不向以袁世凯为代表的清王朝旧势力妥协并作出让步,此时的袁世凯公开声明赞成共和。于是,孙中山向参议院提出辞去临时大总统,并举荐袁世凯继任临时大总统,试图以大总统职位来换取革命后成果的稳定。为了防止袁世凯出尔反尔进行封建复辟,也是出于巩固民主共和制度的目的,临时大总统孙中山着手起草《中华民国临时约法》。1912年3月8日由参议院三读后表决通过,同年3月11日由临时大总统孙中山正式公布。

《中华民国临时约法》(简称《临时约法》)分7章(总纲、人民、参议院、临时大总统副总统、国务员、法院、附则)、56条。约法规定在国会制定正式宪法颁布实施之前,它具有与宪法相同的效力。实际上是南京临时政府的临时宪法。主要内容如下。

(1)根据"主权在民"原则,确认中华民国的国家制度为资产阶级民主共和国。第1条规定:"中华民国由中华人民组织之"。第2条规定:"中华民国之主权,属于国民全体"。这是中国历史上第一次以根本法的形式,公开宣布主权在民,从根本上否认了主权在君的封建帝制。尽管这个规定的实质内容是空洞的,有权利、有资格代表"全体国民"的只是少数有产者,但它承认了国民在宪法上的主权者地位,这在封建专制制度延续了两千多年的中国,无疑是根本性变化。

(2)根据资产阶级的"自由、平等、博爱"以及"天赋人权"的主张,对人民的各项民主权利及义务作了具体规定,确认"中华民国人民一律平等,无种族、阶级、宗教之区别";人民的人身及财产权利非依法律不得侵犯;人民依法享有权利、履行义务。

(3) 根据三权分立原则确立了分权式责任内阁制。规定"以参议院,临时大总统,国务员,法院行使其统治权"。参议院是立法机关,其职责是议决法律、预算、决算,受理人民的请愿;对临时大总统任免国务员、宣战、媾和、缔约、大赦等权力享有同意权及最后决定权;在临时大总统有谋叛行为时,可进行弹劾等。临时大总统、副总统及国务员组成行政机关。临时大总统总揽政务,公布法律,发布命令,统率军队,任免文武职员,以及宣战、媾和、缔结条约、宣告大赦等。国务员由国务总理及各部总长组成,国务员辅佐临时大总统并负其责任,凡是临时大总统提出法律案、发布命令,均须国务员副署。法院是司法机关,由临时大总统及司法总长分别任命的法官组织。法官独立行使审判权,终身任职。

(4) 规定了约法的效力及其修改程序。规定中华民国宪法由国会制定;宪法未实施以前《临时约法》的效力与宪法相等。《临时约法》的增修程序为,须由参议院 2/3 以上或临时大总统提议,经参议院 4/5 以上出席,并且出席议员 3/4 以上通过才可修改。

《临时约法》所确认的主权在民、三权分立以及公民权利,体现了近代宪法的精神与特征。以根本法的形式肯定资产阶级民主共和制度,确认人民的民主权利和自由,无疑具有重要意义。这是我国历史上第一部也是唯一一部具有资产阶级性质的宪法性文件。正如刘少奇指出:"这个临时约法具有资产阶级共和国宪法的性质,是有进步意义的。辛亥革命使民主共和国的观念从此深入人心,使人们公认,任何违反这个观念的言论和行动都是非法的。"[①]

2. 北洋军阀时期立宪

(1)《中华民国宪法草案》(《天坛宪草》)

袁世凯为了获取大总统职位,许下根据《中华民国临时约法》精神制定宪法的诺言。1913 年 4 月,临时政府国会成立,并成立宪法起草委员会,试图制定正式宪法。资产阶级革命党人希望通过宪法来限制袁世凯的权力,坚持采用内阁制而不是总统制,而袁世凯试图破坏内阁制,并希望国会通过一部维护自己绝对统治地位的宪法。最终,采用内阁制的宪法草案经由宪法起草委员会"三读"而通过,只需国会议员表决通过即可成为正式宪法,但是,袁世凯以解散国会的形

---

① 《刘少奇选集》(下卷),人民出版社 1985 年版,第 135 页。

式阻挠宪法草案的通过。

宪法草案胎死腹中,因其在北京天坛祈年殿起草拟定,史称《天坛宪草》。该草案共11章、113条。基本上沿袭临时约法的精神和原则,虽在总统权力上已因袁世凯的压力而扩大,但是仍不被袁世凯所接受。随着国会的解散,辛亥革命所取得的成果只剩下《中华民国临时约法》这一纸文书。不久,具有资产阶级共和性质的宪法草案也被袁世凯废除,以孙中山为代表的资产阶级革命派为民主共和制度作出了积极贡献,但最终没有成功。

(2)《中华民国约法》

袁世凯解散国会后,随即组织"中央政治会议"以代行国会的职权,并以增修《临时约法》为要求提出了《约法增修咨询案》。但"中央政治会议"认为此事事关重大,请求另外组织立法机关修订《临时约法》。经袁世凯同意,由政治会议议定,组织了"约法会议"。约法会议不是独立的立法机关,而是总统领导下的修宪机关。它的主要任务是修改《临时约法》。1914年3月,约法会议在北京召开。

约法会议根据袁世凯提出的大纲起草新约法。新约法草案从讨论到三读通过,仅仅用了40天时间。1914年5月1日,新约法即《中华民国约法》(史称《袁记约法》)正式公布,共10章68条。与《临时约法》相比,主要变化有:第一,扩大了总统的权力范围;第二,取消了责任内阁制,实行总统制;第三,废除国会,代之以总统控制的立法院与参政院。而参政院成立后的第一项立法活动,就是修改《大总统选举法》,在事实上确认了总统的终身制。由此,资产阶级所奉行的宪法精神,在《中华民国约法》中已经遭到背弃。《中华民国约法》的颁布,标志着南京临时政府建立的政治制度的终结和袁世凯独裁集权政治的完全确立。但是袁世凯并未因此满足。不久,他又冒天下之大不韪,重新祭起了君主立宪的大旗,宣布实行帝制。结果在全国的反对声中,仅仅上演了83天的帝制闹剧便草草收场。

(3)《中华民国宪法》

袁世凯死后,北洋军阀集团的各个派系为了争夺中央政府的控制权,展开激烈的斗争。1922年,以曹锟为首的直系军阀控制了北京政权。曹锟采用"贿选"手段,并以其控制的军队包围国会,强迫选其为大总统。曹锟当选为大总统后,首先要制定一部宪法,以显示其合法性。1923年10月10日,曹锟宣誓就职,同一天,《中华民国宪法》颁布。

《中华民国宪法》是中国历史上第一部名为"宪法"的正式宪法,共13章141

条。它是在《天坛宪草》基础上制定的,同时吸收了后来宪法草案修订过程中的某些主张。这是一部具有联邦制色彩的宪法,最为明显的是增加了"国权"与"地方制度"。

曹锟下台后,段祺瑞被推举为"中华民国临时总执政",成立了临时执政府,并组织成立了"国宪起草委员会",负责宪法的起草工作,并宣布废除《中华民国宪法》。1925年12月11日,《中华民国宪法草案》三读通过。依程序需要国民代表会议正式通过后才生效,而在国民代表会议召开前,段祺瑞政府已垮台,这部宪法草案随之夭折。此后,张作霖与吴佩孚联合控制了北京政权,在"法统"与宪法问题上依然是争论不休。不久,在北伐军的打击下,北洋军阀势力先后覆灭,北洋政府的"立宪"就此宣告终结。

3. 蒋介石统治下的立宪

(1)《中华民国训政时期约法》

1928年南京国民政府北伐成功,在形式上统一了中国。国民党宣布实行"训政"①。1928年10月3日,国民党中央常务会议通过《训政纲领》。其核心是"以党治国",即由国民党一党行使统治权。1931年,国民党中央常务会议通过决议,组织成立约法起草委员会,根据《训政纲领》起草约法。1931年5月5日,国民会议讨论通过《中华民国训政时期约法》,同年6月1日由南京国民政府公布。该约法共8章、89条。它是《训政纲领》的具体化和宪法化,表面上打着"三民主义"的旗号,以孙中山的学说为理论基础,实际上歪曲、篡改了孙中山的思想,用根本法的形式肯定了国民党一党专政和蒋介石个人独裁的合法性。

(2)《中华民国宪法草案》("五五宪草")

1931年"九一八"事变后,中国时局发生巨大变化。在声势浩大的抗日救国民主运动中,人民提出"还政于民"的要求。1932年,国民党迫于"结束训政,实行宪政"的舆论压力,就筹备宪政问题作出决议。于1933年成立宪法起草委员会,起草了《中华民国宪法草案》,送交国民党中央讨论审查。1936年5月5日公布了宪法草案,称"五五宪草"。

"五五宪草"公布后,南京国民政府原定于1936年11月12日召开的国民大会由于种种原因未能如期召开,因此宪法草案未成为正式的宪法。这一搁便是10年之久。

---

① 孙中山主张渐进主义的军政、训政、宪政三阶段说,训政时期优先基础建设与民权初步训练,实行一党执政。

(3)《中华民国宪法》

抗日战争胜利后,在全国要求和平民主呼声的压力下,国民党当局于1946年1月10日在重庆召开政治协商会议,并于1月31日通过《宪草修改原则》。但是不久之后,国民党当局撕毁协议,发动全面内战,并单方面宣布召开国民大会,制定宪法。1946年11月15日,国民大会在南京召开。这次大会只有一项议程,就是议决宪法,被称为"制宪国大"。同年12月25日,国民大会三读通过《中华民国宪法》。1947年元旦,由南京国民政府正式公布,同年12月25日施行。

《中华民国宪法》共14章、175条。它是在"五五宪草"的基础上修订而成的,在内容上限制了国民大会的权力范围,提高总统地位,扩大总统权力,总统地位居于五院之上,并且不对任何机关负责。它的颁布与蒋介石独裁地位在宪法上的确立,并没有能够挽救国民党政权的灭亡。1949年,中共中央发出《关于废除国民党六法全书和确定解放区司法原则的指示》。1949年10月1日,中华人民共和国宣告成立,《中华民国宪法》在大陆被完全废除。

北洋军阀和蒋介石统治时期所进行的诸多立宪活动,公布的诸多"约法""宪草""宪法"等,无论是实行内阁制或是总统制,从根本上说都不是民意的体现,都不是以控制国家权力以实现保障人权为目的,只是试图通过制宪使自己的统治合法化和形式化,制宪只是成为形式上的事,与近代宪法理念均相差甚远。

(三)革命根据地的立宪活动

在国统区国民党立宪活动同时期,中国共产党在其建立的革命根据地或者解放区也进行着立宪活动,先后通过了一系列宪法性文件。

1927年3月12日,上海市临时代表会议召开第一次大会,选出执行委员31人,通过《第一次市民会议宣言》和关于起草上海市临时代表会议组织法的思想原则。同年3月22日,上海市民代表会议第二次代表大会选出市政府委员,组成"上海特别市临时市政府委员会"。3月26日,上海市民代表大会制定了《上海特别市市民代表会议政府组织条例草案》。4月10日,上海市政府委员会通过《上海特别市政府政纲草案》,共计11个方面、108条内容。破天荒的上海市民政府,为中国革命开了先声。这一政纲是以党在民主革命阶段基本纲领为基础,结合上海市具体情况制定的比较全面、具体的具有宪法性质的重要文件。这表明当时上海党组织领导人民斗争,注重用宪法性文件确认政权、人民的权利自由和各项方针政策。但是不久后,蒋介石发动"四一二"反革命政变,4月14日,市民政府被查封。

1931年11月,在江西瑞金召开的第一次全国工农兵代表大会,通过《中华苏维埃共和国宪法大纲》。这是人民民主政权立宪的初步尝试。虽然由于当时客观条件的限制,尤其是"左"倾路线的影响,使其有一些不符合实际规定。然而作为一部反帝、反封建,保障人民民主权利的宪法性文件,同当时国民党政府制定的宪法性文件有着本质区别。它不仅用根本法的形式肯定了人民民主政权的合法性,而且为以后的人民民主宪制运动提供了宝贵经验。

抗日战争时期,各抗日根据地先后建立抗日联合政权,并制定施政纲领作为抗日根据地的基本法,如《晋察冀边区施政纲领》《陕甘宁边区施政纲领》《晋冀鲁豫边区政府施政纲领》等。这些施政纲领的内容主要包括以下几方面:第一,确定了抗日民主政权的总任务,即团结抗日根据地民主政权内部各社会阶级,各抗日党派,发挥一切人力、物力、财力、智力,取得抗日战争的胜利;第二,关于政权建设,实行"三三制"原则,即抗日根据地民主政权在组成人员分配上,共产党员、非党进步人士、中间分子及其他分子各占1/3,在加强共产党在政权中的领导地位的同时,各党派及无党派人士均能参加根据地民主政权的活动及管理;第三,确认人权原则,规定民主权利。

抗日战争胜利后,陕甘宁边区根据政治协商会议通过的《关于宪法草案问题的协议》中的有关精神,起草了《陕甘宁边区宪法原则》,并于1946年4月在陕甘宁边区第三届参议会上通过。这个宪法原则成为中华人民共和国成立后制定《共同纲领》的重要渊源。

(四)中华人民共和国成立以前中国立宪特点

刘少奇在《关于中华人民共和国宪法草案的报告》中,谈到宪制运动时这样说过:"一百多年来,中国革命同反革命的激烈斗争没有停止过。这种激烈的斗争反映在国家制度的问题上,就表现为三种不同的势力所要求的三种不同的宪法。"[1]这一论断,揭示了宪制运动的历史经验和基本特点。[2]

第一种宪法,就是从清末、北洋军阀一直到蒋介石国民党所制造的伪宪。这些封建买办阶级的统治者是连资产阶级民主也反对的。他们本来不要任何宪法,所以总要拖到他们的反动统治在革命力量打击下摇摇欲坠,且末日已经临近的时候,才制定一种骗人的"宪法",其目的是想利用一些资产阶级宪法的形式装

---

[1] 《刘少奇选集》(下卷),人民出版社1985年版,第138页。
[2] 参见童之伟、殷啸虎主编:《宪法学》,上海人民出版社、北京大学出版社2009年版,第53—54页。

点门面,使他们的反动统治能够苟延残喘。因此,这种宪法实质上仅仅只有宪法之名,决无宪制之实。

第二种宪法,就是中国民族资产阶级所期盼的资产阶级民主共和国宪法。由于中国民族资产阶级本身的历史局限性,决定了它没有能力领导中国人民建立独立、民主、富强的民主共和国,又不可能有真正的资产阶级民主共和国宪法。所以,这种宪法除辛亥革命时制定、随即被袁世凯所撕毁的《临时约法》外,再没有产生过。

第三种宪法,就是工人阶级领导的、以工农联盟为基础的人民共和国宪法。在中国共产党领导人民进行新民主主义革命的过程中,曾先后制定一些宪法性文件。这些宪法性文件与前两种宪法有着本质区别。它是人民民主主义的宪法。中华人民共和国成立以后所制定的宪法,就是在这种宪法的基础上发展起来的。这是真正体现中国人民意志的宪法。

**四、《中华人民共和国宪法》的发展**

1949年,中国共产党领导中国人民取得全国性的胜利,开始了中华人民共和国的立宪活动。

(一)《共同纲领》

1949年9月,中国人民政治协商会议第一届全体会议通过了《中国人民政治协商会议共同纲领》(简称《共同纲领》),还通过了《中国人民政治协商会议组织法》《中华人民共和国中央人民政府组织法》。由于当时不具备选举产生全国人民代表大会的条件,也不具备制定正式宪法的条件,因此由中国共产党及各民主党派、人民团体和无党派民主人士等单位的代表(含候补代表)共662人参加,中国人民政治协商会议第一届全体会议代行全国人民代表大会的职权。

《共同纲领》实际发挥了宪法功能,属于具有根本大法性质的临时宪法。《共同纲领》共7章、60条,规定了中华人民共和国的国家性质及政权组织形式,为中华人民共和国的建立提供了合法性和正当性基础,并规定了中华人民共和国在经济、文化、教育、民族、外交等方面的外交政策,还规定了公民的选举权与被选举权以及言论、出版、结社、人身、宗教信仰等权利和自由。

总之,《共同纲领》是中国宪制史上第一部由代表全国各民族、各民主党派、各人民团体和各阶层民主人士在充分民主协商的基础上制定的宪法性文件,是人民一百多年来反对帝国主义、封建主义和官僚资本主义斗争的历史经验的总结,体现了中国共产党在新民主主义时期的最低纲领,体现了各民主党派长期为之奋斗的目标,体现了全国人民的愿望和要求。

《共同纲领》为中华人民共和国的建立做好了准备。1949年10月1日,毛泽东宣告中华人民共和国中央人民政府成立,中华人民共和国正式成立。

(二)1954年宪法

《共同纲领》实施后,我国的政治和经济形势发生了重大变化。为了适应这一变化,中共中央及时提出过渡时期的总路线,开始了社会主义改造和建设事业,逐步实现由新民主主义向社会主义过渡。在这种情况下,召开全国人民代表大会,制定宪法,将国家体制及政治、经济等各项制度确立下来,以指导、推动社会主义建设的顺利进行,就成为迫切需要实现的任务。1953年,成立了以毛泽东为主席的宪法起草委员会,着手起草宪法。同年,中央人民政府委员会制定《中华人民共和国选举法》,在全国范围内选举产生地方各级人民代表大会,并在此基础上选举产生全国人民代表大会。1954年9月15日,中华人民共和国第一届全国人大第一次会议召开。刘少奇作了《关于中华人民共和国宪法草案的报告》。9月20日,大会通过《中华人民共和国宪法》。中华人民共和国第一部宪法正式诞生。

1954年宪法是中国宪制史上第一部社会主义类型的宪法。由序言及4章、106条组成。除序言外,分总纲、国家机构、公民的基本权利和义务、国旗国徽首都等四章。它总结了近百年来中国宪制运动的历史,吸收了《共同纲领》的重要内容,并借鉴了当时苏联等社会主义国家的立宪经验。用根本法的形式把社会主义原则和人民民主原则确认下来,奠定了中华人民共和国宪法的基本框架,确定了中国宪制体制的基本模式,规划了社会主义民主政治的基本格局,从而使中国的民主宪制进入了一个新的发展时期。

但是,当时的中国正处于新民主主义向社会主义社会过渡的时期,这部宪法呈现过渡时期的特点。随着1956年反右运动的展开,1958年"大跃进",之后进入1966年至1976年十年"文化大革命"。事实上,这部宪法没有真正发挥作用,其试图塑造的宪法秩序也未建立。

(三)1975年宪法与1978年宪法

1975年1月8日,中共十届二中全会在北京举行。全会讨论了第四届全国人大的准备工作,决定将《中华人民共和国宪法草案》和《关于修改宪法的报告》

等文件提请全国人民代表大会讨论。就在十届二中全会闭幕的第二天,第四届全国人民代表大会第一次会议召开。会议通过了修改后的《中华人民共和国宪法》,即 1975 年宪法。

1975 年宪法由序言和 4 章、30 条组成。该宪法确认政权属于无产阶级专政,指导思想上坚持以阶级斗争为纲。只规定两条公民权利,强调公民义务。领袖的个别语录被直接规定为宪法条文。其体例、内容等都刻着时代的烙印。可见,此部宪法只具有政治上的象征意义。

1975 年宪法颁布 1 年多后,"文化大革命"结束。国家进入拨乱反正的新历史时期。为了适应新时期政治经济形势的需要,必须重新修改宪法,恢复正常的国家和社会秩序。为此,1978 年 3 月 1 日召开第五届全国人大第一次会议,叶剑英作了《关于修改宪法的报告》。3 月 5 日,会议通过了修改后的《宪法》,即 1978 年宪法。

1978 年宪法除序言外,共 4 章、60 条。它是 1954 年宪法的继承和发展,基本恢复和坚持了 1954 年宪法的原则和制度,用宪法的形式确定了国家在结束"文化大革命"以后新的历史时期的总任务,为实现"四个现代化"确定了宪法基础。在当时历史条件下具有相当重要的意义。但是,由于 1978 年宪法是在"文化大革命"刚结束不久的历史条件下制定的,不可避免地带有明显的局限性。因此,对其进行全面修改势在必行。

(四) 现行宪法(1982 年宪法)的产生与修改

1. 现行宪法的产生

1978 年 12 月 18 日,中共十一届三中全会召开,社会主义法制建设开始恢复。1978 年宪法的指导思想明显滞后,对其再次修改十分必要。在对宪法进行全面修改前,已在 1979 年与 1980 年分别进行了两次局部修改,但不足以解决新时期的法制问题。1980 年 8 月,邓小平在中共中央政治局扩大会议上的讲话中指出:"中央将向五届人大三次会议提出修改宪法的建议。要使我们的宪法更加完备、周密、准确,能够切实保证人民真正享有管理国家各级组织和各项企业事业的权力,享有充分的公民权利,要使各少数民族聚居的地方真正实行民族区域自治,要改善人民代表大会制度,等等。关于不允许权力过分集中的原则,也将在宪法上表现出来。"[①] 邓小平的这一讲话,奠定了宪法修改的基本精神。

---

① 《邓小平选集》(第 2 卷),人民出版社 1994 年版,第 339 页。

1980年9月10日,第五届全国人大第三次会议接受了中共中央关于系统修改宪法的建议,通过了《关于修改宪法和成立宪法修改委员会的决议》。宪法修改委员会成立后,经过广泛征集和认真研究各地方、各部门、各方面的意见,于1982年2月提出宪法修改草案讨论稿。经宪法修改委员会认真讨论、修改,形成了宪法修改草案,由全国人民代表大会常务委员会公布,交付全民讨论。然后又在此基础上进行修改,11月23日最后通过正式的宪法修改草案,提交第五届全国人民代表大会第五次会议审议。

1982年11月25日,第五届全国人大第五次会议召开。彭真作了《关于中华人民共和国宪法修改草案的报告》。12月4日,大会以无记名投票方式通过修改后的宪法,这就是1982年宪法。2014年起,每年的12月4日被确立为"国家宪法日"。这是中华人民共和国的第四部宪法,共4章、138条。这部宪法在继承1954年宪法基础上,克服了1978年宪法的一些缺陷。无论从结构还是内容,1982年宪法都有了较大的发展,如将"公民的基本权利和义务"从第三章移至第二章位置,"国家机构"置于其后第三章。

2. 现行宪法的修改

1982年宪法有力地促进了我国的政治体制改革和经济体制改革,推动我国社会主义现代化建设和改革开放事业的顺利进行,进一步建立健全社会主义民主法制等。但是,由于1982年宪法是在改革开放初期颁布的,随着政治经济形势的不断发展变化,其中有些规定已不能适应时代发展的要求。因此,通过修改宪法,既确保新时期经济发展的成果,又能进一步促进经济发展。迄今,宪法已进行五次局部的修正,并以修正案的形式加以公布。

(1) 1988年宪法修正案

根据中共中央建议,第七届全国人大第一次会议于1988年4月12日通过第一个宪法修正案。这个宪法修正案主要作了两个方面的修改:一是第11条增加规定"国家允许私营经济在法律规定的范围内存在和发展。私营经济是社会主义公有制经济的补充。国家保护私营经济的合法的权利和利益,对私营经济实行引导、监督和管理。"在宪法上确认了私营经济的合法地位;二是删除第10条第4款中不得出租土地的规定,增加规定"土地的使用权可以依照法律的规定转让"。

虽然1988年宪法修正案只有两条,但其意义非常深远。一方面,突破了由于计划经济理论造成的在经济制度方面的禁区,使社会主义所有制结构和土地制度问题在宪法上得到科学的、合理的规定；另一方面，充分贯彻既定的修改宪法原则，即限于修改必须修改的条款。从后来改革开放的实践来看，这两条修改所产生的积极影响的确非常大。

(2) 1993年宪法修正案

1992年，中国共产党第十四次全国代表大会召开，对十多年来的改革进行了总结，确认了建设有中国特色社会主义理论在国家生活中的指导地位。中共中央于1993年2月14日向全国人大常委会提出修宪的建议。全国人大常委会讨论后接受该建议，并形成了宪法修正案（草案），提请八届全国人大一次会议审议。在七届全国人大常委会讨论中共中央修宪建议过程中，委员们提出了一些新的意见，并反馈到中共中央。中共中央认为这些意见有必要写入宪法，于是于1993年3月14日提出《关于修改宪法部分内容的补充建议》，并请八届全国人大一次会议主席团将该建议印发大会。在此过程中，有的代表提出中共中央直接向全国人大提出修宪建议不符合宪法规定，因此，中共中央的上述补充建议由北京市等32个代表团的2383名代表签名，于同年3月23日以代表提案的方式，向八届全国人大一次会议提出《对中华人民共和国宪法修正案草案的补充修正案》。该修宪提案提交全国人大后，全国人大主席团将其列入会议议程，并将其和全国人大常委会的修宪提案合并，形成一份修宪提案，交付大会表决，是为我国宪法的第3—第11条宪法修正案。

1993年宪法修正案以党的十四大精神为指导，突出了建设有中国特色社会主义理论和党的基本路线，根据十多年来我国社会主义现代化建设和改革开放的新经验，着重对经济制度的有关规定作了修改和补充。主要内容包括：一是明确把"我国正处于社会主义初级阶段""建设有中国特色社会主义""坚持改革开放"写进宪法，使党的基本路线在宪法中得到集中、完整的表述。二是增加了"中国共产党领导的多党合作和政治协商制度将长期存在和发展"，明确了我国现行的政党制度。三是把家庭联产承包责任制作为农村集体经济组织的基本形式确定下来。四是把社会主义市场经济作为国家的基本经济制度规定下来，并对相关内容作了修改。另外把县级人民代表大会的任期由3年改为5年。

(3) 1999年宪法修正案

1997年9月，中国共产党第十五次代表大会召开，对于法治及社会主义初级阶段的特点有了更深刻的认识。大会高举邓小平理论伟大旗帜，将邓小平理论确定为党的指导思想，把依法治国确定为治国的基本方略，把"坚持公有制为主体、多种所有制经济共同发展"和"以按劳分配为主体、多种分配方式并存"确定为我国社会主义初级阶段的基本经济制度和分配制度。实践证明,这些方针、政策是完全正确的,应当在宪法中作为国家的基本政策和制度确立下来。1999年1月22日,中共中央向全国人大常委会提出《关于修改中华人民共和国宪法部分内容的建议》。1月30日,第九届全国人大常委会第七次会议正式提出了《中华人民共和国宪法修正案(草案)》提请第九届全国人大第二次会议审议。1999年3月15日,第九届全国人大第二次会议审议通过宪法修正案。1999年宪法修正案包括第12条至第17条共6条,其内容有:

在《宪法》第7自然段,增加"邓小平理论",将"根据建设有中国特色社会主义的理论"修改为"沿着建设有中国特色社会主义的道路",并将"我国正处于社会主义初级阶段"修改为"我国将长期处于社会主义初级阶段",增加"发展社会主义市场经济"的内容。

在《宪法》第5条增加一款,作为第1款,规定"中华人民共和国实行依法治国,建设社会主义法治国家"。依法治国是中国共产党领导人民治理国家的基本方略,是国家长治久安的重要保证。将"依法治国,建设社会主义法治国家"写进宪法,对于坚持依法治国的基本方略,不断健全社会主义法治,发展社会主义民主政治,促进经济体制改革和经济建设,具有重要的意义。

将《宪法》第6条相关内容修改为:"国家在社会主义初级阶段,坚持公有制为主体、多种所有制经济共同发展的基本经济制度,坚持按劳分配为主体、多种分配方式并存的分配制度。"在《宪法》第8条第1款,增加规定:"农村集体经济组织实行家庭承包经营为基础、统分结合的双层经营体制。"删去了"家庭联产承包经营为主的责任制"的提法。

在《宪法》第11条,增加规定:"在法律规定范围内的个体经济、私营经济等非公有制经济,是社会主义市场经济的重要组成部分。"删去个体经济、私营经济"是社会主义公有制经济的补充"的提法,同时将本条其他文字修改为"国家保护个体经济、私营经济的合法的权利和利益。国家对个体经济、私营经济实行引导、监督和管理。"这进一步明确了个体经济、私营经济等非公有制经济在我国社会主义市场经济中的地位和作用,有利于个体经济、私营经济等非公有制经济的健康发展。

在《宪法》第28条,将其中"反革命活动"修改为"危害国家安全的犯罪活动"。这是因为1997年修改的《中华人民共和国刑法》已将"反革命罪"修改为"危害国家安全罪"。对宪法第 28 条中"反革命活动"的用语进行修改,是完全必要的。

(4) 2004 年宪法修正案

2003 年 10 月,党的十六届三中全会通过《中共中央关于修改宪法部分内容的建议》,并决定向十届全国人大常委会提出。2003 年 12 月 27 日,第十届全国人大常委会第六次会议表决通过宪法修正案草案,并决定提请第十届全国人大二次会议审议。2004 年 3 月 14 日,第十届全国人大二次会议表决通过了宪法修正案。

这次宪法修正案包括第 18 条至第 31 条,主要内容有:

首先,在序言部分,确立"三个代表"重要思想在国家政治和社会生活中的指导地位。宪法修正案将《宪法》序言第七自然段中"在马克思列宁主义、毛泽东思想、邓小平理论指引下"修改为"在马克思列宁主义、毛泽东思想、邓小平理论和'三个代表'重要思想指引下",并将"沿着建设有中国特色社会主义的道路"修改为"沿着建设中国特色社会主义道路"。在物质文明、精神文明的基础上增加"政治文明"。将宪法序言第十自然段第二句关于统一战线的表述修改为:"在长期的革命和建设过程中,已经结成由中国共产党领导的,有各民主党派和各人民团体参加的,包括全体社会主义劳动者、社会主义事业的建设者、拥护社会主义的爱国者和拥护祖国统一的爱国者的广泛的爱国统一战线,这个统一战线将继续巩固和发展。"社会主义事业的建设者是这次修宪中对统一战线内容的发展。

其次,关于公民权利保障方面的修正,增加尊重和保障人权的宪法基本原则的规定。宪法修正案在《宪法》第 2 章"公民的基本权利和义务"中第 1 条,即第 33 条中增加一款,作为第 3 款:"国家尊重和保障人权。"完善了对私有财产保护的规定。宪法修正案将《宪法》第 13 条"国家保护公民的合法的收入、储蓄、房屋和其他合法财产的所有权""国家依照法律规定保护公民的私有财产的继承权",修改为:"公民的合法的私有财产不受侵犯。""国家依照法律规定保护公民的私有财产权和继承权。""国家为了公共利益的需要,可以依照法律规定对公民的私有财产实行征收或者征用并给予补偿。"

再次,进一步完善社会主义市场经济体制,完善土地征用制度。宪法修正案将《宪法》第 10 条第 3 款"国家为了公共利益的需要,可以依照法律规定对土地实行征用"修改为:"国家为了公共利益的需要,可以依照法律规定对土地实行征收或者征用并给予补偿。"进一步明确国家对发展非公有制经济的方针。宪法修正案将《宪法》第 11 条第 2 款"国家保护个体经济、私营经济的合法的权利和利益。国家对个体经济、私营经济实行引导、监督和管理"修改为:"国家保护个体经济、私营经济等非公有制经济的合法的权利和利益。国家鼓励、支持和引导非公有制经济的发展,并对非公有制经济依法实行监督和管理。"增加建立健全社会保障制度的规定。宪法修正案在《宪法》第14条中增加1款,作为第4款:"国家建立健全同经济发展水平相适应的社会保障制度。"

最后,完善国家制度的相关内容。宪法修正案在《宪法》第59条第1款关于全国人民代表大会组成的规定中增加"特别行政区",将这一款修改为:"全国人民代表大会由省、自治区、直辖市、特别行政区和军队选出的代表组成。各少数民族都应当有适当名额的代表。"将《宪法》第67条规定的全国人大常委会职权第20项"决定全国或者个别省、自治区、直辖市的戒严"修改为"决定全国或者个别省、自治区、直辖市进入紧急状态",并相应地将《宪法》第80条规定的中华人民共和国主席根据全国人大常委会的决定"发布戒严令"修改为"宣布进入紧急状态";将《宪法》第89条规定的国务院职权第16项"决定省、自治区、直辖市的范围内部分地区的戒严"修改为"依照法律规定决定省、自治区、直辖市的范围内部分地区进入紧急状态"。将《宪法》第81条中"中华人民共和国主席代表中华人民共和国,接受外国使节"修改为"中华人民共和国主席代表中华人民共和国,进行国事活动,接受外国使节"。修改乡镇政权任期的规定。宪法修正案将《宪法》第98条"省、直辖市、县、市、市辖区的人民代表大会每届任期五年。乡、民族乡、镇的人民代表大会每届任期三年"修改为:"地方各级人民代表大会每届任期五年。"增加对国歌的规定。宪法修正案将《宪法》第4章的章名"国旗、国徽、首都"修改为"国旗、国歌、国徽、首都";在这一章第136条中增加一款,作为第2款:"中华人民共和国国歌是《义勇军进行曲》。"

(5) 2018年宪法修正案

自2004年宪法修改以来,党和国家事业又有了许多重要发展变化。特别是党的十八大以来,党中央团结带领全国各族人民毫不动摇坚持和发展中国特色社会主义,统筹推进"五位一体"总体布局、协调推进"四个全面"战略布局,推进党的建设新的伟大工程,形成一系列治国理政新理念新思想新战略,推动党和国家事业取得历史性成就、发生历史性变革,中国特色社会主义进入了新时代。党的十九大在新的历史起点上对新时代坚持和发展中国特色社会主义作出重大战略部署,提出了一系列重大政治论断,确立了新时代中国特色社会主义思想在全党的指导地位,确定了新的奋斗目标,对党和国家事业发展具有重大指导和引领意义。根据新时代坚持和发展中国特色社会主义的新形势新实践，在总体保持我国宪法连续性、稳定性、权威性的基础上，有必要对我国宪法作出适当的修改。

2018年3月，第十三届全国人大第一次会议表决通过宪法修正案，这也是现行宪法的第五次修正。宪法修正案共21条，即第32—52条。具体内容主要有：

第一，确立科学发展观、新时代中国特色社会主义思想为指导思想的地位。《宪法》序言第七自然段中"在马克思列宁主义、毛泽东思想、邓小平理论和'三个代表'重要思想指引下"修改为"在马克思列宁主义、毛泽东思想、邓小平理论、'三个代表'重要思想、科学发展观、习近平新时代中国特色社会主义思想指引下"。另外，在"自力更生，艰苦奋斗"前增写"贯彻新发展理念"。

第二，调整充实了中国特色社会主义事业总体布局和第二个百年奋斗目标的内容。将《宪法》序言第七自然段中"推动物质文明、政治文明和精神文明协调发展，把我国建设成为富强、民主、文明的社会主义国家"修改为"推动物质文明、政治文明、精神文明、社会文明、生态文明协调发展，把我国建设成为富强民主文明和谐美丽的社会主义现代化强国，实现中华民族伟大复兴"。

第三，完善依法治国和宪法实施举措。《宪法》序言第七自然段中"健全社会主义法制"修改为"健全社会主义法治"。从健全社会主义法制到健全社会主义法治，是依法治国理念和方式的新飞跃。这样的修改，有利于推进全面依法治国，建设中国特色社会主义法治体系，加快实现国家治理体系和治理能力现代化。同时，在第27条增加一款，作为第3款："国家工作人员就职时应当依照法律规定公开进行宪法宣誓。"将宪法宣誓制度在宪法中确认下来，这有利于促使国家工作人员树立宪法意识、恪守宪法原则、弘扬宪法精神、履行宪法使命，也有利于彰显宪法权威，激励和教育国家工作人员忠于宪法、遵守宪法、维护宪法，加强宪法实施。

第四，充实完善了我国革命和建设发展历程的内容。将《宪法》序言第十二自然段中"中国革命和建设的成就是同世界人民的支持分不开的"修改为"中国革命、建设、改革的成就是同世界人民的支持分不开的"。

第五，充实完善了爱国统一战线的内容。将《宪法》序言第十自然段中"包括全体社会主义劳动者、社会主义事业的建设者、拥护社会主义的爱国者和拥护祖国统一的爱国者的广泛的爱国统一战线"修改为"包括全体社会主义劳动者、社会主义事业的建设者、拥护社会主义的爱国者、拥护祖国统一和致力于中华民族伟大复兴的爱国者的广泛的爱国统一战线"。实现中华民族伟大复兴的中国梦已经成为团结海内外中华儿女的最大公约数。实现中国梦,需要凝聚各方面的力量共同奋斗。

第六,充实了和平外交政策方面的内容。在《宪法》序言第十二自然段中增加"坚持和平发展道路,坚持互利共赢开放战略",将"发展同各国的外交关系和经济、文化的交流"修改为"发展同各国的外交关系和经济、文化交流,推动构建人类命运共同体"。顺应和平、发展、合作、共赢的时代潮流,统筹国内国际两个大局、统筹发展安全两件大事,为我国发展拓展广阔的空间、营造良好的外部环境,为维护世界和平、促进共同发展作出更大贡献。

第七,充实与完善国家制度与国家机构的相关内容。其一,国家制度:在宪法第1条第2款"社会主义制度是中华人民共和国的根本制度"后增写:"中国共产党领导是中国特色社会主义最本质的特征。"进一步完善社会主义民族关系与制度,将《宪法》序言第十一自然段中"平等、团结、互助的社会主义民族关系已经确立,并将继续加强"修改为:"平等团结互助和谐的社会主义民族关系已经确立,并将继续加强。"与此相适应,将《宪法》第4条第1款中"维护和发展各民族的平等、团结、互助关系"修改为"维护和发展各民族的平等团结互助和谐关系"。巩固和发展平等团结互助和谐的社会主义民族关系,有利于铸牢中华民族共同体意识,加强各民族交往、交流、交融,促进各民族和睦相处、和衷共济、和谐发展。增加倡导社会主义核心价值观的内容。将《宪法》第24条第2款中"国家提倡爱祖国、爱人民、爱劳动、爱科学、爱社会主义的公德"修改为"国家倡导社会主义核心价值观,提倡爱祖国、爱人民、爱劳动、爱科学、爱社会主义的公德"。其二,国家机构:第70条第1款中"全国人民代表大会设立民族委员会、法律委员会、财政经济委员会、教育科学文化卫生委员会、外事委员会、华侨委员会和其他需要设立的专门委员会"中的"法律委员会"修改为"宪法和法律委员会"。宪法和法律委员会将在继续承担统一审议法律草案等工作的基础上,增加推动宪法实施、开展宪法解释、推进合宪性审查、加强宪法监督、配合宪法宣传等工作职责。修改国家主席任职方面的有关规定。将《宪法》第79条第3款"中华人民共和国主席、副主席每届任期同全国人民代表大会每届任期相同,连续任职不得超过两届"中"连续任职不得超过两届"删去。第89条第6项"领导和管理经济工作和城乡建设"后面,增加"生态文明建设"的内容。增加设区的市制定地方性法规的规定。《宪法》第100条中增加一款,作为第2款:"设区的市的人民代表大会和它们的常务委员会,在不同宪法、法律、行政法规和本省、自治区的地方性法规相抵触的前提下,可以依照法律规定制定地方性法规,报本省、自治区人民代表大会常务委员会批准后施行。"在《宪法》第三章第六节后增加一节,作为第七节"监察委员会",就国家监察委员会和地方各级监察委员会的性质、地位、名称、人员组成、任期任届、领导体制、工作机制等作出规定。与此相适应,将宪法中涉及国家机关的相关条款都作了相应修改,以明确监察机关的相关制度与职权。如将《宪法》第一章"总纲"第3条第3款中"国家行政机关、审判机关、检察机关都由人民代表大会产生"修改为"国家行政机关、监察机关、审判机关、检察机关都由人民代表大会产生"。还有将《宪法》第三章"国家机构"第65条第4款"全国人民代表大会常务委员会的组成人员不得担任国家行政机关、审判机关和检察机关的职务。"修改为:"全国人民代表大会常务委员会的组成人员不得担任国家行政机关、监察机关、审判机关和检察机关的职务。"

(6) 宪法修改的规律

全国人大常委会副委员长王晨在2018年全国人大会议上作关于《中华人民共和国宪法修正案(草案)》的说明中总结了我国修宪的规律。第一,宪法内容必须符合本国国情和实际。他说,30多年来的发展历程充分证明,我国宪法有力坚持了中国共产党领导,有力保障了人民当家做主,有力促进了改革开放和社会主义现代化建设,有力推动了社会主义法治国家建设进程,有力维护了国家统一、民族团结、社会稳定,是符合国情、符合实际、符合时代发展要求的好宪法,是充分体现人民共同意志、充分保障人民民主权利、充分维护人民根本利益的好宪法,是推动国家发展进步、保证人民创造幸福生活、保障中华民族实现伟大复兴的好宪法,是我们国家和人民经受住各种困难和风险考验、始终沿着中国特色社会主义道路前进的根本法治保障。我国宪法确立的一系列制度、原则和规则,确定的一系列大政方针,具有显著优势、坚实基础、强大生命力,必须长期坚持、全面贯彻。第二,宪法内容须与时俱进。宪法只有不断适应新形势、吸收新经验、确认新成果、作出新规范,才具有持久生命力。回顾我国宪法制度发展历程,我们愈加感到,我国宪法同党和人民进行的艰苦奋斗和创造的辉煌成就紧密相连,同党和人民开辟的前进道路和积累的宝贵经验紧密相连。我国宪法必须随着党领导人民建设中国特色社会主义实践的发展而不断完善发展。这是我国宪法发展的一个显著特点,也是一条基本规律。由宪法及时确认党和人民创造的伟大成就和宝贵经验,以更好发挥宪法的规范、引领、推动、保障作用,是实践发展的必然要求。第三,宪法修改应注意维护其稳定性权威性。根据新时代坚持和发展中国特色社会主义的新形势新实践,在总体保持我国宪法连续性、稳定性、权威性的基础上,有必要对我国宪法作出适当的修改。

(7) 修宪的总体要求和原则

王晨副委员长在2018年关于修宪草案说明中总结了我国修宪的总体要求和基本原则。第一,坚持党对宪法修改的领导。坚持党中央集中统一领导,增强政治意识、大局意识、核心意识、看齐意识,坚定中国特色社会主义道路自信、理论自信、制度自信、文化自信,坚定不移走中国特色社会主义政治发展道路和中国特色社会主义法治道路,把坚持党中央集中统一领导贯穿于宪法修改全过程,确保宪法修改的正确政治方向。第二,严格依法按程序推进宪法修改。宪法第64条对宪法修改作出明确规定。在党中央领导下,通过历次宪法修改实践,已经形成了符合宪法精神、行之有效的修宪工作程序和机制。先形成《中共中央关于修改宪法部分内容的建议(草案)》,经党中央全会审议和通过;再依法形成《中华人民共和国宪法修正案(草案)》,由全国人大常委会提请全国人民代表大会审议通过。第三,充分发扬民主、广泛凝聚共识。宪法修改关系全局,影响广泛而深远,既要适应党和人民事业发展要求,又要遵循宪法发展规律。做好宪法修改工作,必须贯彻科学立法、民主立法、依法立法的要求,充分发扬民主,广泛凝聚共识,注重从政治上、大局上、战略上分析问题,注重从宪法发展的客观规律和内在要求上思考问题。第四,坚持对宪法作部分修改、不作大改。我国现行宪法是一部好宪法。对各方面普遍要求修改、实践证明成熟、具有广泛共识、需要在宪法上予以体现和规范、非改不可的,进行必要的、适当的修改;对不成熟、有争议、有待进一步研究的,不作修改;对可改可不改、可以通过有关法律或者宪法解释予以明确的,原则上不作修改,保持宪法的连续性、稳定性、权威性。

## 第三节 宪法基本原则

宪法基本原则在宪法中处于根本指导思想的地位。它不仅指导宪法的制定和修改,而且指导宪法的解释、实施。各国宪法普遍承认有四个基本原则,即人民主权、基本人权、法治和权力制约。四个基本原则是一个有机的统一整体。我国宪法也确立了四个基本原则。掌握这些基本原则的内容,对于准确把握我国宪法的精神十分重要。

**一、宪法基本原则的含义、特征和功能**

宪法的基本原则是指人们在制定和实施宪法过程中必须遵循的最基本的基本精神和准则。宪法的基本原则能贯穿每一部宪法前后，因此找到宪法提纲挈领的识别特征，也是制宪时的正当性基础。我们可以说，宪法的基本原则，是一种制宪时的政治基本决定，由制宪者加以实定化、规范化，放在宪法中。[1]

宪法基本原则作为宪法规范的构成要素，有下列特征：第一，最高性。这是由宪法调整的社会关系决定的。宪法调整的是国家最重要的基本社会关系，基本原则处于宪法中最高的层次和地位。学者认为，宪法基本原则在实质上是宪法规定的根本制度的构造原理及其内容的抽象和概括，是统治阶级在国家和社会生活各个领域意志和利益的集中体现。[2] 第二，普遍性。基本原则贯穿于宪法内容之中，始终贯穿宪制运动的整个过程；它表现为人类共同的价值追求，虽然在具体体现上各国有所区别，但基本精神和宗旨是共同的。第三，抽象性。它是对各种宪法现象和宪治实践经验的归纳和总结，是宪法价值的集中体现。与具体规则相比，基本原则内容比较抽象、模糊。除了一些基本含义之外，通常要作出解释才能明确它在适用中的具体含义。

宪法基本原则不仅是制定宪法的指导思想，而且是修改宪法、实施宪法、解释宪法和进行违宪审查的主要依据。它能弥补宪法规则的不足，矫正宪法规则的滞后性，指导宪法条文的实施，扩大宪法条文的适用范围。

多数国家和地区承认宪法有四个基本原则，即人民主权、基本人权、法治和权力制约原则。这四者之间有密切的关系，主要围绕着权力和权利展开。人民主权原则解决的是权力的来源和方向，国家权力来源于人民的授予，因此服务于人民是权力的宗旨和任务；基本人权原则解决的是宪法的根本目的和宗旨，实际上回答了权力的功能和方向。这两个原则是关于权力来源和服务宗旨的问题，是手段和目的的关系。而法治和权力制约原则都是解决如何行使权力的问题，法治是权力行使的根本原则，即依法行使权力，其目的是保障人权。而权力制约原则与前述三个原则之间都有密切关系，它是确保人民主权原则不变质的重要路径，没有权力制约，人民主权原则可能沦为少数人压迫人民的借口和工具；权力制约原则是人权保障的重要措施，是法治的核心和关键内容。

---

[1] 参见许育典：《宪法》，元照出版公司 2006 年版，第 41 页。
[2] 参见王广辉：《比较宪法学》，武汉水利电力大学出版社 1998 年版，第 97 页。

### 二、人民主权原则

1. 含义。人民主权原则又称国民主权原则或者主权在民原则,其核心是指国家权力来源于人民,属于人民。它包含三个层次。第一,人民拥有制定宪法的权力,乃是国家产生的原始权力,不可用法律甚至以宪法加以限制。第二,国家权力的来源,来源于人民的制宪权力。第三,国家的主权及领土范围,应该受国际法原理或条约的拘束及限制。[1]

人民主权有时与民主概念作为同一概念使用,二者也有区别。民主概念通常包含更丰富的含义:民主的内涵主要包括人民主权、政治意见形成过程中的自由与平等(涉及选举制度与政党政治)、与"共和"息息相关的"任期内责任的权力"。[2]

人民主权原则有重要的功能。第一,解决人民与政府之间的关系。其基本含义是,政府的权力来源于人民,所以政府必须受制于人民,为人民服务,政府不得违反人民利益和意志。第二,明确人民与宪法之间的关系,宪法是人民意志的体现和反映,是人民意志的载体,二者是两面一体的关系。尊重宪法就是尊重人民、违反宪法就是违反人民主权。第三,在纵向关系上,它解决联邦中央与州之间的关系、单一制国家的中央与地方之间的关系。在一个国家中,通常来说,地方人民的主权受制于整个国家人民的主权。当然全国性的人民主权也要尊重地方性的人民主权。第四,人民的革命权与宪制道路。不适当地滥用人民主权往往会片面夸大革命的作用,受制于宪法控制的人民主权原则则强调将宪法置于至上地位,即使是人民自己也不能随意违反宪法、损害宪法的权威和尊严。

2. 国外宪法中的体现。多数国家和地区宪法直接或者间接确立了人民主权原则。我国台湾地区的学者将其概括为:制宪权之拥有、参政权之行使、国民表达意见管道之确保、违宪审查制度之确立、民意导向之法律制定、国际法优先原则。[3]从宪法规定的内容看,主要包括:(1)有的宪法明确规定人民主权、国民主权原则。如法国《法兰西第五共和国宪法》规定:国家主权属于人民,人民通过自己的代表和通过公民复决来行使国家主权。人民中的一部分人或任何个人都

---

[1] 参见郑昆山:《从国民主权法理论释字第三二八号解释》,载《法学论丛》第173期,第40页。
[2] 参见程明修:《国家法讲义(一)——宪法基础理论与国家组织》,新学林出版股份有限公司2006年版,第121页。
[3] 参见郑昆山:《从国民主权法理论释字第三二八号解释》,载《法学论丛》第173期,第45—46页。

不得擅自行使国家主权。1946年《日本国宪法》规定:"兹宣布主权属于国民"。

（2）通过规定具体机制体现此项原则,主要有:第一,间接的代议制形式,即规定国家机关主要是议会行使权力的形式。第二,规定了某些直接人民主权形式,主要有选举权、罢免权、创制权、复决权等表现。第三,违宪审查制度。由于宪法是人民意志的载体,需要有有效的制度加以保障。违宪审查制度就是维护宪法尊严、保障人民主权原则的制度。第四,确认公民享有的基本权利和自由。如《斯里兰卡民主社会主义共和国宪法》第3条规定,在斯里兰卡,主权属于人民并不可剥夺。主权包括政府权力、基本权利和成人选举权。第4条规定,人民以下列方式行使和享有主权:人民的立法权由人民通过公民投票选出的人民代表组成的议会行使;包括国防在内的人民的执行权由人民选举的共和国总统行使;人民的司法权由议会通过根据宪法或法律设置、建立或承认的法院、法庭和机构行使;但是涉及议会和议员特权、豁免权和权力的人民司法权由议会根据法律直接行使;宪法颁布和承认的基本权利应受一切政府机关的尊重、保障和促进,除依照规定的方式和范围外,不得予以剥夺、限制或否定;凡年满18周岁、符合规定的选民资格并列入选民登记名册的公民,均有资格在共和国总统选举、议会议员选举和公民投票中行使选举权。

3. 中国宪法中的体现。我国宪法明确确立了人民主权原则,设置了若干项体现该原则的具体机制和体制。

（1）原则性规定:第2条第1款规定:"中华人民共和国的一切权力属于人民。"这是对人民主权原则的直接确认。"人民主权是指国家的最高权力来源于人民,并永远属于人民。……在我们国家,实行人民民主专政,人民是统治者,人民主权是指国家的主权属于人民,由全体人民行使当家做主的权利。"[①]

（2）具体体制和机制:第一,人民代表大会制度是人民主权原则的主要形式。第2条第2款规定"人民行使国家权力的机关是全国人民代表大会和地方各级人民代表大会。"第二,其他途径和形式。第2条第3款规定,人民依照法律规定,通过各种途径和形式,管理国家事务,管理经济和文化事业,管理社会事务。包括:通过工会、妇联等群众性组织和其他各种组织形式,参与国家管理;通过职工代表大会等各种形式,管理经济和文化事业;通过村民委员会和居民委员会等形式,管理基层社会事务;通过宪法规定的公民各项政治权利的行使,参与

---

① 许安标、刘松山:《中华人民共和国宪法通释》,中国法制出版社2004年版,第20—21页。

国家的政治生活。① 第三,选举罢免制度。宪法规定了公民享有选举权和被选举权。第四,规定了违宪审查制度。如第 62 条规定,全国人大有权改变或者撤销全国人大常委会作出的不适当的决定。第 67 条规定,全国人大常委会有权撤销国务院制定的同宪法、法律相抵触的行政法规、决定和命令;有权撤销省级人大及其常委会制定的同宪法、法律和行政法规相抵触的地方性法规和决议等。第五,规定公民广泛的权利和自由。宪法规定了广泛的权利和自由。第六,其他机制。第 29 条规定,国家的武装力量属于人民。它的任务是巩固国防,抵抗侵略,保卫祖国,保卫人民的和平劳动,参加国家建设事业,努力为人民服务。国家加强武装力量的革命化、现代化、正规化的建设,增强国防力量。

**三、基本人权原则**

1. 含义。人权是指作为一个人应该享有的权利。它不是根据一个国家或地区是否有宪法和法律规定为依据,而是以是否是一个人为确立的标准,具有明显的自然法意涵。尊重和保障人权已成为当今国际社会的普遍追求,成为各国和地区宪法普遍承认的基本原则。

世界人权发展经历了三代:第一代人权即公民人身自由权利和政治方面的权利。其代表性内容规定在联合国《公民权利和政治权利国际公约》中。第一代人权又称为消极人权,主要是对抗国家的人权。这是宪法人权传统的主要含义。第二代人权又称为社会经济权利和文化科学方面的权利。其内容主要体现在联合国《经济、社会和文化权利国际公约》中。此类人权又被称为积极权利,它是指此类权利的实现很大程度上依赖国家的帮助和介入。通常认为,1919 年德国《魏玛宪法》是第一代人权和第二代人权的分水岭。第二次世界大战结束以来,多数国家宪法中包含此类人权。第三代人权又被称为集体人权或者"连带关系权利",包括和平权、发展权、卫生环境权和人类共同遗产权等。其最大特点是,权利主体往往为集体或者一定范围的群体。

2. 其他国家和地区人权原则在宪法中的体现。有以下几种形式:

(1) 有的国家和地区宪法既规定基本人权原则,又以公民基本权利表现基本人权的具体内容。如 1946 年《日本国宪法》第 11 条规定:"不得妨碍国民享有的一切基本人权。本宪法所保障的国民的基本人权,为不可侵犯的永久权利,现

---

① 参见全国人大常委会办公厅研究室政治组编:《中国宪法精释》,中国民主法制出版社 1996 年版,第 103 页。

在及将来均赋予国民。"该条使用了"人权"一词。此外,还规定了国民谋求生存、自由以及幸福的权利;一切国民在法律面前一律平等;选举权;和平请愿的权利;请求赔偿权;不受任何奴隶性质的拘束;思想及良心的自由;宗教自由;集会、结社、言论、出版及其他一切表现的自由;居住、迁徙及选择职业的自由;学术自由,等等。

(2) 未明文规定基本人权原则,只规定公民的基本权利。美国宪法中没有使用"人权"概念,但修正案规定了一些具体的宪法权利。

(3) 确认基本人权原则,但对公民基本权利的规定较少。如法国1958年《宪法》宣布"热爱1789年的《人和公民的权利宣言》所规定的,并由1946年宪法序言所确认和补充的人权和国家主权的原则",同时在宪法中只对公民的选举权作了规定。采用这种情况的国家较少。

(4) 在一些国家宪法中,既确认基本人权原则,也规定基本权利,还规定人权,将宪法基本权利和人权分开规定。如吉尔吉斯斯坦宪法分为《人的权利和自由》《公民的权利和义务》。

3. 人权原则在中国宪法中的体现。我国宪法既确立了抽象的人权原则,又具体列举了诸多基本权利。(1) 2004年宪法修正案在宪法第33条增加1款规定,"国家尊重和保障人权"。这是宪法以抽象原则的形式确立人权原则。该条以根本法的形式确立了国家对人权负有两种义务:"尊重"与"保障"。"尊重"强调消极的不为,"保障"强调积极帮助实现。我国所有国家机关要充分认识国家对宪法权利的两种义务,既尊重人权又保障人权,在消极尊重的基础上加以积极保障,并在二者之间取得恰到好处的平衡,切实保证我国每个公民充分享受宪法所规定的权利和自由。"在宪法中作出尊重和保障人权的宣示,体现了社会主义制度的本质要求,有利于推进我国社会主义人权事业的发展,有利于在国际人权事业中进行交流和合作,具有十分重要的历史意义。"①

(2) 宪法第二章"公民的基本权利和义务"第33—50条集中列举了若干项宪法权利:平等权、选举权和被选举权、言论出版结社集会游行示威自由、宗教信仰自由;人身自由不受侵犯、人格尊严不受侵犯、住宅自由不受侵犯、通信自由和通信秘密受法律保护;监督权(批评建议申诉控告检举和赔偿请求权);劳动权;劳动者休息权;退休生活保障权;物质帮助权;受教育权、文化活动自由;男女平

---

① 许安标、刘松山:《中华人民共和国宪法通释》,中国法制出版社2004年版,第118页。

等;特殊群体;华侨归侨和侨眷。这些权利规定在宪法第二章。

(3) 以宪法政策形式表现的权利。《宪法》第 10 条规定,国家为了公共利益的需要,可以依照法律规定对土地实行征收或者征用并给予补偿。第 13 条规定,公民的合法的私有财产不受侵犯。国家依照法律规定保护公民的私有财产权和继承权。国家为了公共利益的需要,可以依照法律规定对公民的私有财产实行征收或者征用并给予补偿。

还要指出的是,有些主体不是以公民为主体,但实际上也属于政策性的权利。如宪法规定:国家保护城乡集体经济组织的合法的权利和利益;国家保护个体经济、私营经济等非公有制经济的合法的权利和利益;在中国境内的外国企业和其他外国经济组织以及中外合资经营的企业的合法的权利和利益受中华人民共和国法律的保护。

(4) 宪法中的非权利条款归根结底也是以保障人权为目的。具体说,宪法中的基本原则、宪法政策、国家权力和公民义务都以保障人权为依归。

人权保障原则具有不断扩大权利主体、扩展权利内容、增强权利保障措施等其他作用。有的国家和地区还通过将此原则与其他规则结合起来,引申出未列举的宪法权利。

**四、法治原则**

1. 定义。法治原则是相对于人治而言的一种治理国家和社会的原则,即指法的统治,是指按照良法把国家事务法律化、制度化,并严格依法进行管理的一种治国理论、制度体系和运行状态。法治是以公平正义为价值取向,以民主政治为基础,以宪法法律至上为前提,以严格依法办事为核心,以确保权力依法正当运行为重点,以保障人权为宗旨的一种价值、原则和方式。

亚里士多德提出的法治包含两重含义:已成立的法律获得普遍的服从,而大家服从的法律又应该本身是制定得良好的法律。现代很多国家和地区宪法所规定的法治基本原则通常包含下列内容:宪法是国家的最高法、要求遵循正当的法律程序、法律面前人人平等、保障公民的宪法权利和自由、维护司法独立、实行违宪审查制度。

2. 世界各国法治原则的内容及确认方式。世界各国宪法确认法治原则的基本方式有二:第一,宪法或者判例确认了法治原则,即在宪法中使用"法治"概念。如德国《基本法》有三处提到"法治国"。第 28 条规定:"各邦之宪法秩序应符合本基本法所定之共和、民主及社会法治国原则。"有的国家宪法没有使用"法治"这一概念,但司法机关在审理案件中确立"法治"是宪法的基本原则,如日本。第二,在宪法中确立了一系列体现法治原则的机制和体制。如宪法最高地位、法律面前平等原则、司法独立制度等。

3. 中国宪法规定的情况。我国宪法既有抽象的"法治"基本原则,也有体现法治原则的具体机制和体制。(1) 依法治国原则。1999年修正的《宪法》第5条增加"中华人民共和国实行依法治国,建设社会主义法治国家"。2018年宪法修正案将序言中的"健全社会主义法制"改为"健全社会主义法治"。这是以抽象形式确立法治是宪法的基本原则。

(2) 宪法确立了一些体现法治原则的具体机制和体制。第一,确立了宪法具有最高效力。这一内容规定在序言最后一段。

第二,确立了国家维护社会主义法制统一的原则。法制统一表现在立法上要严格实行法律规范的位阶制度。第5条规定:"国家维护社会主义法制的统一和尊严。""一切法律、行政法规和地方性法规都不得同宪法相抵触。"

根据宪法和立法法规定,法律规范位阶情况大致如下:宪法具有最高效力。法律效力低于宪法,高于其他法律规范效力。其中全国人大制定的基本法律效力高于其常委会制定的非基本法律。国务院根据宪法和法律制定的行政法规,效力低于宪法法律,高于其他法律规范。地方性法规分为省级地方性法规(《宪法》第100条)、设区的市地方性法规(《宪法》第100条),省级地方性法规效力低于宪法法律和行政法规,高于本级政府和下级政府规章、设区市地方性法规;设区的市地方性法规效力低于宪法法律、行政法规、省级地方性法规,高于本级政府规章。规章分为部门规章(《宪法》第90条)和地方政府规章(分为省级政府规章和设区的市、自治州政府规章)。部门规章效力低于宪法法律和行政法规;与地方性法规、地方政府规章效力等级相同。省级政府规章效力低于宪法法律、行政法规、省级地方性法规,与部门规章效力等级,高于设区的市政府规章的效力;设区的市、自治州政府规章效力等级低于宪法法律、行政法规、省级和设区的市地方性法规、省级政府规章。

第三,法治原则还表现在要求所有的政党和组织守法。宪法规定,"一切国家机关和武装力量、各政党和各社会团体、各企业事业组织都必须遵守宪法和法律。一切违反宪法和法律的行为,必须予以追究。任何组织或者个人都不得有超越宪法和法律的特权。"2018年宪法修正案在第27条增加"国家工作人员就职时应当依照法律规定公开进行宪法宣誓"。

第四,宪法规定了公民多项基本权利。保障基本权利既是宪法法治原则的根本宗旨,也是法治原则的重要内容。

第五,宪法规定了独立司法原则。第131条规定,人民法院依照法律规定独立行使审判权,不受行政机关、社会团体和个人的干涉。第136条规定,人民检察院依照法律规定独立行使检察权,不受行政机关、社会团体和个人的干涉。

第六,合宪性审查制度。宪法规定了有限的违宪审查制度。第62条规定,全国人大修改宪法,监督宪法实施,有权改变或者撤销全国人大常委会不适当的决定;第67条规定,全国人大常委会解释宪法,监督宪法实施,有权改变或者撤销国务院及省自治区直辖市国家权力机关制定的违宪及违法的行政法规、地方性法规及其规范性文件。2018年修正案将全国人大下设的"法律委员会"改为"宪法和法律委员会"。2018年,全国人大常委会作出《关于全国人民代表大会宪法和法律委员会职责问题的决定》:(1)《中华人民共和国全国人民代表大会组织法》(以下简称《全国人民代表大会组织法》)、《立法法》《中华人民共和国各级人民代表大会常务委员会监督法》(以下简称《各级人民代表大会常务委员会监督法》)、《全国人民代表大会议事规则》《全国人民代表大会常务委员会议事规则》中规定的"法律委员会"的职责,由宪法和法律委员会承担。(2)宪法和法律委员会在继续承担统一审议法律草案等工作的基础上,增加推动宪法实施、开展宪法解释、推进合宪性审查、加强宪法监督、配合宪法宣传等工作职责。

2014年10月28日,《中共中央关于全面推进依法治国若干重大问题的决定》要求,全国各族人民、一切国家机关和武装力量、各政党和各社会团体、各企业事业组织,都必须以宪法为根本的活动准则,并且负有维护宪法尊严、保证宪法实施的职责。一切违反宪法的行为都必须予以追究和纠正。党的十九大报告提出:"加强宪法实施和监督,推进合宪性审查工作,维护宪法权威。"其中合宪性审查概念首次出现在党的正式文件中。

**五、权力监督和制约原则**

1. 含义。它是为确保权力属于人民,避免权力滥用而设计各种制度和方法以规范和控制国家权力行使的原则,是人民监督权力、公民监督权力、国家机关各种权力之间相互监督、相互制约,以保障公民权利的宪法原则。它是现代国家权力配置、国家机关组织的基本原则。资本主义制度下通常使用"权力制约",而我国宪法主要使用"监督",宪法只有两个条文使用了"制约"。二者区别在于,监督通常是单向的,而制约则是双方相互监督。

2. 国外确认此项原则的形式。世界各国通过多种形式确认此项原则,有的在宪法中明确规定"分权"。如法国宪法中的《人权宣言》规定:凡权利无保障和分权未确立的社会,就没有宪法。有的通过宪法文本结构体现出来。在宪法中,除了规定横向的立法、行政和司法权力及其机关之外,还规定纵向国家机关及其权力配置。有的国家和地区通过司法判例确认分权制衡是国家机关设立和权力配置的基本原则。在资本主义国家,通常称之为三权分立或者分权原则,但不同国家和地区,权力分立和制衡的模式并不相同。美国实行总统制,相对来说,立法权、行政权和司法权实行比较彻底的分权,立法机关、行政机关和司法机关的人员、机构设置和权力配置没有交叉关系。而在其他国家则有多种多样的权力配置模式。德国实行议会内阁制;日本和英国虽然名为君主立宪制但君主是虚君,实质上实行的是议会内阁制;法国实行半总统制,等等。其共同点是坚持三权分立制约原则,即立法机关、行政机关和司法机关相互独立,形成制衡的关系。当然也有相互尊重和合作,但更强调制衡。

3. 我国宪法规定的权力制约形式。此项原则内容更丰富,除了包括国家机关之间制约监督关系外,还包括人民、公民监督公权主体。

(1) 人民对国家机关及其工作人员的监督。第一,第3条规定:"全国人民代表大会和地方各级人民代表大会都由民主选举产生,对人民负责,受人民监督。"这为人民监督制约人大及其常委会提供了依据。这一原则体现在以下三条中,第76条规定:全国人大代表应当同原选举单位和人民保持密切的联系,听取和反映人民的意见和要求,努力为人民服务。第77条规定:全国人大代表受原选举单位的监督。原选举单位有权依照法律规定的程序罢免本单位选出的代表。第102条规定:县、不设区的市、市辖区、乡、民族乡、镇的人大代表受选民的监督。地方各级人大代表的选举单位和选民有权依照法律规定的程序罢免由他们选出的代表。第二,第27条规定:一切国家机关和国家工作人员必须依靠人民的支持,经常保持同人民的密切联系,倾听人民的意见和建议,接受人民的监督,努力为人民服务。

(2) 公民对国家机关及其工作人员的监督。这是从公民权利角度体现的监督。第41条规定,公民"对于任何国家机关和国家工作人员,有提出批评和建议的权利;对于任何国家机关和国家工作人员的违法失职行为,有向有关国家机关提出申诉、控告或者检举的权利,但是不得捏造或者歪曲事实进行诬告陷害"。"对于公民的申诉、控告或者检举,有关国家机关必须查清事实,负责处理。任何人不得压制和打击报复。""由于国家机关和国家工作人员侵犯公民权利而受到损失的人,有依照法律规定取得赔偿的权利。"

(3) 横向国家机关之间的监督。主要体现在不同国家机关之间的监督与被监督关系上。

第一,人大及其常委会对一府一委两院的监督。第3条第3款规定:"国家行政机关、监察机关、审判机关、检察机关都由人民代表大会产生,对它负责,受它监督。"

第62条规定,全国人大行使应当由最高国家权力机关行使的其他职权,其中包含监督权。宪法规定国务院对全国人大及其常委会负责并报告工作;中央军事委员会对全国人大及其常委会负责;国家监察委员会对全国人大及其常委会负责;最高人民法院、最高人民检察院对全国人大及其常委会负责。《全国人大议事规则》规定,全国人大每年举行会议时,全国人大常委会、国务院、最高人民法院、最高人民检察院向会议提出的工作报告,经各代表团审议后,会议可以作出相应的决议。

《中华人民共和国人民法院组织法》(以下简称《人民法院组织法》)、《中华人民共和国人民检察院组织法》(以下简称《人民检察院组织法》)规定,最高人民法院、最高人民检察院向全国人大及其常委会报告工作。《中华人民共和国监察法》(以下简称《监察法》)规定,国家监察委员会对全国人大及其常委会负责,并接受其监督。各级监察委员会应当接受本级人大及其常委会的监督。各级人大常委会听取和审议本级监察委员会的专项工作报告,组织执法检查。县级以上各级人大及其常委会举行会议时,人大代表或常委会组成人员可以依照法律规定的程序,就监察工作中的有关问题提出询问或者质询。

《宪法》第67条规定:全国人大常委会有权监督国务院、中央军事委员会、国家监察委员会、最高人民法院和最高人民检察院的工作;撤销国务院制定的同宪法、法律相抵触的行政法规、决定和命令。这里包括了工作监督和法律监督。

《立法法》规定:国务院、中央军事委员会、最高人民法院、最高人民检察院和各省、自治区、直辖市的人大常委会认为行政法规、地方性法规、自治条例和单行条例同宪法或者法律相抵触的,可以向全国人大常委会书面提出进行审查的要求,由常务委员会工作机构分送有关的专门委员会进行审查、提出意见。前款规定以外的其他国家机关和社会团体、企业事业组织以及公民认为行政法规、地方性法规、自治条例和单行条例同宪法或者法律相抵触的,可以向全国人大常委会书面提出进行审查的建议,由常委会工作机构进行研究,必要时,送有关的专门委员会进行审查、提出意见。有关的专门委员会和常务委员会工作机构可以对报送备案的规范性文件进行主动审查。

全国人大专门委员会、常务委员会工作机构在审查、研究中认为行政法规、地方性法规、自治条例和单行条例同宪法或者法律相抵触的,可以向制定机关提出书面审查意见、研究意见;也可以由宪法和法律委员会与有关的专门委员会、常务委员会工作机构召开联合审查会议,要求制定机关到会说明情况,再向制定机关提出书面审查意见。制定机关应当在两个月内研究提出是否修改的意见,并向全国人大宪法和法律委员会、有关的专门委员会或者常务委员会工作机构反馈。全国人大宪法和法律委员会、有关的专门委员会、常务委员会工作机构根据前款规定,向制定机关提出审查意见、研究意见,制定机关按照所提意见对行政法规、地方性法规、自治条例和单行条例进行修改或者废止的,审查终止。全国人大宪法和法律委员会、有关的专门委员会、常务委员会工作机构经审查、研究认为行政法规、地方性法规、自治条例和单行条例同宪法或者法律相抵触而制定机关不予修改的,应当向委员长会议提出予以撤销的议案、建议,由委员长会议决定提请常务委员会会议审议决定。

《宪法》第104条规定:县级以上的地方各级人大常委会监督本级政府、监察委员会、人民法院和人民检察院的工作;撤销本级人民政府的不适当决定和命令。这里包括工作监督和法律监督。《立法法》规定,地方人大常委会有权撤销本级政府制定的不适当的规章。

第133条规定,最高人民法院对全国人大和全国人大常委会负责。地方各级人民法院对产生它的国家权力机关负责。第138条规定,最高人民检察院对全国人大和全国人大常委会负责。地方各级人民检察院对产生它的国家权力机关和上级人民检察院负责。

《各级人民代表大会常务委员会监督法》补充了对司法解释的监督:第31条规定,最高人民法院、最高人民检察院作出的属于审判、检察工作中具体应用法律的解释,应当自公布之日起三十日内报全国人大常委会备案。第32条规定,国务院、中央军事委员会和省、自治区、直辖市的人大常委会认为最高人民法院、最高人民检察院作出的具体应用法律的解释同法律规定相抵触的,最高人民法院、最高人民检察院之间认为对方作出的具体应用法律的解释同法律规定相抵触的,可以向全国人大常委会书面提出进行审查的要求,由常委会工作机构送有关专门委员会进行审查、提出意见。前款规定以外的其他国家机关和社会团体、企业事业组织以及公民认为最高人民法院、最高人民检察院作出的具体应用法律的解释同法律规定相抵触的,可以向全国人大常委会书面提出进行审查的建议,由常委会工作机构进行研究,必要时,送有关专门委员会进行审查、提出意见。第33条规定,全国人大宪法和法律委员会和有关专门委员会经审查认为最高人民法院或者最高人民检察院作出的具体应用法律的解释同法律规定相抵触,而最高人民法院或者最高人民检察院不予修改或者废止的,可以提出要求最高人民法院或者最高人民检察院予以修改、废止的议案,或者提出由全国人大常委会作出法律解释的议案,由委员长会议决定提请常务委员会审议。

2019年,全国人大常委会作出《关于国家监察委员会制定监察法规的决定》,增加了对监察法规的监督:国家监察委员会根据宪法和法律,制定监察法规。

监察法规可以就下列事项作出规定:① 为执行法律的规定需要制定监察法规的事项;② 为履行领导地方各级监察委员会工作的职责需要制定监察法规的事项。监察法规不得与宪法、法律相抵触。监察法规应当经国家监察委员会全体会议决定,由国家监察委员会发布公告予以公布。监察法规应当在公布后的30日内报全国人民代表大会常务委员会备案。全国人民代表大会常务委员会有权撤销同宪法和法律相抵触的监察法规。

第二,人大对人大常委会的监督。宪法规定:全国人大常委会对全国人大负责并报告工作。这是工作监督。全国人大有权改变或者撤销全国人大常委会不适当的决定。这是法律监督。地方人大也有此类监督权,县级以上的地方各级人大常委会对本级人大负责并报告工作。这是工作监督。县级以上地方各级人大有权改变或者撤销本级人大常委会不适当的决定。这是法律监督。

《立法法》规定,全国人大有权改变或撤销其常务委员会制定的不适当的法律,有权撤销全国人大常委会批准的违背宪法和《立法法》第75条第2款规定的自治条例和单行条例;省、自治区、直辖市的人大有权改变或者撤销其常务委员会制定的和批准的不适当的地方性法规。

第三,公检法三机关相互制约。《宪法》第140条规定:人民法院、人民检察院和公安机关办理刑事案件,应当分工负责,互相配合,互相制约,以保证准确有效地执行法律。

第四,检察权对审判权和行政权的监督。宪法没有明确规定,但对检察机关性质的规定体现出此种监督关系。《宪法》第134条规定:人民检察院是国家的法律监督机关。既然是法律监督机关,按照我国的体制和法律规定,检察院有权对法院和行政机关相关行为进行监督。

第五,审判权对行政权的监督。宪法没有明确规定,但确立了法院的性质。《宪法》第128条规定,人民法院是国家的审判机关。审判机关有权对相关行政争议进行审判。具体规定在《中华人民共和国行政诉讼法》(以下简称《行政诉讼法》)之中。《宪法》第131条规定:人民法院依照法律规定独立行使审判权,不受行政机关、社会团体和个人的干涉。这为法院监督行政权提供了宪法依据。

第六,监察委员会的监督。《宪法》第127条规定,监察委员会依照法律规定独立行使监察权,不受行政机关、社会团体和个人的干涉。监察机关办理职务违法和职务犯罪案件,应当与审判机关、检察机关、执法部门互相配合,互相制约。

(4) 中央对地方的监督。宪法既规定了原则也规定了具体的监督关系。宪法第3条规定:"中央和地方的国家机构职权的划分,遵循在中央的统一领导下,充分发挥地方的主动性、积极性的原则。"这一规定中的"在中央的统一领导下"体现了中央对地方的领导和监督关系。这是总的原则。具体体现在不同国家机关中,监督的关系不同。

第一,在中央和地方的人大关系上,第67条规定,全国人大常委会有权撤销省、自治区、直辖市国家权力机关制定的同宪法、法律和行政法规相抵触的地方性法规和决议。这是上下级人大之间的监督与被监督、制约与被制约关系。第100条规定,省、直辖市的人大和它们的常务委员会,在不同宪法、法律、行政法规相抵触的前提下,可以制定地方性法规,报全国人大常委会备案。设区的市的人大和它们的常务委员会,在不同宪法、法律、行政法规和本省、自治区的地方性法规相抵触的前提下,可以依照法律规定制定地方性法规,报本省、自治区人大常委会批准后施行。这是法律监督方式之一。

《立法法》规定:全国人大常委会有权撤销同宪法、法律和行政法规相抵触的地方性法规,有权撤销省、自治区、直辖市的人大常委会批准的违背宪法和《立法法》第75条第2款规定的自治条例和单行条例(自治州、自治县)。

第二,在中央与地方的行政关系上,坚持中央对地方各级政府的领导监督。《宪法》第89条规定:国务院统一领导全国地方各级国家行政机关的工作,改变或者撤销地方各级国家行政机关的不适当的决定和命令。第110条规定：全国地方各级人民政府都是国务院统一领导下的国家行政机关，都服从国务院。这些规定既包括工作上的领导和监督关系，也包括法律上的领导与监督关系。这是中央政府和地方政府之间的监督和被监督关系。

《立法法》规定，国务院有权改变或者撤销不适当的地方政府规章。

第三，国家监察委员会与地方监察委员会的关系：《宪法》第125条规定，国家监察委员会是最高监察机关。国家监察委员会领导地方各级监察委员会的工作。

第四，在中央与地方的法院关系上，体现出中央对地方法院的监督。《宪法》第132条规定：最高人民法院监督地方各级人民法院和专门法院的审判工作。这一规定表明，中央与地方各级法院之间是业务上的监督与被监督关系。再者，中央对地方法院监督的范围限于"审判工作"，而不是所有法院各个方面工作。

第五，中央与地方的人民检察院之间的监督制约关系，明显不同于法院。宪法第137条规定：最高人民检察院领导地方各级人民检察院和专门检察院的工作。这体现了中央对地方检察权的领导和被领导、监督与被监督的关系。它与中央与地方的法院之间的关系不同，体现在两方面。其一，中央与地方检察院之间是领导与被领导的关系，而法院则为监督与被监督的关系。其二，中央与地方检察院之间的领导被领导关系不限于"检察工作"，而是所有的"工作"，因此在工作之前没有"检察"字样加以限制。这一点不同于法院的"审判"。

(5) 上级对下级的监督。宪法确立了地方各级各类国家机关之间上下级之间的监督被监督关系。第一，上下级人大之间，《宪法》第104条规定：县级以上的地方各级人大常委会撤销下一级人大的不适当的决议。这是法律监督。《立法法》规定，设区的市的人大及其常委会根据本市的具体情况和实际需要，在不同宪法、法律、行政法规和本省、自治区的地方性法规相抵触的前提下，可以对城乡建设与管理、环境保护、历史文化保护等方面的事项制定地方性法规，法律对设区的市制定地方性法规的事项另有规定的，从其规定。设区的市的地方性法规须报省、自治区的人大常委会批准后施行。省、自治区的人大常委会对报请批准的地方性法规，应当对其合法性进行审查，同宪法、法律、行政法规和本省、自治区的地方性法规不抵触的，应当在四个月内予以批准。省、自治区的人大常委会在对报请批准的设区的市的地方性法规进行审查时，发现其同本省、自治区的人民政府的规章相抵触的，应当作出处理决定。第二，上下级政府之间，《宪法》

第 108 条规定:县级以上的地方各级政府有权改变或者撤销下级政府的不适当的决定。这是法律监督。同时宪法规定了工作监督。第 110 条规定:地方各级政府对上一级国家行政机关负责并报告工作。《立法法》规定,省、自治区的人民政府有权改变或者撤销下一级政府制定的不适当的规章。第三,上下级监察委之间,《宪法》第 125 条规定,上级监察委员会领导下级监察委员会的工作。第四,上下级法院之间,《宪法》第 132 条规定:上级人民法院监督下级人民法院的审判工作。这个关系与中央同地方法院之间关系相同。第五,上下级检察院之间,宪法第 137 条规定,上级人民检察院领导下级人民检察院的工作。

(6) 本级政府对工作部门的监督。政府与其工作部门之间是领导与被领导、监督与被监督的关系,既有工作领导和监督关系,也有法律领导和监督关系。《宪法》第 89 条规定,国务院有权改变或者撤销各部、各委员会发布的不适当的命令、指示和规章。这是法律监督关系。第 108 条规定,县级以上的地方各级政府领导所属各工作部门和下级政府的工作,有权改变或者撤销所属各工作部门和下级政府的不适当的决定。这里包括了工作领导和监督关系,也包括了法律上的领导与监督关系。

(7) 授权机关对被授权机关的监督。《立法法》规定,根据授权制定的法规应当报授权决定规定的机关备案;经济特区法规报送备案时,应当说明对法律、行政法规、地方性法规作出变通的情况。授权机关有权撤销被授权机关制定的超越授权范围或者违背授权目的的法规,必要时可以撤销授权。

综上,我国宪法规定了国家机关之间权力监督、制约关系。与其他国家和地区相比,我国的权力监督主要是单向性监督,如上级能够监督下级,下级则不能监督上级;中央能够监督地方,而不能反过来;人大可以监督人大常委会,不能反过来;人大及其常委会可以监督一府一委两院,后者不能监督前者。再者,我国的司法机关在权力监督体制中地位较低,受监督受制约较多。

# 第二章 宪法权利与义务

公民基本权利和义务在宪法中处于核心地位,是宪法性质、功能的集中体现,是衡量一个国家宪法质量和宪制水平的重要指标。尊重和保障人权是立宪的根本宗旨。了解一个国家宪法,不仅要了解公民宪法权利和义务的内容及其精神,也要考查宪法权利和义务实施的情况。我国宪法规定了公民享有广泛的权利和自由,也规定了公民必须履行的宪法义务。公民权利与义务之间是相互依赖、相互制约的对立统一关系。通过本章学习,要正确理解宪法每一种权利和自由的正确含义,增强依法行使权利自由和自觉履行宪法法律义务的观念,正确处理好权利义务的关系。2020年发生的新冠肺炎疫情警示我们,每个人要增强社会责任感,在行使自由和权利时,不得损害国家的、社会的、集体的利益和其他公民的合法的自由和权利。

## 第一节 公民基本权利与义务概述

### 一、概念和特征

宪法权利是指由宪法规定或者虽然未规定在宪法之中但经由宪法判例确认的公民享有的自由和权利。宪法上的权利,更具体地说,是"宪法所保障的权利",而非"宪法所赋予的权利"。[①]宪法权利通常被称为基本权利,是指人作为人所享有的固有权利,即由人性所派生的或为维护"人的尊严"而应享有的、不可或缺的、具有重要意义的权利。[②]林来梵教授认为,基本权利是私主体针对公权力所享有的权利,主要包括两个方面:公权力不得不当侵犯,包括通过立法不当侵犯;在延伸的意义上,公权力必须针对其他方面的侵犯而对受侵犯主体予以保护,包括通过立法予以保护。[③]

---

[①] 参见韩大元、林来梵、郑贤君:《宪法学专题研究》,中国人民大学出版社2004年版,第258页。
[②] 参见《宪法学》编写组:《宪法学》,高等教育出版社、人民出版社2011年版,第196页。
[③] 参见林来梵:《宪法学讲义(第三版)》,清华大学出版社2018年版,第300页。

关于基本权利的特点,学界有不同概括,有的概括为:固有性与法定性、不可侵犯性和受制约性、普遍性和特殊性。① 本书概括为:第一,主要是指个人享有的权利,后来所保障的主体逐步扩大,保护某些集体或者组织的权利。第二,主要是针对国家享有的权利,后来被扩大适用来拘束某些私人之间的关系。第三,早期的基本权利主要针对国家的防御性权利,通常指国家不得随意干涉或者限制公民个人权利。现代意义的基本权利除了消极权利功能之外,已扩展到要求国家积极作为以帮助个人权利得以实现的权利。第四,基本权利需通过一定途径予以实现。越来越多的国家和地区为公民宪法权利受侵害提供了违宪审查的救济制度。

现代世界上多数国家宪法有专章规定这方面的内容。从宪法说,本章内容主要对应我国《宪法》第二章"公民的基本权利和义务",但公民的基本权利并不局限于《宪法》第二章的内容。比如,《宪法》第13条财产权规定在第一章"总纲"中,学界一般认为它也是宪法权利。法国《第五共和国宪法》序言中提到"人权和公民权宣言",宪法权利多数包含在序言提到的文件中。也有些权利可能规定在国家机关的内容中。如法国《法兰西第五共和国宪法》第五章"议会和政府的关系"第34条规定:法律应由议会投票通过。法律规定有关下列事项的准则:公民权利和给予公民关于行使公共自由的基本保障;为了国防对公民在人身上和财产上所设定的负担;国籍、人的身份和能力、婚姻制度、继承和赠与;关于重罪和轻罪的确定和对它们可以适用的刑罚;刑事诉讼程序;赦免;新的审判制度的创设和司法官的地位;各种性质的赋税的征税基础、税率和征收方式;货币发行制度。这些涉及公民宪法上多方面的权利。我国1949年的《共同纲领》第一章总纲规定了相关的权利和义务。

从发展观看,基本权利的发展趋势是:从法律保障到宪法保障、从自由权到社会权、从国民权到人权②、从国内到区域和世界性保护。

### 二、分类

学界依据不同标准对基本权利作不同分类。

1. 先国家性和国家性基本权利。这是以基本权利的特性区别为标准作出的分类。前者是指一个人生来即享有的权利,无须国家规定,国家更不得剥夺。

---

① 参见林来梵:《宪法学讲义(第三版)》,清华大学出版社2018年版,第302—306页。
② 参见李惠宗:《宪法要义》,元照出版公司2001年版,第90—91页。

宪法即使对此加以规定，也不过是一种宣示。此类权利包括人性尊严、生命权、人格发展自由或信仰自由与良心自由等。其特点有普遍性、固有性、不可侵犯性、永久性。后者是指由国家所赋予的权利。宪法是否赋予或赋予何种范围以及何种内容，由宪法价值决定。例如德国人民依《基本法》第8条，享有和平及不持有武器的集会之基本权利。①

2. 自由权、受益权和参政权。这是根据公民相对于国家的四种不同地位作出的分类。自由权是公民在国家中处于消极地位而派生出的权利，即公民可排除或免于国家干涉的消极权利，如人身自由、精神自由和经济自由。受益权是指公民在国家中的积极地位派生出的权利，如请愿权等。参政权是指公民在国家中的能动地位派生出的权利，即选举权和被选举权等政治权利。

3. 德国公法学家耶利内克的分类。他认为，相对于国家，个人有四种地位，由此演化为一种义务和三种权利。他说的四种地位是指：第一，个人针对国家处于被动地位，由此派生出"对国家的给付"。这是被动的，国家要求个人给付的东西包括纳税、服兵役等。第二，个人针对国家处于消极地位。由此派生出"免于国家支配作用的自由"。相当于自由权，有人身自由、精神自由和经济自由。第三，个人针对国家的积极地位，由此派生出"对国家的请求"。据此可以要求国家为个人做什么。比如，裁判请求权就是要求国家对自己涉及的某个案件进行审判的权利。再如，个人生活困难需要国家给予物质帮助，这就是生存照顾的请求权。积极地位和消极地位是对应的：消极地位是指主体保护自己的利益不受侵害，积极地位是主体积极地寻求某种利益。第四，个人对于国家处于能动地位上，由此派生出"为了国家的给付"。它是指为了国家能存在下去，个人需要做一些事情。主要包括两种：其一，选举权和被选举权；其二，担任国家公职的权利。②

4. 消极权利和积极权利。英国政治哲学家柏林将自由分为积极自由和消极自由。受其影响，宪法学界将权利分为消极权利和积极权利。前者是指个人要求国家权力作出相应不作为的权利，自由权就属于这一类型。后者是指个人要求国家作出相应作为的权利，如参政权和社会权都属于这一类。③

其他分类如免于国家干预的自由、参与国家事务的自由以及国家给予的自

---

① 参见李惠宗：《宪法要义》，元照出版公司2001年版，第92页。
② 参见林来梵：《宪法学讲义（第三版）》，清华大学出版社2018年版，第317—319页。
③ 同上书，第319—320页。

由;具体权利和抽象权利;①基本人权与国民权、个人权与集体权、不可限制与可限制的基本权等。②

我国宪法规定的基本权利主要集中在第 33—50 条,学界对其分类多种多样。有的学者将其分类为平等权;政治权利和自由;宗教信仰自由;人身自由;批评、建议、申诉、控告、检举权和取得赔偿权;社会经济权利;文化教育权利和自由;妇女的权利和自由;有关婚姻、家庭、老人、妇女和儿童的权利;华侨、归侨和侨眷的权利。③ 也有学者将其分类为:公民的政治权利和自由;宗教信仰自由;人身自由与安全保障;社会经济权利;受教育权和文化活动自由;妇女、儿童、婚姻、家庭受保护权;华侨、归侨和侨眷正当合法权益受保护权。④另有学者将学理分类与宪法规定结合起来,分类为:平等权、政治权利、宗教信仰自由、人身自由、社会经济权利、文化教育权利、监督权与请求权。⑤ 本书主要采用此种分类。

### 三、公民和人民

中华人民共和国成立初期,我国曾经将"国民"作为"公民"的同义词使用。《共同纲领》中使用的是"国民"的称谓。1953 年《中华人民共和国全国人民代表大会及地方人民代表大会选举法》用"公民"取代了"国民"的称谓。1954 年宪法正式使用"公民"。

#### (一)公民

公民是指具有一个国家国籍的个人。凡具有一个国家国籍的人就是该国公民。我国《宪法》第 33 条规定:"凡具有中华人民共和国国籍的人都是中华人民共和国公民。"公民作为一个特定的法律术语,其特定的内涵是法律上的权利与义务。也就是说,公民一词在法律上说,是与具体的权利和义务密切联系的。因此,公民概念的完整表述应当是:公民是指具有一个国家国籍,并根据该国宪法和法律享受权利、承担义务的自然人。

公民具有以下要素:第一,公民是自然人。自然人是生物意义上的人,即自然生存的人。自然人要成为公民必须具备法律上的相应的资格,但公民首先必

---

① 参见《宪法学》编写组:《宪法学》,高等教育出版社、人民出版社 2011 年版,第 197—198 页。
② 参见李惠宗:《宪法要义》,元照出版公司 2001 年版,第 92—93 页。
③ 参见吴家麟主编:《宪法学》,群众出版社 1983 年版,第 364—386 页。
④ 参见全国人大常委会办公厅研究室政治组编:《中国宪法精释》,中国民主法制出版社 1996 年版,第 146—147 页。
⑤ 参见《宪法学》编写组:《宪法学》,高等教育出版社、人民出版社 2011 年版,第 198 页。

须是自然人,这也是公民身份取得的基础。第二,公民是反映个人与国家之间关系的概念。属于某一国的公民,即享有该国宪法和法律所确认的权利,同时也负有该国宪法和法律所规定的义务。公民资格是享有权利和承担义务的法律前提。我国现行宪法对外国人权利保护的规定,放在了"总纲"部分,而没有放在"公民的基本权利和义务"一章中,就是因为外国人不具备我国公民资格,不能享受我国宪法和法律所确认的权利。第三,公民概念意味着人与人之间的平等性,因为每个人都具有一个相同的身份即公民。任何人不管其出身、地位、能力如何,他首先是公民。法律不承认任何特殊公民。公民这一概念普遍适用于全体社会成员,反映了人类社会的进步和发展,是人类文明程度提高的重要体现。①第四,公民不同于人民,它们是含义不同但又非常接近的概念。公民是一个法律概念,是与外国人相对应的概念;人民是政治意义上的概念,在我国,它是与敌人相对应的政治概念。人民是国家权力的所有者,公民是法律上权利义务的主体。公民的范围比人民的范围广泛,一切具有中国国籍的人都是公民,享有法律上的权利,承担法律上规定的义务。而人民是指全体社会主义劳动者、社会主义事业的建设者、拥护社会主义的爱国者、拥护祖国统一和致力于中华民族伟大复兴的爱国者。②

(二) 国籍

国籍是指个人属于某个国家的法律上的身份。一个人具有了某个国家的国籍,就被认为是该国的公民,就享有该国宪法和法律规定的权利和履行该国宪法和法律规定的义务。因而国籍是区分一个人是本国人还是外国人的唯一标准。

国籍反映了个人同某一特定国家的固定的法律联系,一般都把国籍看作每个人的不容剥夺的权利。联合国《世界人权宣言》就宣称:"人人有权享有国籍。""任何人之国籍不容无理褫夺。"国籍对于每一个人都是至关重要的,只有凭借国籍,个人才能取得一个国家赋予公民的政治、经济权利和各种待遇,个人的权利在国际上才可以获得本国的保护。

国籍是公民资格取得的唯一的法律要件,但国籍并不等于公民资格,两者既有联系,也有区别。一般来说,国籍概念的范围要比公民资格更为宽泛。公民资格仅限于自然人,而国籍并非为自然人所特有,法人、船舶、航空器等也可以拥有

---

① 参见徐显明主编:《公民权利通论》,群众出版社1991年版,第88页。
② 参见许安标、刘松山:《中华人民共和国宪法通释》,中国法制出版社2004年版,第112页。另参见《2018年宪法修正案》。

国籍。

现代国家国籍法中,一般有两种取得国籍的方式:一种是因出生而取得国籍,称为出生国籍或原始国籍;另一种是因加入而取得国籍,称为继有国籍。国籍的原始取得,即出生国籍是国籍取得的最主要、最普遍的形式,各国国籍法对此都有规定,但所采用的原则并不相同。有的采用血统主义原则,即确定一个人的国籍以他出生时父母的国籍为准,不管他出生在何国;有的采用出生地主义原则,即一个人的国籍以他的出生地所属的国家为准,不管其父母属于哪个国籍;有的采用血统主义和出生地主义相结合的原则,其中有的是以血统主义为主、出生地主义为辅,有的则是以出生地主义为主、血统主义为辅。现代国家大多数采取血统主义和出生地主义相结合的原则确定国籍的取得。

对于继有国籍,现代国家一般采用两种方式:一是根据当事人的申请取得一国的国籍,另一种是不根据当事人的申请,而是根据法律规定的一定事实的出现而取得一国的国籍,如婚姻、收养、领土转移等法定事实的发生而取得新的国籍。

《中华人民共和国国籍法》(以下简称《国籍法》)对国籍的确定,规定了以下基本原则:其一,血统主义和出生地主义相结合的原则。《国籍法》第4条规定:"父母双方或一方为中国公民,本人出生在中国,具有中国国籍。"第5条规定:"父母双方或一方为中国公民,本人出生在外国,具有中国国籍;但父母双方或一方为中国公民并定居在外国,本人出生时即具有外国国籍的,不具有中国国籍。"第6条规定:"父母无国籍或国籍不明,定居在中国,本人出生在中国,具有中国国籍。"也就是说,凡是符合上述三种情况之一的,均可依法取得中国国籍。其二,不承认双重国籍的原则。《国籍法》第3条规定:"中华人民共和国不承认双重国籍。"由于各国关于取得国籍的具体条件不同,因出生、婚姻、收养、认领、申请入籍等情况均有可能产生双重国籍。《国籍法》不承认具有中国国籍的人同时具有外国国籍,也不承认具有外国国籍的人同时具有中国国籍。《国籍法》第9条规定:"定居外国的中国公民,自愿加入或取得外国国籍的,即自动丧失中国国籍"。其三,民族平等的原则。《国籍法》第2条规定:"中华人民共和国是统一的多民族的国家,各民族的人都具有中国国籍。"其四,男女平等原则。第4条、第5条和第6条中关于出生国籍的规定,第7条至第9条关于加入或退出国籍的规定都体现了这一原则。

对于继有国籍,《国籍法》只就自愿申请加入中国国籍的条件和程序作了规定,婚姻、收养事实不能直接产生继有国籍,但可以作为申请加入国籍的理由。

根据《国籍法》第 7 条规定,以下外国人或无国籍人有权申请加入中国国籍:(1) 中国人的近亲属,包括配偶、父母、子女、同胞兄弟姊妹等;(2) 定居在中国的;(3) 有其他正当理由的。具有上述条件之一者有权提出入籍申请,本人在国内的,可以向当地市、县公安局申请;本人在国外的,可以向中国外交代表机关或领事机关申请。若本人未满 18 周岁,可由其监护人或其他法定代理人代为办理申请手续。

### (三) 人权与公民权

在宪法和法律上,人权、公民权和公民基本权利是相互联系、但又有区别的重要概念。对人权的保障是现代国家宪法的基本价值取向,但一个国家宪法和法律所确认并保护的,并不是抽象的人权,而是被国家的宪法和法律所具体化的人权,即公民权和公民的基本权利。

人权是指作为一个自然人所享有的权利。将人权在国内法上予以确认,就成为公民权,即公民依照宪法和法律所享有的各种权利。而这部分权利中最为重要的、以宪法的形式加以确认的,就成为公民的基本权利,或宪法权利。公民权也称公民权利,是指由宪法和法律所确认的并通过国家强制力保障实现的人权。人权是公民权构成的基础和源泉,公民权是人权的重要的政治法律表现,公民权的初始状态和早期形式就是人权。宪法主要是通过对公民权的规定体现人权的,可见,公民权是人权与宪法相联系的纽带。

人权与公民权是两个既有联系又有区别的概念。主要区别在于:首先,人权是一个人所应当享有的权利,它具有应然性;公民权是国家的宪法和法律所保护的公民实现其相关利益的资格,具有实然性。其次,从人权和公民权的概念和内容的产生时间来看,近代人权理论是 17、18 世纪资产阶级启蒙思想家在反对封建专制统治时作为思想理论武器提出的,而公民权观念的产生比人权早得多。在古希腊、罗马奴隶制国家的法律中就已规定了公民权。最后,人权有个人人权和集体人权之分,范围较大;公民权仅指个人人权。

### 四、基本权利的主体

它是指基本权利的保护对象,即谁可以享有基本权利,将基本权利提出作为请求,并就此刻实现对其有利之处。我国学界通常将我国基本权利主体分为三类,即一般主体、特殊主体和特定主体。一般主体是指最普遍性的、可以享有最为广泛的基本权利的主体。"公民"即为我国宪法规定的基本权利的一般主体。

《宪法》第 33 条规定,凡具有中华人民共和国国籍的人都是中华人民共和国公民。《宪法》第二章多数条款规定的基本权利的主体均为"公民"。法人和外国人是享有宪法权利的特殊主体。这两类主体不能成为多数宪法权利的主体,只能享有某些作为一般主体的公民所享有的宪法权利,但又不完全享有所有的宪法权利。特定主体首先是指享有某种或某些特定的基本权利的主体;其次,根据我国宪法规定,妇女、婚姻、家庭、母亲和儿童均可视为宪法权利的特定主体;再次,外国人对于因为政治原因要求避难的可以给予受庇护的权利。[①]这个归类也有些不足,如胎儿是否权利主体、我国《宪法》第 43 条规定的"劳动者"如何归类等。

我国台湾地区学者将基本权利主体分为两类:自然人、法人和非法人。前者包括国内公民和外国人,后者包括社团、协会与其他法人和非法人组织。[②]结合我国宪法,本书将基本权利的主体分类如下。

(1)自然人,包括公民、外国人、胎儿和其他相关主体。第一,我国宪法规定的基本权利多数是指中国公民。第二,中国公民中除了一般泛称为公民外,还有一些特定特殊的公民或者一般公民须在符合某些条件下才能享有某种权利。如《宪法》第 43 条规定,劳动者有休息的权利。第 44 条规定,退休人员的生活受到国家和社会的保障。第 45 条规定,公民在年老、疾病或者丧失劳动能力的情况下,有从国家和社会获得物质帮助的权利。国家发展为公民享受这些权利所需要的社会保险、社会救济和医疗卫生事业。国家和社会保障残废军人的生活,抚恤烈士家属,优待军人家属。国家和社会帮助安排盲、聋、哑和其他有残疾的公民的劳动、生活和教育。第 48 条规定,妇女在政治的、经济的、文化的、社会的和家庭的生活等各方面享有同男子平等的权利。第 49 条规定,婚姻、家庭、母亲和儿童受国家的保护。第 50 条规定,国家保护归侨和侨眷的合法的权利和利益。第三,《宪法》第 50 条规定,国家保护华侨的正当的权利和利益。第四,外国人。中国保护在中国境内的外国人的合法权利和利益,在中国境内的外国人必须遵守中国的法律。中国对于因为政治原因要求避难的外国人,可以给予受庇护的权利。第五,胎儿。德国将胎儿作为宪法上的"人"使其获得生命权的保障。在 1975 年西德堕胎免罚案中,联邦宪法法院根据《基本法》第 2 条第 2 款"人人有

---

① 参见韩大元、林来梵、郑贤君:《宪法学专题研究》,中国人民大学出版社 2004 年版,第 262—266 页。

② 参见许育典:《宪法》,元照出版公司 2006 年版,第 121—127 页;李惠宗:《宪法要义》,元照出版公司 2001 年版,第 103—105 页。

生命与身体之不可侵犯权"的规定,认为"'每个人'意味着'每个活着的个人',或换言之,每个具备生命的个人;因此,'每个人'还包括未曾出生的人类"。而且,"人类生命一旦存在,它就有权获得人类尊严,决定性问题并非是这项尊严的主体是否意识到它,并知道如何去保护它"。而美国否定胎儿为宪法上的"人"。① 我国宪法对此问题没有规定。《中华人民共和国民法典》(以下简称《民法典》)第16条规定,涉及遗产继承、接受赠与等胎儿利益保护的,胎儿视为具有民事权利能力。但是,胎儿娩出时为死体的,其民事权利能力自始不存在。第1155条规定,遗产分割时,应当保留胎儿的继承份额。胎儿娩出时是死体的,保留的份额按照法定继承办理。由于《民法典》是根据宪法制定的,这说明宪法承认对胎儿相关权利的保护。

(2) 法人和非法人组织。法人有私法人与公法人的区别。前者分国内私法人与国外私法人;公法人有国家和自治团体。国内私法人可作为基本权利的主体,但限于其本质上合格者。国外私法人在本国是否有主张基本权的余地,须就个案考查。如国外公司并不能在他国主张营业自由,但却享有诉讼权等。国内公法人,包括国家本身与地方自治团体,通常不属于基本权利的主体。政党是特别的国内私法人,在本质符合的范围内,则为基本权利的主体。非法人团体也具有基本权利主体的性质。② 在德国,《基本法》第19条第3款规定:"基本权利亦适用于国内法人,但以依其性质得适用者为限。"据此,法人享有基本权利的情况取决于所主张的基本权利的性质。美国宪法没有规定公司是否可以成为基本权利的主体。联邦最高法院早期否定,后来又逐渐承认法人可以成为基本权利的主体。公法人在一般情况下不能成为基本权利主体,但在特殊情况下,也成为某些基本权利的主体。③

**五、基本权利的效力**

它是指宪法基本权利规范在法律上所拘束的对象与范围。拘束对象与范围是同一问题。基本权利的适用范围指的是基本权利的限制对象,即受基本权利拘束的对象。④ 从拘束对象来说,主要有四种对象。第一,公权力主体。古典的

---

① 参见胡锦光主编:《宪法学关键问题》,中国人民大学出版社2014年版,第137页。
② 参见李惠宗:《宪法要义》,元照出版公司2001年版,第104—105页。
③ 参见胡锦光主编:《宪法学关键问题》,中国人民大学出版社2014年版,第138页。
④ 参见许育典:《宪法》,元照出版公司2006年版,第131页。

基本权利所适用的对象只限于人民与国家间的垂直关系,基本权利只能对抗国家。这种情况也包括国家将一部分公权力委托私人行使的情形,受委托行使公权力的团体或私人同样受基本权利的拘束。第二,第三人效力。就基本权利是否适用于私人之间,学界有三种学说,即不适用说、间接适用说和直接适用说。学界与实务通常采用间接适用说。即私人关系的当事人间如果要主张基本权的拘束力,须举证证明某一契约条款或特定的法律行为已对基本权造成侵害,属于"违反公共秩序或善良风俗"。当然,私人团体如果与国家权力机制具有密切联系或受国家财政补助的,应视同国家机关(准国家机关),直接适用基本权规定,不是透过间接适用说。准国家机关主要包括履行公共任务的国有企业,如自来水公司、电力公司,但如果属通常市场经济的竞争者,不得直接适用基本权利;国库法定经常补助的财团或社团法人,如私立学校;经由特许成立的私人团体,如电视媒体;具有高度公共性的私法团体,如政党。第三,国库。它是指从事私法行为的国家的代称。主要行为有三种类型,即行政财产的获致,如办公用品的购入、房舍的兴建;营利经济行为,如各种国有经济事业;以私法形式达成公共任务的行为,如水电的供应、公共交通工具的供给。在这三种类型中,第三类应受基本权利的拘束,这一点无争议。前两种行为,通说反对使其受基本权利的拘束。也有少数人认为,在特殊情况下,应受基本权利的拘束。第四,特殊团体——政党。政党对基本权的影响不亚于一般政治团体。政党受基本权拘束可能发生在下列情形下:政党对其党员的处分很重以至于开除党籍的,导致被开除者基本权利受影响;再者,基本权利有课予国家防止基本权利受团体侵害的义务,因此国家应设立制度,就此类情形,经由司法途径予以救济,基本权利有拘束的可能。①

**六、保障与限制**

1. 保障的含义。我国学界所称基本权利的保障通常有三种含义:(1) 公权力尊重公民基本权利(主要是第一代自由权),不得随意侵害。此为权利的消极防御(保护)功能。(2) 公权力积极介入和帮助公民实现某些基本权利(主要是第二代人权),此为人权的积极保护功能。我国《宪法》第33条规定"国家尊重和保障人权"即反映了上述两方面含义。(3) 基本权利受害后,可以有切实有效的救济途径和机制。

---

① 参见李惠宗:《宪法要义》,元照出版公司2001年版,第105—108页。

2. 保障模式。世界各国主要有三种保障模式：

（1）绝对保障模式。指宪法规定的基本权利由宪法本身加以保障，其他法律规范不得任意限制或者规定例外情形。如美国宪法修正案第1条规定："国会不得制定关于下列事项的法律：确立宗教或禁止信教自由；剥夺人民的言论自由或出版自由；剥夺人民和平集会以及向政府申冤请愿的自由。"绝对保障并非仅指宪法规定，更重要的是指要有有效的违宪审查制度加以保障。

（2）相对保障。它是指公民的权利虽由宪法加以规定，但允许法律规范对宪法基本权利加以限制或者克减。宪法通常有明示或者默示允许法律对基本权利加以限制。如我国《宪法》第13条规定，公民的合法的私有财产不受侵犯。国家依照法律规定保护公民的私有财产权和继承权。国家为了公共利益的需要，可以依照法律规定对公民的私有财产实行征收或者征用并给予补偿。第40条规定，公民的通信自由和通信秘密受法律的保护。第41条规定，由于国家机关和国家工作人员侵犯公民权利而受到损失的人，有依照法律规定取得赔偿的权利。第44条规定，国家依照法律规定实行企业事业组织的职工和国家机关工作人员的退休制度。上述条文中的"受法律的保护""依照法律规定"等体现了宪法权利的具体实现需要根据法律的规定予以实施。我国《立法法》第8、9条对法律保留事项也作了相应的规定。

（3）混合保障默示。它是指前述两种方式的混合，既有实效性的违宪审查制度保障基本权利，也有将某些基本权利的保障授予法律加以细化。德国主要采用这种方式。

我国宪法基本权利保障模式类似于相对保障。根据宪法规定，全国人大及其常委会监督宪法的实施，全国人大常委会解释宪法。可见，基本权利的保障可以通过全国人大及其常委会行使宪法监督权得到实现。在实践中，保障基本权利的主要途径是由一般法律对各种基本权利的内容作具体界定并予以保障。换言之，我国宪法首先对基本权利进行规定，普通法律则依据宪法有关规定对基本权利作出具体界定，在法律规定的范围内对基本权利加以保障。[①]

学界在谈到宪法基本权利的保障时，还有一种广义的解释，除了宪法自身的直接保障外，还包括立法保障、行政保障和司法保障。即由立法机关通过行使立法权制定法律、由行政机关通过执行宪法和法律、通过司法机关履行宪法和法律

---

① 参见《宪法学》编写组：《宪法学》，高等教育出版社、人民出版社2011年版，第205页。

规定的职责来保障宪法基本权利的实现。如我国除了全国人大及其常委会制定法律属于宪法保障外,有立法权的地方人大及其常委会制定地方性法规,对公民宪法基本权利作出具体落实,也属于立法实施。

再如,国务院制定行政法规实施法律也属于行政机关实施宪法的方式,是保障公民基本权利的方式。国务院2014年的《社会救助暂行办法》就属于实施宪法的社会保障权。又如,《宪法》第131条规定,"人民法院依照法律规定独立行使审判权,不受行政机关、社会团体和个人的干涉"。法院在审理具体案件时,不得违反这一规定。如果按照这一原则审理案件,就是保障宪法的实施。法院在审理案件适用一般法律时,对一般法律条文含义所作的解释和理解,不得违反宪法基本权利、不得给公民行使宪法权利造成沉重的负担,否则法院作出的判决可能违反法律,同时也有违宪法精神。

3. 基本权利的限制。大多数基本权利都是相对的权利,并非绝对不可限制。这种限制包括内在限制和外在限制。前者指基本权利基于其自身性质所伴随的、存在于基本权利自身的限制。基本权利自身限制通常包含不能侵犯或损害其他基本权利或其他主体的基本权利或者公共利益。如言论自由,其自身的性质决定了它不能侵害他人的隐私权、名誉权,也不能侵害公共利益。我国《宪法》第51条规定,公民在行使自由和权利的时候,不得损害国家的、社会的、集体的利益和其他公民的合法的自由和权利。这就是内在限制的依据。

外在限制是指从基本权利的外部所施加的并为宪法的价值目标本身所容许的限制。这种限制不是基于某种权利的行使可能对其他权利构成侵犯才产生的,甚至也不存在明显的权利冲突,而是仅仅基于公共政策,主要是公共福利而对基本权利所施加的一种限制,这些限制也为宪法本身的价值所容许。外在限制只适用于部分权利,主要表现为现代宪法根据社会公共福利的需要对经济自由所施加的限制,往往被称为公共政策上的制约。最典型的就是对私有财产的限制。现代各国对财产权进行限制,往往既有内在限制也有外在限制。如果因为私有财产权的行使与其他权利或者公共利益发生冲突,为此加以限制,就属于内在限制。而为了增进公共利益,而对私有财产权加以必要的限制,就属于外在限制。我国《宪法》第13条第3款规定:国家为了公共利益的需要,可以依照法律规定对公民的私有财产实行征收或者征用并给予补偿。这里的"征收或者征用"就是外在限制。①

大多数基本权利有界限,但也有少数基本权利没有界限。最典型的是内心自由,包括良心自由、思想自由。还有学者认为,人的尊严、获得公正的审判的权利也属于没有界限的。

法律对基本权利的限制本身是受宪法精神限制的,这种限制成为"限制的限制"。如果立法对基本权利的限制超越宪法权利的根本精神和限度,这种限制失去正当性。立法上对基本权利的限制要接受违宪审查。对限制基本权利的公权行为要经得起对基本权利限制的限制。通常,这种限制要接受违宪审查三步骤的审查。第一,对公权行为限制目的进行审查。公权行为对基本权利进行限制必须目的正当、合宪。如果目的不正当、不合宪,限制目的就通不过审查。如有的城市为了限制外地人到本地工作、生活,其目的是担心外地人抢了本地人的就业岗位。这个目的就是违宪的。第二,限制的手段是否合宪、正当。通过考查采取的手段是否符合事物的本质要求。如有的地方规定,不得为男性领导干部配备女性工作人员。这个手段就不正当。第三,限制基本权利的手段是否符合比例原则。这是限制手段与限制目的之间是否存在合适关系的标准。比例原则具体包括三个子项原则。其一,适当性原则要求规制手段与规制目的之间存在合理的关联,即手段是否能为实现目的服务。其二,必要性原则,要求规制手段与规制目的的实现必须是最低必要限度的。其三,狭义的比例性原则,即因规制手段所获得的利益与失去的利益之间是否达成大致的平衡,是否产生得不偿失的后果。

### 七、基本义务的含义和特征

基本义务又称宪法义务,国内学界大多从消极功能上对此作出界定,认为它是指宪法所规定的公民必须履行的责任。② 我们将其界定为:宪法义务是通过成文宪法、宪法性法律、国际或区域性人权公约、宪法解释、宪法判例、宪法惯例等确认或默认的宪法规范的组成部分,它在字面上表现为宪法给公民施加的必须履行的最重要的责任,具有限制公民权利的功能,但其实质是授予和拘束国家权力、保障公民权利的规范。一方面,宪法义务规范有授权功能,授予国家机关(主要是立法机关)根据宪法义务的要求给公民设定法律义务。另一方面,它具

---

① 参见林来梵:《宪法学讲义(第三版)》,清华大学出版社2018年版,第347页。
② 参见胡锦光、韩大元:《中国宪法》,法律出版社2004年版,第305页。

有限权功能,要求国家机关在设定法律义务时必须遵守宪法精神,不得侵犯公民宪法权利。这种关系为阐明宪法义务的人权保障功能奠定了基础。①

**八、基本权利与义务的关系**

公民基本权利和基本义务有密切的关系,表现如下:(1)二者统一于整体的法律制度中。《宪法》第 33 条规定,任何公民享有宪法和法律规定的权利,同时必须履行宪法和法律规定的义务。但在具体法律关系中,二者并不一定完全具有一一对应的关系。(2)同一个事项同时具有权利和义务双重性质。如《宪法》第 42 条规定,公民有劳动的权利和义务。第 46 条规定,公民有受教育的权利和义务。(3)行使权利要承担相应的义务,接受相应的限制。《宪法》第 51 条规定,公民在行使自由和权利的时候,不得损害国家的、社会的、集体的利益和其他公民的合法的自由和权利。这一条也是公民处理权利与义务关系的总的原则。

## 第二节 平 等 权

**一、概念、特点和性质**

宪法平等权是由成文宪法、宪法性法律、人权公约、宪法解释、宪法判例、宪法惯例等确认或默认的,要求国家机关或其他公权主体遵守"相同情况相同对待、不同情况差别对待"的要求;在作出决定时,不得考虑与"事物本质"不相关的因素;它允许合理的差别对待,是要求公权主体对作出差别对待须承担合理性举证责任的宪法权利规范。

平等权具有下列特点:第一,其性质具有双重性,即作为主观权利与客观秩序的规范性质。第二,公民有权要求国家平等的保护,不因公民性别、年龄、职业、出身等原因给予差别对待;国家有义务无差别地保护每一个公民的平等地位。平等权概念确立了国家机关活动的合理界限,是国家机关活动的基本出发点。第三,平等权意味着公民平等地行使权利,平等地履行义务。第四,平等权意味着它是实现基本权利的方法或手段。②

平等权既是原则又是权利,既是主观权利规范也是客观价值规范。过去,平

---

① 参见朱应平:《宪法中非权利条款人权保障功能研究》,法律出版社 2009 年版,第 259 页。
② 参见胡锦光、韩大元:《中国宪法》,法律出版社 2004 年版,第 224 页。

等仅被视为一项解释宪法的原则,平等只能作为客观法规范,即在个别权利行使的范围内,平等只有反射利益。但是,第二次世界大战后,平等已逐渐被认为具有主观公权力的性质。也就是说,平等权是实质上的权利;一旦遭受侵害,可以请求法律上的救济。①平等权提出了一个宪法的基本规范,不仅包括个人在法律规定与法律适用方面的平等主观权利请求,而且也与法治国及社会国原则结合,提出了宪法对正义思想最重要的客观法实证。②

作为主观公权利,平等权是一个基础性基本权利,其本身并无意义,必须与其他基本权利竞合成为复数基本权利。例如,考试权与平等权竞合成为考试平等权;工作权与平等权竞合成为工作平等权;选举权与平等权竞合成为选举平等权;诉讼权加上平等权成为诉讼平等权。换言之,如果基于其他权利而产生平等的要求,即具有平等权的意义。同时,因平等权具有权利的性质,不法不得主张平等。从平等权的角度看,没有不法平等的问题。作为客观法规范,平等原则最初的意义在于要求国家权力作用须符合"恣意禁止"原则,不能单纯从此种客观法规范导出人民有"主观公权利",即人民不能透过诉讼途径,请求获得实现的法律地位。国家权力作用违反平等原则时,即具有违法性,但违反平等原则并不立刻侵害人民的主观公权利,所以平等原则本身并无主观公权力的内涵,是否会侵害平等权须另行依其他法律规定判断。例如,基于相同事情相同对待的要求,对违章建筑一律依法拆除,但实务上因建筑主管机关长期怠于公权力的行使,导致目前违章建筑已达到不可能完全拆除的地步,甚至出现以"检举"作为"违建拆除之构成要件"的现象。此种情形,以法规整体精神观之,行政机关已属违反平等原则,但被拆除者却不得主张其"平等权"受侵害,所以不法(侵害)不得主张权利,换言之,不得主张不法的平等。③

## 二、中国宪法规定的平等权

1982年宪法对平等权的规定包括以下内容:

(1) 一般平等权。《宪法》第33条规定:"中华人民共和国公民在法律面前一律平等。""任何公民享有宪法和法律规定的权利,同时必须履行宪法和法律规定的义务。"

---

① 参见法治斌、董保成:《宪法新论》,元照出版公司2005年版,第243页。
② 参见许育典:《宪法》,元照出版公司2006年版,第174页。
③ 参见李惠宗:《宪法要义》,元照出版公司2001年版,第130—132页。

第 5 条规定,"一切国家机关和武装力量、各政党和各社会团体、各企业事业组织都必须遵守宪法和法律。一切违反宪法和法律的行为,必须予以追究。""任何组织或者个人都不得有超越宪法和法律的特权。"反对特权就是要主张平等权。

(2) 具体平等权。第一,民族平等。《宪法》第 4 条第 1 款规定,"中华人民共和国各民族一律平等""禁止对任何民族的歧视和压迫"。第二,选举平等。宪法第 34 条规定,年满 18 周岁的公民,不分民族、种族、性别、职业、家庭出身、宗教信仰、教育程度、财产状况、居住期限,都有选举权和被选举权;但是依照法律被剥夺政治权利的人除外。第三,性别平等。《宪法》第 48 条规定,"中华人民共和国妇女在政治的、经济的、文化的、社会的和家庭的生活等各方面享有同男子平等的权利。""国家保护妇女的权利和利益,实行男女同工同酬,培养和选拔妇女干部。"第四,宗教信仰平等。《宪法》第 36 条规定,不得歧视信仰宗教的公民和不信仰宗教的公民。

(3) 默示的平等权。即第 33 条平等原则与其他条款具体权利的结合。如结社平等权、出版平等权、尊严平等权、宗教平等权、教育平等权、工作平等权等。

### 三、如何理解《宪法》第 33 条公民在法律面前一律平等的规定

1954 年宪法规定了平等:(1) 序言规定:我国各民族已经团结成为一个自由平等的民族大家庭。这里将"自由"与平等并列。还规定,我国根据平等原则同任何国家建立和发展外交关系的政策。(2) 第一章"总纲"部分:第 3 条规定,各民族一律平等。禁止对任何民族的歧视和压迫,禁止破坏各民族团结的行为。(3) 第二章"国家机构"部分:第 77 条隐含平等规定。各民族公民都有用本民族语言文字进行诉讼的权利。人民法院对于不通晓当地通用的语言文字的当事人,应当为他们翻译。在少数民族聚居或者多民族杂居的地区,人民法院应当用当地通用的语言进行审讯,用当地通用的语言文字发布判决书、布告和其他文件。(4) 第三章"公民的基本权利和义务"部分:第 85 条规定,公民在法律上一律平等。第 86 条规定,年满 18 岁的公民,不分民族、种族、性别、职业、社会出身、宗教信仰、教育程度、财产状况、居住期限,都有选举权和被选举权;妇女有同男子平等的选举权和被选举权。第 96 条规定,妇女在政治的、经济的、文化的、社会的和家庭的生活各方面享有同男子平等的权利。

1975 年、1978 年宪法取消了公民在法律上平等的规定,但也有一些具体平

等,如 1975 年宪法规定:各民族一律平等。反对大民族主义和地方民族主义。年满 18 周岁的公民,都有选举权和被选举权。妇女在各方面享有同男子平等的权利。1978 年宪法规定:各民族一律平等。各民族间要团结友爱、互相帮助、互相学习。禁止对任何民族的歧视和压迫,禁止破坏各民族团结的行为,反对大民族主义和地方民族主义。妇女在政治的、经济的、文化的、社会的和家庭的生活各方面享有同男子平等的权利。男女同工同酬。

1982 年宪法第 33 条规定:"中华人民共和国公民在法律面前一律平等。"该规定从 1954 年宪法演变而来。后者第 85 条规定,公民在法律上一律平等。而现行宪法表述为,"……在法律面前……"。在修改宪法过程中,很多同志提出,1954 年宪法的表述不仅包括法律实施上的平等,同时也包括立法上的平等,这显然有悖于立法原意。而使用"在法律面前"的规定方式,则准确地把平等的范围限制在法律的实施上。[①]

1982 年宪法中的平等权[②]包括四个方面的含义:第一,所有公民都平等地享有宪法和法律规定的权利。包含两种情形,一种是宪法和法律所规定的权利针对全体公民,所以,一切公民都平等地享有这些权利,并在行使权利的过程中享受同样的条件。如《宪法》第 37、38、39 条规定如此。另一种是宪法和法律所规定的权利仅适用于特定的对象,而在这个范围之内的所有公民都平等地享有这些特定的权利,如选举权和被选举权,只有年满 18 周岁、没有被剥夺政治权利的公民才平等地享有。第二,所有公民都平等地履行宪法和法律规定的义务。宪法和法律规定的适用于全体公民的义务,任何人都必须平等地履行,不应有不履行义务的特殊阶层存在。当然,某些特殊的义务仅针对某些特定的群体而设定,所以平等也仅限于这个特定的群体之内。第三,国家行政机关、司法机关在适用法律时,对所有公民的合法权益都应平等地予以保护,对所有公民的违法或犯罪行为,一律平等地依法追究法律责任。第四,任何组织或个人都不得有超越宪法和法律的特权。

为什么 1954 年、1982 年宪法中都将公民的平等限定于法律适用上的平等而不包括立法内容上的平等?第一,公民中有人民与敌人之分,对于人民与敌人在立法上是不可能一律平等的。第二,在人民代表大会制度政治体制下,国家的

---

[①] 参见全国人大常委会办公厅研究室政治组编:《中国宪法精释》,中国民主法制出版社 1996 年版,第 150 页。

[②] 同上书,第 150—152 页。

一切权力属于人民,人民行使权力的机关是全国人大和地方各级人大。从理论上说,人大及其常委会在立法过程中始终以代表人民意愿为宗旨,保证立法内容上的平等是不言而喻的,不应当存在违背平等原则进行立法活动的现象。第三,宪法对公民的各项基本权利都作了明确规定,人大及其常委会必须以宪法为依据,如果出现立法不平等的现象,就是违背了宪法,可以按照宪法规定的有关违宪审查制度予以审查撤销。但需要注意的是,由于社会主义初级阶段情况的复杂性,在实践中,立法中个别违背平等原则的现象也不可避免,对这种现象应当通过违宪审查制度和其他立法监督制度予以解决。①

上述解释虽然符合立法原意,但是从今天来看,这样的解释太牵强。② 宪法制定初期,把立法机关置于第 33 条拘束之外,或许受到种种认识和主客观条件的限制,可以理解。但是在人们普遍接受宪治的今天,这种理解难以成立,也不能再坚持这种僵化的落后观念,理由至少有以下几点:第一,根据宪法第 67 条规定,全国人大常委会解释宪法。但至今未对第 33 条作出过解释,所以其拘束对象至今并非明确。第二,宪法很多条文都要求法律不得违反宪法,这应当包括了第 33 条平等原则和权利。如《宪法》第 5 条第 3 款规定,一切法律、行政法规和地方性法规都不得同宪法相抵触。第 62 条第 11 项规定,全国人大有权改变或者撤销全国人民代表大会常务委员会不适当的决定。根据《立法法》,这里的"决定"包括违反宪法和基本法律的非基本法律。第三,2004 年修正宪法时,在第 33 条增加了"国家尊重和保障人权"。这个规定突出了人权保障。要保障人权,自然要对立法进行限制。第 33 条的平等原则处于人权保障原则之后,自然受到其拘束。第四,从世界其他国家来看,平等条款如何规定,只是问题的一个方面,是否对立法发生拘束作用,则取决于司宪机关根据形势发展要求对其具体含义的解释。如美国宪法修正案的"平等保护"条款只是为了要求平等实施法律,而司宪实践将法律本身是否违反平等保护原则纳入其中;从州政府行为到联邦政府行为;从国家机关到私人行为。在这其中,沃伦法院作出了重要贡献。沃伦声称,"如果说同一宪法强加给联邦政府的平等保护义务较之加给州政府的为少,那是不可想象的。"③沃伦法院时期的"平等保护"主要是对现行法律本身符合平等保护与否的"司法审查"。昂格教授指出,沃伦法院的判决事实上已经超出"州

---

① 参见许安标、刘松山:《中华人民共和国宪法通释》,中国法制出版社 2004 年版,第 113、114 页。
② 参见林来梵:《宪法学讲义(第三版)》,清华大学出版社 2018 年版,第 384 页。
③ 〔美〕L. 亨金:《权利的时代》,信春鹰、吴玉章、李林译,知识出版社 1997 年版,第 126 页。

政府行为条件","平等保护"条款正被用来纠正私人饭店的种族隔离行为。另外,不仅对明确的歧视条款具有约束禁止作用,且对"事实歧视"发生拘束力。有些立法看起来适用于所有人,在实际运用上却只针对某个特殊种族或阶层,从而构成"事实歧视"。这时,如果法院认为立法具有"歧视目的"或"歧视效果",就可能判决它违反"平等保护"条款或有关联邦法律。即使法律本身没有任何"法律"或"事实"歧视,行政机构仍然可能以歧视方式运用法律,来剥夺法律对个人的"平等保护"。[①] 美国做法给我们的启示是,平等权条款应当拘束立法机关,且是平等权条款重点拘束的对象。

**四、适用技术公式**

平等权是一种抽象的权利。从其他国家和地区看,平等权的适用主要有下列公式。

(1) 相同情况相同对待。它要求对两个或者两个以上对象之间的情况进行对照,找出其中的本质性的相同点。其中,相同点一定是对事物本身具有决定作用的情况;如果相同点只是次要的或者非本质属性的情况,通常不能适用该公式。

当确定两个或者两个以上人或者其他对象之间在本质方面存在相同时,应当适用"相同对待"。如果适用"不同对待"则违反了平等权的要求。当两个或者两个以上人或对象之间,在主要方面一致时,此时如果基于二者之间存在的某一次要因素不同而实施不同对待,则违反这一原则,属于错误适用了"不同情况不同对待"。

如1896年美国普莱西诉弗格森案件中,路易斯安纳州法律仅基于种族和肤色的不同,将有色人种和白人乘坐的车厢隔离开。在这个案件中,州立法违反了"相同情况相同对待"的平等权要求,错误地采用了"不同情况不同对待"。虽然有色人种与白人在肤色和种族方面不同,但与是否应坐在不同的车厢没有任何本质性关系。换言之,立法所认定的不同点与事物本质没有关系,考虑了不相关的因素。法院犯了同样的错误,违反宪法平等权。

(2) 不同情况不同对待。这一公式要求,首先要对两个或者两个以上对象之间的不同点进行识别;在此基础上,考查这些不同情况是否是本质性的和主要

---

[①] 参见张千帆:《西方宪政体系》(上册),中国政法大学出版社2000年版,第279—280页。

方面。只有确认不同情况属于本质性的或者主要方面,才能适用这一公式。如果两个或者两个以上对象存在本质性的差别,但如果没有识别出本质性的不同点,而把两者当成"情况相同"对待,则会构成错误地适用"相同情况相同对待"。

"相同情况相同对待,不同情况不同对待"是平等权最常用的两个公式。由于"相同情况"和"不同情况"经常同时并存,此时要确定这二者中哪一个处于本质性的方面,或者处于主导方面,往往并不容易。如果错误选择了公式,就会违反平等权的要求。

"相同情况相同对待、不同情况差别对待"是平等权的核心内容。平等原则最根本的意义是"恣意的禁止",且要求"相同的事物为相同的对待,不同的事物为不同的对待",不得将与"事物本质"不相关因素纳入考虑,而作为差别对待的基准。换言之,平等原则并非要求不得差别对待,而是要求"不得恣意地差别对待",如果立法者或获有法律授权的行政机关对于差别对待的基准的选择并不违反事物本质,即无违反平等原则的问题。相反,某些情形应该区别对待而未区别,也属违反平等原则。[①] 可以说,平等原则关心的不是某种归类结果是否相似或不似,而是要求在特定的行为(如立法或行政)目的下,该种分类具有合理性和正当性,分类与目的间的关联性以及目的本身的正当性,这两方面同时是平等原则考查的重点。[②] 还要指出的是,"相同对待"与"不同对待"二者并非并列关系。"相同对待"原则具有初步的优先性,"区别对待"原则需要证明才能获得优先地位。易言之,"相同对待"原则具有假定的适当性和优先性,而"区别对待"原则必须在提出充足理由的情况下才能成立。"相同对待"原则相对于"区别对待"原则的初步优先性,主要是源于基本人权享有相对于基本人权限制的优先性。每个人都享有同样内容的基本权利,这是无须证明的共识性命题,每一个对基本权利的限制都负有论证其自身为正当的义务,并且,"无论何时只要政府分配了社会福利、社会负担,宪法权利体制都需要一个与公共有关的合法理由"。[③] "相同对待"与"区别对待"并非是具有对称关系的两个原则,二者之间的关系为:如果没有充足的理由允许区别对待,相同对待被要求;如果有充足的理由要求区别对

---

① 参见李惠宗:《宪法要义(第五版)》,元照出版公司 2009 年版,第 129—130 页。
② 参见王蕾:《宪法平等规范的诠释观》,法律出版社 2008 年版,第 30 页。
③ 参见〔美〕凯斯·R. 桑斯坦:《偏颇的宪法》,宋华琳、毕竞悦译,北京大学出版社 2005 年版,第 397 页。

待,区别对待被要求。①

(3) 合理的差别对待。平等权并不意味着在任何情况下都要完全相同对待,合理的差别对待不仅是平等权允许的,而且是平等权起作用的主要方式。它要求,国家机关在设定差别对待措施时,应当具有合理的基础。差别待遇如果不合理则违反平等权。判断差别对待是否合理,主要有以下几种常用标准:

第一,在存在不利因素的事实状态时允许实行差别对待。如身心障碍者在某些工作能力上、考试方面属于弱势者,立法或者政策可以对其实行适当的照顾。我国《宪法》第45条规定:"国家和社会帮助安排盲、聋、哑和其他有残疾的公民的劳动、生活和教育。"这一规定就是基于残疾人处于不利地位的事实状况。

第二,为了追求实质平等的正当目的。《孟加拉人民共和国宪法》第28条(四)规定,本条的任何规定不妨碍国家作出关于照顾妇女或儿童或有利于落后阶层公民的特别规定。需要指出的是,实质平等并不意味着在结果上完全相同。如《中华人民共和国妇女权益保障法》(以下简称《妇女权益保障法》)第11条规定,"妇女享有与男子平等的选举权和被选举权。全国人民代表大会和地方各级人民代表大会的代表中,应当有适当数量的妇女代表。国家采取措施,逐步提高全国人民代表大会和地方各级人民代表大会的妇女代表的比例。居民委员会、村民委员会成员中,妇女应当有适当的名额。"其中,对妇女名额的特别要求是为了达到男女实质平等权。

第三,事项本质有必要予以差别对待。它是指差别对待所采用的标准与事项之间有本质性的关系。如选举权和被选举权设定相应的年龄条件,这是为了使此项权利获得合理的行使。

第四,其他原因。《马来西亚联邦宪法》第8条关于"平等权利"第五项规定:"本条规定并不禁止下述各项规定或使之无效:……3. 关于必须居住在某州境内才有资格在该州参加竞选、投票或被任命担任该州公职的规定。4. 任何州宪法中的规定等于或相应于独立日前夕有效的规定。"这是对投票权和任职资格所作的居住地的限制。再如,1982年《加拿大宪法》第6条规定:"公民的迁徙…限制(三):……第二款规定的各项权利应服从:1. 在一个省施行的普遍适用的法律和惯例,但主要根据现在或者以前居留的省份在人们当中实行差别对待的法

---

① 这是阿列克西经过逻辑分析得出的结论,参见 A. J. Rivers Robert Alexy: *A Theory of Constitutional Rights*(*Translation*), Oxford University Press 2002, p. 280. 转引自王蕾:《宪法平等规范的诠释观:理念、规范与实践》,法律出版社2008年版,第132页。

律或者惯例除外;2.关于规定合理的居留文件作为接受公共提供的社会服务的资格的法律。"积极的行动规划(四):……第二款和第三款并不排斥任何法律、规划或者活动,如果它们的目的是改善该省在社会和经济方面处于不利地位的个人的条件,并且该省的就业率低于加拿大的就业率。"这是基于某些原因允许对迁徙自由权实行差别对待。

第五,采取优先待遇的方式、程度,要为社会理念容许,不能出现反向差别待遇,形成另一种不平等。

(4)禁止歧视。禁止歧视是平等权的否定表达方式。

平等与歧视之间存在交融关系。平等权的一般要求是:相同情况相同对待、不同情况不同对待。歧视有直接歧视和间接歧视。直接歧视是指人们由于性别、婚姻状况等不同而受到不同的对待。禁止直接歧视是指任何人应受到同样的对待,不问其性别、婚姻状况等。认定直接歧视的步骤有二:第一,选取适当的参照人,这是个案比较的基础。参照人的选择须遵循"排除原则"。其主要作用在于确定个案比较的参照人,即作为个案比较的参照人,除了歧视的基础原因外,在其他方面应与当事人情况相同或无重大区别。比如,在认定性别歧视时,选取的参照人应是性别与当事人不同,但在其他方面应与当事人相同或无重大区别。第二,在投诉人和参照人之间进行比较。如果投诉人受到不利对待,便可以认定存在直接歧视,即"不利对待标准"。"直接歧视"发生的情形是:应该适用"相同情况相同对待"公式,但却错误地采取"不同对待"。

间接歧视涉及"中性"的对待。在不同种类的人之间没有实行区别对待,但是这种相同对待可能使受保护的某类成员处于不相称的不利境地。间接歧视一定发生于歧视者对受害人施加了一项要求或条件。该项要求或条件通常被严格解释为必须具有强制性。认定间接歧视的步骤是:第一,要确定该项要求或条件所适用的人群的范围。然后确定受保护的群体符合该项要求或条件的人的比例,及不符合该项要求或条件的人的比例,进而确定参照群体符合要求或条件的人的比例及不符合该项要求或条件的人的比例。第二,该项要求或条件所适用的总群体应该予以考虑,总群体的范围不应被任何与该项要求或条件的影响无关的标准所限制。第三,如果上述问题得以确定,进而考查投诉人是否符合该要求或条件,以及该要求或条件对投诉人是否构成损害。如果构成间接歧视,投诉人必须不符合该要求或条件。投诉人无须表明由于某种原因导致不符合,也无须表明损害仅对投诉人不利。

(5) 对弱势者实行优惠性措施,但不得超过必要的度。平等权不是机械的、简单的完全同样,它承认合理的差别对待,特别是对弱势者,承认应当给予适当的优惠性待遇,但这种优惠性措施不得过度。

我国台湾地区有关规定认为只有盲人才能开按摩院的规定超过必要的度,引起反向歧视。2001年修正的"身心障碍者保护法"第37条第1款前段规定:"非本法所称视觉障碍者,不得从事按摩业。"2007年修正为"身心障碍者权益保障法",上述规定"非本法所称视觉障碍者",经修正为"非视觉功能障碍者",并移列为第46条第1款前段,规定意旨相同。其中原因之一就是其手段违反比例原则。因为,引起争议的规定对非视障者从事按摩业的禁止,其范围尚非明确,导致执行标准不一,使得非视障者从事类似相关工作及行业触法的可能性大增;且按摩业并非仅得由视障者从事,有意从事按摩业者受相当训练并经检定合格应即有就业的资格,将按摩业仅允准视障者从事,使有意投身专业按摩工作的非视障者须转行或失业,未能形成多元竞争环境裨益消费者选择,与所欲保障视障者工作权而生的就业利益相较,显不相当。

### 五、平等原则的判断程序

一项法律、政策或者行政行为是否合乎平等,其问题重心在如何判断"何种事情是相同,何种事情是不相同"。通常采用三步骤方法加以判断。

(1) 相关公权行为的目的是否合宪。判断一个制度是否违反平等原则,须先检证该差别对于制度的目的何在。检证该制度目的所须使用的方法,除从个别法规所形成的立法目的及意旨外,有时须从历史经验、政治学理或其他社会经验索绎之。当然,立法目的或制度目的本身必须有合宪的基础,才能作为标准。①

(2) 所采用手段与目的之间是否有本质关系,或者说该项制度的目的是否与任何被禁止歧视的行为无关。要探讨哪些事物本质要素可作为差别对待,或者应作为差别对待的基准。所谓"事物本质要素",须与制度目的具有逻辑上正当合理的关联性,不以有"相关性"为满足。这一探求过程旨在防止非本质要素的引进,故平等原则在此要求的是"不当联接之禁止",须在此过程中充分体现。②

---

① 参见李惠宗:《宪法要义》,元照出版公司2001年版,第142页。
② 同上书,第143页。

（3）适于达到该目的所选择的手段是否超过必要的度。判断是否合乎平等原则的第三步是，寻绎"合理的差别对待"，即纵使认为某些情形须有差别对待，也须采用"合理"的方式。"合理的差别对待"，须不得过度的差别，且差别对待的结果不得破坏原来该制度的目的。换言之，合理的差别对待须符合比例原则与本质目的，此一阶段的判断，常会发生平等原则与比例原则竞合适用的情况。比例原则经常会影响合理差别对待的判断，某些制度依立法目的及事物本质，固有差别对待的必要，但也不可以"过度"或"过早"予以差别对待。①

需要指出，因不同性质的权利实施差别对待受到挑战而接受审查其是否符合平等原则时，由于权利性质不同而受到宽严不同程度的审查。一般来说，如果对政治类权利实行差别待遇，通常会受到更严格的审查。而对经济、社会和文化类权利实行差别待遇，受更宽松程度的审查。所谓审查宽严程度不同，是指对差别对待目的合宪性程度的要求、手段与目的之间的本质性联系，以及关联程度要求上不同。美国联邦最高法院运用三种强度，即严格的、中等的和最低的审查标准审查不同类型权利上的差别对待情形。②

## 第三节　政治权利和自由

### 一、概念

政治权利又称为公民的"参政权"，是指宪法和法律规定公民享有的参与政治生活的权利和自由的统称。公民的政治权利表现为两个方面：一是公民参与国家和社会管理活动的权利，以选举权和被选举权为主；二是公民在国家政治生活中自由地发表意见、表达意愿的自由，以言论、出版、集会、结社、游行、示威为表现形式，也称政治自由或表达自由。

政治权利有广义和狭义之分。狭义的政治权利仅指选举权和被选举权。广义的政治权利包括参与组织管理的权利与表达意见的自由。前者侧重于公民参与国家权力分配与组织活动的过程。后者侧重于公民参与政治生活与表达意见的自由。学界还有最广义的政治权利和自由的归类，把《宪法》第41条规定的监

---

① 参见李惠宗：《宪法要义》，元照出版公司2001年版，第145—146页。
② 参见黄昭元：《宪法权利限制的司法审查标准》，载《台大法学论丛》2004年第33卷第3期，第83—85页。

督权即批评、建议、申诉、控告和检举也纳入其中。①

从我国法律来看,政治权利和自由范围更广泛。如《妇女权益保障法》第二章"政治权利"包括六方面内容:(1) 平等政治权利。第 9 条规定,国家保障妇女享有与男子平等的政治权利。这是以《宪法》第 33 条和第 34 条等相关条文为依据的。(2) 参与权。第 10 条规定,妇女有权通过各种途径和形式,管理国家事务,管理经济和文化事业,管理社会事务。制定法律、法规、规章和公共政策,对涉及妇女权益的重大问题,应当听取妇女联合会的意见。妇女和妇女组织有权向各级国家机关提出妇女权益保障方面的意见和建议。这以《宪法》第 2 条、第 41 条为依据。(3) 选举平等权。第 11 条规定,妇女享有与男子平等的选举权和被选举权。全国人大和地方各级人大的代表中,应当有适当数量的妇女代表。国家采取措施,逐步提高全国人大和地方各级人大的妇女代表的比例。居民委员会、村民委员会成员中,妇女应当有适当的名额。其依据《宪法》第 33 条平等原则、第 34 条选举权被选举权、第 111 条群众自治制度。(4) 担任干部。第 12 条规定,国家积极培养和选拔女干部。国家机关、社会团体、企业事业单位培养、选拔和任用干部,必须坚持男女平等的原则,并有适当数量的妇女担任领导成员。国家重视培养和选拔少数民族女干部。该条基于《宪法》第 48 条男女平等和第 4 条民族区域自治制度。(5) 妇联参与权。第 13 条规定,中华全国妇女联合会和地方各级妇女联合会代表妇女积极参与国家和社会事务的民主决策、民主管理和民主监督。各级妇女联合会及其团体会员,可以向国家机关、社会团体、企业事业单位推荐女干部。该条基于《宪法》第 35 条结社自由、第 2 条参与管理权。(6) 国家保障义务。第 14 条规定,对于有关保障妇女权益的批评或者合理建议,有关部门应当听取和采纳;对于有关侵害妇女权益的申诉、控告和检举,有关部门必须查清事实,负责处理,任何组织或者个人不得压制或者打击报复。其依据《宪法》第 41 条。

《中华人民共和国刑法》(以下简称《刑法》)第 54 条规定:"剥夺政治权利是剥夺下列权利:(一) 选举权和被选举权;(二) 言论、出版、集会、结社、游行、示威自由的权利;(三) 担任国家机关职务的权利;(四) 担任国有公司、企业、事业单位和人民团体领导职务的权利。"从与宪法对应来说,其中的第一项对应宪法第 34 条、第二项对应《宪法》第 35 条。而第三、四项在宪法中并没有对应的规定,

---

① 参见全国人大常委会办公厅研究室政治组编:《中国宪法精释》,中国民主法制出版社 1996 年版,第 146 页。

即宪法没有将"担任国家机关职务的权利""担任国有公司、企业、事业单位和人民团体领导职务的权利"规定为宪法上的政治权利。学界认为,《刑法》第54条第三、四项规定的两项内容是剥夺选举权和被选举权的必然结果。这一范围的确定与宪法规定的政治权利范围在原则上是一致的,但在司法实践中有必要通过宪法解释对其含义与界限进行说明。宪法是确定政治权利范围的最高依据,其他法律必须以宪法的规定为基础,不得任意扩大或缩小范围。[①]

### 二、选举权和被选举权

**(一)含义与基本原则**

选举权和被选举权有广义和狭义之分。广义的选举权是指公民依法享有选举国家代表机关的代表和特定国家机关公职人员的权利。广义的被选举权是指公民依法享有的被选举为国家代表机关的代表和特定国家机关公职人员的权利。

狭义的选举权仅指公民依法享有选举国家代表机关的代表的权利,不包括选举特定国家机关公职人员的权利。狭义的被选举权是指公民依法享有被选举为国家代表机关的代表的权利,不包括被选举为特定国家机关公职人员的权利。我国宪法使用的选举概念是广义的,包括了选举或者被选举为特定国家机关公职人员的权利:(1)公民按照自己的意愿选举国家代表机关的代表和国家机关的公职人员权利;(2)公民被选举为国家代表机关的代表和国家机关公职人员的权利;(3)公民依照法律监督被选出的代表机关的代表和国家机关公职人员的权利;(4)公民依照法律规定罢免代表机关的代表的权利。

《中华人民共和国选举法》(以下简称《选举法》)中的选举权和被选举权是狭义的。仅指选举或者被选举为人大代表的权利,是公民参加国家管理的一项最基本、最重要的权利。

我国《宪法》第34条规定:"中华人民共和国年满十八周岁的公民,不分民族、种族、性别、职业、家庭出身、宗教信仰、教育程度、财产状况、居住期限,都有选举权和被选举权;但是依照法律被剥夺政治权利的人除外。"解读这一条,至少包含了以下含义:

1. 该条规定了公民行使选举权和被选举权的三个条件,即中国公民、年满

---

① 参见胡锦光、韩大元:《中国宪法》,法律出版社2004年版,第231—232页。

18周岁、享有政治权利。我国将选举权和被选举权二者的条件完全等同,并不科学。一般来说,被选举权的条件应该高于选举权的条件。多数国家和地区将二者条件分开规定。

2. 该条规定体现我国选举坚持普遍性原则。选举的普遍性程度与享有此项权利的条件成反比例。我国《宪法》第 34 条规定的条件不高,从理论上说,公民享有选举权和被选举权的普遍性程度很高。但实际情况并非如此。实际上,该条规定的条件只是公民依法选举县乡两级人大代表的权利。① 这是因为,其一,我国人大代表的选举有五级。只有乡镇、区县(包括县级市)的人大代表选举采用直接选举,公民符合上述三个条件,可以行使选举权。我国有三级人大代表的选举采用间接选举,在间接选举中,只有下一级人大代表才有资格参加选举上一级人大代表,因此绝大多数人没有选举权。可见,我国选举的普遍性程度高,并不是普遍现象。其二,至于选举其他国家机关领导人(主要指选举一府一委两院领导人),则是各级人大的权利,除了符合《宪法》第 34 条规定的三项条件外,选举者还必须是人大代表。一般公民如果没有人大代表身份,也无权选举其他国家机关领导人。可见,我国公民选举权的行使实际上受到多种限制。

3. 《宪法》第 34 条体现了我国选举制度坚持平等原则,即公民选举权和被选举权不因为民族、种族、性别、职业、家庭出身、宗教信仰、教育程度、财产状况、居住期限受到限制。选举平等原则通常有两个含义:其一,一人一票。这一点我国早已实现了。《选举法》中也有明确规定。其二,票票等值,每一票的价值相等。即每一个人大代表所代表的人口数相同。在这一点上,我国经历了一个逐步发展的过程。1953 年的《选举法》规定,农村与城市、汉族与少数民族每一代表代表不同的人口比例。如第 11 条规定,各乡应选县人民代表大会代表的名额:人口在 2000 以下者,选代表一人;人口超过 2000 不到 6000 者,选代表二人;人口超过 6000 者,选代表三人。人口和乡数特少的县,人口在 2000 以下的乡,亦得选代表二人。县辖城、镇和县境内重要工矿区,按人口每 500 人选代表一人,其人口不足 500 人但满 250 人者亦得选代表一人。县辖城、镇人口和镇数特多的县,所辖城镇得按人口每 1000 人选代表一人。第 14 条规定,各县应选省人民代表大会代表的名额:人口在 20 万以下者,选代表一人至三人;人口超过 20 万至 60 万者,选代表二人至四人;人口超过 60 万者,选代表三人至五人。省辖

---

① 参见全国人大常委会办公厅研究室政治组编:《中国宪法精释》,中国民主法制出版社 1996 年版,第 152—153 页。

市、镇和省境内重要工矿区,按人口每 20000 人选代表一人,其人口不足 20000 人但满 10000 人者亦得选代表一人。第 16 条第 3 款规定,郊区每一代表所代表的人口数,应多于市区每一代表所代表的人口数。第 19 条规定,全国人民代表大会代表,由省人民代表大会、中央直辖市和人口在 50 万以上的省辖工业市人民代表大会、中央直辖少数民族行政单位、人民武装部队和国外华侨选举之。第 20 条规定,各省应选全国人民代表大会代表的名额,按人口每 80 万人选代表一人。人口特少的省,代表名额不得少于三人。中央直辖市和人口在 50 万以上的省辖工业市应选全国人民代表大会代表的名额,按人口每 10 万人选代表一人。

1979 年修改的《选举法》第 10 条规定,自治州、县、自治县人民代表大会代表的名额,由本级人民代表大会常务委员会按照农村每一代表所代表的人口数四倍于镇每一代表所代表的人口数的原则分配。人口特少的人民公社、镇,也应有代表参加。第 11 条规定,直辖市、市、市辖区的农村每一代表所代表的人口数,应多于市区每一代表所代表的人口数。第 12 条规定,省、自治区人民代表大会代表的名额,由本级人民代表大会常务委员会按照农村每一代表所代表的人口数五倍于城市每一代表所代表的人口数的原则分配。第 14 条规定,省、自治区、直辖市应选全国人民代表大会代表的名额,由全国人民代表大会常务委员会按照农村每一代表所代表的人口数八倍于城市每一代表所代表的人口数的原则分配。

《选举法》在法律上实现了城乡人人平等,即按每一个城乡人大代表所代表的人口数相同的原则分配代表名额。该法第 15 条规定:"地方各级人民代表大会代表名额,由本级人民代表大会常务委员会或者本级选举委员会根据本行政区域所辖的下一级各行政区域或者各选区的人口数,按照每一代表所代表的城乡人口数相同的原则,以及保证各地区、各民族、各方面都有适当数量代表的要求进行分配。在县、自治县的人民代表大会中,人口特少的乡、民族乡、镇,至少应有代表一人。""地方各级人民代表大会代表名额的分配办法,由省、自治区、直辖市人民代表大会常务委员会参照全国人民代表大会代表名额分配的办法,结合本地区的具体情况规定。"第 16 条规定:"全国人民代表大会代表名额,由全国人民代表大会常务委员会根据各省、自治区、直辖市的人口数,按照每一代表所代表的城乡人口数相同的原则,以及保证各地区、各民族、各方面都有适当数量代表的要求进行分配。""省、自治区、直辖市应选全国人民代表大会代表名额,由根据人口数计算确定的名额数、相同的地区基本名额数和其他应选名额数构成。""全国人民代表大会代表名额的具体分配,由全国人民代表大会常务委员会决定。"第 26 条规定:"本行政区域内各选区每一代表所代表的人口数应当大体相等。"

但是我国仍然存在票票不等值的情况。

1. 不同民族每一个人大代表所代表的人口数不完全相同。《选举法》第 17 条规定,全国少数民族应选全国人大代表,由全国人大常委会参照各少数民族的人口数和分布等情况,分配给各省、自治区、直辖市的人大选出。人口特少的民族,至少应有代表一人。第 20 条规定,散居的少数民族应选当地的人大代表,每一代表所代表的人口数可以少于当地人大每一代表所代表的人口数。自治区、自治州、自治县和有少数民族聚居的乡、民族乡、镇的人大,对于散居的其他少数民族和汉族代表的选举,适用前款的规定。据此,少数民族地区每个人大代表所代表的人口数少于汉族每一人大代表所代表的人口数。

2. 不同地区每一个人大代表所代表的人口数不完全相同。《选举法》第 14 条规定,地方各级人大代表名额,由本级人大常委会或者本级选举委员会根据本行政区域所辖的下一级各行政区域或者各选区的人口数,按照每一代表所代表的城乡人口数相同的原则,以及保证各地区、各民族、各方面都有适当数量代表的要求进行分配。在县、自治县的人大中,人口特少的乡、民族乡、镇,至少应有代表一人。第 16 条规定,全国人大代表名额,由全国人大常委会根据各省、自治区、直辖市的人口数,按照每一代表所代表的城乡人口数相同的原则,以及保证各地区、各民族、各方面都有适当数量代表的要求进行分配。据此规定,为了保证不同地区有适当的代表,有些人口稀少地区每一人大代表代表的人数低于其他地区。

另外,在不同地区人大代表名额的分配上,票票不等值还表现在我国港澳特别行政区人大代表名额的分配上。目前,我国香港和澳门特别行政区全国人大代表名额数为 36、12 名。其每一个人大代表所代表的人口数远远低于内地每一人大代表所代表的人口数。

需要指出的是,《选举法》规定的各地区、各民族、各方面都要有适当数量代表的要求,是为了达到代表性平等。这种平等必然导致票票不等值。兼顾代表性平等和票票等值是我国选举制度的重要特征。

3. 解放军每一个人大代表所代表的人口数与非军人人大代表所代表的人口数不同。学者认为:"在中国,军队是政权的重要支柱,所以,军队代表在人民代表大会中占有重要位置。军队代表名额多少受政治形势的影响。历史上当国家特别强调军队的作用时,军队人大代表名额就相应增加。以全国人大为例,第一、二届全国人大代表,军队的法定名额为 60 人,占代表总数的 5%;'文革'期间军队代表增加到 486 名,占 16.8%。第六届全国人民代表大会开始至现在,军队代表名额减至 267 名,仍占 9%。随着国家政治稳定,全国人民代表大会中军队代表名额有待进一步减少。"①

总之,我国目前还没有完全做到票票等值,其原因复杂多样。上述三种情形虽然不符合票票等值的要求,但符合我国代表性平等的理念。这是具有中国特色的选举平等价值观。

除了《宪法》第 34 条规定体现的普遍性原则和平等原则外,《选举法》还规定了其他原则。

1. 直接选举与间接选举并用的原则。直接选举是由选民直接投票选举代表机关代表的选举,而间接选举是指由选民选出代表组成代表机关,再由代表机关代表来投票选举上一级代表机关代表的选举。《选举法》第 2 条规定:全国人大的代表,省、自治区、直辖市、设区的市、自治州的人大的代表,由下一级人大选举。不设区的市、市辖区、县、自治县、乡、民族乡、镇的人大的代表,由选民直接选举。据此,我国选举权的行使按照直接选举与间接选举相结合的原则。

2. 无记名投票原则。无记名投票,也称秘密投票,是指选民在投票时根据自己的意愿填写内容,不对他人公开,也不署自己姓名的一种选举方法。无记名投票与公开投票相对应,公开投票最常见的形式为举手、欢呼、鼓掌等。1856 年,澳大利亚的一个州首先在地方选举中采用无记名投票,这种做法很快传到美国,其后被欧洲一些国家采用。我国 1953 年《选举法》曾经规定基层选举采用举手投票的办法,也可以采用无记名投票的办法,2010 年修改后的《选举法》第 38 条规定,全国和地方各级人大代表的选举,一律采用无记名投票的方法。选举时应当设有秘密写票处。

(二)选举的基本程序

我国选举的方式分为直接选举与间接选举,选举程序也分为直接选举与间接选举程序。

---

① 蔡定剑:《中国人民代表大会制度》,法律出版社 1998 年版,第 156 页。

1. 直接选举的基本程序

第一,选举的主持机构。2010年修改的《选举法》增加了选举机构内容并设为单独一章。《选举法》第9条第2款规定,不设区的市、市辖区、县、自治县、乡、民族乡、镇设立选举委员会,主持本级人民代表大会代表的选举。据此规定,选举委员会是主持直接选举的机构。第10条规定,不设区的市、市辖区、县、自治县的选举委员会的组成人员由本级人民代表大会常务委员会任命。乡、民族乡、镇的选举委员会的组成人员由不设区的市、市辖区、县、自治县的人大常委会任命。实际工作中,人大常委会负责人或乡镇人大主席团主席,党政有关负责人,还有工会、共青团、妇联等部门负责人都要参加选举委员会。

《选举法》第11条规定:选举委员会履行下列职责:(1)划分选举本级人民代表大会代表的选区,分配各选区应选代表的名额;(2)进行选民登记,审查选民资格,公布选民名单;受理对于选民名单不同意见的申诉,并作出决定;(3)确定选举日期;(4)了解核实并组织介绍代表候选人的情况;根据较多数选民的意见,确定和公布正式代表候选人名单;(5)主持投票选举;(6)确定选举结果是否有效,公布当选代表名单;(7)法律规定的其他职责。并且,选举委员会应当及时公布选举信息。

《选举法》第11条规定了选举委员会履行七方面的职责,有的实体性权力配置可能影响选举本身的公正性。其一,选举委员会有权处理一切选举事务,几乎不受任何权力的监督制约。一旦违法行使职权,监督和纠正比较困难。其二,选举委员会的职权配置有违"不得做自己法官"的自然正义原则。比如,选举委员会有"确定选举结果是否有效,公布当选代表名单"的权力,也有权"受理对选举中违法行为的检举和控告"。如果选民对选举过程中的相关事务如选举委员会组成、选区划分、选民登记等发生争议,对有关选举问题检举控告等,都要提交选举委员会来处理,选举是否合法有效也由选举委员会来确认。选举委员会既是"运动员"又是"裁判员"。为实现公平正义,有必要对选举委员会的职权进行分解,增加权力制衡机制,对选举委员会的六项职权进行分解,对那些影响公正的实体性职权进行修改。①

第二,选区划分。选区是以一定数量的人口为基础划分的,是选民开展选举并产生人民代表的基本单位。《选举法》第25条规定,不设区的市、市辖区、县、

---

① 参见朱应平:《论我国人大代表选举委员会民主化和公正化构造》,载《人大研究》2010年第5期。

自治县、乡、民族乡、镇的人民代表大会的代表名额分配到选区,按选区进行选举。选区划分是否科学直接影响选举活动的民主性、有效性。选区划分标准的确定既要考虑选民参加选举的便利,便于选民了解候选人、联系候选人以及行使监督权,也要考虑代议民主功能的充分发挥。根据我国《选举法》第 25 条的规定,我国选区划分标准可以按居住状况划分,也可以按生产单位、事业单位、工作单位划分。同时又规定,选区的大小,按照每一选区选 1 名至 3 名代表划分,各选区每一代表所代表的人口数应当大体相等。

现行人大代表选举的选区划分采用复合型标准,需要考虑三重因素:一是地域和单位因素,既可以按居住状况划分选区,也可以按生产单位、事业单位和工作单位划分选区;二是代表因素,按照每一选区选一至三名代表的标准确定选区的大小;三是人口因素,使各选区的人口数大致平衡。在选区划分中,人口因素起着主要的作用。在选区划分中的一个突出问题是行政化趋向。《选举法》规定,选区可以按居住状况划分,也可以按生产单位、事业单位、工作单位划分。

第三,选民资格确认。选民登记就是确认选民选举权资格的必经法律程序。《选举法》第 27 条规定,选民登记按选区进行,经登记确认的选民资格长期有效。每次选举前对上次选民登记以后新满 18 周岁的、被剥夺政治权利期满后恢复政治权利的选民,予以登记。对选民经登记后迁出原选区的,列入新迁入的选区的选民名单。对死亡的和依照法律被剥夺政治权利的人,从选民名单上除名。精神病患者不能行使选举权利的,经选举委员会确认,不列入选民名单。《选举法》第 29 条规定:对于公布的选民名单有不同意见的,可以在选民名单公布之日起 5 日内向选举委员会提出申诉。选举委员会对申诉意见,应在 3 日内作出处理决定。申诉人如果对处理决定不服,可以在选举日的 5 日以前向人民法院起诉,人民法院应在选举日以前作出判决。人民法院的判决为最后决定。

第四,代表候选人的产生。其一,代表候选人的提名推荐。我国《选举法》规定,由选民直接选举的人民代表大会代表候选人,由各选区选民和各政党、各人民团体提名推荐。据此,代表候选人有两种提名方式:一是各政党和人民团体的提名,通称为"组织提名",各政党、各人民团体可以联合或单独推荐代表候选人;二是选民联名推荐候选人,选民 10 人以上可以联名推荐代表候选人,通称"十人联名"。各政党、各人民团体联合或者单独推荐的代表候选人的人数,每一选民或者代表参加联名推荐的代表候选人的人数,均不得超过本选区或者选举单位应选代表的名额。其二,代表候选人的正式确定。由各选区选民和各政党、各人民团体提名推荐的名单,经选举委员会汇总后,在选举日的15日以前公布,并交各该选区的选民小组讨论、协商,确定正式代表候选人名单。各级人民代表大会代表实行差额选举,代表候选人的人数应多于应选代表的名额。正式代表候选人名额的确定采用差额原则,直接选举的代表候选人名额,应多于应选代表名额1/3至1倍。如果所提候选人的人数超过法律规定的最高差额比例,由选举委员会交各该选区的选民小组讨论、协商,根据较多数选民的意见,确定正式代表候选人名单;对正式代表候选人不能形成较为一致意见的,进行预选,根据预选时得票多少的顺序,确定正式代表候选人名单。正式代表候选人名单在选举日前7日公布。其三,代表候选人的介绍。《选举法》第34条规定:选举委员会应当向选民介绍代表候选人的情况。推荐代表候选人的政党、人民团体和选民可以在选民小组会议上介绍所推荐的代表候选人的情况。选举委员会根据选民的要求,应当组织代表候选人与选民见面,由代表候选人介绍本人的情况,回答选民的问题。但是,在选举日必须停止代表候选人的介绍。其四,2015年修正的《选举法》第34条规定:公民参加各级人民代表大会代表的选举,不得直接或者间接接受境外机构、组织、个人提供的与选举有关的任何形式的资助。违反前款规定的,不列入代表候选人名单;已经列入代表候选人名单的,从名单中除名;已经当选的,其当选无效。

第五,投票选举程序。投票是选举的决定性阶段,是选民行使选举权的集中表现,前面所有的环节其实都在为投票这一环节作准备,我国《选举法》对投票的程序作了比较具体的规定。其一,投票的途径。《选举法》规定,选民根据选举委员会的规定,凭身份证或者选民证领取选票。选举委员会应当根据各选区选民分布状况,按照方便选民投票的原则设立投票站,进行选举。选民居住比较集中的,可以召开选举大会,进行选举;因患有疾病等原因行动不便或者居住分散并且交通不便的选民,可以在流动票箱投票。投票选举由选举委员会主持。可见,投票站、流动票箱与选举大会是可以投票的三种途经。其二,投票的方法。选举法规定,一律采用无记名投票的方法。选举时应当设有秘密写票处。选民如果是文盲或者因残疾不能写选票的,可以委托他信任的人代写;选民如果在选举期间外出,经选举委员会同意,可以书面委托其他选民代为投票,但每一选民接受的委托不得超过三人,并应当按照委托人的意愿代为投票。其三,投票的选择。选举人对于代表候选人可以投赞成票,可以投反对票,可以另选其他任何选民,也可以弃权。

第六，确定当选。其一，投票结束后，由选民推选的监票、计票人员和选举委员会的人员将投票人数和票数加以核对，作出记录，并由监票人签字。代表候选人的近亲属不得担任监票人、计票人。其二，每一选票所选人数多于规定应选代表的为无效票，予以作废，等于或少于规定应选代表人数的为有效票。如果选举所投票数多于投票人数的，则选举无效，等于或少于投票人数的有效。其三，选民直接选举时，选区全体选民须过半数参加投票，选举才有效。

在选举有效的前提下，由选民推选的监票与计票人员进行唱票。代表候选人获得参加投票的选民过半数选票时，始得当选。获得过半数选票的代表候选人的人数超过应选代表名额时，以得票多的当选。如遇票数相等不能确定当选人时，应当就票数相等的候选人再次投票，以得票多的当选，但是得票数不得少于选票的 1/3。获得过半数选票的当选代表的人数少于应选代表的名额时，不足的名额另行选举。另行选举时，根据在第一次投票时得票多少的顺序，按照差额比例，确定候选人名单。选举结果由选举委员会依法确定是否有效，并予以宣布。

第七，确认代表资格。《选举法》第 47 条规定：代表资格审查委员会依法对当选代表是否符合宪法、法律规定的代表的基本条件，选举是否符合法律规定的程序，以及是否存在破坏选举和其他当选无效的违法行为进行审查，提出代表当选是否有效的意见，向本级人民代表大会常务委员会或者乡、民族乡、镇的人民代表大会主席团报告。县级以上的各级人大常委会或者乡、民族乡、镇的人民代表大会主席团根据代表资格审查委员会提出的报告，确认代表的资格或者确定代表的当选无效，在每届人民代表大会第一次会议前公布代表名单。第 47 条规定：公民不得同时担任两个以上无隶属关系的行政区域的人民代表大会代表。

第八，对代表的监督和罢免、辞职、补选。其一，由选民直接选举的人大代表，受选民的监督。选民有权罢免自己选出的代表。其二，对于县级的人大代表，原选区选民 50 人以上联名，对于乡级的人大代表，原选区选民 30 人以上联名，可以向县级的人大常委会书面提出罢免要求。罢免要求应当写明罢免理由。被提出罢免的代表有权在选民会议上提出申辩意见，也可以书面提出申辩意见。县级的人大常委会应当将罢免要求和被提出罢免的代表的书面申辩意见印发原选区选民。表决罢免要求，由县级的人大常委会派有关负责人员主持。其三，罢免代表采用无记名的表决方式。其四，罢免县级和乡级的人大代表，须经原选区过半数的选民通过。其五，县级的人大代表可以向本级人大常委会书面提出辞职,乡级的人大代表可以向本级人大书面提出辞职。县级的人大常委会接受辞职,须经常委会组成人员的过半数通过。乡级的人大接受辞职,须经人民代表大会过半数的代表通过。接受辞职的,应当予以公告。县级以上的各级人大常委会组成人员,县级以上的各级人大的专门委员会成员,辞去代表职务的请求被接受的,其常务委员会组成人员、专门委员会成员的职务相应终止,由常务委员会予以公告。乡、民族乡、镇的人大主席、副主席,辞去代表职务的请求被接受的,其主席、副主席的职务相应终止,由主席团予以公告。其六,代表在任期内,因故出缺,由原选区补选。地方各级人大代表在任期内调离或者迁出本行政区域的,其代表资格自行终止,缺额另行补选。补选出缺的代表时,代表候选人的名额可以多于应选代表的名额,也可以同应选代表的名额相等。补选的具体办法,由省、自治区、直辖市的人大常委会规定。对补选产生的代表,依照《选举法》第47条的规定进行代表资格审查。

第九,对破坏选举的制裁。其一,为保障选民自由行使选举权和被选举权,对有下列行为之一,破坏选举,违反治安管理规定的,依法给予治安管理处罚;构成犯罪的,依法追究刑事责任:以金钱或者其他财物贿赂选民,妨害选民自由行使选举权和被选举权的;以暴力、威胁、欺骗或者其他非法手段妨害选民自由行使选举权和被选举权的;伪造选举文件、虚报选举票数或者有其他违法行为的;对于控告、检举选举中违法行为的人,或者对于提出要求罢免代表的人进行压制、报复的。国家工作人员有前款所列行为的,还应当依法给予行政处分。以所列违法行为当选的,其当选无效。其二,主持选举的机构发现有破坏选举的行为或者收到对破坏选举行为的举报,应当及时依法调查处理;需要追究法律责任的,及时移送有关机关予以处理。

2. 间接选举的程序

间接选举就是由下一级人大选举上一级人大代表的活动。《选举法》第3条规定,全国、省、自治区、直辖市、设区的市、自治州的人大的代表由下一级人大选举。间接选举的程序相对简单,不需要进行选区划分与选民登记,选举的组织工作也比较简单,代表候选人的提名、确定、介绍与投票等程序与直接选举有很多重合的地方,下面主要介绍间接选举程序。

第一,选举的主持机构。间接选举的工作由本级人大常委会主持,并接受上级人大常委会的领导。《选举法》第9条规定,全国人大常委会主持全国人大代表的选举。省、自治区、直辖市、设区的市、自治州的人大常委会主持本级人大代表的选举。实践中,一些省级或市级人大常委会设立临时或常设的专门选举机构,具体负责本级人大代表的选举和指导下级人大代表的选举工作。需要指出的是,间接选举的人大代表实际上是由下一级人大选出的,而下一级人大在选举上一级人大代表时,会议是由该级人大主席团主持的。因此,由间接选举产生的人大代表,都是由下一级人大主席团主持选举出来的。

第二,代表候选人的提名推荐。《选举法》第 30 条规定,间接选举的代表候选人由选举单位提名产生。各政党、各人民团体可以联合或者单独推荐代表候选人,代表十人以上联名,也可以推荐代表候选人。

第三,代表候选人的正式确定。《选举法》规定,县级以上的地方各级人大在选举上一级人大代表时,提名、酝酿代表候选人的时间不得少于两天。该级人大主席团将依法提出的代表候选人名单印发全体代表,由全体代表酝酿、讨论。如果所提候选人的人数符合法定差额比例,直接进行投票选举。如果所提候选人的人数超过法定的最高差额比例,则进行预选,根据预选时得票多少的顺序,按照本级人民代表大会的选举办法并根据《选举法》确定的具体差额比例,确定正式代表候选人名单,进行投票选举。间接选举中,代表候选人名额应多于应选代表名额的 1/5 至 1/2。另外,《选举法》还规定,县级以上的地方各级人民代表大会在选举上一级人民代表大会代表时,代表候选人不限于该级人民代表大会的代表。

第四,正式代表的确定。选举大会由主席团主持,采用无记名投票方式,代表候选人获得全体代表过半数的选票时,始得当选。获得过半数选票的代表候选人的人数超过应选代表名额时,以得票多的当选。如遇票数相等不能确定当选人时,应当就票数相等的候选人再次投票,以得票多的当选。获得过半数选票的当选代表的人数少于应选代表的名额时,不足的名额另行选举。另行选举时,根据在第一次投票时得票多少的顺序,按照法定的差额比例,确定候选人名单,代表候选人必须获得全体代表过半数的选票,始得当选。选举结果由大会主席团确定是否有效,并予宣布。

第五,确认代表资格。《选举法》规定,代表资格审查委员会依法对当选代表是否符合宪法、法律规定的代表的基本条件,选举是否符合法律规定的程序,以及是否存在破坏选举和其他当选无效的违法行为进行审查,提出代表当选是否有效的意见,向本级人大常委会报告。县级以上的各级人大常委会根据代表资格审查委员会提出的报告,确认代表的资格或者确定代表当选无效,在每届人民代表大会第一次会议前公布代表名单。

第六,对代表的监督和罢免、辞职、补选。其一,全国和地方由下一级人大产生的各级人民代表大会的代表,受原选举单位监督。选举单位有权罢免自己选出的代表。其二,县级以上的地方各级人大举行会议时,主席团或者1/10以上代表联名,可以提出对由该级人大选出的上一级人大代表的罢免案。在人民代表大会闭会期间,县级以上的地方各级人大常委会主任会议或者常务委员会1/5以上组成人员联名,可以向常务委员会提出对由该级人大选出的上一级人大代表的罢免案。罢免案应当写明罢免理由。县级以上的地方各级人大举行会议时,被提出罢免的代表有权在主席团会议和大会全体会议上提出申辩意见,或者书面提出申辩意见,由主席团印发会议。罢免案经会议审议后,由主席团提请全体会议表决。县级以上的地方各级人大常委会举行会议的时候,被提出罢免的代表有权在主任会议和常务委员会全体会议上提出申辩意见,或者书面提出申辩意见,由主任会议印发会议。罢免案经会议审议后,由主任会议提请全体会议表决。其三,罢免代表采用无记名的表决方式。其四,罢免由县级以上的地方各级人大选出的代表,须经该级人大过半数的代表通过;在代表大会闭会期间,须经常务委员会组成人员过半数通过。罢免的决议须报送上一级人大常委会备案、公告。其四,县级以上的各级人大常委会组成人员,县级以上的各级人大专门委员会成员的代表职务被罢免的,其常务委员会组成人员或者专门委员会成员的职务相应撤销,由主席团或者常务委员会予以公告。其五,全国人大代表,省、自治区、直辖市、设区的市、自治州的人大代表,可以向选举他的人大的常务委员会书面提出辞职。常务委员会接受辞职,须经常务委员会组成人员过半数通过。接受辞职的决议须报送上一级人大常委会备案、公告。县级以上的各级人大常委会组成人员,县级以上的各级人大的专门委员会成员,辞去代表职务的请求被接受的,其常务委员会组成人员、专门委员会成员的职务相应终止,由常务委员会予以公告。其六,由下一级人大选举产生的人大代表在任期内,因故出缺,由原选举单位补选。地方各级人大代表在任期内调离或者迁出本行政区域的,其代表资格自动终止,缺额另行补选。县级以上的地方各级人大闭会期间,可以由本级人大常委会补选上一级人大代表。补选出缺的代表时,代表候选人的名额可以多于应选代表的名额,也可以同应选代表的名额相等。补选具体办法,由省、自治区、直辖市的人大常委会规定。对补选产生的代表,依照《选举法》第47条的规定进行代表资格审查。

第七,对破坏选举的制裁。与破坏直接选举的责任追究相同。

(三) 我国几种特殊的选举

1. 人民解放军人大代表的选举

《选举法》第6条规定,人民解放军单独进行选举,选举办法另订。1981年,全国人大常委会制定的《中国人民解放军选举全国人民代表大会和地方各级人民代表大会代表的办法》共八章,规定了总则、选举委员会、代表名额的决定和分配、选区和选举单位、代表候选人的提出、选举程序、对代表的监督和罢免辞职补选、附则。1996年,全国人大常委会修订;根据2012年全国人大常委会《关于修改〈中国人民解放军选举全国人民代表大会和县级以上地方各级人民代表大会代表的办法〉的决定》修正。2021年4月,全国人大常委会作出关于修改《中国人民解放军选举全国人民代表大会和县级以上地方各级人民代表大会代表的办法》的决定,据此,其主要内容如下:

第一,参加解放军选举的人员范围:人民解放军军人、文职人员,军队管理的离休、退休人员和其他人员。驻军的驻地距离当地居民的居住地较远,随军家属参加地方选举有困难的,经选举委员会或者军人委员会批准,可以参加军队选举。驻地方工厂、铁路、水运、科研等单位的军代表,在地方院校学习的军队人员,可以参加地方选举。

第二,人民解放军及人民解放军团级以上单位设立选举委员会。人民解放军选举委员会领导全军的选举工作,其他各级选举委员会主持本单位的选举工作。人民解放军选举委员会的组成人员,由全国人大常委会批准。其他各级选举委员会的组成人员,由上一级选举委员会批准。下级选举委员会受上级选举委员会的领导。选举委员会任期五年,行使职权至新的选举委员会产生为止。选举委员会的组成人员调离本单位或者免职、退役的,其在选举委员会中担任的职务自行终止;因职务调整或者其他原因不宜继续在选举委员会中担任职务的,应当免除其在选举委员会中担任的职务。选举委员会的组成人员出缺时,应当及时增补。

选举委员会下设办公室,具体承办本级有关选举的日常工作。办公室设在政治工作部门,工作人员由本级选举委员会确定。

第三,名额的决定和分配。人民解放军应选全国人大代表的名额,由全国人大常委会决定。中央军事委员会机关部门和战区、军兵种、军事科学院、国防大学、国防科技大学等单位应选全国人大代表的名额,由人民解放军选举委员会分配。中央军事委员会直属机构参加其代管部门的选举。各地驻军应选县级以上地方各级人大代表的名额,由驻地各该级人大常委会决定。有关选举事宜,由省军区(卫戍区、警备区)、军分区(警备区)、人民武装部分别与驻地的人民代表大会常务委员会协商决定。

第四,选区和选举单位。驻军选举县级人大代表,由驻该行政区域的现役军人和参加军队选举的其他人员按选区直接选举产生。选区按该行政区域内驻军各单位的分布情况划分。选区的大小,按照每一选区选一名至三名代表划分。驻军应选的设区的市、自治州、省、自治区、直辖市人大代表,由团级以上单位召开军人代表大会选举产生。中央军事委员会机关部门和战区、军兵种、军事科学院、国防大学、国防科技大学等单位的军人代表大会,选举全国人大代表。

人民解放军师级以上单位的军人代表大会代表,由下级军人代表大会选举产生。下级单位不召开军人代表大会的,由军人大会选举产生。旅、团级单位的军人代表大会代表,由连和其他基层单位召开军人大会选举产生。军人代表大会由选举委员会召集,军人大会由选举委员会或者军人委员会召集。军人代表大会每届任期五年。军人代表大会代表任期从本届军人代表大会举行第一次会议开始,到下届军人代表大会举行第一次会议为止。

第五,代表候选人的提出。人民解放军选举全国和县级以上地方各级人大代表,候选人按选区或者选举单位提名产生。中国共产党在军队中的各级组织,可以推荐代表候选人。选民或者军人代表大会代表,十人以上联名,也可以推荐代表候选人。推荐者应向选举委员会或者军人委员会介绍候选人的情况。接受推荐的代表候选人应当向选举委员会或者军人委员会如实提供个人基本情况。提供的基本情况不实的,选举委员会或者军人委员会应当向选民或者军人代表大会代表通报。人民解放军选举全国和县级以上地方各级人大代表实行差额选举,代表候选人的人数应多于应选代表的名额。由选民直接选举的,代表候选人的人数应多于应选代表名额的 1/3 至 1 倍;由军人代表大会选举的,代表候选人的人数应多于应选代表名额的 1/5 至 1/2。由选民直接选举的,代表候选人由选举委员会或者军人委员会汇总后,将代表候选人名单以及代表候选人的基本情况在选举日的十五日以前公布,并交各该选区的选民反复讨论、协商,确定正式代表候选人名单。如果所提代表候选人的人数超过本办法第19条规定的最高差额比例,由选举委员会或者军人委员会交各该选区的选民讨论、协商,根据较多数选民的意见,确定正式代表候选人名单;对正式代表候选人不能形成较为一致意见的,进行预选,根据预选时得票多少的顺序,确定正式代表候选人名单。正式代表候选人名单以及代表候选人的基本情况应当在选举日的七日以前公布。团级以上单位的军人代表大会在选举人大代表时,提名、酝酿代表候选人的时间不得少于两天。各该级选举委员会将依法提出的代表候选人名单以及代表候选人的基本情况印发军人代表大会全体代表酝酿、讨论。如果所提代表候选人的人数符合规定的差额比例,直接进行投票选举。如果所提代表候选人的人数超过规定的最高差额比例,进行预选,根据预选时得票多少的顺序,按照本级军人代表大会确定的具体差额比例,确定正式代表候选人名单,进行投票选举。

军人代表大会在选举全国和县级以上地方各级人大代表时,代表候选人不限于本级军人代表大会代表。选举委员会或者军人委员会应当介绍代表候选人的情况。推荐代表候选人的组织或者个人可以在选民小组或者军人代表大会小组会议上介绍所推荐的代表候选人的情况。直接选举时,选举委员会或者军人委员会根据选民的要求,应当组织代表候选人与选民见面,由代表候选人介绍本人的情况,回答选民的问题。但是,在选举日必须停止对代表候选人的介绍。

第六,选举程序。直接选举时,各选区应当召开军人大会进行选举,或者按照方便选民投票的原则设立投票站进行选举。驻地分散或者行动不便的选民,可以在流动票箱投票。投票选举由军人委员会或者选举委员会主持。

军人代表大会的投票选举,由选举委员会主持。

人民解放军选举全国和县级以上地方各级人大代表,一律采用无记名投票的方法。选举时应当设有秘密写票处。选民因残疾等原因不能写选票,可以委托他信任的人代写。

选民如果在选举期间外出,经军人委员会或者选举委员会同意,可以书面委托其他选民代为投票。每一选民接受的委托不得超过三人,并应当按照委托人的意愿代为投票。

选举人对代表候选人可以投赞成票,可以投反对票,可以另选其他任何选民,也可以弃权。投票结束后,由选民推选的或者军人代表大会代表推选的监票、计票人员和选举委员会或者军人委员会的人员将投票人数和票数加以核对,作出记录,并由监票人签字。代表候选人的近亲属不得担任监票人、计票人。

每次选举所投的票数,多于投票人数的无效,等于或者少于投票人数的有效。每一选票所选的人数,多于规定应选代表人数的作废,等于或者少于规定应选代表人数的有效。

直接选举时,参加投票的选民超过选区全体选民的半数,选举有效。代表候选人获得参加投票的选民过半数的选票时,始得当选。军人代表大会选举时,代表候选人获得全体代表过半数的选票,始得当选。获得过半数选票的代表候选人的人数超过应选代表名额时,以得票多的当选。如遇票数相等不能确定当选人时,应就票数相等的候选人再次投票,以得票多的当选。获得过半数选票的当选代表的人数少于应选代表名额时,不足的名额另行选举。另行选举时,根据在第一次投票时得票多少的顺序,按照本办法第 19 条规定的差额比例,确定候选人名单。如果只选一人,候选人应为二人。依照前款规定另行选举县级人大代表时,代表候选人以得票多的当选,但是得票数不得少于选票的 1/3;团级以上单位的军人代表大会在另行选举设区的市、自治州、省、自治区、直辖市和全国人民代表大会代表时,代表候选人获得军人代表大会全体代表过半数的选票,始得当选。

选举结果由选举委员会或者军人委员会根据本办法确定是否有效,并予以宣布。

此外还规定了对代表的监督和罢免、辞职、补选。2021 年修正的条文还规定"因执行任务等原因无法召开军人代表大会的,可以由本级选举委员会进行补选。""人民武装警察部队选举全国人民代表大会和县级以上地方各级人民代表大会代表,适用本办法。"第 2 条、第 15 条第 1 款中的"现役军人"修改为"军人"。

2. 中国香港与澳门特别行政区全国人大代表的选举

我国香港地区和澳门地区回归以前,港澳地区的全国人大代表由广东省人大选举产生。回归后,根据《中华人民共和国香港特别行政区基本法》与《中华人民共和国澳门特别行政区基本法》的规定,两地区依全国人大确定的代表名额和代表产生办法,单独选举全国人大代表。每次换届选举前,全国人大审议通过有关香港地区与澳门地区选举全国人大代表的办法。

2017 年,十二届全国人大五次会议通过《中华人民共和国香港特别行政区选举第十三届全国人民代表大会代表的办法》《中华人民共和国澳门特别行政区选举第十三届全国人民代表大会代表的办法》,规定了下列内容:

第一,香港、澳门地区选举第十三届全国人大代表由全国人大常委会主持。香港地区应选人大代表的名额为 36 名。澳门地区应选人大代表的名额为 12 名。

第二,香港、澳门地区选举的全国人大代表须是年满 18 周岁的香港、澳门地区居民中的中国公民。

第三,香港或澳门地区成立第十三届全国人大代表选举会议。香港地区选举会议由参加过香港地区第十二届全国人大代表选举会议的人员,以及不是上述人员的香港地区居民中的中国人民政治协商会议第十二届全国委员会委员和香港地区第五任行政长官选举委员会委员中的中国公民组成,但本人提出不愿参加的除外。香港特区行政长官为香港地区选举会议的成员。澳门地区选举会议由参加过澳门地区第十二届全国人大代表选举会议的人员,以及不是上述人员的澳门地区居民中的中国人民政治协商会议第十二届全国委员会委员、澳门特区第四任行政长官选举委员会委员中的中国公民和澳门地区第五届立法会议员中的中国公民组成,但本人提出不愿参加的除外。澳门特区行政长官为选举会议的成员。选举会议成员名单由全国人大常委会公布。

第四,选举会议第一次会议由全国人大常委会召集,根据委员长会议的提名,推选19名(澳门地区为11名)选举会议成员组成主席团。主席团从其成员中推选常务主席一人。主席团主持选举会议。主席团常务主席主持主席团会议。选举会议举行全体会议,须有过半数成员出席。选举会议成员以个人身份参加选举会议,并以个人身份履行职责。选举会议成员应出席选举会议,如有特殊原因不能出席,应事先向主席团请假。选举会议成员不得直接或者间接索取或者接受参选人和候选人的贿赂或者谋取其他任何利益,不得直接或者间接以利益影响他人在选举中对参选人和候选人所持的立场。

第五,全国人大代表候选人由选举会议成员10人以上提名。香港地区每名选举会议成员提名的代表候选人不得超过36名(澳门地区为12名)。选举会议成员提名他人为代表候选人,应填写《中华人民共和国香港(澳门地区为"澳门")特别行政区第十三届全国人民代表大会代表候选人提名信》。年满18周岁的香港(澳门)地区居民中的中国公民,凡有意参选人大代表的,应领取和填写《中华人民共和国香港(澳门)特别行政区第十三届全国人民代表大会代表参选人登记表》。在提名截止日期以前,送交参选人登记表和10名以上选举会议成员分别填写的候选人提名信。选举会议成员本人登记为参选人的,需要由其他10名以上选举会议成员为其填写候选人提名信。参选人在登记表中应当作出声明:拥护中华人民共和国《宪法》和《香港特别行政区基本法》《澳门特别行政区基本法》,拥护"一国两制"方针政策,效忠中华人民共和国和香港(澳门)特别行政区;未直接或者间接接受外国机构、组织、个人提供的与选举有关的任何形式的资助。参选人须对所填事项的真实性负责。

第六,选举会议选举人大代表的候选人应多于应选名额,进行差额选举。选举会议选举人大代表采用无记名投票的方式。选举会议进行选举时,所投的票数多于投票人数的无效,等于或者少于投票人数的有效。每一选票所选的人数,等于应选代表名额的有效,多于或者少于应选代表名额的作废。代表候选人获得参加投票的选举会议成员过半数的选票时,始得当选。获得过半数选票的代表候选人的人数超过应选代表名额时,以得票多的当选。如遇票数相等不能确定当选人时,应当就票数相等的候选人再次投票,以得票多的当选。获得过半数选票的当选代表的人数少于应选代表的名额时,不足的名额另行选举。另行选举时,根据在第一次投票时得票多少的顺序,按照候选人比应选名额多 1/5 至 1/2 的差额比例,由主席团确定候选人名单;如果只选一人,候选人应为两人。另行选举时,代表候选人获得参加投票的选举会议成员过半数的选票,始得当选。

第七,计票完毕,总监票人向主席团报告计票结果。选举结果由主席团宣布,并报全国人大常委会代表资格审查委员会。全国人大常委会根据代表资格审查委员会提出的报告,确认代表资格,公布代表名单。选举会议主席团接受与选举第十三届全国人大代表有关的投诉,并转报全国人大常委会代表资格审查委员会处理。

第八,香港或澳门特别行政区第十三届全国人大代表可以向全国人大常委会提出辞职,由全国人大常委会决定接受辞职后予以公告。

第九,香港或者澳门特别行政区第十三届全国人大代表违反登记表所声明内容的,由全国人大常委会代表资格审查委员会提出终止其代表资格的意见,全国人大常委会根据代表资格审查委员会的意见,确定终止其代表资格,并予以公告。

第十,香港或澳门特别行政区第十三届全国人大代表因故出缺,由选举香港或澳门特别行政区第十三届全国人大代表时未当选的代表候选人,按得票多少顺序依次递补,但是被递补为全国人大代表的候选人的得票数不得少于选票的 1/3。全国人大常委会根据代表资格审查委员会提出的报告,确认递补的代表资格,公布递补的代表名单。选举第十三届全国人大代表时,在未当选的代表候选人中,如遇票数相等不能确定代表出缺时的递补顺序,由主席团决定就票数相等的候选人再次投票,按得票多少确定递补顺序。

3. 台湾地区全国人大代表的选举

目前,台湾地区的全国人大代表采用协商选举的办法产生。在每次换届选举前,由全国人大常委会制定协商选举方案。2017年4月,第十二届全国人大常委会第二十七次会议通过的《台湾省出席第十三届全国人民代表大会代表协商选举方案》(见表2-1)规定:(1)台湾省暂时选举第十三届全国人大代表13名,由各省、自治区、直辖市和中央国家机关、中国人民解放军中的台湾省籍同胞组成的协商选举会议选举产生。按照《选举法》规定,选举采用差额选举和无记名投票的方式进行。

(2)协商选举会议人数为122人,在各省、自治区、直辖市和中央国家机关、中国人民解放军中的台湾省籍同胞中协商选定。参加协商选举会议人员的选定工作于2017年12月底以前完成。

(3)协商选举会议定于2018年1月在北京召开。

(4)协商选举会议要发扬民主,酝酿代表候选人应考虑各方面的代表人士,适当注意中青年、妇女、少数民族等方面的人选。

(5)协商选举会议由全国人大常委会委员长会议指定召集人召集。

表2-1　台湾省出席第十三届全国人民代表大会代表协商选举会议代表分配方案

| 单位 | 台湾省籍同胞人数<br>(据2016年统计) | 参加协商会议<br>代表数 |
| --- | --- | --- |
| 北京市 | 1370 | 6 |
| 天津市 | 951 | 4 |
| 河北省 | 613 | 3 |
| 山西省 | 165 | 1 |
| 内蒙古自治区 | 243 | 1 |
| 辽宁省 | 1468 | 6 |
| 吉林省 | 232 | 2 |
| 黑龙江省 | 291 | 2 |
| 上海市 | 3935 | 6 |
| 江苏省 | 1531 | 6 |
| 浙江省 | 2190 | 6 |
| 安徽省 | 795 | 3 |
| 福建省 | 17023 | 15 |
| 江西省 | 1756 | 6 |

（续表）

| 单位 | 台湾省籍同胞人数（据 2016 年统计） | 参加协商会议代表数 |
| --- | --- | --- |
| 山东省 | 949 | 2 |
| 河南省 | 506 | 3 |
| 湖北省 | 1031 | 2 |
| 湖南省 | 1003 | 3 |
| 广东省 | 3920 | 9 |
| 广西壮族自治区 | 448 | 2 |
| 海南省 | 3861 | 9 |
| 重庆市 | 476 | 2 |
| 四川省 | 524 | 2 |
| 贵州省 | 218 | 1 |
| 云南省 | 426 | 2 |
| 西藏自治区 | 0 | 0 |
| 陕西省 | 308 | 2 |
| 甘肃省 | 364 | 1 |
| 青海省 | 82 | 1 |
| 宁夏回族自治区 | 70 | 1 |
| 新疆维吾尔自治区 | 87 | 1 |
| 中直机关 |  | 4 |
| 国家机关 |  | 6 |
| 中国人民解放军 |  | 2 |
| 总计 | 46836 | 122 |

### 三、政治自由

政治自由是指公民在国家政治生活中，自由发表意见、表达对政治问题的见解和愿望的自由。通常通过言论、出版、集会、结社、游行、示威等表达出来，有学者称表达自由。

不少国家(或地区)宪法对此有规定。我国《宪法》第 35 条规定："公民有言论、出版、集会、结社、游行、示威的自由。""美国联邦宪法第 1 条修正案"规定："国会不得制定下列有关事项的法律：……限制言论自由或出版自由；或限制人民和平集会的权利以及向政府请愿的权利。"政治自由与其他宪法权利相同，在行使时，可能与他人的权利自由或社会公共利益发生冲突，因此其行使要遵守相应的限制。我国《宪法》第51条规定:"中华人民共和国公民在行使自由和权利的时候,不得损害国家的、社会的、集体的利益和其他公民的合法的自由和权利。"这一规定也是公民行使政治自由的限制标准。需要指出的是,我国《宪法》第35条规定的六种自由并不限于只保护政治自由,如言论自由并不限于政治性言论自由。结社自由也并不限于政治性结社自由。

(一)言论自由

言论自由有广义和狭义之分。广义的言论自由与表达自由相同,不限于通过语言文字表达政治思想和见解,还包括诸如出版、新闻媒体和集会游行示威等方式表达政治思想和见解。狭义的言论自由则是表达自由的其中一种,即指公民对于政治和社会的各种问题有通过语言文字的方式表达其思想和见解的自由,不包括采用文字表达的方式。广义的言论自由包括政治言论自由、商业性言论自由、艺术言论自由、学术言论自由以及宗教言论自由等等。狭义的言论自由通常被理解为政治言论自由。本书中的言论自由是广义的言论自由。

其中,政治言论自由是最重要的言论自由,也是实现其他言论自由的基础。[①] 主要包含下列含义:第一,任何公民都有平等的以言论方式表达思想和见解的权利。第二,言论自由形式多样,可以采用口头或者书面形式,也可以采用广播、新闻、电视、互联网、微信等多种形式。第三,言论自由受法律保护。只要言论自由没有超出法律规定的范围,不能因为发表了某种言论而受到不利的法律后果。[②] 司法审查适用多种公式。

(1)不同属性、不同价值的言论受不同程度的保护:美国联邦最高法院通常采用双轨和双阶理论对公权限制公民言论自由的行为进行审查。双轨审查方法是指当国家对公民言论进行限制受到挑战时,审查机关根据限制的是言论的内容还是形式施加不同程度的审查。通常情况下,如果对言论内容进行限制,会受到更严格审查;如果是对言论的形式,即时间、地点和方式进行限制,只要没有造成根本性的无从行使言论的效果,通常不会被判定为违宪。可见,双轨是指限制言论的内容或者形式,按照这种方法来确定审查的严格程度。如果公权对言论的内容进行限制未必一定受到严格审查,需要考查受到限制的言论的内容的价值高低、大小。如果公权主体限制公民言论的内容价值高,此种限制要受到严格

---

[①] 参见许安标、刘松山:《中华人民共和国宪法通释》,中国法制出版社2004年版,第126页。
[②] 参见全国人大常委会办公厅研究室政治组编:《中国宪法精释》,中国民主法制出版社1996年版,第155页。

审查。如果限制的言论的内容价值低，此种限制则受到较低程度的审查。此为双阶审查标准。一般来说，政治性言论自由受到最大限度的保护。商业性和其他言论自由受到较低程度的保护。前者是指公民针对国家机关及其工作人员行使权力或者相关行为所作的评价、发表的意见和看法。对于公民此类行为，国家机关应当予以高度的宽容，通常不追究言论者责任。

以政治性或社会性的言论为对象的言论属于"高价值的言论"，故受到法院很大重视。在 1964 年"纽约时报案"中，法院认为"原告必须证明诽谤人的言论是因明知或重大过失而不知为不实者为限，方为构成诽谤"。联邦最高法院这个判决是强化新闻媒体言论的保障，使人民对"政府及公务员"的抨击能够免于法律责任，因为要证明被告是恶意或重大过失而使用不实资讯非常困难。联邦最高法院后来在许多判决中，采用"纽约时报案"模式，并将"公务员"扩充及"公众人物"，使得明星、运动员、政客的生活都暴露在媒体的关注之下。①

这就是布伦南法官阐述的著名的"实际恶意"原则以及公民批评者赔偿豁免权的法理依据。他说："宪法保护所要求的是这样的联邦规则，即公共官员因其公务行为遭到谎言诽谤，他不得从中获得因此导致的受损救济，除非他能够证明发表言论者存在实际恶意（actual malice）。"所谓实际恶意，是指被告明知陈述错误，或者毫不顾及陈述是否错误。

对商业性言论和其他价值不高的言论保护力度较低。如关于商业性言论，美国最高法院在早期认为宪法第一修正案关于言论自由的保护不保护商业性言论自由，但后来逐渐承认宪法对其的保护，但只受到较低程度的保护。在 1980 年中央哈德逊瓦斯及电力公司一案中，联邦最高法院对商业性言论（广告）的限制认为，只要符合公益及符合比例原则——使用最小的限制即属合宪。②在美国，对于猥亵及色情类言论，一般承认国家有权对之加以严格管制。

（2）事实和评论二分法：德国宪法法院采用该方法，美国和欧洲其他一些国家也采用类似的方法来审查涉及限制言论的公权行为是否违宪。欧洲人权法院在解释时也采用了这种方法。其含义是，公民言论通常包括两部分内容，一部分涉及事实，一部分涉及主观评论。根据对言论的限制属于事实还是评论予以不同程度的审查。一般情况下，管制措施针对言论的事实部分予以相应限制，法律

---

① 参见陈新民：《宪法学释论》，三民书局 2005 年版，第 248—249 页。
② See Central Hudson Gas & Electric Corp. V. Public Service Comm's, 447 U. S. 557,1980. 参见陈新民：《宪法学释论》，三民书局 2005 年版，第 248 页。

对此提出严格要求,通常不违宪。立法或者政策通常不能单独就公民言论的评论部分予以严格限制,否则受到更严格的审查,被判定为违宪的概率更高。

德国宪法法院在涉及"事实主张"的问题时,保障言论自由的标准即在于言论所提出事实或传播后事实的"注意义务"有无存在。人民只要不是故意以假当真说谎言,即使提出的事实有误(如批评某公共建设的数据资料有误),但只要人民相信该事实的存在,或和人民的见解、评价有关时,即受宪法保护。法院看法表明,言论自由并不能和人民负有担保其言论的"真实义务"画等号。人民往往无法"举证"许多涉及公益事件的"真实性",若以此限制人民的言论自由权,言论几无自由可言。① 可见,德国宪法法院按陈述事实与发表意见不同,事实有能证明真实与否的问题,意见则为主观价值判断,无所谓真实与否,在民主多元社会,应当容许各种价值判断,不应有何者正确或何者错误而运用公权力加以鼓励或禁制的现象,仅能经由言论自由市场机制,使真理愈辩愈明。对于可受公评的事项,尤其对政府施政措施,即使以不留余地或尖酸刻薄的语言文字予以批评,也应受宪法保障。这是因为,维护言论自由能促进政治民主及社会的健全发展,与个人名誉可能遭受损失两相权衡,显然有较高价值。需要注意的是,事实陈述与意见发表在概念上具有流动性,有时难指望其泾渭分明,若意见是以某项事实为基础或发言过程中夹论夹叙,将事实叙述与评论混为一谈时,应考虑事实的真伪问题。

美国最高法院也采用这一规则,最早在1974年格茨诉韦尔奇公司案中,鲍威尔大法官在判决意见中指出:"根据宪法第一修正案的原则,不存在诸如虚假思想这样的东西。无论一个观点看起来多么有害,要纠正它并不依赖法官或者陪审团的良心而是依靠其他观念与它竞争。但是,关于事实的虚假陈述却毫无宪法价值。无论是故意撒谎还是疏忽过失都无法促进社会'无拘无束、健康和完全公开'地辩论公共问题。"该案已经表明宪法不保护虚假的事实陈述。在1986年费城报业集团诉赫普斯案中,联邦最高法院的判决指出:"在此类案件中,当报纸发表的公共言论关系一般个人,个人原告如果不能证明报纸的陈述是虚假的,就无法获得损害救济。因为在此类案件中,由于陈述难定真伪而使得天平的平衡点处于一个不确定位置,而宪法则要求天平的指针指向保护真实言论。我们认为,为确保有关公众事务的真实言论畅通无阻,当原告企图以追索赔偿金的方

---

① 参见陈新民:《宪法学释论》,三民书局2005年版,第250—251页。

式阻挠被告媒体就公共关注事务发表言论时,普通法关于'诽谤性言论就是失实言论'这一假定难以成立。由于宾夕法尼亚州的'保护法'允许媒体雇员拒绝泄漏他们的原始资料,这就给上诉人强加了沉重负担,这部法律的精确范围并不清楚,并且在上述情况下,此类法律也没有表明,其所要求的宪法标准与上诉人因为没有此类法律而获胜的宪法标准有什么差异。"该案确立了一项规则:宪法只保护真实的言论。到1990年米尔科维奇诉洛雷恩报业公司案时,事实与评论分离规则才被联邦最高法院十分明确和详细地阐述,伦奎斯特大法官陈述的判决意见中指出:"首先,'赫普斯规则'支持这样一种主张,即当媒体被告被卷入一场诽谤诉讼中,州诽谤法要求在确定他们是否存在侵权责任之前,有关公众所关心的事务的言论必须被证明是虚假的,至少在某种情况下,正如我们目前所见的案子就是如此。因此,'我认为迈耶·琼斯是个骗子'和'我认为麦耶·琼斯接受马克思和列宁的教导,实在是愚蠢之极'这两种表述是不同的,前者不可以被起诉。'赫普斯规则'确保这样一种情况:关系公众关心的事务的评论性表述,如果能够被现有的事实证明是虚假的,则该陈述不受宪法的充分保护。"至此,事实与评论分离规则明确确立。这一规则表明,在一个评论性表述中,如果其中涉及虚假事实,该表述即构成诽谤。这一规则大大保护了公民的基本名誉权,使得媒体肆无忌惮的评论得到一定遏制,至少在涉及事实问题时,媒体必须慎重对待而不能随意损害公民权。①

(3) 基于言论者的身份不同,言论自由受保护的程度有所不同。一般来说,普通公民的言论自由度最大,官员的言论自由度小;一般公务员言论自由度大于官员,官员级别越高,其言论自由度越小。但公务员的言论自由也受到相应保护。

(4) 其他相关适用公式。如指向思想的言论和指向行动的言论受不同程度的保护、基于对言论的"事前限制"与"事后惩罚"予以不同程度的审查。②

(5) 言论自由不是绝对的,可依法予以限制。除了《宪法》第51条总的规定外,还要遵守一些法律法规对行使言论的限制,主要有两方面限制:不得以言论自由煽动反政府、危害国家安全和社会稳定;不得以言论自由对他人进行侮辱、

---

① 参见萧瀚:《诽谤诉讼中的新闻自由——评纽约时报诉沙利文等媒体诽谤案》,http://www.aisixiang.com/data/33116-3.html。
② 参见朱应平:《宪法人权条款的司法适用技术规范研究》,中国民主法制出版社2016年版,第69—75页。

诽谤,侵犯他人人格尊严和隐私。① 如《中华人民共和国网络安全法》(以下简称《网络安全法》)第 12 条第 2 款规定:任何个人和组织使用网络应当遵守宪法法律,遵守公共秩序,尊重社会公德,不得危害网络安全,不得利用网络从事危害国家安全、荣誉和利益,煽动颠覆国家政权、推翻社会主义制度,煽动分裂国家、破坏国家统一,宣扬恐怖主义、极端主义,宣扬民族仇恨、民族歧视,传播暴力、淫秽色情信息,编造、传播虚假信息扰乱经济秩序和社会秩序,以及侵害他人名誉、隐私、知识产权和其他合法权益等活动。《刑法》还规定了剥夺言论自由的刑罚。《中华人民共和国治安管理处罚法》(以下简称《治安管理处罚法》)规定下列行为受到处罚:展示侮辱性标语、条幅等物品的,扰乱文化、体育等大型群众性活动秩序的;散布谣言,谎报险情、疫情、警情或者以其他方法故意扰乱公共秩序的;扬言实施放火、爆炸、投放危险物质扰乱公共秩序的;捏造事实诬告陷害他人,企图使他人受到刑事追究或者受到治安管理处罚的;多次发送淫秽、侮辱、恐吓或者其他信息,干扰他人正常生活的。《刑法》则规定了侮辱罪、诽谤罪等。

法律对言论自由的限制受到宪法的限制。美国法院在以往涉及限制言论内容的案件中还采用过多个标准,如:(1)"客观严重之可罚"原则。最高法院认为只要言论造成的"后果"严重,且值得立法防止时,即使这个行为的"成功率"并不存在,仍可限制人民此种言论自由。② (2)"过宽及模糊禁止"原则,认为限制人民自由权利的法律不能过度地广泛与模糊,使人民言论自由受到太大的侵犯而达到所谓"寒蝉效果"。③ 在 1960 年谢顿案中,法院提出限制人权的法律应尽量"使用和缓手段"。④ (3)平衡标准,权衡政府的治安利益和个人的言论利益。⑤ (4)影响较大的是"明显且立即危险"原则。⑥ 霍姆斯法官首次确定"明显且立即危险"的司法标准:当言论衡诸事实及本质,已经会造成明显而立即危险,为了防止滥用权利,国会有权制订管制言论的法律。即只有言论自由可能造成明显而现实的危险时,才可以对言论自由进行限制和惩罚。

(二)出版自由

公民可以依法通过公开出版物的形式,自由表达自己对国家事务、经济和文

---

① 参见蔡定剑:《宪法精解(第二版)》,法律出版社 2006 年版,第 251 页。
② See Dennis v. United States, 341 U.S. 494, 1951.
③ See Broad v. Oklahoma, 143 U.S. 601, 1931. Grayned v. Rockford, 408 U.S. 104, 1972.
④ See Shelton v. Tucker, 364 U.S. 379, 488, 1960.
⑤ See Konigsberg v. State Bar of California, 366 U.S. 36.
⑥ See Schenk v. United States, 24 a U.S. 47, 52, 1919.

化事业、社会事务的见解和看法。出版形式包括报纸、期刊、图书、音像制品、电子出版物等多种形式。出版自由一般包括两个方面内容：第一，著作自由，公民有权自由地在出版物上发表作品。第二，出版单位设立与管理不受非法干涉与限制。我国尚未制定《出版法》，除《中华人民共和国著作权法》（以下简称《著作权法》）外，其他法律如"新闻法"等尚未出台。国务院于2001年制定《中华人民共和国出版管理条例》（以下简称《出版管理条例》），最新于2016年修订。

（1）保障。《宪法》第35条规定公民有出版自由。《出版管理条例》规定：公民依法行使出版自由的权利，各级人民政府应当予以保障；公民可以依照本条例规定，在出版物上自由表达自己对国家事务、经济和文化事业、社会事务的见解和意愿，自由发表自己从事科学研究、文学艺术创作和其他文化活动的成果；合法出版物受法律保护，任何组织和个人不得非法干扰、阻止、破坏出版物的出版。《著作权法》第2条规定，中国公民、法人或者其他组织的作品，不论是否发表，依照法律享有著作权。

（2）出版自由的限制。出版自由并非绝对不受限制的自由。很多国家都承认对其作必要的限制。英国对出版自由限制的特点是：任何出版物应当在出版前交给指定的审查官审查，若未经审查擅自出版则构成犯罪，受到处罚；审查官对送审作品是否能够发表以及以何种形式发表具有绝对的决定权，出版商和作者在发表上没有任何主动权；除了严格的审查制度外，星座法院还利用严厉的刑罚惩罚违法的出版商。[①]

我国对出版自由也有严格的限制。《出版管理条例》规定："公民在行使出版自由的权利的时候，必须遵守宪法和法律，不得反对宪法确定的基本原则，不得损害国家的、社会的、集体的利益和其他公民的合法的自由和权利。"这是《宪法》第51条体现，是对出版自由保障和限制的统一。《著作权法》第4条规定，著作权人行使著作权，不得违反宪法和法律，不得损害公共利益。国家对作品的出版、传播依法进行监督管理。

第一，限制出版内容。任何出版物不得含有下列内容：反对宪法确定的基本原则；危害国家统一、主权和领土完整；泄露国家秘密、危害国家安全或者损害国家荣誉和利益；煽动民族仇恨、民族歧视，破坏民族团结，或者侵害民族风俗、习惯；宣扬邪教、迷信；扰乱社会秩序，破坏社会稳定；宣扬淫秽、赌博、暴力或者教

---

[①] 参见胡锦光主编：《宪法学关键问题》，中国人民大学出版社2014年版，第187页。

唆犯罪;侮辱或者诽谤他人,侵害他人合法权益;危害社会公德或者民族优秀文化传统;法律、行政法规和国家规定禁止的其他内容。

第二,限制出版单位设立。设立出版单位应当具备下列条件:有出版单位的名称、章程;有符合国务院出版行政主管部门认定的主办单位及其主管机关;有确定的业务范围;有30万元以上的注册资本和固定的工作场所;有适应业务范围需要的组织机构和符合国家规定的资格条件的编辑出版专业人员;法律、行政法规规定的其他条件。审批设立出版单位,除依照前款所列条件外,还应当符合国家关于出版单位总量、结构、布局的规划。

《出版管理条例》第12条规定:设立出版单位,由其主办单位向所在地省、自治区、直辖市政府出版行政主管部门提出申请;省、自治区、直辖市政府出版行政主管部门审核同意后,报国务院出版行政主管部门审批。设立的出版单位为事业单位的,还应当办理机构编制审批手续。由此可见,设立出版单位受到严格控制。

第三,限制出版物的载体。《出版管理条例》第9条规定:报纸、期刊、图书、音像制品和电子出版物等应当由出版单位出版。

第四,限制出版方式。一种是事前审查制。除了出版单位的设立需要主管部门批准外,有些出版物要事前审查。事前审查包括行政机关审查和出版单位内部审查。《出版管理条例》第20条规定:"图书出版社、音像出版社和电子出版物出版社的年度出版计划及涉及国家安全、社会安定等方面的重大选题,应当经所在地省、自治区、直辖市人民政府出版行政主管部门审核后报国务院出版行政主管部门备案;涉及重大选题,未在出版前报备案的出版物,不得出版。具体办法由国务院出版行政主管部门制定。""期刊社的重大选题,应当依照前款规定办理备案手续。"据此,某些出版计划既要行政机关审核,又要向行政机关备案。

《出版管理条例》第24条规定:"出版单位实行编辑责任制度,保障出版物刊载的内容符合本条例的规定。"这实际上是内部审查制度。第45条第2款规定:"出版物进口经营单位负责对其进口的出版物进行内容审查。省级以上人民政府出版行政主管部门可以对出版物进口经营单位进口的出版物直接进行内容审查。""国务院出版行政主管部门可以禁止特定出版物的进口。"这里确立了内部审查和行政机关审查相结合的制度。第48条规定:"出版物进口经营单位在境内举办境外出版物展览,必须报经国务院出版行政主管部门批准。未经批准,任何单位和个人不得举办境外出版物展览。依照前款规定展览的境外出版物需要销售的,应当按照国家有关规定办理相关手续。"这也是事前审查制度。

一种是事后备案和追惩制。除了上文列举的备案等事后监督措施外,还规定了其他措施。《出版管理条例》第 46 条规定:"出版物进口经营单位应当在进口出版物前将拟进口的出版物目录报省级以上人民政府出版行政主管部门备案;省级以上人民政府出版行政主管部门发现有禁止进口的或者暂缓进口的出版物的,应当及时通知出版物进口经营单位并通报海关。对通报禁止进口或者暂缓进口的出版物,出版物进口经营单位不得进口,海关不得放行。"此外,该条例第八章多个条文为相对人设置了处罚责任。

综上,《出版管理条例》对出版进行了多方面的限制。除了该行政法规外,还有其他行政法规和部门规章对出版行为进行严格的限制。

《刑法》规定了剥夺出版自由的惩罚措施,此外规定了追究下列行为的刑事责任:出版他人享有专有出版权的图书的;在出版物中刊载歧视、侮辱少数民族的内容,情节恶劣,造成严重后果的;以牟利为目的出版淫秽物品的;为他人提供书号出版淫秽书刊的;明知他人用于出版淫秽书刊提供书号的;对没有出版资格而进行图书出版的,按照非法经营罪进行处罚。其他法律也有规定。

(3) 限制的限制。美国并非绝对禁止事前抑制原则。在"纽约时报案"中,联邦最高法院以"法院意见"的形式,基于保护新闻自由和人民的知情权的立场否认了政府的请求权,维护了保障表达自由的一个重要原则,即"禁止事前抑制"。西方立宪国家对表达自由的事前抑制,作为制度性存在,原则上受到宪法上的否定。但这并不意味着对任何表达行为不能进行"事前抑制",只是这种规制方法被限于一些极端例外的情形,即如果不对相关表达自由进行限制将会对国家和人民"造成直接、立刻且无可挽回的损害"的情形,当然政府须承担重大的举证责任。[①]

(三) 结社自由

结社自由是指公民为了某一共同目的,依照法律规定的程序结成某种社会团体的自由。根据目的不同,公民结社自由可分为两种:一是以营利为目的的结社,如股份有限公司,此类结社通常由民法和商法调整。二是不以营利为目的的结社,包括政治结社和非政治结社等。政治结社包括组织政党和政治团体等。非政治结社包括组织宗教、学术、文化艺术、慈善等团体。宪法上所言的结社自

---

[①] 参见韩大元、林来梵、郑贤君:《宪法学专题研究》,中国人民大学出版社 2004 年版,第 321—323 页。

由最主要的是政治性的结社自由。

结社自由有积极意义和消极意义的不同。积极意义上的结社自由是指个人有结成社团并加入及自主管理的自由。除了依据宪法和法律之外,任何公权组织不得压制和干涉社团自由开展活动。消极意义上的结社自由意味着公民有不加入或脱离社团的自由,不因为不加入或脱离社团而受到公权力的侵害,或受到不利的待遇。①

我国未制定"结社法",国务院于1989年制定《中华人民共和国社会团体登记管理条例》(以下简称《社会团体登记管理条例》),2016年进行了修订。

(1) 宪法、法律法规规定了对结社自由的保障。我国《宪法》第35条规定公民有结社自由。《社会团体登记管理条例》第1条规定:"为了保障公民的结社自由,维护社会团体的合法权益,加强对社会团体的登记管理,促进社会主义物质文明、精神文明建设,制定本条例。"其他规定包括:本条例所称社会团体,是指中国公民自愿组成,为实现会员共同意愿,按照其章程开展活动的非营利性社会组织;国家保护社会团体依照法律、法规及其章程开展活动,任何组织和个人不得非法干涉;对于依照本条例第17条的规定发给《社会团体法人登记证书》的社会团体,登记管理机关对其应当简化年度检查的内容;对社会团体进行年度检查不得收取费用。

(2) 宪法和法律法规对结社自由进行了严格限制。我国《宪法》第51条对此作了总体限制,公民在行使自由和权利时,不得损害国家的、社会的、集体的利益和其他公民的合法自由和权利。《社会团体登记管理条例》严格规制如下:

第一,有严格的成立条件。成立社会团体,应当具备下列条件:有50个以上的个人会员或者30个以上的单位会员;个人会员、单位会员混合组成的,会员总数不得少于50个;有规范的名称和相应的组织机构;有固定的住所;有与其业务活动相适应的专职工作人员;有合法的资产和经费来源,全国性的社会团体有10万元以上活动资金,地方性的社会团体和跨行政区域的社会团体有3万元以上活动资金;有独立承担民事责任的能力。

第二,实行核准登记制度。申请筹备成立社会团体,发起人应当向登记管理机关提交下列文件:筹备申请书;业务主管单位的批准文件;验资报告、场所使用权证明;发起人和拟任负责人的基本情况、身份证明;章程草案。第13条规定,

---

① 参见童之伟、殷啸虎主编:《宪法学(第二版)》,上海人民出版社、北京大学出版社2010年版,第200页。

有下列情形之一的,登记管理机关不予登记:有根据证明申请登记的社会团体的宗旨、业务范围不符合本条例第4条规定的;在同一行政区域内已有业务范围相同或者相似的社会团体,没有必要成立的;发起人、拟任负责人正在或者曾经受到剥夺政治权利的刑事处罚,或者不具有完全民事行为能力的;在申请筹备时弄虚作假的;有法律、行政法规禁止的其他情形的。

第三,社会团体必须遵守宪法和法律、法规和国家政策,不得反对宪法确定的基本原则,不得损害国家的统一和民族的团结,不得违背社会道德风尚,不得损害国家、社会公共利益和其他公民的合法的权利和自由。

第四,登记管理机关对社会团体的活动进行法律监督。主要包括监督社会团体遵守宪法和法律,监督履行《社会团体登记管理条例》规定的登记手续的情况;监督其依照章程活动的情况;对其违反《社会团体登记管理条例》的情况进行监督检查和处罚及年度检查等。

(3) 我国已经批准加入的联合国公约《经济、社会和文化权利国际公约》第8条规定:"人人有权组织工会和参加他所选择的工会,以促进和保护他的经济和社会利益;这个权利只受工会的章程的限制。""工会有权建立全国性的协会或联合会,有权组织或参加国际工会组织。"我国在批准加入这一公约时作了依据国内立法的保留规定。根据《中华人民共和国工会法》(以下简称《工会法》)规定,工会是职工自愿结合的工人阶级的群众组织;中华全国总工会及其各工会组织代表职工的利益,依法维护职工的合法权益;中华全国总工会根据独立、平等、互相尊重、互不干涉内部事务的原则,加强同各国工会组织的友好合作关系。

(4) 加强立法保护。结社自由属于宪法确认的公民重要的政治自由,理应实行法律保留原则加以保护。

我国台湾地区"大法官2014年释字第724号"解释:"内政部"2006年6月15日修正发布之"督导各级人民团体实施办法"第20条第1项:"人民团体经主管机关限期整理者,其理事、监事之职权应即停止"规定部分,违反"宪法"第23条法律保留原则,侵害"宪法"第14条、第15条保障之人民结社自由及工作权,应自本解释公布之日起,至迟于届满一年时,失其效力。

(四) 集会、游行、示威自由

(1) 含义。它们是公民表达其意愿的重要表现形式,这几种自由都是由许多人集体性行使的自由。根据《中华人民共和国集会游行示威法》(以下简称《集会游行示威法》)规定,集会自由是公民聚集在露天公共场所,发表意见、表达意愿的自由。游行是指公民在公共道路、露天公共场所列队行进、表达共同意愿的自由。示威自由是指公民在露天公共场所或者公共道路上以集会、游行、静坐等方式,表达要求、抗议或者支持、声援等共同意愿的自由。

三者共同之处是:它们都是公民表达强烈意愿的自由;都主要在公共场所行使;由多个公民集体行使,属于集合性的权利。三者之不同在于表达意愿的程度、方式和方法有所差别。

(2) 保障。现代多数国家和地区宪法确认了此类自由。我国既有宪法规定,也有法律规定。宪法规定在我国《宪法》第 35 条。1989 年《集会游行示威法》第 3 条规定,公民行使集会、游行、示威的权利,各级人民政府应当依照本法规定,予以保障。第 13 条规定,集会、游行、示威的负责人对主管机关不许可的决定不服的,可以自接到决定通知之日起三日内,向同级人民政府申请复议,人民政府应当自接到申请复议书之日起三日内作出决定。

(3) 限制。集会、游行、示威自由不是绝对的自由,也受到合法的限制。我国《宪法》第 51 条是一个总的限制条文。《集会游行示威法》作了多方面限制。

第一,必须遵守合法性原则和和平原则。第 4 条规定,公民在行使集会、游行、示威的权利时,必须遵守宪法和法律,不得反对宪法所确定的基本原则,不得损害国家的、社会的、集体的利益和其他公民的合法自由和权利。第 5 条规定,集会、游行、示威应当和平地进行,不得携带武器、管制刀具和爆炸物,不得使用暴力或者煽动使用暴力。

第二,集会、游行、示威必须经过许可。各国和地区对此类活动实行登录制与许可制。登录制只要求事先通知有关行政机关即可。许可制是指事先向行政机关申请并获得批准。我国实行的是许可制。《集会游行示威法》第 6—9 条作了具体规定:集会、游行、示威的主管机关,是集会、游行、示威举行地的市、县公安局、城市公安分局;游行、示威路线经过两个以上区、县的,主管机关为所经过区、县的公安机关的共同上一级公安机关。举行集会、游行、示威,必须依照规定向主管机关提出申请并获得许可。举行集会、游行、示威,必须有负责人。依照规定需要申请的集会、游行、示威,其负责人必须在举行日期的 5 日前向主管机关递交书面申请。申请书中应当载明集会、游行、示威的目的、方式、标语、口号、人数、车辆数、使用音响设备的种类与数量、起止时间、地点(包括集合地和解散地)、路线和负责人的姓名、职业、住址。主管机关接到集会、游行、示威申请书后,应当在申请举行日期的 2 日前,将许可或者不许可的决定书通知其负责人。

不许可的,应当说明理由。逾期不通知的,视为许可。确因突然发生的事件临时要求举行集体、游行、示威的,必须立即报告主管机关;主管机关接到报告后,应当立即审查决定许可或者不许可。第 12 条规定了不予许可的情形:申请举行的集会、游行、示威,有下列情形之一的,不予许可:(1) 反对宪法所确定的基本原则的;(2) 危害国家统一、主权和领土完整的;(3) 煽动民族分裂的;(4) 有充分根据认定申请举行的集会、游行、示威将直接危害公共安全或者严重破坏社会秩序的。

第三,集会游行示威的限制。主要包括:其一,公民不得在其居住地以外的城市发动、组织、参加当地公民的集会、游行、示威。其二,国家机关工作人员不得组织或者参加违背有关法律、法规规定的国家机关工作人员职责、义务的集会、游行、示威。其三,依法举行的集会、游行、示威,任何人不得以暴力、胁迫或者其他非法手段进行扰乱、冲击和破坏。其四,为了保障依法举行的游行的行进,负责维持交通秩序的人民警察可以临时变通执行交通规则的有关规定。游行在行进中突发不可预料的情况,不能按照许可的路线行进时,人民警察现场负责人有权改变游行队伍的行进路线。其五,集会、游行、示威在国家机关、军事机关、广播电台、电视台、外国驻华使馆领馆等单位所在地举行或者经过的,主管机关为了维护秩序,可以在附近设置临时警戒线,未经警察许可,不得逾越。其六,在下列场所周边距离十米至三百米内,不得举行集会、游行、示威,经国务院或者省、自治区、直辖市政府批准的除外:全国人大常委会、国务院、中央军委、最高人民法院、最高人民检察院的所在地;国宾下榻处;重要军事设施;航空港、火车站和港口。其七,举行集会、游行、示威的时间限于早六时至晚十时,经当地政府决定或者批准的除外。其八,集会、游行、示威应当按照许可的目的、方式、标语、口号、起止时间、地点、路线及其他事项进行。其九,举行集会、游行、示威,不得违反治安管理法规,不得进行犯罪活动或者煽动犯罪。其十,举行集会、游行、示威,有下列情形之一的,警察应当予以制止:未依照规定申请或者申请未获许可的;未按照主管机关许可的目的、方式、标语、口号、起止时间、地点、路线进行的;在行进中出现危害公共安全或者严重破坏社会秩序情况的。有前款所列情形之一,不听制止的,警察现场负责人有权命令解散;拒不解散的,警察现场负责人有权依照国家有关规定决定采取必要手段强行驱散,并对拒不服从的人员强行带离现场或者立即予以拘留。

第四,规定了违法者的法律责任。举行集会、游行、示威,有违反治安管理行为的,依照治安管理处罚条例有关规定予以处罚。举行集会、游行、示威,有法定情形的,公安机关可以对其负责人和直接责任人员处以警告或者 15 日以下拘留。有犯罪行为的,依照刑法有关规定追究刑事责任。在举行集会、游行、示威过程中,破坏公私财物或者侵害他人身体造成伤亡的,除依照《刑法》或者《中华人民共和国治安管理处罚法》的有关规定可以予以处罚外,还应当依法承担赔偿责任。《刑法》规定了非法集会游行示威罪。

需要指出的是,《集会游行示威法》应当以落实《宪法》第 35 条规定的确保公民行使集会游行示威自由为根本目的。从该法律规定的内容来看,基本上是以限制和禁止为主,但缺少有效的保障实现机制。今后应当根据宪法精神修改完善法律。

## 第四节 宗教信仰自由

**一、含义**

宗教信仰是指对具有超自然的或超人格性质的存在的确信、敬畏或崇拜的心情和行为。宗教信仰自由是指公民依据内心的信念,自愿地信仰宗教的自由。其内容包括:公民既有信仰宗教的自由,也有不信仰宗教的自由;有信仰这种宗教的自由,也有信仰那种宗教的自由;在同一种宗教里,有信仰这个教派的自由,也有信仰那个教派的自由;有过去信教而现在不信教的自由,也有过去不信教而现在信教的自由。

宪法学上所说的宗教信仰自由外延主要涉及三方面的内容:第一,内心的信仰自由。包含信仰特定的宗教的自由、改变特定的信仰的自由以及不信仰任何宗教的自由。此类属于内心的精神作用。第二,宗教行为自由。包括礼拜、祷告、举行或参加宗教典礼、宗教仪式、宣教或布教行为的自由。第三,宗教上的结社自由。主要包括设立宗教团体、开展团体活动、加入特定的宗教团体以及不加入特定的宗教团体方面的自由。[1]

**二、我国宗教信仰自由的保障和限制**

我国宪法和法律法规规定了相关保障措施。《宪法》第 36 条的相关规定理

---

[1] 参见韩大元、林来梵、郑贤君:《宪法学专题研究》,中国人民大学出版社 2004 年版,第 329 页。

解如下：第一，第 1 款规定，公民有宗教信仰自由。第二，第 2 款规定，任何国家机关、社会团体和个人不得强制公民信仰宗教或者不信仰宗教。这主要是防止强迫公民信教。"强制公民信仰宗教或者不信仰宗教"是指国家机关、社会组织和任何个人不得采用行政、经济等强迫性手段迫使公民信仰宗教、加入宗教组织和不信仰宗教、退出宗教组织。第三，第 2 款规定，不得歧视信仰宗教的公民和不信仰宗教的公民。这是指信仰宗教或不信仰宗教的公民在政治待遇、经济待遇和社会对待方面不应受到不平等的对待。第四，国家对信教群众依法按照宗教教义开展的各项活动应当予以保护，这些活动本身不具有破坏社会秩序、损害公民身体健康、妨碍教育制度的性质。1982 年宪法增加这一规定是由于"文革"期间受"左"的路线影响，党的宗教政策遭到破坏，许多正常的宗教活动实际上被取缔。①

我国《刑法》《选举法》《中华人民共和国民法典》（以下简称《民法典》）以及《中华人民共和国义务教育法》（以下简称《义务教育法》）等部门法规定了宗教信仰自由的保障。

国务院于 2004 年制定了《宗教事务条例》，并于 2017 年进行了较大修正。对保障公民宗教信仰自由作了明确规定：(1) 公民有宗教信仰自由。任何组织、个人不得强制公民信仰宗教或不信仰宗教，不得歧视信仰宗教的公民或者不信仰宗教的公民。(2) 信教公民与不信教公民、信仰不同宗教的公民应相互尊重，和睦相处。(3) 国家依法保护正常的宗教活动，积极引导宗教与社会主义社会相适应，维护宗教团体、宗教院校、宗教活动场所和信教公民的合法权益。(4) 宗教团体、宗教院校、宗教活动场所、宗教教职人员在相互尊重、平等、友好的基础上开展对外交往；其他组织或者个人在对外经济、文化等合作、交流活动中不得接受附加的宗教条件。(5) 宗教团体按照章程开展活动，受法律保护。全国性宗教团体和省、自治区、直辖市宗教团体可以根据本宗教的需要按照规定选派和接收宗教留学人员，其他任何组织或者个人不得选派和接收宗教留学人员。(6) 宗教团体可依法设立宗教活动场所，信教公民可在宗教活动场所集体举行宗教活动；宗教活动场所可以按照宗教习惯接受公民的捐献，并可以经销宗教用品、宗教艺术品和宗教出版物。(7) 宗教教职人员主持宗教活动、举行宗教仪式、从事宗教典籍整理、进行宗教文化研究、开展公益慈善等活动，受法律保

---

① 参见蔡定剑：《宪法精解（第二版）》，法律出版社 2006 年版，第 256—257 页。

护。宗教教职人员依法参加社会保障并享有相关权利。宗教团体、宗教院校、宗教活动场所应当按照规定为宗教教职人员办理社会保险登记。(8) 宗教团体、宗教院校、宗教活动场所对依法占有的属于国家、集体所有的财产,依照法律和国家有关规定管理和使用;对其他合法财产,依法享有所有权或者其他财产权利。宗教团体、宗教院校、宗教活动场所合法使用的土地,合法所有或者使用的房屋、构筑物、设施,以及其他合法财产、收益,受法律保护。任何组织或者个人不得侵占、哄抢、私分、损毁或者非法查封、扣押、冻结、没收、处分宗教团体、宗教院校、宗教活动场所的合法财产,不得损毁宗教团体、宗教院校、宗教活动场所占有、使用的文物。宗教团体、宗教院校、宗教活动场所所有的房屋和使用的土地等不动产,应当依法向县级以上地方人民政府不动产登记机构申请不动产登记,领取不动产权证书;产权变更、转移的,应当及时办理变更、转移登记。涉及宗教团体、宗教院校、宗教活动场所土地使用权变更或者转移时,不动产登记机构应当征求本级人民政府宗教事务部门的意见。宗教团体、宗教院校、宗教活动场所是非营利性组织,其财产和收入应当用于与其宗旨相符的活动以及公益慈善事业,不得用于分配。任何组织或者个人捐资修建宗教活动场所,不享有该宗教活动场所的所有权、使用权,不得从该宗教活动场所获得经济收益。禁止投资、承包经营宗教活动场所或者大型露天宗教造像,禁止以宗教名义进行商业宣传。宗教活动场所用于宗教活动的房屋、构筑物及其附属的宗教教职人员生活用房不得转让、抵押或者作为实物投资。为了公共利益需要,征收宗教团体、宗教院校或者宗教活动场所房屋的,应当按照国家房屋征收的有关规定执行。宗教团体、宗教院校或者宗教活动场所可以选择货币补偿,也可以选择房屋产权调换或者重建。(9) 宗教团体、宗教院校、宗教活动场所、宗教教职人员可以依法兴办公益慈善事业。任何组织或者个人不得利用公益慈善活动传教。宗教团体、宗教院校、宗教活动场所可以按照国家有关规定接受境内外组织和个人的捐赠,用于与其宗旨相符的活动。宗教团体、宗教院校、宗教活动场所不得接受境外组织和个人附带条件的捐赠,接受捐赠金额超过 10 万元的,应当报县级以上政府宗教事务部门审批。宗教团体、宗教院校、宗教活动场所可以按照宗教习惯接受公民的捐赠,但不得强迫或者摊派。(10) 强制公民信仰宗教或者不信仰宗教,或者干扰宗教团体、宗教院校、宗教活动场所正常宗教活动的,由宗教事务部门责令改正;有违反治安管理行为的,依法给予治安管理处罚。侵犯宗教团体、宗教院校、宗教活动场所和信教公民合法权益的,依法承担民事责任;构成犯罪的,依法追究刑事责任。

宗教自由不是绝对的,可以基于多种原因受到限制。(1)公共利益、公共福祉、公共秩序。如法国2004年颁布法令,禁止学生在校园内穿着任何有代表宗教象征的服饰。2010年,法国议会通过"面纱禁令",禁止市民在公开场所遮盖面部。尽管法律文本中并未明确提及伊斯兰服饰,但立法意图仍主要集中于限制女性穆斯林的穿着,尤其是外出佩戴尼卡布和布卡。2010年9月,法国两院议长就"面纱禁令"的法律草案向宪法委员会提起合宪性审查。宪法委员会援引了其他宪法规范,即公共秩序保障与男女平等原则,巧妙规避了世俗与宗教的尖锐冲突。[①]可见,宪法审查机关引用公共秩序规定,回避敏感问题。(2)其他人的权利也是公民行使宗教自由时的必要界限。在美国摩门教案中,涉案的耶稣基督末世圣徒教会(即摩门教)男信徒认为重婚罪不得适用在他身上,否则会抵触美国宪法中的宗教自由,其理据是一夫多妻制为该教会当时的教义。最高法院认为国家法律应凌驾于宗教信条之上,故否决该教会的男信徒可享有重婚罪的豁免之说法。[②](3)公序良俗对宗教行为的限制。在日本,比较典型的是"加强祈祷治疗"判决。该案被告系某宗派的僧侣,受被害人母亲的邀请,为精神异常的被害人进行了一周的祈祷治疗。因效果不好,又在房间设护摩坛,并焚香进行加强祈祷。由于被害人不能忍受香火的热烤,其父母与被告将被害人捆绑强按在香火旁,致使被告多处受伤,并引起心脏疾病死亡。[③]可见,违反公序良俗往往会导致宗教行为受到制裁。(4)不得违反迫切的国家利益。美国联邦最高法院自20世纪60年代开始提出"迫切的国家利益"原则作为判断的依据来确定关于宗教信仰自由保障的界限,依利益衡量理论处理。(5)和平和正义构成对宗教行为的限制。美国涉及这方面的案件主要类型包括:其一,因宗教拒绝服兵役。法院认为,对以"良心反战"的教徒,其仅拒绝参加某种战争,但并不反对参加保卫国家的战争或在联合国号召下为和平或正义而战者,即认与基于良心反战的构成要件不符。其二,因宗教信仰而使用禁药或其他违反法律规定的行为,法院认为,应直接从相关行为是否对健康、安全等有重大威胁进行论断,从而判定被告的宗教行为已违反社会安宁与善良秩序应受到法律的规范。其三,因宗

---

① 参见王蔚:《"面纱禁令"的宪法机理》,载《法制日报》2013年9月25日第10版。
② See Hamilton, Carolyn, Family, Law and Religion, London: Sweet & Maxwell Ltd,1995, 72-73.
③ 参见赵立新:《日本违宪审查制度》,中国法制出版社2008年版,第183—184页。

教信仰拒绝向国旗敬礼。

总之,各国和地区对宗教活动或行为,可以基于多种理由予以相应限制。但是不能一提到公共利益,就认为任何限制必然是正当的,仍应进行审查,进行个案衡量。

我国宪法规定,公民行使宗教信仰自由受到相关限制。第一,国家机关、社会团体和个人不得强制公民信仰宗教或者不信仰宗教,不得歧视信仰宗教的公民和不信仰宗教的公民。第二,任何人不得利用宗教进行破坏社会秩序、损害公民身体健康、妨碍国家教育制度的活动。第三,宗教团体和宗教事务不受外国势力的支配。

国务院于2017年修正的《宗教事务条例》也有相应限制。第一,信教公民和不信教的公民、信仰不同宗教的公民应当相互尊重、和睦相处。第二,宗教团体、宗教院校、宗教活动场所和信教公民应当遵守宪法、法律、法规和规章,践行社会主义核心价值观,维护国家统一、民族团结、宗教和睦与社会稳定。任何组织或者个人不得利用宗教进行危害国家安全、破坏社会秩序、损害公民身体健康、妨碍国家教育制度,以及其他损害国家利益、社会公共利益和公民合法权益等违法活动。任何组织或者个人不得在不同宗教之间、同一宗教内部以及信教公民与不信教公民之间制造矛盾与冲突,不得宣扬、支持、资助宗教极端主义,不得利用宗教破坏民族团结、分裂国家和进行恐怖活动。第三,各宗教坚持独立自主自办的原则,宗教团体、宗教院校、宗教活动场所和宗教事务不受外国势力的支配。宗教团体、宗教院校、宗教活动场所、宗教教职人员在相互尊重、平等、友好的基础上开展对外交往;其他组织或者个人在对外经济、文化等合作、交流活动中不得接受附加的宗教条件。第四,违反规定的须予以处罚或者承担其他法律责任。如宣扬、支持、资助宗教极端主义,或者利用宗教进行危害国家安全、公共安全,破坏民族团结、分裂国家和恐怖活动,侵犯公民人身权利、民主权利,妨害社会管理秩序,侵犯公私财产等违法活动,构成犯罪的,依法追究刑事责任;尚不构成犯罪的,由有关部门依法给予行政处罚;对公民、法人或者其他组织造成损失的,依法承担民事责任。宗教团体、宗教院校或者宗教活动场所有前款行为,情节严重的,有关部门应当采取必要的措施对其进行整顿,拒不接受整顿的,由登记管理机关或者批准设立机关依法吊销其登记证书或者设立许可。

也有地方性法规对相关活动进行限制。《乌鲁木齐市公共场所禁止穿戴蒙面罩袍的规定》①第 1 条规定:为维护社会稳定,遏制宗教极端思想渗透,保障各族群众正常生产生活秩序,传承中华文化和优良传统,依据有关法律、法规,结合本市实际,制定本规定。第 2 条规定:乌鲁木齐市公共场所禁止穿戴蒙面罩袍。在公共场所穿戴其他宣扬宗教极端思想的服饰、佩戴或者使用徽章、器物、纪念品和标识、标志的,适用本规定。该法规还规定了管理原则、公共场所的范围和种类、管理体制、公共场所的经营和管理单位应当履行的职责、公民法人和其他组织应对违反本规定的行为向公安机关举报以及行政处罚和相关责任。

应该说,基于公共利益和其他合法理由,上述行政法规和地方性法规对宗教极端行为进行相应限制和制裁是必要的。

### 三、保障的主要公式

宗教自由是个泛称,除了宗教信仰自由,往往还涉及政教分离、宗教平等等。

1. 宗教信仰自由包含内心信仰和外在行为两方面。美国法院采用二分法处理宗教问题。它指的是国家不得对公民的信仰或者思想信仰进行干涉,这种自由是绝对的;而外在的具体的信教行为是相对的,政府可以基于国家安全或者社会利益的需要加以适当的管理和限制。②其他国家和地区也大体如此。

2. 宗教信仰自由的审查适用公式。

(1)信教自由。美国法院多次采用二分法处理宗教争议。宗教条款禁止政府探询信仰本身的"正确"或"谬误";否则,由于几乎所有关于超自然存在的宗教信仰都是不可证实的,政府将有权禁止它认为"错误"的任何信仰,从而回到中世纪的宗教专制。在德国,内在信仰自由建构了整个宗教自由保护法益的核心基础。它保障个人拥有一个信仰或不去拥有一个信仰的自由。个人自我形成一个对其内在信仰自我开展与自我决定的场所(类似自我内在形成的法院),而选择自我的内在信仰。内在信仰自由禁止国家对人民内在信仰的确信采取影响措施,也禁止每一种来自国家的信仰强制,而不论其强制是间接地或事实上的。另外,内在信仰选择的自由也包含去归属、改变或者停止其内在信仰的权利。③

除前述适用公式外,法院在审查信教自由是否受到侵犯时,通常采用两步平衡法。首先要求原告证明,立法或者其他公权行为对其宗教自由施加了不利的

---

① 2014 年乌鲁木齐市人大常委会通过,2015 年 1 月 10 日新疆维吾尔自治区人大常委会批准。
② 参见朱应平:《澳美宪法权利比较研究》,上海人民出版社 2008 年版,第 153 页。
③ 参见许育典:《法治国与教育行政》,高等教育出版文化事业有限公司 2002 年版,第 319—320 页。

负担;其次,政府要证明其立法限制所施加的负担是为了实现更重要的政府利益。从法院实际运用此项标准来看,并非完全一致。有时对于政府的举证要求十分严格,而有时则要求较低,甚至采用合理性标准或最为宽松的审查基准。此外,还采用目的性审查方法,政府立法的目的是世俗性的而非为了直接禁止或影响宗教自由活动,换言之,立法具有中立性和普适性。只要具备上述条件,立法并不违宪。法院有时还采用利益衡量的方法。①

信教自由在实践中涉及的争议主要包括:能否基于信教的原因对受教育者的受教育权利或者义务予以不同的或者不利的对待;能否基于信教宗教豁免服兵役的义务;是否可以基于信教而对婚姻作出不同的或者不利的对待。

(2) 政教分离。政教分离条款本身不是自由权利条文,而是要求政治和宗教在制度上分离的制度性规范。但是它与宗教自由具有密切的关系。部分原因是政教合一导致宗教自由的丧失。政教分离原则是规范国家和宗教本身间的关系,要求"在国家与宗教之间建立一道分隔的墙"。政教分离原则包含了以下要求:国家不得设立国教;国家不得授予任何宗教团体政治性权利;国家不得直接补助宗教团体进行宗教活动;国家不得支持或推行宗教教育或宗教活动。②

除承认国教的国家外,多数国家承认政教分离原则。它是实现宗教自由的重要措施。其有以下适用技术:第一,国家保持中立。它是指信教事宜由人民自己决定,国家不予干涉。国家对宗教事务保持中立,首应先应把握"不介入"与"公平性"两种要素。第二,实行世俗政策。它要求国家坚持世俗原则处理相关事项,如在公立学校实行世俗教育。第三,维护公益。政教分离允许国家实行有利于公益的政府行为。

法院适用目的、效果适用公式来审查公权行为是否违反政教分离原则。它是指如果国家立法或其他政策是直接为了促进或抑制某种宗教,会被认定违宪。如果目的不违宪,进一步考查其产生的效果。在各个不同国家,具体适用情形不同。

(3) 宗教平等。各国和地区对其的解释和适用经常与信仰自由和政教分离

---

① 参见朱应平:《澳美宪法权利比较研究》,上海人民出版社 2008 年版,第 166 页。
② 参见法治斌:《政教分离、出版自由与公共论坛》,载焦兴铠主编:《美国最高法重要判决之研究:1993—1995》,"中央研究院欧美研究所"1998 年版,第 2 页。

密切结合起来。这是因为,如果以违反平等原则的精神处理宗教问题,往往构成侵犯信仰自由;也往往导致政府不中立,违反政教分离原则。其适用技术规范包括:第一,涉及不同宗教或教派利用公共论坛的平等。政府在宗教组织利用公共场所问题上予以不平等待遇的做法违反宗教平等。第二,禁止歧视。禁止宗教歧视是以消极的形式体现宗教平等的,其适用有其独特的优势。第三,与中立原则密切结合适用的平等。"国家对宗教的中立性原则",主要是以"非同一化原则"与"平等原则"作为其核心要求。[①]第四,对不同宗教物品处理的差别待遇。立法者如果对不同宗教物品差别对待,可能构成违反宗教平等原则。

我国台湾地区"大法官释字第 573 号"解释指出,"监督寺庙条例"第 8 条与第 3 条各款所列以外的寺庙处分或变更其不动产及法物,须经所属教会决议,并呈请该管官署许可的规定,妨碍宗教活动自由已逾越必要之程度,且其呈请程序及许可要件均付诸阙如,亦已违反法律明确性原则,另第 1 条及第 2 条第 1 项规定、第 8 条规范对象仅适用于部分宗教,与"宪法"上台湾地区对宗教应谨守中立及宗教平等原则相悖,第 8 条及第 2 条第 1 项规定应自释字解释公布日起,至迟于届满二年时,失其效力。

## 第五节 人身自由

人身自由有广义和狭义之分。广义的人身自由除包括身体或行动自由不受侵犯以外,还包括与之关系密切的人格尊严不受侵犯、住宅自由不受侵犯、通信自由和通信秘密受法律保护。具体到我国宪法,包括第 37—40 条规定的相关内容。

### 一、生命权

生命权是指享有生命的权利。国外有些国家宪法规定了此项权利。如德国《基本法》第 2 条第 2 款规定:任何人享有生命权与身体不受侵犯的权利,人身自由不可侵犯。日本《宪法》第 13 条规定,一切国民作为个人受到尊重。生命、自由与追求幸福的权利在不违反公共福利的范围内,在立法及其国政中得到最大

---

① 参见许育典:《学校的宗教规范问题与学生的自我实现权——从德国现行宗教法制与学校法制加以检讨》,载《月旦法学杂志》2000 年第 57 期,第 70 页。

限度的保护。

我国宪法未明确规定公民生命权,学界普遍认为,宪法保障生命权不受侵犯。从宪法精神和文本的体系解释看,生命权受宪法保护。首先,生命权是宪法规定的人身自由的首要前提,没有生命权,谈不上人身自由。其次,宪法规定公民人格尊严不受侵犯。生命是人最大的尊严,没有生命权,也无所谓人格尊严。再次,《宪法》第 33 条规定:"国家尊重和保障人权",其中包含生命权。我国法律重视对生命权的保护。如《立法法》第 9 条确立了有关犯罪和刑罚的事项实行绝对法律保留。《刑法》对各种犯罪以及涉及死刑的犯罪条文有严格的实体性要求。《中华人民共和国刑事诉讼法》(以下简称《刑事诉讼法》)设置了严格程序以确保死刑获最大限度的限制。《民法典》第 1002 条规定,自然人享有生命权。自然人的生命安全和生命尊严受法律保护。任何组织或者个人不得侵害他人的生命权。第 1005 条规定,自然人的生命权受到侵害或者处于其他危难情形的,负有法定救助义务的组织或者个人应当及时施救。2020 年 2 月 5 日,中央全面依法治国委员会第三次会议审议通过的《关于依法防控新型冠状病毒感染肺炎疫情、切实保障人民群众生命健康安全的意见》,体现了对人民生命权的重视。

生命权的内容是指生命权的保护领域,包括:(1) 防御权。指此种权利具有防止国家把生命权当作达到国家目的的手段。国家不能创造生命,不能对人的生命价值作出不合理的决定。(2) 享有生命的权利。每个社会主体平等地享有生命的价值,其作为生命主体的地位获得宪法的保障。(3) 生命保护请求权。当生命权受到侵害时,受害人有权请求国家给予保护。(4) 生命权具有不可转让性和不可处分性。由于生命权是人的尊严的基础和一切权利的出发点,所以它具有专属性,属于特定的个人。但这种权利也具有社会性。宪法上不允许自我处分自己生命的自杀权,禁止把生命的处分权委托给他人。①

生命权有相对性。虽然死刑制度是否违反宪法在不少国家和地区还存在争议,但确有一些国家保留了死刑制度。在特定情况下,剥夺公民的生命权并不被视为违宪。在这个意义上,宪法生命权只是对死刑施加了更严格的限制。

1979 年,全国人大制定首部《刑法》和《刑事诉讼法》,其中规定:"死刑除依法由最高人民法院判决的以外,都应当报请最高人民法院核准"。然而,两部法律尚未施行,五届全国人大常委会于 1979 年 11 月即作出决定:在 1980 年内将

---

① 参见胡锦光、韩大元:《中国宪法》,法律出版社 2004 年版,第 264 页。

杀人等严重危害社会治安的现行刑事犯罪分子判处死刑案件的核准权，由最高人民法院授权给各高级人民法院行使。此后，1981年6月，全国人大常委会又将该项授权的期限推延到1983年。1983年9月，全国人大常委会修改《人民法院组织法》，其中第13条规定："杀人、强奸、抢劫、爆炸以及其他严重危害公共安全和社会治安判处死刑的案件的核准权，最高人民法院在必要的时候，授权省、自治区、直辖市的高级人民法院行使。"

在1996年、1997年全国人大通过修改后的《刑法》《刑事诉讼法》中，又将死刑核准权上收到了最高人民法院。但1997年9月，最高人民法院发出通知规定：自1997年10月1日修订后的《刑法》正式实施之日起，依据《人民法院组织法》第13条的规定，仍授权各高级人民法院行使其已获得授权的死刑案件核准权。这意味着最高人民法院的一纸"通知"，又使新修订的《刑法》《刑事诉讼法》关于死刑核准权的规定打了折扣，死刑核准权仍然掌握在各高级法院的手里。直到2006年，十届全国人大常委会第24次会议通过关于修改《人民法院组织法》的决定：从2007年1月1日起，最高人民法院统一行使死刑案件核准权。这距离死刑核准权的下放已过去26年。

**二、人格尊严不受侵犯**

人格尊严是指与人身有密切联系的名誉、姓名、肖像等不容侵犯的权利，是指人作为权利义务主体的身份和地位应当受到国家、社会和他人最起码的尊重的权利，不受公权主体侵犯和非人待遇，不得被施加侮辱性的对待和惩罚的权利。

不少国家和地区宪法对此作了规定。联合国《世界人权宣言》第1条规定："人人生而自由，在尊严和权利上一律平等。"联合国《公民权利和政治权利国际公约》第10条规定："一、所有被剥夺自由的人应给予人道及尊重其固有的人格尊严的待遇。"德国《基本法》第1条规定："人的尊严不可侵犯，尊重和保护它是国家的义务。"

我国《宪法》第38条规定："中华人民共和国公民的人格尊严不受侵犯。禁止用任何方法对公民进行侮辱、诽谤和诬告陷害。"据此规定，我国宪法保障的人格尊严不受侵犯内容如下：第一，人格尊严不受侵犯是宪法规定的基本权利，是宪法关系存在的基础。第二，人格尊严不受侮辱。即不得利用暴力或者其他方法，公然贬低他人人格，破坏他人名誉。侮辱人格包括两种情形：用强制方法对他人进行侮辱,如剥光被害人衣服、强制其下跪、像动物样爬行等;用言辞或者行为公然进行辱骂、嘲讽或者用书面方式进行侮辱。"公然"是指公开地在多人在场或使众多人知道的情况下实施侮辱行为。"文革"期间此种现象比较普遍。第三,不得诽谤他人。即不得捏造并散布虚构的事实,损害他人人格。捏造是指无中生有、凭空制造虚构事实,损害他人人格。散布是指用口头、文字、图像等方式,将所捏造的事实散布出去,以达到损害他人人格尊严的目的。第四,不得对他人进行诬告陷害,即为达到对某公民进行陷害目的,通过捏造虚构的事实向有关国家机关或者单位告发。捏造虚构的事实包括捏造受害人犯罪、违法、违反道德或犯有其他错误。告发包括口头的、书面的、署名的、匿名的、通过别人转告的、当面直接告发的,等等。我国《刑法》规定了相关法律责任。[①]《民法典》第109条第1款规定,自然人的人身自由、人格尊严受法律保护。人格尊严包括以下内容:

(1) 公民享有自主决定自己的姓名的权利。这是人格尊严的基本含义。原《民法通则》和《婚姻法》都规定了姓名权。前者第99条第1款规定:"公民享有姓名权,有权决定、使用和依照规定改变自己的姓名",后者第22条规定:"子女可以随父姓,可以随母姓"。但是长期以来,对上述法律条文有不同的理解。行政机关经常将《婚姻法》第22条理解为子女只能随父姓或者随母姓。2014年,全国人大常委会作出《关于〈中华人民共和国民法通则〉第九十九条第一款、〈中华人民共和国婚姻法〉第二十二条的解释》:"公民依法享有姓名权。公民行使姓名权,还应当尊重社会公德,不得损害社会公共利益。""公民原则上应当随父姓或者母姓。有下列情形之一的,可以在父姓和母姓之外选取姓氏:(一) 选取其他直系长辈血亲的姓氏;(二) 因由法定扶养人以外的人扶养而选取扶养人姓氏;(三) 有不违反公序良俗的其他正当理由。""少数民族公民的姓氏可以从本民族的文化传统和风俗习惯。"这个解释符合《宪法》第38条关于人格尊严不受侵犯的精神,体现了国家"尊重"公民个人人权的精神。这一解释已经写入《民法典》第1015条:自然人应当随父姓或者母姓,但是有下列情形之一的,可以在父姓和母姓之外选取姓氏:① 选取其他直系长辈血亲的姓氏;② 因由法定扶养人以外的人扶养而选取扶养人姓氏;③ 有不违背公序良俗的其他正当理由。少数民族自然人的姓氏可以遵从本民族的文化传统和风俗习惯。

---

① 参见蔡定剑:《宪法精解(第二版)》,法律出版社2006年版,第261—262页;胡锦光、韩大元:《中国宪法》,法律出版社2004年版,第273—274页。

《民法典》规定：自然人享有姓名权，有权依法决定、使用、变更或者许可他人使用自己的姓名，但是不得违背公序良俗；法人、非法人组织享有名称权，有权依法决定、使用、变更、转让或者许可他人使用自己的名称；任何组织或者个人不得以干涉、盗用、假冒等方式侵害他人的姓名权或者名称权。

（2）公民有知道自己血统及来源的权利。联合国《儿童权利公约》第7条第1款规定："儿童出生后应立即登记，并有自出生之日起获得姓名的权利，有获得国籍的权利，以及尽可能知道谁是其父母并受其父母照料的权利。"德国旧《民法》原规定在特殊情形子女得以补充地位提出否认生父之诉，1998年，德国《民法》修正时配合联合国《儿童权利公约》的规定，明定子女自己亦得提起此项诉讼（德国《民法》第1600条、第1600a条、第1600b条）。瑞士《民法》第256条、第256c条亦有类似规定，即子女可以就自己生父母提起诉讼的权利。

《民法典》第1073条规定，对亲子关系有异议且有正当理由的，父或者母可以向人民法院提起诉讼，请求确认或者否认亲子关系。对亲子关系有异议且有正当理由的，成年子女可以向人民法院提起诉讼，请求确认亲子关系。这就弥补了之前法律的不足。

（3）公民享有肖像权、名誉权和荣誉权。肖像权是指公民有保护自己形象不受侵犯的权利。名誉权是指公民要求国家机关、社会和他人尊重自己人格、名声的权利。荣誉权是指公民对国家和社会给予的褒扬享有的不受侵犯的权利。《民法典》第110条规定，自然人享有生命权、身体权、健康权、姓名权、肖像权、名誉权、荣誉权、隐私权、婚姻自主权等权利。法人、非法人组织享有名称权、名誉权和荣誉权。第四编《人格权》对这些权利的具体内容和界限作了规定。

（4）公民享有隐私权。我国宪法没有明确规定隐私权，但它应当是宪法未列举的权利，应受宪法保障。具体依据有：①《宪法》第33条规定，国家尊重和保障人权。其中包含了对隐私权的保障。②《宪法》第38条规定的"人格尊严不受侵犯"应当包含此项要求。③《宪法》第39条规定的公民住宅不受侵犯的规定也包含了对隐私权的保障。④ 我国还有很多具体法律规定了隐私权保护。如《未成年人保护法》《妇女权益保障法》《刑事诉讼法》《民事诉讼法》等。最新《民法典》规定，人格权是民事主体享有的生命权、身体权、健康权、姓名权、名称权、肖像权、名誉权、荣誉权、隐私权等权利；死者的姓名、肖像、名誉、荣誉、隐私、遗体等受到侵害的，其配偶、子女、父母有权依法请求行为人承担民事责任；死者没有配偶、子女且父母已经死亡的，其他近亲属有权依法请求行为人承担民事责任。自然人享有隐私权。任何组织或者个人不得以刺探、侵扰、泄露、公开等方式侵害他人的隐私权。隐私是自然人的私人生活安宁和不愿为他人知晓的私密空间、私密活动、私密信息。除法律另有规定或者权利人明确同意外,任何组织或者个人不得实施下列行为:以电话、短信、即时通信工具、电子邮件、传单等方式侵扰他人的私人生活安宁;进入、拍摄、窥视他人的住宅、宾馆房间等私密空间;拍摄、窥视、窃听、公开他人的私密活动;拍摄、窥视他人身体的私密部位;处理他人的私密信息;以其他方式侵害他人的隐私权。⑤ 从比较视野看,有些国家和地区宪法中没有隐私权,但通过解释宪法引申出隐私权。如美国最高法院承认隐私权是宪法未列举的权利。我国台湾地区未规定隐私权。但有关解释指出:隐私权虽非明文列举之权利,惟基于人性尊严与个人主体性之维护及人格发展之完整,并为保障个人生活秘密空间免于他人侵扰及个人资料之自主控制,隐私权乃为不可或缺之基本权利。

2019年,国务院制定的《中华人民共和国人类遗传资源管理条例》对于保护我国公民隐私权有重要意义,也为包括"基因编辑"在内的生命科学研究、医疗活动的规范和监管,防止生物技术研究开发活动中少数组织和个人实施严重悖逆社会伦理的行为或者生物恐怖主义,为避免出现直接或者间接生物安全危害问题提供了行政法规依据。

(5) 一般人格尊严权。人格尊严是个内涵丰富的概念,并不限于上述具体的权利。这一点在相关司法解释和法律中有所体现。最高人民法院2001年《关于确定民事侵权精神损害赔偿责任若干问题的解释》(以下简称《精神损害赔偿解释》)第1条第1款规定:"自然人因下列人格权利遭受非法侵害,向人民法院起诉请求赔偿精神损害的,人民法院应当依法予以受理:(一)生命权、健康权、身体权;(二)姓名权、肖像权、名誉权、荣誉权;(三)人格尊严权、人身自由权。"第2款规定:"违反社会公共利益、社会公德侵害他人隐私或者其他人格利益,受害人以侵权为由向人民法院起诉请求赔偿精神损害的,人民法院应当依法予以受理。"第3项"人格尊严权、人身自由权"是《精神损害赔偿解释》新增加的内容。最高人民法院对出台该项内容的原因作了说明:关于人身自由权和人格尊严权,作为民事权利首先规定在消费者权益保护法中。《中华人民共和国消费者权益保护法》(以下简称《消费者权益保护法》)第27条规定:"经营者……不得侵犯消费者的人身自由";第14条规定:"消费者在购买、使用商品和接受服务时,享有人格尊严……得到保护的权利"。鉴于其对自然人人格权利的保护具有普遍意义,《精神损害赔偿解释》将其扩展到普遍适用范围。值得指出的是,"人格尊严权"在理论上被称为"一般人格权",是人格权利一般价值的集中体现,因此,它具有补充法律规定的具体人格权利立法不足的重要作用。《精神损害赔偿解释》的规定实现了精神损害赔偿范围从"具体人格权"到"一般人格权"的发展,是人格权司法保护的又一重大进步。但在处理具体案件时,应当优先适用具体人格权的规定,而将一般人格权作为补充适用条款。[①] 除此之外,《精神损害赔偿解释》第1条第2款也大大扩展了人格利益。应该说,最高院出台的《精神损害赔偿解释》很好地体现了《宪法》第37、38条等条文的精神。该解释将《消费者权益保护法》的特殊规定扩大为一般性规定,使公民人格权可以获得民事救济。

《民法典》第109条规定,自然人的人格尊严受法律保护。第990条规定,人格权是民事主体享有的生命权、身体权、健康权、姓名权、名称权、肖像权、名誉权、荣誉权、隐私权等权利。除前款规定的人格权外,自然人享有基于人身自由、人格尊严产生的其他人格权益。这两条规定为一般人格权的拓展保护提供了基本法律依据。

人格尊严不是绝对的(也有学者认为人格尊严是绝对的)。国家有义务保护公民人格尊严,但同时有权为了维护公共利益,依照法律程序限制人格尊严权。比如,对公民享有的姓名权、隐私权、肖像权、名誉权、荣誉权等给予相应限制。

**三、身体自由不受侵犯**

此处身体自由不受侵犯是《宪法》第37条中"人身自由不受侵犯"的狭义含义,即身体自由或者行动自由。它是指公民有权依法按照自己的意志自由支配和控制自己的身体和行动的权利,是公民依法享有的身体不受任何非法搜查、拘留、逮捕、剥夺和限制的权利。

我国公民的身体自由受宪法和法律的保障。《宪法》第37条规定:"中华人民共和国公民的人身自由不受侵犯。""任何公民,非经人民检察院批准或者决定或者人民法院决定,并由公安机关执行,不受逮捕。""禁止非法拘禁和以其他方法非法剥夺或者限制公民的人身自由,禁止非法搜查公民的身体。"从宪法规定可以看出,人身自由不是绝对不受限制的自由。国家可以基于正当的理由对人

---

① 参见陈现杰:《〈最高人民法院关于确定民事侵权精神损害赔偿责任若干问题的解释〉的理解与适用》,中国人大网,http://www.npc.gov.cn/huiyi/lfzt/qqzrfca/2008-12/21/content_1462859.htm。2017年7月14日浏览。

身自由进行限制甚至剥夺人身自由,但这种限制和剥夺必须受到严格限制。我国宪法和法律给予身体自由予以保障,主要表现为:

(1) 限制人身自由的强制措施和处罚只能由法律设定,实行法律保留。《立法法》第 9 条规定,有关犯罪和刑罚、对公民政治权利的剥夺和限制人身自由的强制措施和处罚、司法制度等事项实行绝对法律保留。《中华人民共和国行政处罚法》(以下简称《行政处罚法》)和《中华人民共和国行政强制法》(以下简称《行政强制法》)也作了规定。我国过去由国务院行政法规设定的劳动教养制度、收容遣送制度等不符合此项原则,已被废除。

《监察法》第 22 条规定,被调查人涉嫌贪污贿赂、失职渎职等严重职务违法或者职务犯罪,监察机关已经掌握其部分违法犯罪事实及证据,仍有重要问题需要进一步调查,并有下列情形之一的,经监察机关依法审批,可以将其留置在特定场所:① 涉及案情重大、复杂的;② 可能逃跑、自杀的;③ 可能串供或者伪造、隐匿、毁灭证据的;④ 可能有其他妨碍调查行为的。对涉嫌行贿犯罪或者共同职务犯罪的涉案人员,监察机关可以依照前款规定采取留置措施。

(2) 限制人身自由的目的必须正当、合宪。《宪法》第 33 条规定,国家尊重和保障人权。第 51 条规定,公民在行使自由和权利的时候,不得损害国家的、社会的、集体的利益和其他公民的合法的自由和权利。这些规定是限制人身自由的宪法理由。法律在设定相关限制措施时,要符合宪法的规定。《行政强制法》《中华人民共和国传染病防治法》(以下简称《传染病防治法》)等相关规定就是按照宪法精神对限制人身自由的强制措施作出了相关限制。如《传染病防治法》第 12 条规定:"在中华人民共和国领域内的一切单位和个人,必须接受疾病预防控制机构、医疗机构有关传染病的调查、检验、采集样本、隔离治疗等预防、控制措施",其目的是"为了预防、控制和消除传染病的发生与流行,保障人体健康和公共卫生"。

(3) 限制人身自由的程序必须合法正当。《宪法》除了第 37 条规定外,第 130 条规定:"人民法院审理案件,除法律规定的特别情况外,一律公开进行。被告人有权获得辩护。"很多法律也作了规定。《治安管理处罚法》规定了拘留的程序、《行政强制法》规定了限制人身自由强制措施的程序、《中华人民共和国人民警察法》规定了盘查、检查的程序等、《刑事诉讼法》规定了刑事措施的程序等。《刑法》规定了刑讯逼供、使用暴力逼取证人证言的刑事责任。诸多法律对限制人身自由的公权主体和程序作了严格的限制。《监察法》第 24 条规定,监察机关可以对涉嫌职务犯罪的被调查人以及可能隐藏被调查人或者犯罪证据的人的身体、物品、住处和其他有关地方进行搜查。在搜查时,应当出示搜查证,并有被搜查人或者其家属等见证人在场。搜查女性身体,应当由女性工作人员进行。

(4) 国家机关依法行使职权、公民依法行为。禁止侵犯人身自由的多种方式,并不限于非法逮捕、非法拘禁、非法剥夺人身自由、非法搜查公民身体,还包括以其他方法非法侵犯人身自由。《宪法》第 37 条第 2 款对逮捕作了排他性规定,规定了逮捕的法定主体和程序。《刑事诉讼法》对逮捕条件以及执行逮捕的具体程序作了更为详细的规定。非法拘禁是指用强制方法非法剥夺人身自由的行为。非法拘禁包括拘留、禁闭、捆绑、与外界隔离、关押等。非法拘禁构成犯罪的应当追究刑事责任。以其他方法非法剥夺或者限制公民人身自由是指以非法拘禁行为以外的其他各种违法手段如非法管制、强迫他人劳动等剥夺或者限制公民的人身自由。非法搜查公民的身体是指无权搜查的人,擅自对公民进行搜查或者虽有权进行搜查的人未经法定机关批准,滥用职权,擅自进行搜查。非法搜查他人身体构成犯罪的应当追究刑事责任。

(5) 对行使职权侵害公民人身自由的,要依法予以救济或者追究法律责任。《宪法》第 41 条规定:"……由于国家机关和国家工作人员侵犯公民权利而受到损失的人,有依照法律规定取得赔偿的权利。"《中华人民共和国国家赔偿法》(以下简称《国家赔偿法》)第 3 条规定:行政机关及其工作人员在行使行政职权时有下列侵犯人身权情形之一的,受害人有取得赔偿的权利:① 违法拘留或者违法采取限制公民人身自由的行政强制措施的;② 非法拘禁或者以其他方法非法剥夺公民人身自由的;③ 以殴打、虐待等行为或者唆使、放纵他人以殴打、虐待等行为造成公民身体伤害或者死亡的;④ 违法使用武器、警械造成公民身体伤害或者死亡的;⑤ 造成公民身体伤害或者死亡的其他违法行为。第 17 条规定,行使侦查、检察、审判职权的机关以及看守所、监狱管理机关及其工作人员在行使职权时有下列侵犯人身权情形之一的,受害人有取得赔偿的权利:① 违反刑事诉讼法的规定对公民采取拘留措施的,或者依照刑事诉讼法规定的条件和程序对公民采取拘留措施,但是拘留时间超过刑事诉讼法规定的时限,其后决定撤销案件、不起诉或者判决宣告无罪终止追究刑事责任的;② 对公民采取逮捕措施后,决定撤销案件、不起诉或者判决宣告无罪终止追究刑事责任的;③ 依照审判监督程序再审改判无罪,原判刑罚已经执行的;④ 刑讯逼供或者以殴打、虐待等行为或者唆使、放纵他人以殴打、虐待等行为造成公民身体伤害或者死亡的;

⑤ 违法使用武器、警械造成公民身体伤害或者死亡的。

2017年修正后的《行政诉讼法》第12条将"对限制人身自由"的行政强制措施和行政强制执行不服的,纳入行政诉讼受案范围。《中华人民共和国行政复议法》(以下简称《行政复议法》)第6条将"对行政机关作出的限制人身自由"的行政强制措施决定不服的,纳入行政复议范围。《监察法》第67条规定,监察机关及其工作人员行使职权,侵犯公民、法人和其他组织的合法权益造成损害的,依法给予国家赔偿。《传染病防治法》规定:"卫生行政部门以及其他有关部门、疾病预防控制机构和医疗机构因违法实施行政管理或者预防、控制措施,侵犯单位和个人合法权益的,有关单位和个人可以依法申请行政复议或者提起诉讼。"

非国家机关人员违法侵犯公民人身自由的要承担行政或者刑事责任。《治安管理处罚法》第40条规定了非法限制他人人身自由、非法搜查他人身体的行政处罚。

从现行立法来说,也有一些立法在限制人身自由上值得检讨。如《行政处罚法》第42条规定:"行政机关作出责令停产停业、吊销许可证或者执照、较大数额罚款等行政处罚决定之前,应告知当事人有要求举行听证的权利;当事人要求听证的,行政机关应当组织听证。……""当事人对限制人身自由的行政处罚有异议的,依照治安管理处罚条例有关规定执行。"而《治安管理处罚法》并未将拘留这种限制人身自由的行政处罚纳入听证范围。可见,该法未将最严重的行政处罚纳入听证范围,这对人身自由的保护明显不足。国务院制定的《道路交通安全法实施条例》第105条规定:"机动车驾驶人有饮酒、醉酒、服用国家管制的精神药品或者麻醉药品嫌疑的,应当接受测试、检验。"其中的"测试、检验"是否属于限制人身自由的行政强制措施?如果属于行政强制措施,行政法规的设定则违法。

(6) 其他。需要指出的是,宪法关于人身自由的规定并不限于公权主体的侵害。对于私人主体的侵害同样违反宪法精神,对此相关法律也有规定。如《民法典》规定:自然人享有身体权。自然人的身体完整和行动自由受法律保护。任何组织或者个人不得侵害他人的身体权。自然人享有健康权。自然人的身心健康受法律保护。任何组织或者个人不得侵害他人的健康权。自然人的身体权、健康权受到侵害或者处于其他危难情形的,负有法定救助义务的组织或者个人应当及时施救。以非法拘禁等方式剥夺、限制他人的行动自由,或者非法搜查他人身体的,受害人有权依法请求行为人承担民事责任。这是落实宪法精神的很好的规定。

(7) 限制。人身自由不是绝对的权利,国家可以为了公共利益、集体利益或者他人的合法权利自由对个人的人身自由予以相应限制。如法律规定,为了查明违法犯罪行为,法定主体可以对人身进行搜查。

### 四、住宅自由不受侵犯

(一) 含义

住宅是公民生活和居住的场所,也是公民个人财产的主要存放地点,构成公民赖以生存的最基本条件。住宅不限于固定居住的住宅,也包括宿舍、旅馆等临时性的住所。凡是与公民私人生活居住有关的空间,包括部分特定的工作场所,均属于宪法住宅的范畴。住宅不受侵犯的权利又称住宅安全权,与人身权、财产权、休息权等有密切的关系。其主要内容包括:公民的住宅不得非法侵入;公民住宅不得随意搜查;公民住宅不得随意查封等。我国《宪法》第39条规定,公民的住宅不受侵犯。禁止非法搜查或者非法侵入公民的住宅。"非法搜查公民的住宅"是指无权搜查的人,私自对某一公民的住宅进行搜查;或者虽有权进行搜查的人,未经法定程序,滥用职权,擅自进行搜查。非法侵入公民的住宅是指除司法机关工作人员以外的任何人,非经主人同意强行闯入公民住宅,以及虽为司法机关工作人员但违反法律规定的程序进入公民住宅的行为。[①]

(二) 保障

我国宪法和法律对住宅自由的保障主要体现在以下几方面:

(1) 居住住所不受侵犯。第一,设定搜查或者检查只能由法律设定,通常情况下,行政法规、地方性法规和规章不能设定对公民住宅进行搜查或者检查的公权行为。由于住宅与人身自由等密切相关,只能由法律设定对住宅的检查和搜查。如《治安管理处罚法》第87条规定,公安机关对与违反治安管理行为有关的场所、物品、人身可以进行检查。检查时,人民警察不得少于二人,并应当出示工作证件和县级以上人民政府公安机关开具的检查证明文件。对确有必要立即进行检查的,人民警察经出示工作证件,可以当场检查,但检查公民住所应当出示县级以上人民政府公安机关开具的检查证明文件。《中华人民共和国反间谍法》第32条规定,对非法持有属于国家秘密的文件、资料和其他物品的,以及非法持

---

[①] 参见全国人大常委会办公厅研究室政治组编:《中国宪法精释》,中国民主法制出版社1996年版,第164—165页。

有、使用专用间谍器材的,国家安全机关可以依法对其人身、物品、住处和其他有关的地方进行搜查。《行政强制法》第 9 条规定,行政法规和地方性法规可以设定查封场所、设施或者财物,扣押财物等行政强制措施。这里的场所、设施或者财物不宜等同于一般的住宅。

第二,搜查或者检查公民住宅的主体必须合法。只有法定的行政机关或者司法机关及其经授权的工作人员才能行使此项权力,否则违法甚至犯罪。如我国《刑法》第 245 条规定了非法搜查住宅罪和非法侵入住宅罪。《刑事诉讼法》第 136 条规定:"为了收集犯罪证据、查获犯罪人,侦查人员可以对犯罪嫌疑人以及可能隐藏罪犯或者犯罪证据的人的身体、物品、住处和其他有关的地方进行搜查。"侵害公民住宅的主体既可能是公权主体也可能是私权主体。

第三,搜查或者检查的职权合法。相关主体检查或者搜查职权必须明确、具体。在此方面,相关法律还有修改完善的空间。我国《民事诉讼法》第 248 条规定:"被执行人不履行法律文书确定的义务,并隐匿财产的,人民法院有权发出搜查令,对被执行人及其住所或者财产隐匿地进行搜查。"第 250 条第 1 款规定:"强制迁出房屋或者强制退出土地,由院长签发公告,责令被执行人在指定期间履行。被执行人逾期不履行的,由执行员强制执行。"这些规定仍然比较原则。最高人民法院出台的相关司法解释对强制迁出房屋和民事搜查作了更具体的规定,但对搜查时间、搜查和强制迁出房屋时造成的损失赔偿、强制迁出房屋后被强制人的住宅权保护没有做出规定。

监视居住制度是影响公民住宅自由的一种制度,不仅影响被监视者,且影响与被监视者同住的其他人。《刑事诉讼法》第 74 条规定:法院、检察院和公安机关对符合逮捕条件,有下列情形之一的犯罪嫌疑人、被告人,可以监视居住:① 患有严重疾病、生活不能自理的;② 怀孕或者正在哺乳自己婴儿的妇女;③ 系生活不能自理的人的唯一扶养人;④ 因为案件的特殊情况或者办理案件的需要,采取监视居住措施更为适宜的;⑤ 羁押期限届满,案件尚未办结,需要采取监视居住措施的。对符合取保候审条件,但犯罪嫌疑人、被告人不能提出保证人,也不交纳保证金的,可以监视居住。监视居住由公安机关执行。

第四,实施搜查或者检查的程序合法。《刑事诉讼法》对搜查作了严格的程序规定。第 138 条规定,进行搜查,必须向被搜查人出示搜查证。在执行逮捕、拘留的时候,遇有紧急情况,不另用搜查证也可以进行搜查。第 139 条规定,在搜查的时候,应当有被搜查人或者他的家属,邻居或者其他见证人在场。搜查妇女的身体,应当由女工作人员进行。第 140 条规定,搜查的情况应当写成笔录,由侦查人员和被搜查人或者他的家属,邻居或者其他见证人签名或者盖章。如果被搜查人或者他的家属在逃或者拒绝签名、盖章,应当在笔录上注明。该法还对监视居住的具体操作程序作了更具体的规定。

《监察法》第 24 条规定,监察机关可以对涉嫌职务犯罪的被调查人以及可能隐藏被调查人或者犯罪证据的人的身体、物品、住处和其他有关地方进行搜查。在搜查时,应当出示搜查证,并有被搜查人或者其家属等见证人在场。

第五,禁止采用多种方式侵犯住宅。宪法重点对禁止非法搜查或者非法侵入公民住宅作了规定。"非法搜查"是指无权搜查的人,擅自对公民的住宅进行搜查;或者虽有权进行搜查的人,未经法定程序,滥用职权,擅自进行搜查。非法侵入是指非经司法程序或非经主人同意而强行闯入公民住宅的行为。这两种只是列举,此外还有不少方式,如强行拆迁,对公民住宅进行非法监视、窃听,在周围进行非法骚扰等。[①] "本条所说的侵犯公民住宅并不限于列举的两种行为。对此条的理解应掌握:第一,公民的住宅不受侵犯,包括不受各种方式的侵犯;第二,宪法明文规定禁止非法搜查和闯入公民住宅,是因为这两种情况在实践中比较突出,而不能把这看成是对侵犯公民住宅的各种具体行为所作的穷尽式列举;第三,禁止性规范在规定禁止某种行为时,往往是规定禁止该类行为危害程度最轻的一种行为,而其他行为由于危害程度较之更为严重,当然也在禁止之列。这需要对宪法条文作扩充性解释。"[②] 如征收行为影响住宅自由。《民法典》规定,除法律另有规定或者权利人明确同意外,任何组织或者个人不得实施下列行为:进入、拍摄、窥视他人的住宅、宾馆房间等私密空间。为了公共利益的需要,依照法律规定的权限和程序可以征收集体所有的土地和组织、个人的房屋以及其他不动产。征收组织、个人的房屋以及其他不动产,应当依法给予征收补偿,维护被征收人的合法权益;征收个人住宅的,还应当保障被征收人的居住条件。

第六,侵犯住宅自由须承担相关法律责任。包括行政处罚、刑事处罚。《国家赔偿法》第 4 条规定,行政机关及其工作人员在行使行政职权时有下列侵犯财产权情形之一的,受害人有取得赔偿的权利:"……(二)违法对财产采取查封、

---

① 参见蔡定剑:《宪法精解(第二版)》,法律出版社 2006 年版,第 263—264 页。
② 全国人大常委会办公厅研究室政治组编:《中国宪法精释》,中国民主法制出版社 1996 年版,第 165 页。

扣押、冻结等行政强制措施的;(三)违法征收、征用财产的;……"。第 18 条规定,行使侦查、检察、审判职权的机关以及看守所、监狱管理机关及其工作人员在行使职权时违法对财产采取查封、扣押、冻结、追缴等措施的,受害人有取得赔偿的权利。上述这些规定为住宅权受到侵犯的当事人获得救济提供了依据。非国家机关侵犯住宅的则要承担相应责任。如刑法规定了非法搜查住宅或者非法闯入住宅的犯罪。《治安管理处罚法》第 40 条规定了非法侵入他人住宅的行政处罚。

(2)选择居住地的自由和住宅安全。前者是指公民可以根据自己的意愿决定在哪个地方居住或者是否搬迁自己的居住地。后者是指住宅作为建筑物或构筑物能保持使用功能的正常、完整,并且不受外界措施可能对住宅使用带来的任何现实的或潜在的危害。①

(三) 限制

国家机关可基于维护公共利益等法定原因限制公民住宅自由。情形包括:法定国家机关为了刑事侦查的需要,可依法对公民住宅进行搜查;法定国家机关可依法查封公民的住宅;在紧急情况下,有关国家机关可事先进入公民住宅,事后补办手续;国家为了公共利益的需要,依法对公民住宅进行征收或者征用等。

**五、通信自由和通信秘密受法律保护**

(一) 含义

通信自由是指公民通过书信、电报、传真、电话及其他通信手段,根据自己的意愿进行通信,不受国家或公权力干涉的自由。②广义的通信自由包括通信自由和通信秘密。通信秘密是指公民通过书信、电话、电报、传真、邮件、电子邮件等现代通讯方式表达意愿,不得被非法扣押、隐匿、拆阅、录音、窃听或采取其他方式获取其内容。③ 二者关系密切,正如许崇德教授所说:"如果只承认通信自由权,而无通信秘密权,公民的通信自由还是得不到保障;相反,如果只承认通信秘密权,而无通信自由权,公民的通信权也就无法实现。因此,这两个方面都是

---

① 参见童之伟主编:《宪法学》,清华大学出版社 2008 年版,第 159 页。
② 参见韩大元、林来梵、郑贤君:《宪法学专题研究》,中国人民大学出版社 2004 年版,第 336 页。
③ 参见周伟:《通信自由与通信秘密的保护》,载《法学》2006 年第 6 期。

不可缺少的,二者结合起来构成了一项完整的通信自由权利。"①

(二) 通信自由和通信秘密的保护

(1) 宪法保护。《宪法》第 40 条规定,公民的通信自由和通信秘密受法律的保护。除因国家安全或者追查刑事犯罪的需要,由公安机关或者检察机关依照法律规定的程序对通信进行检查外,任何组织或者个人不得以任何理由侵犯公民的通信自由和通信秘密。据此规定,宪法主要是通过限制检查通信的主体、程序和相关事由加以保障的。其一,受保护的主体是公民。其二,拘束的对象包括相关国家机关、任何组织或者个人。具体来说,公安机关(包括国家安全机关)、检察机关有权依法对公民的通信自由和秘密进行检查。其他任何组织或者个人则没有检查通信的权力。这种情况只基于《宪法》第 40 条规定的国家安全或者追查刑事犯罪的需要。如果不是这种情况,其他相关国家机关也有权对公民相关通信进行检查。如《中华人民共和国监狱法》(以下简称《监狱法》)第 47 条规定,罪犯在服刑期间可以与他人通信,但是来往信件应当经过监狱检查。监狱发现有碍罪犯改造内容的信件,可以扣留。罪犯写给监狱的上级机关和司法机关的信件,不受检查。其三,对公民通信进行检查只能基于国家安全或者追查刑事犯罪的需要。② 至于有哪些国家机关基于其他原因可以对公民通信进行检查,《宪法》第 40 条未涉及,取决于法律的规定,如《监狱法》第 47 条规定监狱管理部门的检查权。

(2) 法律保护。《中华人民共和国邮政法》(以下简称《邮政法》)第 3 条规定:

---

① 许崇德主编:《中国宪法(第四版)》,中国人民大学出版社 2010 年版,第 322 页。
② 对《宪法》第 40 条规定如何理解是有争议的。争议之一是,法院在民事诉讼中是否可以依法对公民通话记录进行查询。2004 年,全国人大法工委有关法律问题的意见是:"用户通信资料中的通话详单属于宪法保护的通信秘密范畴,人民法院依照民事诉讼法调查取证时,应符合宪法的规定,不得侵犯公民的基本权利。"
我们认为《宪法》第 40 条"除因国家安全或者追查刑事犯罪的需要,由公安机关或者检察机关依照法律规定的程序对通信进行检查外,任何组织或者个人不得以任何理由侵犯公民的通信自由和通信秘密"的解释应该如下:该条规定强调的是,在涉及国家安全或者追查刑事犯罪案件的需要的情况下,国家机关有权对公民的通信进行检查,但只能由公安机关、国家安全机关和人民检察院进行。在这两类情形下,人民法院以及其他组织或个人都无权检查公民的通信。至于这两类情形以外的其他情形,人民法院是否有权对公民的通信进行检查,宪法没有提到,应当根据法律的规定。如《民事诉讼法》第 67 条规定:人民法院有权向有关单位和个人调查取证,有关单位和个人不得拒绝。《行政诉讼法》第 40 条规定:人民法院有权向 有关行政机关以及其他组织、公民调取证据。第 41 条还规定:与本案有关的涉及国家秘密、商业秘密和个人隐私的证据,原告或者第三人不能自行收集的,可以申请人民法院调取。这两部法律均授权法院可以调取涉及个人的证据,法院在民事、行政审判过程中调取当事人的通话记录,没有宪法和法律上的任何障碍。

"公民的通信自由和通信秘密受法律保护。除因国家安全或者追查刑事犯罪的需要,由公安机关、国家安全机关或者检察机关依照法律规定的程序对通信进行检查外,任何组织或者个人不得以任何理由侵犯公民的通信自由和通信秘密。""除法律另有规定外,任何组织或者个人不得检查、扣留邮件、汇款。"《治安管理处罚法》第 48 条规定,冒领、隐匿、毁弃、私自开拆或者非法检查他人邮件的,处五日以下拘留或者五百元以下罚款。《监察法》第 25 条规定,监察机关在调查过程中,可以调取、查封、扣押用以证明被调查人涉嫌违法犯罪的财物、文件和电子数据等信息。

(三)限制

通信自由也有相对性,为了国家安全和公共利益,可以对公民通信自由进行适当的限制。《宪法》第 40 条本身包含了限制的规定。《刑事诉讼法》第 143 条规定:侦查人员认为需要扣押犯罪嫌疑人的邮件、电报的时候,经公安机关或者人民检察院批准,即可通知邮电机关将有关的邮件、电报检交扣押。不需要继续扣押时,应即通知邮电机关①。《邮政法》第 36 条规定:"因国家安全或者追查刑事犯罪的需要,公安机关、国家安全机关或者检察机关可以依法检查、扣留有关邮件,并可以要求邮政企业提供相关用户使用邮政服务的信息。邮政企业和有关单位应当配合,并对有关情况予以保密。"《中华人民共和国海关法》(以下简称《海关法》)第 46 条规定,个人携带进出境的行李物品、邮寄进出境的物品,应当以自用、合理数量为限,并接受海关监管。第 48 条规定,进出境邮袋的装卸、转运和过境,应当接受海关监管。邮政企业应当向海关递交邮件路单。邮政企业应当将开拆及封发国际邮袋的时间事先通知海关,海关应当按时派员到场监管查验。

(四)关于通话记录的立法及其争议问题②

在实践中,各地出现了大量因为法院到电信公司调取相关当事人的通话记录遭到拒绝进而受到法院处罚的案例。通话记录是否属于《宪法》第 40 条通信自由和通信秘密的保护范围?此外也有相关立法涉及通话记录,相关立法赋予有关主体予以检查是否违反宪法。

从立法层面看,全国人大常委会在有关立法中对通话记录的性质问题作出

---

① 我国《刑事诉讼法》只规定经公安机关、检察机关批准才能扣押检查邮件,显然受《宪法》第 40 条影响。

② 参见杜强强:《法院调取通话记录不属于宪法上的通信检查》,载《法学》2019 年第 12 期。

判断。2004年修改后的《中华人民共和国证券法》(以下简称《证券法》)第180条明确授权证券监管机关有权查阅、复制与被调查事件有关的通讯记录等资料，2012年修改后的《中华人民共和国证券投资基金法》(以下简称《证券投资基金法》)第113条也有类似规定。这里的"通讯记录"，即等同于"通话记录"。从立法审议情况看，在《证券法(修订草案)》对此作了规定后，有关地方和单位即提出了不同意见。意见指出，"国务院证券监督管理机构属于事业单位，法律赋予其……查阅、复制有关的通讯记录等权力是否合适，建议再作研究。"全国人大法律委员会认为，法律有必要赋予中国证监会相应的权力以提高监管效能，①修改后的法律即延续了草案的规定。可以看出，立法者在这里的讨论并没有提到《宪法》第40条。与其说这是立法者在审议时忽略了《宪法》第40条，还不如说是立法者认为这个问题与《宪法》第40条无关，因此无须对其另作专门阐述。这可以从《证券法》修改后，在全国人大常委会法工委直接参加《证券法》起草、修改的人员编写的释义书中看出来。按照其解释，由于《宪法》第40条已有明文规定，因此《证券法》第180条上规定的"通讯记录"，是指"通话时间、通话对象等资料，而不包括有关的通讯内容"。②

在某种程度上，可以将立法者的这个判断当作立法者对《宪法》第40条保护范围的解释。它的要义在于区分通信内容和通讯记录，也即只有通信内容才属于宪法保护的对象，而通讯记录则被排除于《宪法》第40条的保护之外。反过来说，若将"通讯记录"解释为受《宪法》第40条的保护，则在加重法律保留的前提下很难对《证券法》等法律作合宪化的处理。换言之，这种宽泛解释将导致《证券法》第180条无效，这恐怕是此种解释所不能承受之重。因为违宪宣告影响一国的宪法体制，而不像宣告一件民事合同无效或者撤销一个行政行为那样简单。当然，不能因为后果严重就讳言违宪，但既然通信内容与通讯记录在私密程度上本来就有重大不同，则立法者将通讯记录排除在外的这个判断并非不合理。在这种情况下，尤其是在立法者接连通过法律授权行政机构检查通讯记录的情形下，妥当的做法是尊重立法者的判断，而不是将其宣告违宪。所谓尊重立法者的判断，具体而言就是在对《宪法》第40条的保护范围存在不同解释，其中一种解

---

① 参见王以铭:《全国人大法律委员会关于〈中华人民共和国证券法(修订草案)〉修改情况的汇报》，载《全国人民代表大会常务委员会公报》2005年第7期。
② 参见《证券法释义》编写组编:《〈中华人民共和国证券法〉释义》，中国法制出版社2005年版，第282页。

释将导致立法违宪,而另一种解释能促成立法合宪的情形下,应当优先选择那种能促成法律合宪的解释。

但对于地方性法规的理解判断似乎发生了变化。例如,2018年全国人大常委会法工委在一项"专项审查"中,发现甘肃省人大常委会2011年通过的《甘肃省道路交通安全条例》(以下简称《条例》)存在违法嫌疑。该《条例》第76条规定:"因调查交通事故案件需要,公安机关交通管理部门可以查阅或者复制……交通事故当事人的通讯记录,必要时可以依法提取和封存相关信息、资料,有关单位应当及时、如实、无偿提供,不得伪造、隐匿、转移、销毁。"2013年《内蒙古自治区实施〈中华人民共和国道路交通安全法〉办法》第50条也有类似规定。从其规定看,这两部地方性法规只是授权交通管理部门到"有关单位"调取通讯记录,而非直接检查当事人的手机,因此与法院到通信企业调取通话记录并无两样。全国人大常委会法工委审查认为,"上述规定涉及公民通信自由及通信秘密,缺乏法律依据",法工委"已向两地人大常委会发出审查意见督促纠正"。[①] 可以看出,全国人大常委会法工委依然秉持其2004年"答复"中的观点,认为通讯记录属于通信自由和通信秘密的范畴。实际上,通讯记录只是隐私权的保护对象,与通信自由和通信秘密无关,但即便对隐私权的限制仍须符合单纯法律保留的要求。甘肃、内蒙古两地的人大常委会在没有法律明确授权的情况下,以地方性法规的方式限制当事人的隐私权,应属不当。

## 第六节 社会经济权利

社会经济权利是指公民依照宪法规定享有的经济利益的权利。此类权利作为宪法基本权利始于1919年德国《魏玛宪法》。第二次世界大战之后,多数国家的宪法中增加了此类权利,扩大了国家对此类权利的宪法保护。此类权利与公民权利和政治权利相比,是以国家权力的积极介入和适度干预为条件,强化对弱势者的保护,以更好地实现社会的公平正义。主要包括财产权、劳动权、休息权和社会保障权等。

---

[①] 参见刘嫚:《交警可查通话记录?纠正!全国人大常委会法工委备案审查室研究认定"缺乏法律依据"》,载《南方都市报》2019年3月2日A04版;朱宁宁:《备案审查剑指道交管理法规规章》,载《法制日报》2019年1月29日第5版。

## 一、财产权

宪法财产权是指公民根据宪法规定对其合法所有财产享有的占有、使用、收益和处分的权利,包括公民的生活资料、生产资料和财产以外的其他物权、债权、知识产权等。宪法财产权兼具自由权和受益权性质。财产权是保障特定人对特定资源享有的权利,是建立在限制他人不能享有该财产权的基础之上,财产权是根据为合理有效分配社会资源所设定的一种制度。[①]宪法上的财产权不同于民法上的财产权,其主要为防御公权力而存在。当然与民法上的财产权也有密切关系,二者保障内容高度一致。宪法上的财产权为民法上的财产权提供最高宪法保障依据。民法上的财产权也是落实宪法精神的重要途径。

国际条约、其他国家和地区的宪法规范对财产权保护主要有三种形式:一是直接肯定私有财产权在宪法中的地位。例如,《世界人权宣言》、法国《人权宣言》及1791年法国宪法,在规范性文件中直接肯定了私有财产的合法性地位。二是运用不可侵犯条款规定私有财产权的地位。如美国宪法第5修正案规定,"非经正当法律程序不得剥夺公民私有财产",以正当程序条文来保护。三是综合以上两种形式,既直接肯定私有财产的合法性地位,又运用正当程序条款对征收、征用等情形加以限制和保障。如日本宪法、德国基本法、大韩民国宪法等的规定。[②]总体看,财产权的宪法保障结构有三个组成部分:不可侵犯条款(或保障条款)、制约条款(或限制条款)和征用补偿条款(或损失补偿条款)。[③]

域外国家和地区财产权保护的适用有下列主要内容:第一,财产权的构成要素包括:"所有权保障"扣紧传统"财产权"的核心;"财产存续状态"的保障即存续保障,表现出"财产性权利"概念更多元化,除核心的所有权,更扩及债权、无体财产权,重心指向既有财产性权利的维续;金钱所有权的保障,但体系归属尚待斟酌;"维系个人生存"本身不是构成要素,而是加强对"财产存续状态"保障强度的补充因素;"自由发展人格"要素所关联的保护领域有异于存续保障,涉及者非"所有",而是"利用",即是对于前述财产性权利的支配自由,是对于行为自由层次的保障。至于"经济上获益之期待与可能性",是"财产权"保护领域建构上的

---

[①] 参见朱应平:《宪法人权条款的司法适用规范研究》,中国民主法制出版社2016年版,第142页。
[②] 同上书,第141页。
[③] 参见林来梵:《论私人财产权的宪法保障》,载《法学》1999年第3期。

难题。第二,对财产范围和种类的解释和适用,总的趋势是从原来传统的物权性财产不断扩大到后来的债权性财产、知识产权;从传统的动产、不动产到承认公法上的新财产;从物质性财产到金钱性财产。第三,征收或者征用,重点是形成了判断构成征收的情形和判断标准,对财产的某种限制通常情况下不构成征收,只有在对财产使用构成严重影响的情况下才形成征收。关于公共利益:将"公用"扩展解释为"公共利益",为政府的征收提供便利;"公共利益""公共福祉"以及其他相关表达都非常宽泛;基于私益的征收在实践中越来越多,现行"公共利益"的规定和案例没有发挥很好的遏制作用。不断增加补偿数额、缩小补偿数额与赔偿数额之间的差距是总的发展趋势。①

我国1982年宪法受多种因素影响,所规定的财产权有局限性。第13条规定:"国家保护公民的合法的收入、储蓄、房屋和其他合法财产的所有权。""国家依照法律规定保护公民的私有财产的继承权。"这一规定对财产的范围、保护方式等都有很大的局限性。主要包括:第一,本条对财产权的规定置于宪法总纲中,不是作为公民一项基本权利予以保护的,尚未纳入《宪法》第二章公民的基本权利和义务的体系中。而从保护公民基本权利的需要以及外国宪法规定来看,财产权是宪法规定的公民的一项基本权利。第二,保护财产权的内容不够全面。当时,宪法规定只确认保护公民的合法财产的所有权,但是财产权的内容很广泛,还包括债权、知识产权等内容。第三,宪法列举的合法财产实际只是公民的生活资料,而不包括生产资料和投资性资产。随着非公有制经济的迅速发展,生产资料和投资性资产如股票、债券等,在公民财产中所占比重越来越大,这些财产与生活资料一样,都应当得到同等保护。第四,宪法在强调公共财产神圣不可侵犯的同时,对公民个人财产的保护性规定显得不够,不利于保护公民的基本权利,防止国家权力对公民财产权的不当干预。②

2004年宪法修正为:"公民的合法的私有财产不受侵犯。""国家依照法律规定保护公民的私有财产权和继承权。""国家为了公共利益的需要,可以依照法律规定对公民的私有财产实行征收或者征用并给予补偿。"修正后的条文有三大变化。

---

① 参见朱应平:《宪法人权条款的司法适用规范研究》,中国民主法制出版社2016年版,第143—197页。
② 参见许安标、刘松山:《中华人民共和国宪法通释》,中国法制出版社2004年版,第63—64页。

第一,第 1 款是新增加的内容,由此该款与《宪法》第 12 条第 1 款"社会主义的公共财产神圣不可侵犯"具有对应性。这一款体现传统宪法上财产权的防御权属性,意味着国家有义务保护所有公民的财产权,并采取各种有效措施实现财产权价值。

第二,第 2 款与原条文相比,扩展了财产的范围和种类。1982 年宪法采用列举私有财产的形态,使受保护的财产范围和种类受到限制。修改后的条文以"财产权"代替了原来的"所有权",不再局限于原来规定的保护私有财产所有权和继承权。

财产权是一定社会的物质资料占有、支配、流通与分配关系的法律表现,并因社会制度不同而有不同的性质与内容。所有权只是财产权内容的一部分,是指所有人在法律规定的范围内对财产享有的占有、使用、收益和处分的权利。合法财产权包括合法财产的所有权和继承权。财产所有权包括:(1) 合法的收入,主要是指劳动收入如工资、奖金,著作权和专利权中的财产权利,农民的劳动所得等;(2) 公民个人储蓄;(3) 个人房屋;(4) 公民个人其他财产。公民上述财产的所有权,包括占有、使用、收益、处分的权利,都依法受到保护。继承权是指继承人按照法律的规定取得死者生前财产的权利,是公民个人合法财产所有权的必然延伸。[①]

《民法典》第 266 条规定,私人对其合法的收入、房屋、生活用品、生产工具、原材料等不动产和动产享有所有权。第 267 条规定,私人的合法财产受法律保护,禁止任何组织或者个人侵占、哄抢、破坏。

第三,新增加了国家征收或者征用公民私有财产必须符合三个条件:为了公共利益、依照法律规定进行、给予补偿。其一,关于公共利益,一般限定为政府用于交通、学校、公共设施、国防、教育和政府设施的目的。即使是出于公共利益的目的征收或者征用财产也需要遵守比例原则:政府采取的手段为实现政府希望实现的目的所必需;政府采取的手段是在各种可选择的手段中对个人或者组织权益的侵害最少;受侵害的个人或组织的利益损害不应超过所要实现的公共利益。其二,"依照法律规定"是指国家需要对公民私有财产实行征收或征用,必须有法律的依据和依照法律规定的程序。这里的"法律"是指全国人大及其常委会

---

[①] 参见许安标、刘松山:《中华人民共和国宪法通释》,中国法制出版社 2004 年版,第 62—63 页。

制定的法律。我国《立法法》第8条规定,对非国有财产的征收或者征用实行法律保留原则。其三,征收或者征用并给予补偿。征收和征用的共同点包括:都是为了公共利益、需要经过法定程序,都要给予补偿。其不同点在于:"征收"是所有权的改变,"征用"是使用权的改变。其四,补偿必须依据法律给予。[①]这一规定表明,财产权不是绝对的权利。

宪法规定的财产权通过法律和行政法规加以具体化。如《中华人民共和国土地管理法》(以下简称《土地管理法》)第45条第1款规定:"为了公共利益的需要,有下列情形之一,确需征收农民集体所有的土地的,可以依法实施征收:(一)军事和外交需要用地的;(二)由政府组织实施的能源、交通、水利、通信、邮政等基础设施建设需要用地的;(三)由政府组织实施的科技、教育、文化、卫生、体育、生态环境和资源保护、防灾减灾、文物保护、社区综合服务、社会福利、市政公用、优抚安置、英烈保护等公共事业需要用地的;(四)由政府组织实施的扶贫搬迁、保障性安居工程建设需要用地的;(五)在土地利用总体规划确定的城镇建设用地范围内,经省级以上人民政府批准由县级以上地方人民政府组织实施的成片开发建设需要用地的;(六)法律规定为公共利益需要可以征收农民集体所有的土地的其他情形。"2011年,国务院《国有土地上房屋征收与补偿条例》第8条[②]以行政法规的形式确立"公共利益"的范围和种类。《立法法》第8、9条规定,"对非国有财产的征收、征用"实行相对法律保留[③]。此外,《刑法》《民法典》《行政处罚法》《行政强制法》等都有保护财产权的内容。

《民法典》多个条文规定了对征收、征用财产的规定:为了公共利益的需要,依照法律规定的权限和程序征收、征用不动产或者动产的,应当给予公平、合理的补偿。征收集体所有的土地,应当依法及时足额支付土地补偿费、安置补助费

---

① 参见蔡定剑:《宪法精解(第二版)》,法律出版社2006年版,第196—198页。
② 为了保障国家安全、促进国民经济和社会发展等公共利益的需要,有下列情形之一,确需征收房屋的,由市、县级人民政府作出房屋征收决定:(1)国防和外交的需要;(2)由政府组织实施的能源、交通、水利等基础设施建设的需要;(3)由政府组织实施的科技、教育、文化、卫生、体育、环境和资源保护、防灾减灾、文物保护、社会福利、市政公用等公共事业的需要;(4)由政府组织实施的保障性安居工程建设的需要;(5)由政府依照城乡规划法有关规定组织实施的对危房集中、基础设施落后等地段进行旧城区改建的需要;(6)法律、行政法规规定的其他公共利益的需要。
③ 《立法法》第8条规定,对非国有财产的征收、征用,只能制定法律。第9条规定,《立法法》第8条规定的事项尚未制定法律的,全国人大及其常委会有权作出决定,授权国务院可以根据实际需要,对其中的部分事项先制定行政法规,但是有关犯罪和刑罚、对公民政治权利的剥夺和限制人身自由的强制措施和处罚、司法制度等事项除外。

以及农村村民住宅、其他地上附着物和青苗等的补偿费用,并安排被征地农民的社会保障费用,保障被征地农民的生活,维护被征地农民的合法权益。征收组织、个人的房屋以及其他不动产,应当依法给予征收补偿,维护被征收人的合法权益;征收个人住宅的,还应当保障被征收人的居住条件。任何组织或者个人不得贪污、挪用、私分、截留、拖欠征收补偿费等费用。因抢险救灾、疫情防控等紧急需要,依照法律规定的权限和程序可以征用组织、个人的不动产或者动产。被征用的不动产或者动产使用后,应当返还被征用人。组织、个人的不动产或者动产被征用或者征用后毁损、灭失的,应当给予补偿。

财产权不是绝对的权利,国家可以基于公共利益等理由加以限制。但这种限制不得超过必要的度,且受到宪法的限制。首先,限制公民合法财产权的目的必须基于法定的事由,符合宪法的精神。其次,对公民合法财产权予以限制如征收、征用,必须通过法律规定的程序进行,如听取被征收或者征用人的意见、经过相关部门的批准等。最后,因为违法侵犯公民财产权的要依法予以赔偿,或者基于合法原因征收征用合法财产的要予以补偿。

## 二、劳动权

(一) 含义、特征和内容

劳动权是指每个有劳动能力的公民应有机会凭其自由选择和接受的工作谋生的权利,政府应采取适当的措施保障这一权利的实现。即政府有义务采取适当的政策措施保障公民的劳动就业,以给公民提供工作的机会。当然这并不意味着政府有义务保证每一个公民都能得到一份工作。[①] 它是公民得以生存的条件和行使其他权利的基础,是重要的民生权利。

广义的劳动权与工作权等同,有下列特征:第一,劳动权最主要的争议涉及平等劳动权,《宪法》第 33 条规定,公民在法律面前一律平等。该条与第 42 条规定的劳动权结合形成平等劳动权。它是指公民有权依法通过平等竞争获得工作岗位的权利。第二,劳动权是复合性权利,除就业权外,还有获得相应报酬和待遇的权利。第三,劳动兼具权利和义务的性质。2018 年修宪时在第 24 条增加规定"国家倡导社会主义核心价值观"。核心价值观之一"敬业"体现了宪法劳动的权利和义务的精神。1982 年宪法把劳动既规定为权利也规定为义务的理论

---

① 参见蔡定剑:《宪法精解(第二版)》,法律出版社 2006 年版,第 270 页。

基础是:其一,在我国,劳动已不再单纯是公民谋生的手段,同时也是公民为国家和社会积累物质财富和精神财富的基本手段。公民在享受这些财富的同时,也应该为国家尽劳动义务。这种定性能更全面、更准确地反映社会主义制度下的劳动的目的。其二,规定劳动是公民的一项义务,有助于劳动权更好地实现。只有每个公民自觉忠实地履行劳动义务,为国家和社会创造更多的财富,才能为增加就业机会、改善劳动条件、提高劳动效率提高更多的物质基础。其三,国家的繁荣、民族的富强、人类文明的进步都离不开劳动。每个公民理应为此作出贡献。[①]其四,劳动权的理解逐步扩展,不仅包括一般职工劳动的权利,而且包括相关主体依法举办产业或者事业的权利,即营业自由。如《中华人民共和国民办教育促进法》(以下简称《民办教育促进法》)第10条规定,"举办民办学校的社会组织,应当具有法人资格。举办民办学校的个人,应当具有政治权利和完全民事行为能力。民办学校应当具备法人条件。"此即为营业自由权。我国台湾地区"大法官"释字第514号指出,人民营业之自由为"宪法"上工作权及财产权所保障。有关营业许可之条件、营业应遵守之义务及违反义务应受之制裁,依"宪法"第23条规定,均应以法律定之,其内容更须符合该条规定之要件。若其限制,于性质上得由法律授权以命令补充规定时,授权之目的、内容及范围应具体明确,始得据以发布命令。

(二) 劳动权的内容

《宪法》第42条规定:"中华人民共和国公民有劳动的权利和义务。""国家通过各种途径,创造劳动就业条件,加强劳动保护,改善劳动条件,并在发展生产的基础上,提高劳动报酬和福利待遇。"据此,我国劳动权是一个包含多项子项权利的权利束,具体如下:

(1) 平等就业和择业权。它是指公民有依法自主选择职业不受非法或者不当干预的权利。《中华人民共和国劳动法》(以下简称《劳动法》)第3条规定:"劳动者享有平等就业和选择职业的权利"。第12条规定:"劳动者就业,不因民族、种族、性别、宗教信仰不同而受歧视"。其中,选择职业的权利意味着,任何单位不得违法设定与职业岗位不相关的条件。2018年,国务院《人力资源市场暂行条例》第11条规定,任何地方和单位不得违反国家规定在户籍、地域、身份等方面设置限制人力资源流动的条件。这是对选择职业自由权利的保护。

---

① 参见蔡定剑:《宪法精解(第二版)》,法律出版社2006年版,第271页。

《中华人民共和国就业促进法》(以下简称《就业促进法》)第 3 条规定:"劳动者依法享有平等就业和自主择业的权利。""劳动者就业,不因民族、种族、性别、宗教信仰等不同而受歧视。"第三章《公平就业》规定了政府和相关主体的责任:各级人民政府创造公平就业的环境,消除就业歧视,制定政策并采取措施对就业困难人员给予扶持和援助;用人单位招用人员、职业中介机构从事职业中介活动,应当向劳动者提供平等的就业机会和公平的就业条件,不得实施就业歧视。还规定了国家保障妇女享有与男子平等的劳动权利、各民族劳动者享有平等的劳动权利,用人单位招用人员,不得以是传染病病原携带者为由拒绝录用,农村劳动者进城就业享有与城镇劳动者平等的劳动权利,不得对农村劳动者进城就业设置歧视性限制。

平等就业权是指任何单位或者组织在就业方面应当平等对待所有人,不得基于民族、种族、性别、身份等与就业岗位本身没有本质关联的条件作为实行不合理差别对待的依据,将某人或者某些人排斥在就业岗位之外。广义的就业歧视是指用人单位在招聘劳动者的过程中或者是与劳动者建立劳动关系后,对那些条件相同或者是相近的劳动者基于某些与工作能力和工作岗位无关的因素,而对劳动者在平等的就业机会或者是在工资待遇方面所作的区别、排斥、限制或偏向,导致劳动者的就业机会平等权或待遇平等权被损害的各种行为。

但是平等就业权允许对某些公民予以特殊的照顾。如《就业促进法》第 28 条规定:各民族劳动者享有平等的劳动权利。用人单位招用人员,应当依法对少数民族劳动者给予适当照顾。第 29 条规定,国家保障残疾人的劳动权利。各级人民政府应当对残疾人就业统筹规划,为残疾人创造就业条件。

(2) 报酬和福利权。它是劳动者依法获得的应由用人单位支付报酬和相关福利的权利。宪法规定,国家应当"提高劳动报酬和福利待遇"。《劳动法》第 46 条规定,工资分配应当遵循按劳分配原则,实行同工同酬。工资水平在经济发展的基础上逐步提高。第 76 条规定,国家发展社会福利事业,兴建公共福利设施,为劳动者休息、休养和疗养提供条件。用人单位应当创造条件,改善集体福利,提高劳动者的福利待遇。

(3) 劳动保护权。公民享有在劳动中获得安全和健康保护的权利。《宪法》第 42 条规定,国家加强劳动保护,改善劳动条件。《劳动法》第 52 条规定,用人单位必须建立、健全劳动安全卫生制度,严格执行国家劳动安全卫生规程和标准,对劳动者进行劳动安全卫生教育,防止劳动过程中的事故,减少职业危害。

第 54 条规定,用人单位必须为劳动者提供符合国家规定的劳动安全卫生条件和必要的劳动防护用品,对从事有职业危害作业的劳动者应当定期进行健康检查。

(4) 职业培训权。公民享有在劳动过程中获得职业培训提升专业知识和实际操作技能的权利。《宪法》第 42 条规定,国家对就业前的公民进行必要的劳动就业训练。《劳动法》第 66 条规定,国家通过各种途径,采取各种措施,发展职业培训事业,开发劳动者的职业技能,提高劳动者素质,增强劳动者的就业能力和工作能力。第 68 条规定,用人单位应当建立职业培训制度,按照国家规定提取和使用职业培训经费,根据本单位实际,有计划地对劳动者进行职业培训。从事技术工种的劳动者,上岗前必须经过培训。

(5) 参与民主管理。《宪法》第 16 条规定:国有企业依照法律规定,通过职工代表大会和其他形式,实行民主管理。第 17 条规定,集体经济组织实行民主管理,依照法律规定选举和罢免管理人员,决定经营管理的重大问题。

(三) 劳动权的限制

劳动权不是绝对的权利。《宪法》第 51 条规定,公民在行使自由和权利的时候,不得损害国家的、社会的、集体的利益和其他公民的合法的权利和自由。据此,依法对劳动权予以限制,只要是合理的,应当予以允许。

有的限制是因为特定职业的重要性。比如特种资格的限制,如法官、检察官、公务员等要求较高;再如对教师、医生、律师资格等作出较严格的限制。

有的限制是为了对特定主体予以特殊保护。如对奴工制度的禁止、不得贩卖人口、不得强迫未成年人劳动、不得给妇女施加过重的负担。如《就业促进法》第 27 条规定:"用人单位招用人员,除国家规定的不适合妇女的工种或者岗位外,不得以性别为由拒绝录用妇女或者提高对妇女的录用标准。""用人单位录用女职工,不得在劳动合同中规定限制女职工结婚、生育的内容。"国务院《女职工劳动保护特别规定》第 4 条规定:"用人单位应当遵守女职工禁忌从事的劳动范围的规定。用人单位应当将本单位属于女职工禁忌从事的劳动范围的岗位书面告知女职工。"该行政法规还附录列示了女职工禁忌从事的劳动范围。

有的是为了防止疾病传播。《就业促进法》第 30 条规定:"用人单位招用人员,不得以是传染病病原携带者为由拒绝录用。但是,经医学鉴定传染病病原携带者在治愈前或者排除传染嫌疑前,不得从事法律、行政法规和国务院卫生行政部门规定禁止从事的易使传染病扩散的工作。"

有的是为了维护特定产业的健康发展、维护公共秩序等。《娱乐场所管理条例》第 5 条规定,有下列情形之一的人员,不得开办娱乐场所或者在娱乐场所内从业:(1) 曾犯有组织、强迫、引诱、容留、介绍卖淫罪,制作、贩卖、传播淫秽物品罪,走私、贩卖、运输、制造毒品罪,强奸罪、强制猥亵、侮辱妇女罪,赌博罪,洗钱罪,组织、领导、参加黑社会性质组织罪的;(2) 因犯罪曾被剥夺政治权利的;(3) 因吸食、注射毒品曾被强制戒毒的;(4) 因卖淫、嫖娼曾被处以行政拘留的。

上述规定均属于合理限制。当然,这种限制本身是有限的,为了避免对劳动权施加不合理的限制,通常对相关限制要予以明确的法律规定。这种限制目的须正当、手段与目的间有合理的关联、限制的手段不得超过必要的度。

### 三、休息权

休息权是指为了维持劳动者劳动能力的继续存在和发展,由国家和用人单位给予劳动者提供的消除疲劳、恢复劳动能力的权利。我国《宪法》第 43 条规定,劳动者有休息的权利。国家发展劳动者休息和休养的设施,规定职工的工作时间和休假制度。国家实行的休假主要包括公休日制度、法定节假日制度、带薪年休假制度等。

《劳动法》第 36 条规定,国家实行每日工作时间不超过 8 小时、平均每周工作时间不超过 44 小时的工时制度。第 38 条规定,用人单位应当保证劳动者每周至少休息一日。第 41 条规定,用人单位由于生产经营需要,经与工会和劳动者协商后可以延长工作时间,一般每日不得超过 1 小时;因特殊原因需要延长工作时间的,在保障劳动者身体健康的条件下延长工作时间每日不得超过 3 小时,但是每月不得超过 36 小时。控制劳动者的工作时间,保障劳动者的休息权是防止和减少"过劳死"现象的重要举措。

《中华人民共和国公务员法》(以下简称《公务员法》)规定,公务员执行国家规定的工时制度,按照国家规定享受休假。公务员在法定工作日之外加班的,应当给予相应补休,不能补休的按照国家规定给予补助。

国务院根据《劳动法》和《公务员法》制定的《职工带薪年休假条例》规定,机关、团体、企业、事业单位、民办非企业单位、有雇工的个体工商户等单位的职工连续工作 1 年以上的,享受带薪年休假(以下简称年休假)。单位应当保证职工享受年休假。职工在年休假期间享受与正常工作期间相同的工资收入。职工累计工作已满 1 年不满 10 年的,年休假 5 天;已满 10 年不满 20 年的,年休假 10 天;已满 20 年的,年休假 15 天。国家法定休假日、休息日不计入年休假的假期。

还规定了不享受当年的年休假的情形。

　　人力资源和社会保障部在 2008 年制定的《机关事业单位工作人员带薪年休假实施办法》中对《职工带薪年休假条例》作了细化规定。如依法应享受寒暑假的工作人员,因工作需要未休寒暑假的,所在单位应当安排其休年休假;因工作需要休寒暑假天数少于年休假天数的,所在单位应当安排其补足年休假天数。工作人员因承担野外地质勘查、野外测绘、远洋科学考察、极地科学考察以及其他特殊工作任务,所在单位不能在本年度安排其休年休假的,可以跨一个年度安排。

　　此外,《女职工劳动保护特别规定》《国务院关于职工探亲待遇的规定》《工伤保险条例》也有相关规定。

　　2015 年 4 月 9 日,中共中央、国务院发布的《关于构建和谐劳动关系的意见》中,特别把切实保障职工休息休假的权利作为重点,并规定:"完善并落实国家关于职工工作时间、全国年节及纪念日假期、带薪年休假等规定,规范企业实行特殊工时制度的审批管理,督促企业依法安排职工休息休假。企业因生产经营需要安排职工延长工作时间的,应与工会和职工协商,并依法足额支付加班加点工资。加强劳动定额定员标准化工作,推动劳动定额定员国家标准、行业标准的制定修订,指导企业制定实施科学合理的劳动定额定员标准,保障职工的休息权利。"将劳动者的休息权落到实处是解决"过劳死"最切实有效的解决办法。

　　休息权不是绝对的,国家可以基于公共利益等原因对公民的休息权进行相应限制。但应当予以相应的特殊工资政策。如《职工带薪年休假条例》规定:"单位确因工作需要不能安排职工休年休假的,经职工本人同意,可以不安排职工休年休假。对职工应休未休的年休假天数,单位应当按照该职工日工资收入的 300% 支付年休假工资报酬。"

## 第七节　社会保障权

### 一、含义和依据

　　社会保障权是指公民因法定原因不能维持正常生活时,为了维持有尊严的生活而向国家和社会请求给付的权利。社会保障权具有下列特点:它是保障公民过上有尊严生活的重要手段,突出地体现了社会公正原则;它是国家和社会必须承担的义务,国家有义务保障公民实现此项权利,且不得损害公民的人格尊严;它是一种社会权利和经济权利,也是一种积极权利,有赖于国家的积极帮助才能实现;其实现程度受一国经济文化等发展水平的限制。

我国《宪法》第14、33、44、45条有相关的规定。

## 二、内容

根据宪法、法律法规等规定,我国社会保障权主要包括下列内容:

(1) 退休人员生活受保障。《宪法》第44条规定了退休保障制度。退休是指企事业单位职工和国家机关工作人员在达到法定年龄时,退出原来的生产或工作岗位,并按照规定领取一定的退休金。1978年《关于工人退休、退职的暂行办法》规定了全民所有制企业、事业单位和党政机关、群众团体的工人退休退职后的生活安排。主要内容为:干部退休条件是:男年满60周岁,女年满55周岁,工作年限满10年的;男年满50周岁,女年满45周岁,工作年限满10年,经过医院证明完全丧失工作能力的;因工致残,经过医院证明完全丧失工作能力的。工人退休条件是:男年满60周岁,女年满50周岁,连续工龄满10年的;从事井下、高空、高温、特别繁重体力劳动或者其他有害身体健康的工作,男年满55周岁,女年满45周岁,连续工龄满十年的;男年满50周岁,女年满45周岁,连续工龄满10年,由医院证明,并经劳动鉴定委员会确认,完全丧失劳动能力的;因工致残,由医院证明,并经劳动鉴定委员会确定,完全丧失劳动能力的。

(2) 物质帮助权。《宪法》第45条规定,公民在年老、疾病、丧失劳动能力的情况下,有权请求国家和社会给予必要的物质帮助。国家发展为公民享受这些权利所需要的社会保险、社会救济和医疗卫生事业。其中列举的"年老、疾病、丧失劳动能力"只是列举性的规定,不能理解为穷尽性的规定。年老包括两种情况:国家职工的年龄达到超过国家规定的离退休年龄线;没有正式工作或固定收入,同时又没有子女或亲友赡养的公民达到或超过一定年龄。"疾病"指经医疗机构诊断患有某种疾病,部分丧失或完全丧失劳动能力。"丧失劳动能力"是指由于年龄、身体患病或因伤残等情况造成公民部分丧失或完全丧失参加劳动的能力。"物质帮助的权利"指公民在出现疾病丧失劳动能力等情况时,有从国家和社会获得离退休费、医疗费、生活费、救济费、抚恤费等的权利。[①]

2010年,全国人大常委会制定《中华人民共和国社会保险法》(以下简称《社

---

[①] 参见全国人大常委会办公厅研究室政治组编:《中国宪法精释》,中国民主法制出版社1996年版,第174页。

会保险法》),建立了基本养老保险、基本医疗保险、工伤保险、失业保险、生育保险等五大保险制度,保障公民在年老、疾病、工伤、失业、生育等情况下依法从国家和社会获得物质帮助的权利。此外,还规定了社会保险费征缴、社会保险基金、社会保险经办、社会保险监督和法律责任等。社会救济是社会保障制度的兜底工程或社会保障制度的守门人,是为那些不能从社会保障其他项目中获得待遇或者获得的待遇不足,而自己又没有足够的资金过与人的尊严相符合的生活的人提供生活救济。

国务院制定的《社会救助暂行办法》第 1 条规定:"为了加强社会救助,保障公民的基本生活,促进社会公平,维护社会和谐稳定,根据宪法,制定本办法。"社会救助具体包括最低生活保障、特困人员供养、受灾人员救助、医疗救助、教育救助、住房救助、就业救助、临时救助等。《自然灾害救助条例》规定了受灾人员救助。《传染病防治法》《中华人民共和国突发事件应对法》(以下简称《突发事件应对法》)等也规定了其他救助。

我国制定了一系列医疗卫生法律制度,包括药品管理法、疫苗管理法、传染病防治法、执业医师法、中医药法、国境卫生检疫法、精神卫生法、献血法等。特别是 2019 年制定的《中华人民共和国基本医疗卫生与健康促进法》(以下简称《基本医疗卫生与健康促进法》)是医疗卫生与健康方面的基础性、综合性法律。此外还有大量的行政法规、地方性法规和规章等。

(3) 社会补偿制度。《宪法》第 45 条规定,国家和社会保障残废军人的生活,抚恤烈士家属,优待军人家属。本条中的"残废"一词不准确,应当改为残疾。①
2011 年修正的《中华人民共和国兵役法》(以下简称《兵役法》)作了多方面补充规定。如第 56 条规定:"现役军人,残疾军人,退出现役军人,烈士、因公牺牲、病故军人遗属,现役军人家属,应当受到社会的尊重,受到国家和社会的优待。军官、士官的家属随军、就业、工作调动以及子女教育,享受国家和社会的优待。"第 57 条规定:"现役军人因战、因公、因病致残的,按照国家规定评定残疾等级,发给残疾军人证,享受国家规定的待遇和残疾抚恤金。因工作需要继续服现役的残疾军人,由所在部队按照规定发给残疾抚恤金。""残疾军人、患慢性病的军人退出现役后,由安置地的县级以上地方人民政府按照国务院、中央军事委员会的有关规定负责接收安置;其中,患过慢性病旧病复发需要治疗的,由当地医疗

---

① 参见许安标、刘松山:《中华人民共和国宪法通释》,中国法制出版社 2004 年版,第 157 页。

机构负责给予治疗,所需医疗和生活费用,本人经济困难的,按照国家规定给予补助。"第59条规定:"现役军人牺牲、病故,由国家发给其遗属一次性抚恤金;其遗属无固定收入,不能维持生活,或者符合国家规定的其他条件的,由国家另行发给定期抚恤金。"此外《军人抚恤优待条例》《烈士褒扬条例》等有详细的规定。

（4）残疾人生活保障。《宪法》第45条规定,国家和社会帮助安排盲、聋、哑和其他有残疾的公民的劳动、生活和教育。其中,"有残疾的公民"是指心理、生活、人体结构上,某种组织、功能丧失或者不正常,全部或者部分丧失,不能以正常方式从事某种劳动、生活的公民,其中包括肢体、智力、精神残疾或者多重残疾和其他残疾。当时之所以把残疾人的保障写入宪法,是因为修宪委员会讨论时,有人提出国际上对残疾人都很照顾。① 《中华人民共和国残疾人保障法》（以下简称《残疾人保障法》）规定,"残疾人在政治、经济、文化、社会和家庭生活等方面享有同其他公民平等的权利。残疾人的公民权利和人格尊严受法律保护。禁止基于残疾的歧视。禁止侮辱、侵害残疾人。禁止通过大众传播媒介或者其他方式贬低损害残疾人人格。"2015年,国务院《关于加快推进残疾人小康进程的意见》要求:建立残疾人基本生活兜底保障机制。要加大残疾人社会救助力度,建立困难残疾人生活补贴、重度残疾人护理补贴和残疾儿童康复救助制度,帮助残疾人普遍参加基本养老和基本医疗保险,完善重度残疾人医疗报销制度,优先保障残疾人基本住房,为残疾人织严织密民生安全网。

（5）城市居民最低生活保障。1999年,国务院《城市居民最低生活保障条例》规定,持有非农业户口的城市居民,凡共同生活的家庭成员人均收入低于当地城市居民最低生活保障标准的,均有从当地政府获得基本生活物质帮助的权利。城市居民最低生活保障制度遵循保障城市居民基本生活的原则,坚持国家保障与社会帮扶相结合、鼓励劳动自救的方针。

（6）农村居民的保障制度。我国农村社会保障制度相对较落后,主要有：

第一,最低生活保障制度。2007年,中共中央、国务院《关于积极发展现代农业扎实推进社会主义新农村建设的若干意见》提出,要在全国范围建立农村居民最低生活保障制度。2007年,国务院《关于在全国建立农村最低生活保障制度的通知》规定：农村最低生活保障对象是家庭年人均纯收入低于当地最低生活保障标准的农村居民,主要是因病、年老体弱、丧失劳动能力以及生存条件恶劣

---

① 参见蔡定剑：《宪法精解（第二版）》,法律出版社2006年版,第276页。

等原因造成生活常年困难的农村居民。2013年,中共中央《关于全面深化改革若干重大问题的决定》提出推进城乡最低生活保障制度统筹发展。

第二,新型农村合作医疗制度全面建立。2001年,国务院办公厅转发五部委《关于农村卫生改革与发展的指导意见》要求:"地方各级人民政府要加强对合作医疗的组织领导。按照自愿量力、因地制宜、民办公助的原则,继续完善与发展合作医疗制度。合作医疗筹资以个人投入为主,集体扶持,政府适当支持,坚持财务公开和民主管理。提倡以县(市)为单位实行大病统筹,帮助农民抵御个人和家庭难以承担的大病风险。"2002年,中共中央、国务院《关于进一步加强农村卫生工作的决定》提出"逐步建立以大病统筹为主的新型农村合作医疗制度"和"到2010年,新型农村合作医疗制度要基本覆盖农村居民"的目标,要求"各级政府要逐年增加卫生投入,增长幅度不低于同期财政经常性支出的增长幅度"。2003年,国务院办公厅转发卫生部等制定的《关于建立新型农村合作医疗制度的意见》提出:新型农村合作医疗制度是由政府组织、引导、支持,农民自愿参加,个人、集体和政府多方筹资,以大病统筹为主的农民医疗互助共济制度。实现在全国建立基本覆盖农村居民的新型农村合作医疗制度的目标,减轻农民因疾病带来的经济负担,提高农民健康水平。建立新型农村合作医疗制度要遵循以下原则:自愿参加,多方筹资;以收定支,保障适度;先行试点,逐步推广。2013年,中共中央《关于全面深化改革若干重大问题的决定》提出整合城乡居民基本医疗保险制度。

第三,建立统一的城乡居民基本养老保险制度。2009年,国务院《关于开展新型农村社会养老保险试点的指导意见》决定在全国10%的县(市、区、旗)进行农民养老保险试点,以后逐步扩大试点范围,在全国普遍实施。新型农村社会养老保险坚持"保基本、广覆盖、有弹性、可持续"原则。2013年,中共中央《关于全面深化改革若干重大问题的决定》提出整合城乡居民基本养老保险制度。2014年,国务院《关于建立统一的城乡居民基本养老保险制度的意见》确立任务目标:坚持和完善社会统筹与个人账户相结合的制度模式,巩固和拓宽个人缴费、集体补助、政府补贴相结合的资金筹集渠道。"十二五"末,在全国基本实现新型农村社会养老保险和城乡居民基本养老保险制度合并实施,并与职工基本养老保险制度相衔接。2020年前,全面建成公平、统一、规范的城乡居民养老保险制度,与社会救助、社会福利等其他社会保障政策相配套,充分发挥家庭养老等传统保障方式的积极作用,更好保障参保城乡居民的老年基本生活。参保范围为:年满

16周岁（不含在校学生），非国家机关和事业单位工作人员及不属于职工基本养老保险制度覆盖范围的城乡居民，可以在户籍地参加城乡居民养老保险。城乡居民养老保险基金由个人缴费、集体补助、政府补贴构成。

第四，完善农村五保供养制度。《1956年到1967年全国农业发展纲要》提出："农业合作社对于社内缺乏劳动力、生活没有依靠的鳏寡孤独的社员，应当统一筹划……在生活上给予适当照顾，做到保吃、保穿、保烧（燃料）、保教（儿童和少年）、保葬，使他们生养死葬都有指靠。"从此，人们便将吃、穿、烧、教、葬这五项保障简称"五保"，将享受"五保"的家庭称为"五保户"，形成了独具中国特色的农村五保供养制度的雏形。1994年，国务院《农村五保供养工作条例》规定五保供养的主要内容是"保吃、保穿、保住、保医、保葬（孤儿保教）"，供养标准为当地村民一般生活水平，所需经费和实物从村提留或者乡统筹费中列支。1997年，民政部《农村敬老院管理暂行办法》规范了农村敬老院建设、管理和供养服务。这种方式一直延续到2005年。2006年修订的《农村五保供养工作条例》实现了从农民互助共济向政府财政保障为主的重大转变。从这一年起全国取消农业税，五保供养被全部纳入国家财政预算，即政府替代农民成为供养农村五保户的责任承担者。

第五，建立失地农民社会保障。2009年，国务院有关部门结合中央应对国际金融危机政策措施和扩大内需一揽子计划的实施，按照"社会保障资金不落实不得批准征地"和"先保后征"的要求，进一步规范了被征地农民社会保障的对象范围、资金来源和待遇水平。

2004年，国务院发布《关于深化改革严格土地管理的决定》提出，劳动和社会保障部门要会同有关部门尽快提出建立被征地农民的就业培训和社会保障制度的指导性意见。2006年，国务院办公厅转发劳动保障部《关于做好被征地农民就业培训和社会保障工作的指导意见》。2006年，国务院发布《关于加强土地调控有关问题的通知》。2007年，劳动和社会保障部、国土资源部发布《关于切实做好被征地农民社会保障工作有关问题的通知》。

2019年修正的《中华人民共和国土地管理法》（以下简称《土地管理法》）第48条规定："征收土地应当给予公平、合理的补偿，保障被征地农民原有生活水平不降低、长远生计有保障。""征收土地应当依法及时足额支付土地补偿费、安置补助费以及农村村民住宅、其他地上附着物和青苗等的补偿费用，并安排被征地农民的社会保障费用。""征收农用地的土地补偿费、安置补助费标准由省、自治区、直辖市通过制定公布区片综合地价确定。制定区片综合地价应当综合考虑土地原用途、土地资源条件、土地产值、土地区位、土地供求关系、人口以及经济社会发展水平等因素,并至少每三年调整或者重新公布一次。""征收农用地以外的其他土地、地上附着物和青苗等的补偿标准,由省、自治区、直辖市制定。对其中的农村村民住宅,应当按照先补偿后搬迁、居住条件有改善的原则,尊重农村村民意愿,采取重新安排宅基地建房、提供安置房或者货币补偿等方式给予公平、合理的补偿,并对因征收造成的搬迁、临时安置等费用予以补偿,保障农村村民居住的权利和合法的住房财产权益。""县级以上地方人民政府应当将被征地农民纳入相应的养老等社会保障体系。被征地农民的社会保障费用主要用于符合条件的被征地农民的养老保险等社会保险缴费补贴。被征地农民社会保障费用的筹集、管理和使用办法,由省、自治区、直辖市制定。"

第六,其他措施。2015年11月,中共中央、国务院发布《关于打赢脱贫攻坚战的决定》提出:总体目标是,到2020年,稳定实现农村贫困人口不愁吃、不愁穿,义务教育、基本医疗和住房安全有保障。实现贫困地区农民人均可支配收入增长幅度高于全国平均水平,基本公共服务主要领域指标接近全国平均水平。确保我国现行标准下的农村贫困人口实现脱贫,贫困县全部摘帽,解决区域性整体贫困。

(7)农民工保障。农民工是指具有农村户口但在城镇务工的劳动者。2006年,国务院发布《关于解决农民工问题的若干意见》,规定要优先解决农民工工伤保险和大病医疗保障问题,逐步解决养老保障问题。2010年,国务院办公厅转发《城镇企业职工基本养老保险关系转移接续暂行办法》规定,本办法适用于参加城镇企业职工基本养老保险的所有人员,包括农民工。未达到领取待遇年龄时,不得提前终止基本养老保险关系并办理退保手续;在省内流动就业的,也要按照这一原则处理;参保人员流动就业,其基本养老保险可以转移接续。2014年,国务院《关于进一步做好为农民工服务工作的意见》提出:"扩大农民工参加城镇社会保险覆盖面。依法将与用人单位建立稳定劳动关系的农民工纳入城镇职工基本养老保险和基本医疗保险,研究完善灵活就业农民工参加基本养老保险政策,灵活就业农民工可以参加当地城镇居民基本医疗保险。完善社会保险关系转移接续政策。努力实现用人单位的农民工全部参加工伤保险,着力解决未参保用人单位的农民工工伤保险待遇保障问题。推动农民工与城镇职工平等参加失业保险、生育保险并平等享受待遇。对劳务派遣单位或用工单位侵害被派遣农民工社会保险权益的,依法追究连带责任。实施'全民参保登记计划',推进农民工等群体依法全面持续参加社会保险。整合各项社会保险经办管理资源,优化经办业务流程,增强对农民工的社会保险服务能力。"

2019年,国务院制定《保障农民工工资支付条例》,这是为了规范农民工工资支付行为,保障农民工按时足额获得工资,根据《劳动法》及有关法律规定制定的行政法规。其所称农民工是指为用人单位提供劳动的农村居民。所称工资,是指农民工为用人单位提供劳动后应当获得的劳动报酬。农民工有按时足额获得工资的权利。任何单位和个人不得拖欠农民工工资。农民工应当遵守劳动纪律和职业道德,执行劳动安全卫生规程,完成劳动任务。

### 三、保护和限制

社会保障权由宪法、法律法规和政策等予以保障,通常包括保护的对象、原则、保障机关、保障程序、救济等。

社会保障权不是绝对的权利,法律法规可以对此类权利予以相应限制。但需要指出的是,法律法规和政策在作出具体限制时,不得违反宪法和上位法的规定。

## 第八节 教育文化权利

### 一、受教育权

1982年宪法中一个新的规定是将受教育确定为公民的权利和义务,作出如此规定是因为受教育特别重要。其一,受教育是社会发展的需要。任何社会的发展都是以人的文化素质的不断提高为前提,而这需要通过各种形式的教育来实现。教育的发展是社会发展的基础,受教育不仅是个人的事,也是为国家和社会发展应尽的义务。其二,受教育是每个人发展的需要。社会中的每个人除了生存需要还有发展需要。发展则需要自觉地接受教育,通过教育促使自己获得全面发展。其三,受教育是公民更好地享受权利的需要。宪法和法律规定了公民享有很多权利,但这些权利能否实现以及实现的程度,则取决于公民受教育的情况以及文化方面的素质。

受教育权利是指公民有从国家获得接受教育的机会以及接受教育的物质帮助的权利,①是公民依法享有的入学、升学、获得知识、公正评价及相应资格和学位应当获得国家、社会等保障的权利。《宪法》第46条规定,公民有受教育的权利。国家培养青年、少年、儿童在品德、智力、体质等方面全面发展。此种权利兼具自由权和社会权两种属性。作为自由权属性的受教育权是指国家应当保障每个公民能根据其能力获得教育的权利,公民平等享有受教育权利不得受到国家任意的侵犯。作为社会权属性的受教育权是指公民有权请求国家提供受教育的权利,特别是指公民因经济能力等限制而影响其受教育权顺利实现时,国家有义务为之提供相应帮助的权利。主要包括以下内容:

(1) 受教育者享有平等的入学、升学等权利。平等教育权是《宪法》第33条平等原则与第46条受教育权的有机结合。国家有义务为每个公民提供平等受教育的机会。国家须根据经济发展水平,为每个公民提供义务教育,使每个公民能有机会享受教育权;国家为每个公民提供公平选择接受教育的机会,包括选择义务教育的条件和公民选择接受高等教育和其他教育的机会;国家应该为每个有能力接受更好教育的公民提供必要的条件,不能因为其经济或其他原因而失去应该受教育的机会。②我国目前影响受教育权平等实现的因素主要有:第一,地区差别待遇。各高校对不同生源地的考生采取不平等的录取分数线,使得进入同一高校不同地区的学生考分差距较大。消除这一差距是一个长期问题。第二,实行财产方面的差别对待。主要是一些学校根据交钱与否和交钱多少来决定学生是否入学和进入好坏班级。第三,学校的条件和性质不同影响受教育权的平等实现。各学校除了硬件不同外,还有师资等"软件"差距大,使得成绩差不多的同学因为进入不同学校而不能完全享受平等的受教育机会和受教育的质量。第四,现行考试制度还不能完全实现教育机会的平等。③

《教育法》第37条规定,受教育者在入学、升学、就业等方面依法享有平等权利。学校和有关行政部门应当按照国家有关规定,保障女子在入学、升学、就业、授予学位、派出留学等方面享有同男子平等的权利。《民办教育促进法》第34条规定:"民办学校的受教育者在升学、就业、社会优待、参加先进评选、医疗保险等方面,享有与同级同类公办学校的受教育者同等的权利。"《义务教育法》第4条

---

① 参见许安标、刘松山:《中华人民共和国宪法通释》,中国法制出版社2004年版,第158页。
② 参见蔡定剑:《宪法精解(第二版)》,法律出版社2006年版,第277页。
③ 参见许安标、刘松山:《中华人民共和国宪法通释》,中国法制出版社2004年版,第161—162页。

规定:凡具有中华人民共和国国籍的适龄儿童、少年,不分性别、民族、种族、家庭财产状况、宗教信仰等,依法享有平等接受义务教育的权利,并履行接受义务教育的义务。第12条规定:"适龄儿童、少年免试入学。地方各级人民政府应当保障适龄儿童、少年在户籍所在地学校就近入学。""父母或者其他法定监护人在非户籍所在地工作或者居住的适龄儿童、少年,在其父母或者其他法定监护人工作或者居住地接受义务教育的,当地人民政府应当为其提供平等接受义务教育的条件。具体办法由省、自治区、直辖市规定。"

(2) 有困难的受教育者有申请予以资助的权利。《教育法》第38条规定,国家、社会对符合入学条件、家庭经济困难的儿童、少年、青年,提供各种形式的资助。

(3) 对残疾人予以特别保护的权利。《宪法》第45条规定,国家和社会帮助安排盲、聋、哑和其他有残疾的公民的教育。《教育法》规定,国家、社会、学校及其他教育机构应当根据残疾人身心特性和需要实施教育,并为其提供帮助和便利。《中华人民共和国残疾人教育条例》有具体规定。

教育部、中国残疾人联合会制定的《残疾人参加普通高等学校招生全国统一考试管理规定(暂行)》第5条规定,招生考试机构应在保证考试安全和考场秩序的前提下,根据残疾考生的残疾情况和需要以及各地实际,提供以下一种或几种必要条件和合理便利:提供现行盲文试卷;提供大字号试卷;免除外语听力考试;优先进入考点、考场;设立环境整洁安静、采光适宜、便于出入的单独标准化考场,配设单独的外语听力播放设备;考点、考场配备专门的工作人员(如引导辅助人员、手语翻译人员等)予以协助;考点、考场设置文字指示标识、交流板等;考点提供能够完成考试所需、数量充足的盲文纸和普通白纸;允许视力残疾考生携带答题所需的盲文笔、盲文手写板、盲文作图工具、橡胶垫、无存储功能的盲文打字机、台灯、光学放大镜、盲杖等辅助器具或设备;允许听力残疾考生携带助听器、人工耳蜗等助听辅听设备;允许行动不便的残疾考生使用轮椅、拐杖,有特殊需要的残疾考生可以自带特殊桌椅参加考试;适当延长考试时间;其他必要且能够提供的合理便利。

(4) 保障少数民族平等的受教育权。《义务教育法》第18条规定,国务院教育行政部门和省、自治区、直辖市人民政府根据需要,在经济发达地区设置接收少数民族适龄儿童、少年的学校(班)。《中华人民共和国高等教育法》(以下简称《高等教育法》)规定,国家根据少数民族的特点和需要,帮助和支持少数民族地区发展高等教育事业,为少数民族培养高级专门人才;国家采取措施,帮助少数民族学生和经济困难的学生接受高等教育。对少数民族受教育权的保护除了形式平等外,还要有实质性的特殊保护。

(5) 对烈士家属、军人及其退役人员等受教育权予以特殊照顾。国务院《烈士褒扬条例》规定,烈士子女接受学前教育和义务教育的,应当按照国家有关规定予以优待;在公办幼儿园接受学前教育的,免交保教费。烈士子女报考普通高中、中等职业学校、高等学校研究生的,在同等条件下优先录取;报考高等学校本、专科的,可以按照国家有关规定降低分数要求投档;在公办学校就读的,免交学费、杂费,并享受国家规定的各项助学政策。

《兵役法》规定,现役军人入伍前已被普通高等学校录取或者是正在普通高等学校就学的学生,服役期间保留入学资格或者学籍,退出现役后两年内允许入学或者复学,并按照国家有关规定享受奖学金、助学金和减免学费等优待;入学或者复学后参加国防生选拔、参加国家组织的农村基层服务项目人选选拔,以及毕业后参加军官人选选拔的,优先录取。

军官、士官的子女教育,享受国家和社会的优待。

义务兵退出现役,可以免试进入中等职业学校学习;报考普通高等学校以及接受成人教育的,享受加分以及其他优惠政策;在国家规定的年限内考入普通高等学校或者进入中等职业学校学习的,享受国家发给的助学金。

《中华人民共和国英雄烈士保护法》(以下简称《英雄烈士保护法》)规定,英雄烈士遗属按照国家规定享受教育等方面的优待。

(6) 对违法犯罪的未成年人予以特别关照教育。《教育法》第 40 条规定,国家、社会、家庭、学校及其他教育机构应当为有违法犯罪行为的未成年人接受教育创造条件。

(7) 有获得多种形式受教育的权利。《宪法》第 19 条规定,国家发展社会主义的教育事业,提高全国人民的科学文化水平。国家举办各种学校,普及初等义务教育,发展中等教育、职业教育和高等教育,并且发展学前教育。国家发展各种教育设施,扫除文盲,对工人、农民、国家工作人员和其他劳动者进行政治、文化、科学、技术、业务的教育,鼓励自学成才。国家鼓励集体经济组织、国家企业事业组织和其他社会力量依照法律规定举办各种教育事业。《教育法》第 41、42 条规定:从业人员有依法接受职业培训和继续教育的权利和义务;国家机关、企业事业组织和其他社会组织,应当为本单位职工的学习和培训提供条件和便利;国家鼓励学校及其他教育机构、社会组织采取措施,为公民接受终身教育创造条件。

(8) 农业转移人口及其他常住人口子女受教育权。2006年,国务院《关于解决农民工问题的若干意见》规定,保障农民工子女平等接受义务教育。输入地政府要承担起农民工同住子女义务教育的责任,将农民工子女义务教育纳入当地教育发展规划,列入教育经费预算,以全日制公办中小学为主接收农民工子女入学,并按照实际在校人数拨付学校公用经费。城市公办学校对农民工子女接受义务教育要与当地学生在收费、管理等方面同等对待,不得违反国家规定向农民工子女加收借读费及其他任何费用。输入地政府对委托承担农民工子女义务教育的民办学校,要在办学经费、师资培训等方面给予支持和指导,提高办学质量。输出地政府要解决好农民工托留在农村子女的教育问题。2014年,国务院《关于进一步推进户籍制度改革的意见》规定:保障农业转移人口及其他常住人口随迁子女平等享有受教育权利;将随迁子女义务教育纳入各级政府教育发展规划和财政保障范畴;逐步完善并落实随迁子女在流入地接受中等职业教育免学费和普惠性学前教育的政策以及接受义务教育后参加升学考试的实施办法。

2015年,国务院《居住证暂行条例》规定,公民离开常住户口所在地,到其他城市居住半年以上,符合有合法稳定就业、合法稳定住所、连续就读条件之一的,可以依照规定申领居住证。县级以上人民政府及其有关部门应当为居住证持有人提供义务教育基本公共服务。

(9) 港澳台学生平等受教育权。2018年,国务院办公厅发布的《港澳台居民居住证申领发放办法》规定,"为便利港澳台居民在内地(大陆)工作、学习、生活,保障港澳台居民合法权益,根据《居住证暂行条例》的有关规定,制定本办法。""港澳台居民前往内地(大陆)居住半年以上,符合有合法稳定就业、合法稳定住所、连续就读条件之一的,根据本人意愿,可以依照本办法的规定申请领取居住证"。县级以上人民政府及其有关部门应当为港澳台居民居住证持有人提供义务教育基本公共服务。

1999年,教育部等发布《关于普通高等学校招收和培养香港特别行政区、澳门地区及台湾省学生的暂行规定》。2016年,教育部等制定《普通高等学校招收和培养香港特别行政区、澳门特别行政区及台湾地区学生的规定》,对港澳台学生的高等教育权作了相应规定。

2008年,教育部、国务院台湾事务办公室发布《关于进一步做好台湾同胞子女在大陆中小学和幼儿园就读工作的若干意见》。2019年,国台办等发布《关于进一步促进两岸经济文化交流合作的若干措施》规定，台商子女高中毕业后，在大陆获得高中、中等职业学校毕业证书可以在大陆参加相关高职院校分类招考。进一步扩大招收台湾地区学生的院校范围，提高中西部院校和非部属院校比例。台湾地区学生可持台湾地区居民居住证按照有关规定向所在大陆高校同等申请享受各类资助政策。在大陆高校任教、就读的台湾地区教师和学生可持台湾地区居民居住证同等申请公派留学资格。

（10）受教育者在学校受教育权的具体内容。《教育法》规定，受教育者享有下列权利：参加教育教学计划安排的各种活动，使用教育教学设施、设备、图书资料；按照国家有关规定获得奖学金、贷学金、助学金；在学业成绩和品行上获得公正评价，完成规定的学业后获得相应的学业证书、学位证书；对学校给予的处分不服向有关部门提出申诉，对学校、教师侵犯其人身权、财产权等合法权益，提出申诉或者依法提起诉讼；法律、法规规定的其他权利。

（11）差别对待的合理合法性。宪法和法律对一些特殊主体受教育权予以特殊照顾是合法的。现实中出现下列情况，有一些特殊行业公民对国家和社会作出了特别牺牲，在没有宪法和法律依据的情况下，各地出台一些政策给予其子女教育上特殊关照，是否符合宪法和法律的精神值得探讨。如2020年新冠肺炎疫情发生期间，各地出台了相应的政策，给予在抗击疫情一线医务人员子女考试入学加分或者优先录取的规定，引起很大争议。

## 二、文化活动的自由

《宪法》第47条规定，公民有进行科学研究、文学艺术创作和其他文化活动的自由。国家对于从事教育、科学、技术、文学、艺术和其他文化事业的公民的有益于人民的创造性工作，给以鼓励和帮助。这是对公民权利和国家因此承担的义务责任的确认。宪法规定的"有益于人民的"是修宪时增加的，强调国家鼓励和帮助的文化活动必须是有益于人民的，即健康的、鼓励人民前进的那些创造性工作。"鼓励"是指国家和社会对在教育科学技术文学艺术和其他文化领域作出贡献的公民和组织给予物质上和精神上的鼓励。物质上的鼓励主要是给贡献者以资金和实物的奖励。精神上的鼓励主要是对贡献者以各种形式上的表彰，授予荣誉称号，颁发奖章或授予各种职称等。帮助是指国家和社会为在教育科学文化活动中作出贡献的公民和组织创造条件、提供帮助，主要是解决经费、设备，建立机构,为吸引和保证优秀人才提供各种机会。①

2016年,中共中央、国务院发布《关于进一步把社会主义核心价值观融入法治建设的指导意见》。2018年宪法修正案在第24条增加规定,国家倡导社会主义核心价值观。2018年,中共中央印发《社会主义核心价值观融入法治建设立法修法规划》。这些规定加快了文化艺术方面的立法,为公民文化活动自由提供了更多的保障。文化活动自由主要包括以下内容。

(1) 科学研究的自由。指公民依法享有的以各种方式从事科学技术研究,讨论、发现和分析问题,发表意见和提出见解的自由。主要包括:公民有自由地对科学领域的问题进行探讨的权利,不允许任何机关、团体和个人非法干涉;公民有权通过各种形式发表自由研究成果,国家有义务提供必要的物质条件与具体设施;国家创造积极条件,鼓励和奖励科研人员,保护科研成果。

国家制定了相应的法律法规和政策予以保护。如《高等教育法》规定,国家依法保障高等学校中的科学研究、文学艺术创作和其他文化活动的自由。《中华人民共和国专利法》规定,为了保护专利权人的合法权益,鼓励发明创造,推动发明创造的应用,提高创新能力,促进科学技术进步和经济社会发展,制定本法;对发明人或者设计人的非职务发明创造专利申请,任何单位或者个人不得压制。《中华人民共和国药品管理法》(以下简称《药品管理法》)规定,国家鼓励运用现代科学技术和传统中药研究方法开展中药科学技术研究和药物开发,建立和完善符合中药特点的技术评价体系,促进中药传承创新。《中华人民共和国科学技术进步法》(以下简称《科学技术进步法》)、《中华人民共和国促进科技成果转化法》(以下简称《促进科技成果转化法)等,都对保障公民的科学研究自由进行了具体规定。

科学研究自由是相对的,它受制于自然、历史发展阶段、社会道德、伦理和法律的限制。1975年,联合国《利用科学技术进展以促进和平造福人类宣言》特别强调,所有国家应采取有效措施包括立法措施在内,以预防并禁止因科学和技术的成就以侵害人权和基本自由及人身尊严。我国《高等教育法》规定,在高等学校中从事科学研究、文学艺术创作和其他文化活动,应当遵守法律。《著作权法》规定,著作权人行使著作权,不得违反宪法和法律,不得损害公共利益。国家对作品的出版、传播依法进行监督管理。《中华人民共和国专利法》(以下简称《专

---

① 参见蔡定剑:《宪法精解(第二版)》,法律出版社2006年版,第279页。

利法》)规定,对违反法律、社会公德或者妨害公共利益的发明创造,不授予专利权。对违反法律、行政法规的规定获取或者利用遗传资源,并依赖该遗传资源完成的发明创造,不授予专利权。其他如《出版管理条例》也对出版作了相应限制。

2019年,国务院《人类遗传资源管理条例》规定,国家支持合理利用人类遗传资源开展科学研究,提高我国生物安全保障能力,提升人民健康保障水平。禁止买卖人类遗传资源。为科学研究依法提供或者使用人类遗传资源并支付或者收取合理成本费用,不视为买卖。但也有相关限制:利用我国人类遗传资源开展国际合作科学研究的,应当对我国公众健康、国家安全和社会公共利益没有危害,经国务院科学技术行政部门批准。

2015年,中共中央、国务院《关于深化体制机制改革加快实施创新驱动发展战略的若干意见》指出:根据科学技术活动特点,把握好科学研究的探索发现规律,为科学家潜心研究、发明创造、技术突破创造良好条件和宽松环境;把握好技术创新的市场规律,让市场成为优化配置创新资源的主要手段,让企业成为技术创新的主体力量,让知识产权制度成为激励创新的基本保障;大力营造勇于探索、鼓励创新、宽容失败的文化和社会氛围。

2018年,中办、国办印发《关于进一步加强科研诚信建设的若干意见》,要求构建符合科研规律、适应建设世界科技强国要求的科研诚信体系。坚持问题导向,重点在实践养成、调查处理等方面实现突破,在提高诚信意识、优化科研环境等方面取得实效。充分尊重科学研究灵感瞬间性、方式多样性、路径不确定性的特点,重视科研试错探索的价值,建立鼓励创新、宽容失败的容错纠错机制,形成敢为人先、勇于探索的科研氛围。

中共中央、国务院《关于构建更加完善的要素市场化配置体制机制的意见》提出,加快发展技术要素市场建设,要健全职务科技成果产权制度、完善科技创新资源配置方式、培育发展技术转移机构和技术经理人、促进技术要素与资本要素融合发展、支持国际科技创新合作。

(2)文学艺术创作的自由。它是指公民有权充分发挥自己的才能,自由选择相关题材、主题和表现方式,创作各种表达思想、情感和见解的文学艺术作品并发表和传播的自由。我国《著作权法》制定的目的是,根据宪法,为保护文学、艺术和科学作品作者的著作权,以及与著作权有关的权益,鼓励有益于社会主义精神文明、物质文明建设的作品的创作和传播,促进社会主义文化和科学事业的发展与繁荣。《广播电视管理条例》规定,国家对为广播电视事业发展作出显著贡献的单位和个人,给予奖励。《英雄烈士保护法》规定,文化、新闻出版、广播电视、电影、网信等部门应当鼓励和支持以英雄烈士事迹为题材、弘扬英雄烈士精神的优秀文学艺术作品、广播电视节目以及出版物的创作生产和宣传推广。广播电台、电视台、报刊出版单位、互联网信息服务提供者,应当通过播放或者刊登英雄烈士题材作品、发布公益广告、开设专栏等方式,广泛宣传英雄烈士事迹和精神。

(3)进行其他文化活动的自由。前述两类以外的其他文化活动均属于"其他文化活动"的范围,主要包括欣赏文艺作品,利用图书馆、文化馆、出版社从事文化娱乐活动等。《宪法》第22条规定,国家发展为人民服务、为社会主义服务的文学艺术事业、新闻广播电视事业、出版发行事业、图书馆博物馆文化馆和其他文化事业,开展群众性的文化活动。

近年来,国家加大了文化方面的立法进程。2016年,全国人大常委会通过《中华人民共和国公共文化服务保障法》(以下简称《公共文化服务保障法》),其目的是:加强公共文化服务体系建设,丰富人民群众精神文化生活,传承中华优秀传统文化,弘扬社会主义核心价值观,增强文化自信,促进中国特色社会主义文化繁荣发展,提高全民族文明素质。2016年,《中华人民共和国电影产业促进法》(以下简称《电影产业促进法》)制定的目的是,促进电影产业健康繁荣发展,弘扬社会主义核心价值观,规范电影市场秩序,丰富人民群众精神文化生活。还规定,国家鼓励电影科技的研发、应用,制定并完善电影技术标准,构建以企业为主体、市场为导向、产学研相结合的电影技术创新体系。与电影有关的知识产权受法律保护,任何组织和个人不得侵犯。县级以上政府负责知识产权执法的部门应当采取措施,保护与电影有关的知识产权,依法查处侵犯与电影有关的知识产权的行为。从事电影活动的公民、法人和其他组织应当增强知识产权意识,提高运用、保护和管理知识产权的能力。国家鼓励公民、法人和其他组织依法开发电影形象产品等衍生产品。

《博物馆条例》制定的目的是促进博物馆事业发展,发挥博物馆功能,满足公民精神文化需求,提高公民思想道德和科学文化素质。该条例规定,博物馆应当为高等学校、科研机构和专家学者等开展科学研究工作提供支持和帮助。《中华人民共和国公共图书馆法》制定的目的是促进公共图书馆事业发展,发挥公共图书馆功能,保障公民基本文化权益,提高公民科学文化素质和社会文明程度,传承人类文明,坚定文化自信。法律规定,公共图书馆是社会主义公共文化服务体系的重要组成部分,应当将推动、引导、服务全民阅读作为重要任务。《营业性演出管理条例》制定的目的是加强对营业性演出的管理,促进文化产业的发展,繁荣社会主义文艺事业,满足人民群众文化生活的需要,促进社会主义精神文明建设。

(4) 广义的文化活动自由还有其他内容。包括参与文化活动管理的权利、多元文化受保护的权利、少数民族文化受特别保护的权利、知识分子和专业人才受保护的权利、平等享受文化成果的权利、不受意识形态随意干涉的权利。[①]

(5) 对侵犯公民上述文化活动自由权利的,依法追究法律责任,包括行政责任、民事责任和刑事责任。

(6) 文化活动自由的相对性。文化活动自由不是绝对的。如文学艺术创作不是绝对的自由,法律法规可以根据宪法予以限制。如《著作权法》规定,著作权人行使著作权,不得违反宪法和法律,不得损害公共利益。《广播电视管理条例》规定,广播电视新闻应当真实、公正。广播电台、电视台应当提高广播电视节目质量,增加国产优秀节目数量,禁止制作、播放载有下列内容的节目:危害国家的统一、主权和领土完整的;危害国家的安全、荣誉和利益的;煽动民族分裂,破坏民族团结的;泄露国家秘密的;诽谤、侮辱他人的;宣扬淫秽、迷信或者渲染暴力的;法律、行政法规规定禁止的其他内容。

## 第九节 监督权与请求权

我国宪法规定了公民享有监督权和请求权。

### 一、监督权

1954年宪法规定:公民对于任何违法失职的国家机关工作人员,有向各级国家机关提出书面控告或者口头控告的权利。由于国家机关工作人员侵犯公民权利而受到损害的人,有取得赔偿的权利。1975年宪法规定:公民对于任何违法失职的国家机关工作人员,有向各级国家机关提出书面控告或者口头控告的权利,任何人不得刁难、阻碍和打击报复。1978年宪法规定:公民对于任何违法失职的国家机关和企业、事业单位的工作人员,有权向各级国家机关提出控告。

---

① 参见殷啸虎主编:《宪法学教程》,上海人民出版社、北京大学出版社2005年版,第306—307页。

公民在权利受到侵害的时候,有权向各级国家机关提出申诉。对这种控告和申诉,任何人不得压制和打击报复。1982年宪法第41条规定,公民对于任何国家机关和国家工作人员,有提出批评和建议的权利;对于任何国家机关和国家工作人员的违法失职行为,有向有关国家机关提出申诉、控告或者检举的权利,但是不得捏造或者歪曲事实进行诬告陷害。对于公民的申诉、控告或者检举,有关国家机关必须查清事实,负责处理。任何人不得压制和打击报复。由于国家机关和国家工作人员侵犯公民权利而受到损失的人,有依照法律规定取得赔偿的权利。该条规定了公民对国家机关及其工作人员的监督权和取得赔偿的权利。

1982年宪法有重大的调整和完善:第一,扩大了监督对象的范围,除了国家机关工作人员以外,增加了国家机关。第二,放宽了国家机关及其工作人员接受公民监督的条件。不限于"违法失职"行为,还包括其他方面的不负责任行为、不适当行为、效率不高行为,等等。第三,进一步明确了国家机关对于公民监督的处理要求,要求对于公民的申诉、控告或检举,有关国家机关必须查清事实、负责处理,并强调不得压制和打击报复。第四,取消了1978年宪法有关公民监督企业事业单位违法失职的工作人员的规定。第五,增加规定公民不得捏造或者歪曲事实对国家机关及其工作人员进行诬告陷害。[①]

监督权是指公民依照宪法和法律规定监督国家机关及其工作人员活动的权利。我国宪法规定监督权是因为,在我国,国家的一切权力属于人民。人民行使当家做主权利的主要方式有选举和监督。选举关系如何合理地组织权力,监督则保证有效地规范和控制权力。只有监督权得到切实有效地行使,保证国家机关及其工作人员活动符合宪法和人民的利益,才能真正实现人民当家做主。监督权主要包括以下内容:

(1) 批评、建议权。批评权是指公民对国家机关及其工作人员的工作、生活和行为方面存在的缺点、错误、违法或不合理的情况提出批评性意见的权利。建议权是指公民对国家机关及其主管人员的工作提出建设性意见的权利。这两种权利行使的条件最低,不以国家机关及其工作人员有违法失职行为为前提。公民行使此项权利可以促进和提升国家机关行为的合理性。其中的国家机关包括各级国家权力机关、行政机关、监察机关、审判机关、检察机关及其所属部门。国家工作人员是指上述国家机关的领导人员和普通工作人员。

---

① 参见许安标、刘松山:《中华人民共和国宪法通释》,中国法制出版社2004年版,第149页。

(2) 申诉权。它是指公民对本人及其亲属所受到的有关处罚或者处分不服,或者受到不公正的待遇,向有关国家机关陈述理由、提出要求处理的权利。广义的申诉包括法律诉讼中的申诉和非法律诉讼中的申诉。前者是指公民对已经发生法律效力的判决或者裁定不服,向上级司法机关申诉的行为。如《监狱法》第21条规定,罪犯对生效的判决不服的,可以提出申诉。对于罪犯的申诉,检察院或者法院应当及时处理。第24条规定,监狱在执行刑罚过程中,根据罪犯的申诉,认为判决可能有错误的,应当提请检察院或者法院处理,检察院或者法院应当自收到监狱提请处理意见书之日起六个月内将处理结果通知监狱。非法律诉讼中的申诉是指公民对于国家机关给予的处分或者处罚不服,向司法机关以外的国家机关提出的要求依法处理的权利。狭义的申诉权主要是指非诉讼类的权利,如《信访条例》规定的信访。再如,《教师法》第39条规定:教师认为当地人民政府有关行政部门侵犯其根据本法规定享有的权利的,可以向同级人民政府或者上一级人民政府有关部门提出申诉,同级人民政府或者上一级人民政府有关部门应当作出处理。《公务员法》第95条规定,公务员对涉及本人的下列人事处理不服的,可以自知道该人事处理之日起30日内向原处理机关申请复核;对复核结果不服的,可以自接到复核决定之日起15日内,按照规定向同级公务员主管部门或者作出该人事处理的机关的上一级机关提出申诉;也可以不经复核,自知道该人事处理之日起30日内直接提出申诉:处分;辞退或者取消录用;降职;定期考核定为不称职;免职;申请辞职、提前退休未予批准;不按照规定确定或者扣减工资、福利、保险待遇;法律、法规规定可以申诉的其他情形。对省级以下机关作出的申诉处理决定不服的,可以向作出处理决定的上一级机关提出再申诉。受理公务员申诉的机关应当组成公务员申诉公正委员会,负责受理和审理公务员的申诉案件。公务员对监察机关作出的涉及本人的处理决定不服向监察机关申请复审、复核的,按照有关规定办理。

(3) 控告权。它是指公民对国家机关及其工作人员违法失职行为有向有关国家机关指控或者告发的权利。包括到司法机关就有关的刑事诉讼、民事诉讼和行政诉讼的案件进行告发,到国家监察委员会、党的纪检部门告发,到行政机关告发。

我国宪法没有明确规定公民享有诉讼权,但控告权中包含了诉讼权。但需要指出的是,由于控告权是针对国家机关及其工作人员,所以针对一般公民、非国家机关及其工作人员所提起的民事诉讼还不能从其中引申出来。

(4)检举权。它是指公民对任何国家机关和工作人员的违法失职行为,有权向有关国家机关提出控告,揭发违法失职与犯罪行为,请求有关国家机关对违法失职者给予制裁。

我国法律对于一般公民的控告权和检举权未作严格区分。二者的区别在于,控告人是国家机关或工作人员的违法失职行为的受害人,检举人与检举事件通常没有关系;控告一般出于保护自己的权利的目的,检举一般出于正义或公共利益的目的。

(5)国家的保障义务。对于公民的申诉、控告或者检举,有关国家机关必须查清事实,负责处理。任何人不得压制和打击报复。我国刑法规定,国家机关工作人员滥用职权、假公济私,对控告人、申诉人、批评人、举报人实行报复陷害的,处2年以下有期徒刑或者拘役;情节严重的,处2年以上7年以下有期徒刑。

(6)行使权利的限制。公民监督权的行使受相关限制。宪法规定,对于任何国家机关和国家工作人员的违法失职行为,有向有关国家机关提出申诉、控告或者检举的权利,但是不得捏造或者歪曲事实进行诬告陷害。其他法律规定了公民行使此项权利应承担的责任。

**二、请求权**

它是指公民依照宪法规定,要求国家机关积极作为的权利。包括赔偿请求权、补偿请求权、裁判请求权。

赔偿请求权是指由于国家机关和工作人员侵权而受到损失的公民,依照法律规定取得赔偿的权利。《宪法》第41条规定,由于国家机关和国家工作人员侵犯公民权利而受到损失的人,有依照法律规定取得赔偿的权利。1995年《国家赔偿法》第2条规定:"国家机关和国家机关工作人员违法行使职权侵犯公民、法人和其他组织的合法权益造成损害的,受害人有依照本法取得国家赔偿的权利。国家赔偿由本法规定的赔偿义务机关履行赔偿义务。"2010年修正的《国家赔偿法》第2条规定:"国家机关和国家机关工作人员行使职权,有本法规定的侵犯公民、法人和其他组织合法权益的情形,造成损害的,受害人有依照本法取得国家赔偿的权利。"这一修改确立了新的归责原则,由原来单一的违法责任原则改为违法责任为主、过错责任和结果原则为辅的多元归责原则。此外,修正后的法律首次规定,致人精神损害并造成严重后果的,赔偿义务机关应当支付精神损害抚慰金。《监察法》第67条规定,监察机关及其工作人员行使职权,侵犯公民、法人和其他组织的合法权益造成损害的,依法给予国家赔偿。

国家机关及其工作人员的行为同样受到私法方面的限制。《民法典》规定,国家机关、承担行政职能的法定机构及其工作人员对于履行职责过程中知悉的自然人的隐私和个人信息,应当予以保密,不得泄露或者向他人非法提供。

征收征用补偿请求权有明确的法律依据。我国《宪法》第 10 条规定,国家为了公共利益的需要,可以依照法律规定对土地实行征收或者征用并给予补偿。第 13 条规定,国家为了公共利益的需要,可以依照法律规定对公民的私有财产实行征收或者征用并给予补偿。《土地管理法》第 45 条规定,为了公共利益的需要,有下列情形之一,确需征收农民集体所有的土地的,可以依法实施征收:军事和外交需要用地的;由政府组织实施的能源、交通、水利、通信、邮政等基础设施建设需要用地的;由政府组织实施的科技、教育、文化、卫生、体育、生态环境和资源保护、防灾减灾、文物保护、社区综合服务、社会福利、市政公用、优抚安置、英烈保护等公共事业需要用地的;由政府组织实施的扶贫搬迁、保障性安居工程建设需要用地的;在土地利用总体规划确定的城镇建设用地范围内,经省级以上人民政府批准由县级以上地方人民政府组织实施的成片开发建设需要用地的;法律规定为公共利益需要可以征收农民集体所有的土地的其他情形。《国有土地上房屋征收与补偿条例》规定了房屋征收的补偿,体现了宪法的精神。《民法典》规定,为了公共利益的需要,依照法律规定的权限和程序征收、征用不动产或者动产的,应当给予公平、合理的补偿。第 243、245 条规定了其他征收征用的补偿等。

我国宪法中没有裁判请求权这一概念。但学界认为,《宪法》第 41 条规定的控告权、申诉权应当包含裁判请求权。裁判请求权是指公民在权利遭受到侵害或与他人发生纠纷时,享有的请求司法机关予以公正审判的权利。裁判请求权包含以下两个方面的内容:一是诉诸法院的权利,是指在权利遭到侵害或与他人发生争执时,公民有向司法机关请求予以司法救济的权利;二是公正审判请求权,在权利遭受到侵害或与他人发生争执时,公民应当被给予公正的审判。[①] 相关法律对裁判请求权作了明确规定。《刑事诉讼法》第 12 条规定,未经人民法院依法判决,对任何人都不得确定有罪。《民事诉讼法》第 3 条规定,人民法院受理公民之间、法人之间、其他组织之间以及他们相互之间因财产关系和人身关系提

---

① 参见刘敏:《论裁判请求权——民事诉讼的宪法理念》,载《中国法学》2002 年第 6 期。

起的民事诉讼,适用本法的规定。第 4 条规定,凡在中华人民共和国领域内进行民事诉讼,必须遵守本法。可见所有刑事民事争议都有权申请法院裁判。《行政诉讼法》第 2 条规定,公民、法人或者其他组织认为行政机关和行政机关工作人员的行政行为侵犯其合法权益,有权依照本法向人民法院提起诉讼。前款所称行政行为,包括法律、法规、规章授权的组织作出的行政行为。根据该法规定,并非所有行政争议都可以向法院提起诉讼。据此尚未实现行政争议都能获得请求法院裁判的权利。

## 第十节 特定主体的权利

本节是从主体来考查部分特定主体的宪法权利。基于宪法的专门规定,特定主体享有的权利有一些特别的规定。根据我国宪法规定,由妇女、老人、儿童、残疾人等构成的宪法主体,由于多种原因,特别是由于他们的行为能力弱于其他宪法主体,为使这些宪法主体能够实质上同其他宪法主体一样平等地享受权利和履行义务,我国宪法除了对一般宪法主体所应普遍享有的权利和自由作出全面规定外,还对这些具有特殊情况的宪法主体设置专条,给予特殊保护。

### 一、妇女权利的保护

女性的生理特点决定了她们在体格发育、生殖功能以及生存条件等方面都不同于男性,尤其是女性在社会政治、经济、文化诸领域所扮演的角色不同于男性,但这并不能作为歧视妇女的理由。为此国际公约和很多国家宪法都有专门规定。如美国 1920 年第 19 条宪法修正案规定:"合众国的公民的选举权,不得因性别而被合众国或任何一州加以拒绝或限制。国会有权以适当立法实施本条。"联合国《经济、社会和文化权利国际公约》第 7 条规定:"本条约缔约各国承认人人有权享受公正和良好的工作条件,特别要保证:……(甲)(1)公正的工资和同值工作同酬而没有任何歧视,特别是保证妇女享受不差于男子所享受的工作条件,并享受同工同酬。"1967 年联合国《消除对妇女歧视宣言》规定,对妇女的歧视是"侵犯人格尊严的罪行"。在此基础上,联合国大会 1980 年通过了《消除对妇女一切形式歧视公约》。

我国《宪法》第 48 条规定:"中华人民共和国妇女在政治的、经济的、文化的、社会的和家庭的生活等各方面享有同男子平等的权利。国家保护妇女的权利和利益,实行男女同工同酬,培养和选拔妇女干部。"这一规定既是对《宪法》第 33 条所确认的法律面前一律平等原则的具体化,又是国家对妇女权利加以特殊保护的体现。

保证妇女享有与男子平等的权利,不仅包括保证妇女在法律上享有与男子平等的权利,而且保证妇女在实际生活中,在权利的实现上享有特别的保护。这是妇女受国家特别保护权的实质目标和根本任务。1992 年,全国人大常委会制定《妇女权益保障法》,2005 年较大幅度修正,2018 年第二次修正。宪法和法律对妇女权利保护具体体现在以下几个方面:

(1) 政治方面享有与男子平等的保护。政治权利是宪法规定的公民享有的参与国家政治生活的权利,也是公民实现其他基本权利的前提条件。主要包括:① 妇女享有同男性平等的选举权和被选举权。法律还特别保障妇女的被选举权。《选举法》第 7 条和《妇女权益保障法》第 11 条都规定,全国人大和地方各级人大的代表中,应当有适当数量的妇女代表,并逐步提高妇女代表的比例。《妇女权益保障法》还规定,居民委员会、村民委员会成员中,妇女应当有适当的名额。② 国家积极培养和选拔女干部。国家机关、社会团体、企业事业单位培养、选拔和任用干部,必须坚持男女平等的原则,并有适当数量的妇女担任领导成员。国家重视培养和选拔少数民族女干部。③ 妇女有权通过各种途径和形式,管理国家事务,管理经济和文化事业,管理社会事务。制定法律、法规、规章和公共政策,对涉及妇女权益的重大问题,应当听取妇女联合会的意见。妇女和妇女组织有权向各级国家机关提出妇女权益保障方面的意见和建议。中华全国妇女联合会和地方各级妇女联合会代表妇女积极参与国家和社会事务的民主决策、民主管理和民主监督。各级妇女联合会及其团体会员,可以向国家机关、社会团体、企业事业单位推荐女干部。④ 对于有关保障妇女权益的批评或者合理建议,有关部门应当听取和采纳;对于有关侵害妇女权益的申诉、控告和检举,有关部门必须查清事实,负责处理,任何组织或者个人不得压制或者打击报复。需要指出的是,《妇女权益保障法》规定的政治权利内容比宪法规定的政治权利和政治自由内容更丰富。

(2) 经济方面享有与男子平等的权利。① 妇女享有与男子平等的劳动权利。单位在录用职工时,除不适合妇女的工种或者岗位外,不得以性别为由拒绝录用妇女或者提高对妇女的录用标准。不得规定限制女职工结婚、生育的内容。② 实行男女同工同酬。妇女在享受福利待遇方面享有与男子平等的权利。

③ 单位应根据妇女的特点,依法保护妇女在工作和劳动时的安全和健康,不得安排不适合妇女从事的工作和劳动。妇女在经期、孕期、产期、哺乳期受特殊保护。④ 单位不得因结婚、怀孕、产假、哺乳等情形,降低女职工的工资,辞退女职工,单方解除劳动(聘用)合同或者服务协议。但是,女职工要求终止劳动(聘用)合同或者服务协议的除外。各单位在执行国家退休制度时,不得以性别为由歧视妇女。⑤ 国家保障妇女享有与男子平等的财产权利。在婚姻、家庭共有财产关系中,不得侵害妇女依法享有的权益。妇女在农村土地承包经营、集体经济组织收益分配、土地征收或者征用补偿费使用以及宅基地使用等方面,享有与男子平等的权利。任何组织和个人不得以妇女未婚、结婚、离婚、丧偶等为由,侵害妇女在农村集体经济组织中的各项权益。因结婚男方到女方住所落户的,男方和子女享有与所在地农村集体经济组织成员平等的权益。妇女享有的与男子平等的财产继承权受法律保护。在同一顺序法定继承人中,不得歧视妇女。丧偶妇女有权处分继承的财产,任何人不得干涉。丧偶妇女对公、婆尽了主要赡养义务的,作为公、婆的第一顺序法定继承人,其继承权不受子女代位继承的影响。

2012年,《女职工劳动保护特别规定》第5条规定,用人单位不得因女职工怀孕、生育、哺乳降低其工资、予以辞退、与其解除劳动或者聘用合同。第6条规定,女职工在孕期不能适应原劳动的,用人单位应当根据医疗机构的证明,予以减轻劳动量或者安排其他能够适应的劳动。对怀孕7个月以上的女职工,用人单位不得延长劳动时间或者安排夜班劳动,并应当在劳动时间内安排一定的休息时间。怀孕女职工在劳动时间内进行产前检查,所需时间计入劳动时间。第7条,女职工生育享受98天产假,其中,产前可以休假15天;难产的,增加产假15天;生育多胞胎的,每多生育1个婴儿,增加产假15天。女职工怀孕未满4个月流产的,享受15天产假;怀孕满4个月流产的,享受42天产假。

(3) 文化教育方面享有同男子平等保护的权利。内容主要包括:① 学校和有关部门应当执行国家有关规定,保障妇女在入学、升学、毕业分配、授予学位、派出留学等方面享有与男子平等的权利。学校在录取学生时,除特殊专业外,不得以性别为由拒绝录取女性或者提高对女性的录取标准。② 学校应当根据女性青少年的特点,在教育、管理、设施等方面采取措施,保障女性青少年身心健康发展。③ 父母或者其他监护人必须履行保障适龄女性儿童少年接受义务教育的义务。除因疾病或者其他特殊情况经当地人民政府批准的以外,对不送适龄女性儿童少年入学的父母或者其他监护人,由当地人民政府予以批评教育,并采取有效措施,责令送适龄女性儿童少年入学。政府、社会、学校应当采取有效措施,解决适龄女性少年儿童就学存在的实际困难,并创造条件,保证贫困、残疾和流动人口中的适龄女性儿童少年完成义务教育。④ 各级政府应当依照规定把扫除妇女中的文盲、半文盲工作,纳入扫盲和扫盲后继续教育规划,采取符合妇女特点的组织形式和工作方法,组织、监督有关部门具体实施。⑤ 各级政府和有关部门应当采取措施,根据城镇和农村妇女的需要,组织妇女接受职业教育和实用技术培训。⑥ 国家机关、社会团体和企业事业单位应当执行国家有关规定,保障妇女从事科学、技术、文学、艺术和其他文化活动,享有与男子平等的权利。

(4) 社会方面享有同男子平等的权利。它是指妇女在开展社会交往,从事社会活动和参与管理社会事务方面同男子享有平等的权利;在晋职、晋级、评定专业技术职务等方面,应当坚持男女平等原则,不得歧视妇女;妇女在社会保险、社会救济等方面享有同男子同等受保障的权利。①

(5) 享有与男子平等的婚姻家庭权利。即在家庭中,男女双方在结婚、离婚问题上,夫妻在人身关系、财产关系、抚养教育子女问题上的权利义务平等。《妇女权益保障法》规定,国家保护妇女的婚姻自主权。禁止干涉妇女的结婚、离婚自由。女方在怀孕期间、分娩后一年内或者终止妊娠后 6 个月内,男方不得提出离婚。女方提出离婚的,或者人民法院认为确有必要受理男方离婚请求的,不在此限。禁止对妇女实施家庭暴力。国家采取措施,预防和制止家庭暴力。公安、民政、司法行政等部门以及城乡基层群众性自治组织、社会团体,应当在各自的职责范围内预防和制止家庭暴力,依法为受害妇女提供救助。妇女对依照法律规定的夫妻共同财产享有与其配偶平等的占有、使用、收益和处分的权利,不受双方收入状况的影响。夫妻书面约定婚姻关系存续期间所得的财产归各自所有,女方因抚育子女、照料老人、协助男方工作等承担较多义务的,有权在离婚时要求男方予以补偿。夫妻共有的房屋,离婚时,分割住房由双方协议解决;协议不成,由法院根据双方的具体情况,按照照顾子女和女方权益的原则判决。夫妻双方另有约定的除外。夫妻共同租用的房屋,离婚时,女方的住房应当按照照顾子女和女方权益的原则解决。父母双方对未成年子女享有平等的监护权。父亲死亡、丧失行为能力或者有其他情形不能担任未成年子女的监护人的,母亲的

---

① 参见蔡定剑:《宪法精解(第二版)》,法律出版社 2006 年版,第 281 页。

监护权任何人不得干涉。离婚时,女方因实施绝育手术或者其他原因丧失生育能力的,处理子女抚养问题,应在有利子女权益的条件下,照顾女方的合理要求。妇女有按照国家有关规定生育子女的权利,也有不生育的自由。育龄夫妻双方按照国家有关规定计划生育,有关部门应当提供安全、有效的避孕药具和技术,保障实施节育手术的妇女的健康和安全。

(6)《妇女权益保障法》还规定了国家保障妇女享有与男子平等的人身权利。《宪法》第48条虽然没有此项内容,但可以理解为《宪法》第33条平等原则与第48条的结合。妇女的人身自由不受侵犯。禁止非法拘禁和以其他非法手段剥夺或者限制妇女的人身自由;禁止非法搜查妇女的身体。妇女的生命健康权不受侵犯。禁止溺、弃、残害女婴;禁止歧视、虐待生育女婴的妇女和不育的妇女;禁止用迷信、暴力等手段残害妇女;禁止虐待、遗弃病、残妇女和老年妇女。禁止拐卖、绑架妇女;禁止收买被拐卖、绑架的妇女;禁止阻碍解救被拐卖、绑架的妇女。禁止对妇女实施性骚扰。禁止卖淫、嫖娼。禁止组织、强迫、引诱、容留、介绍妇女卖淫或者对妇女进行猥亵活动。禁止组织、强迫、引诱妇女进行淫秽表演活动。妇女的名誉权、荣誉权、隐私权、肖像权等人格权受法律保护。禁止用侮辱、诽谤等方式损害妇女的人格尊严。禁止通过大众传播媒介或者其他方式贬低损害妇女人格。未经本人同意,不得以营利为目的,通过广告、商标、展览橱窗、报纸、期刊、图书、音像制品、电子出版物、网络等形式使用妇女肖像。

(7)国家的保护义务。《宪法》第48条规定"国家保护妇女的权利和利益,实行男女同工同酬,培养和选拔妇女干部"。这是1982年修宪时在原条款基础上增加的内容。主要针对社会上重男轻女思想很严重、妇女干部比例很小,进一步强调了国家加强对女性保护的重点:劳动上的平等权;政治生活中的培养、选拔妇女干部。《民法典》规定,法律对未成年人、老年人、残疾人、妇女、消费者等的民事权利保护有特别规定的,依照其规定。保护妇女、未成年人、老年人、残疾人的合法权益。

## 二、老年人

保障老年人享有一般权利和某些特有的权益,是很多国家宪法和法律的基本内容。如《印度共和国宪法》第41条规定:"国家应在其经济能力及经济发达之限度内,就劳动及教育之权利;及确保失业、老年、疾病、或其不当匮乏者,请求公共扶助之权利;作有效之规定。"

我国《宪法》第45条规定，"中华人民共和国公民在年老、疾病或者丧失劳动能力的情况下，有从国家和社会获得物质帮助的权利"，还规定了国家的职责，即"国家发展为公民享受这些权利所需要的社会救济和医疗卫生事业。"第49条规定，禁止虐待老人。"虐待"是指用各种方式在生活上、身体上、精神上等对老人进行摧残和迫害。刑法规定了虐待家庭成员罪。

1996年，《中华人民共和国老年人权益保障法》（以下简称《老年人权益保障法》）使老年人基本权利有了更为具体的法律保障。2009、2012、2015、2018年四次修正和修订，突出了对老年人权益的保障。该法包括总则、家庭赡养与扶养、社会保障、社会服务、社会优待、宜居环境、参与社会发展、法律责任、附则。其中不少内容与时俱进。如第3条规定，国家保障老年人依法享有的权益。老年人有从国家和社会获得物质帮助的权利，有享受社会服务和社会优待的权利，有参与社会发展和共享发展成果的权利。禁止歧视、侮辱、虐待或者遗弃老年人。第4条规定，积极应对人口老龄化是国家的一项长期战略任务。国家和社会应当采取措施，健全保障老年人权益的各项制度，逐步改善保障老年人生活、健康、安全以及参与社会发展的条件，实现老有所养、老有所医、老有所为、老有所学、老有所乐。第18条规定，家庭成员应当关心老年人的精神需求，不得忽视、冷落老年人。与老年人分开居住的家庭成员，应当经常看望或者问候老年人。用人单位应当按照国家有关规定保障赡养人探亲休假的权利。另外规定老年人参与社会发展权也是很有特色的内容。第66条规定，国家和社会应当重视、珍惜老年人的知识、技能、经验和优良品德，发挥老年人的专长和作用，保障老年人参与经济、政治、文化和社会生活。老年人可以通过老年人组织，开展有益身心健康的活动；制定法律、法规、规章和公共政策，涉及老年人权益重大问题的，应当听取老年人和老年人组织的意见；老年人和老年人组织有权向国家机关提出老年人权益保障、老龄事业发展等方面的意见和建议。国家为老年人参与社会发展创造条件。根据社会需要和可能，鼓励老年人在自愿和量力的情况下，从事下列活动：对青少年和儿童进行社会主义、爱国主义、集体主义和艰苦奋斗等优良传统教育；传授文化和科技知识；提供咨询服务；依法参与科技开发和应用；依法从事经营和生产活动；参加志愿服务、兴办社会公益事业；参与维护社会治安、协助调解民间纠纷；参加其他社会活动。老年人参加劳动的合法收入受法律保护，任何单位和个人不得安排老年人从事危害其身心健康的劳动或者危险作业。老年人有继续受教育的权利。国家发展老年教育，把老年教育纳入终身教育体系，鼓励社会办好各类老年学校。各级人民政府对老年教育应当加强领导,统一规划,加大投入。国家和社会采取措施,开展适合老年人的群众性文化、体育、娱乐活动,丰富老年人的精神文化生活。

除了上述老年人的权利,《老年人权益保障法》还规定了侵害老年人合法权益所应承担的行政责任、刑事责任。如国家工作人员违法失职,致使老年人合法权益受到损害的,应承担行政责任,构成犯罪的,依法追究刑事责任。以暴力干涉老年人婚姻自由或者对老年人负有赡养义务、扶养义务而拒绝赡养、扶养,情节严重构成犯罪的,依法追究刑事责任等。

《老年人权益保障法》规定,老年人遭受家庭暴力的,应当给予特殊保护。

### 三、未成年人

各国和国际社会都注重以宪法保护未成年人特别是儿童。《德国基本法》第6条第2、3、5款规定:"照顾和抚养儿童是父母的天然权利和主要应尽的义务。他们在这方面的努力受整个社会的监督。""儿童不得在违背负抚养责任者意愿的情况下同他们的家庭分离,如因负抚养责任者不能尽责或者儿童将处于无人照管状态时而根据法律行事的情况除外。""立法应为非婚生子提供婚生子所享有的同等的身心发展的机会和同等的社会地位。"1948年《世界人权宣言》第25条规定:"母亲和儿童有权享受特别照顾和协助。一切儿童,无论婚生或非婚生,都应该享受同样的社会保护。"1989年,联合国大会通过《儿童权利公约》,专门规定了包括儿童的生存权、健康权、姓名权、国籍权、言论自由权、受教育权、特殊司法保护权等在内的儿童应享有的权利。

我国《宪法》第46条规定:"中华人民共和国公民有受教育的权利和义务。国家培养青年、少年、儿童在品德、智力、体质等方面全面发展。"第49条规定:"……儿童受国家的保护""父母有抚养教育未成年子女的义务""禁止虐待……儿童",我国还先后在《刑法》《教育法》《义务教育法》《残疾人保障法》《未成年人保护法》《母婴保健法》《收养法》等各种法律中明确规定保障未成年人权益,构筑了保护未成年人权益的立体网络。

《未成年人保护法》包括总则、家庭保护、学校保护、社会保护、司法保护、法律责任、附则。第3条规定,未成年人享有生存权、发展权、受保护权、参与权等权利,国家根据未成年人身心发展特点给予特殊、优先保护,保障未成年人的合法权益不受侵犯。未成年人享有受教育权,国家、社会、学校和家庭尊重和保障未成年人的受教育权。未成年人不分性别、民族、种族、家庭财产状况、宗教信仰等,依法平等地享有权利。第 5 条规定,国家、社会、学校和家庭对未成年人进行理想教育、道德教育、文化教育、纪律和法制教育,进行爱国主义、集体主义和社会主义的教育,提倡爱祖国、爱人民、爱劳动、爱科学、爱社会主义的公德,反对资本主义的、封建主义的和其他的腐朽思想的侵蚀。第 4 条规定,保护未成年人的工作,应当遵循下列原则:尊重未成年人的人格尊严;适应未成年人身心发展的规律和特点;教育与保护相结合。

《未成年人保护法》等法律,不仅规定了未成年人的权利,且专门规定了侵害未成年人合法权益的行政责任、民事责任、刑事责任。如学校、幼儿园、托儿所的教职员对未成年学生和儿童实施体罚或者变相体罚,情节严重的,由其所在单位或者上级机关给予行政处分;侵犯未成年人人身权利或者其他合法权利,构成犯罪的,依法追究刑事责任;侵害未成年人的合法权益,对其造成财产损失或者其他损失、损害的,依法赔偿或者承担其他民事责任。

1999 年制定、2012 年修订的《中华人民共和国预防未成年人犯罪法》(以下简称《预防未成年人犯罪法》)规定了总则、预防未成年人犯罪的教育、对未成年人不良行为的预防、对未成年人严重不良行为的矫治、未成年人对犯罪的自我防范、对未成年人重新犯罪的预防、法律责任、附则。

《中华人民共和国反家庭暴力法》(以下简称《反家庭暴力法》)规定:未成年人遭受家庭暴力的,应当给予特殊保护。学校、幼儿园应当开展家庭美德和反家庭暴力教育。未成年人的监护人应当以文明的方式进行家庭教育,依法履行监护和教育职责,不得实施家庭暴力。

### 四、残疾人

残疾人是指在心理、生理、人体结构上,某种组织、功能丧失或者不正常,全部或者部分丧失以正常方式从事某种活动能力的人。一般包括视力残疾、听力残疾、语言残疾、肢体残疾、精神残疾、多重残疾和其他残疾的人,即盲人、聋人、哑人、断肢者、精神病患者、其他残疾人。残疾人因生理上、心理上天生或后天的缺陷,其权利需要特殊保护。

各国宪法和法律重视对残疾人的权利的保护。如《意大利共和国宪法》第 38 条规定:"每个丧失劳动能力和失去必需的生活资料的公民,均有权获得社会的扶助和救济。一切劳动者,凡遇不幸、疾病、残废、年老和不由其做主的失业情况时,均有权及时获得与其生活需要相应的资财。"《大韩民国宪法》第 34 条规定:"……身体障碍者或因疾病、老龄等其他原因而丧失生活能力的国民,依法受国家保护。"

国际社会一直重视残疾人的权利保障问题。《世界人权宣言》第 25 条规定:"人人有权享受为维持他本人和家属的健康和福利所需的生活水准……在遭受失业、疾病、残废、守寡、衰老或在其他不能控制的情况下丧失谋生能力时,有权享受保障。"1971 年,联合国大会通过《智力迟钝者权利宣言》,1975 年,通过《残疾人权利宣言》来保障残疾人的权利。2006 年,联合国大会批准《残疾人权利公约》。

我国《宪法》第 45 条规定:"国家和社会帮助安排盲、聋、哑和其他有残疾的公民的劳动、生活和教育。"《兵役法》《义务教育法》《选举法》《刑法》《刑事诉讼法》《民事诉讼法》《民法典》等法律对残疾人权利保障作了规定。1990 年,我国制定了《中华人民共和国残疾人保障法》(以下简称《残疾人保障法》),2008 年作了修正。《残疾人保障法》主要包括总纲、康复、教育、劳动就业、文化生活、社会保障、无障碍环境、法律责任、附则等内容。其规定,残疾人在政治、经济、文化、社会和家庭生活等方面享有同其他公民平等的权利。残疾人的公民权利和人格尊严受法律保护。禁止基于残疾的歧视。禁止侮辱、侵害残疾人。禁止通过大众传播媒介或者其他方式贬低损害残疾人人格。国家采取辅助方法和扶持措施,对残疾人给予特别扶助,减轻或者消除残疾影响和外界障碍,保障残疾人的权利。

残疾人政治权利保护。组织选举的部门应当为残疾人参加选举提供便利;有条件的,应当为盲人提供盲文选票。

残疾人劳动就业权保护。国务院制定的《残疾人就业条例》规定了多项具体措施:(1) 残疾人劳动就业,实行集中与分散相结合的方针,采取优惠政策和扶持保护措施,通过多渠道、多层次、多种形式,使残疾人劳动就业逐步普及、稳定、合理。政府和社会举办残疾人福利企业、盲人按摩机构和其他福利性单位,集中安排残疾人就业。国家实行按比例安排残疾人就业制度。国家机关、社会团体、企业事业单位、民办非企业单位应当按照规定的比例安排残疾人就业,并为其选择适当的工种和岗位。达不到规定比例的,按照国家有关规定履行保障残疾人就业义务。国家鼓励用人单位超过规定比例安排残疾人就业。(2) 国家鼓励和扶持残疾人自主择业、自主创业。地方各级人民政府和农村基层组织,应当组织和扶持农村残疾人从事种植业、养殖业、手工业和其他形式的生产劳动。国家对安排残疾人就业达到、超过规定比例或者集中安排残疾人就业的用人单位和从事个体经营的残疾人,依法给予税收优惠,并在生产、经营、技术、资金、物资、场地等方面给予扶持。国家对从事个体经营的残疾人,免除行政事业性收费。县级以上地方人民政府及其有关部门应当确定适合残疾人生产、经营的产品、项目,优先安排残疾人福利性单位生产或者经营,并根据残疾人福利性单位的生产特点确定某些产品由其专产。政府采购,在同等条件下应当优先购买残疾人福利性单位的产品或者服务。地方各级人民政府应当开发适合残疾人就业的公益性岗位。对申请从事个体经营的残疾人,有关部门应当优先核发营业执照。对从事各类生产劳动的农村残疾人,有关部门应当在生产服务、技术指导、农用物资供应、农副产品购销和信贷等方面,给予帮助。政府有关部门设立的公共就业服务机构,应当为残疾人免费提供就业服务。残疾人联合会举办的残疾人就业服务机构,应当组织开展免费的职业指导、职业介绍和职业培训,为残疾人就业和用人单位招用残疾人提供服务和帮助。(3)国家保护残疾人福利性单位的财产所有权和经营自主权,其合法权益不受侵犯。在职工的招用、转正、晋级、职称评定、劳动报酬、生活福利、休息休假、社会保险等方面,不得歧视残疾人。残疾职工所在单位应当根据残疾职工的特点,提供适当的劳动条件和劳动保护,并根据实际需要对劳动场所、劳动设备和生活设施进行改造。国家采取措施,保障盲人保健和医疗按摩人员从业的合法权益。

此外,残疾人的受教育权、康复权、文化生活权、基本生活权等也受到一般的和特殊的保护。《残疾人保障法》等法律既规定了残疾人的权利,也规定了侵害残疾人合法权益的行政责任、民事责任、刑事责任。

### 五、华侨、归侨和侨眷

宪法和法律保障此类主体的相关权益。《宪法》第50条规定:"中华人民共和国保护华侨的正当的权力和利益,保护归侨和侨眷的合法权利和利益。"1990年,我国制定《中华人民共和国归侨侨眷权益保护法》(以下简称《归侨侨眷权益保护法》),2000年进行了修正。2009年8月27日,全国人大常委会通过《关于修改部分法律的决定》,将该法第13条中的"征用"修改为"征收、征用"。

根据《归侨侨眷权益保护法》规定,华侨是指居住在国外的中国公民,归侨是指回国定居的华侨;侨眷是指华侨、归侨在国内的眷属,包括华侨、归侨的配偶、父母、子女及其配偶、兄弟姐妹、祖父母、外祖父母、孙子女、外孙子女,以及同华侨、归侨有长期抚养关系的其他亲属。"华侨的正当的权力和利益",是指根据国际法和国际惯例,华侨旅居他国时所应享有的一切权力和利益。对华侨的保护适用国内法保护和外交保护两种方式,而以外交保护为主。"归侨和侨眷的合法权益",是指归侨和侨眷所享有的由宪法和法律规定的公民权利,以及国家根据他们的实际情况和特点,所规定的特殊的权利和利益。①

根据《归侨侨眷权益保护法》《选举法》等法律的规定,归侨和侨眷享有广泛的权利和利益,受到法律的保护。

(1) 平等保护。归侨、侨眷同其他中国公民一样享有宪法和法律规定的公民的权利,并履行宪法和法律规定的公民的义务,任何组织和个人不得歧视;国家根据实际情况和归侨、侨眷的特点,给予特殊照顾;对回国定居的华侨给予安置。

(2) 政治权利和自由保护。全国人大和归侨人数较多的地区的人大应当有适当名额的归侨代表;旅居国外的中国公民在县级以下人民代表大会代表选举期间在国内的,可以参加原籍地或者出国前居住地的选举。归侨、侨眷有权组织旨在维护自身合法权益的社会团体,有权进行适合归侨、侨眷需要的合法的社会活动。

(3) 财产权、社会权、经济权保护。① 国家依法保护归侨、侨眷在国内的私有房屋的所有权;依法征用、拆迁归侨、侨眷私有房屋的,建设单位应当按照国家有关规定给予合理补偿和妥善安置;保护归侨、侨眷的侨汇收入;归侨、侨眷依法成立的社会团体的财产受法律保护,任何组织或者个人不得侵犯;归侨、侨眷有关继承或者接受境外亲友的遗产、遗赠或者赠与,有权处分其在境外的财产。② 国家依法维护归侨、侨眷职工的社会保障权益,用人单位及归侨、侨眷职工应当依法参加当地的社会保险,缴纳社会保险费用;离退休、退职的归侨、侨眷职工出境定居,其离休金、退休金、退职金照发;对丧失劳动能力又无经济来源或者生活确有困难的归侨、侨眷,当地人民政府应当给予救济;各级人民政府应当对归侨、侨眷就业给予照顾,提供必要的指导和服务;归侨学生、归侨子女和华侨在国内的子女升学,归侨、侨眷申请出国学习,按照国家有关规定给予照顾。③ 国家鼓励和引导归侨、侨眷依法投资兴办产业,特别是兴办高新技术企业,各级人民政府应当给予支持,其合法权益受法律保护;归侨、侨眷境外亲友捐赠的物资用于国内公益事业的,依照法律、行政法规的规定减征或者免征关税和进口环节的

---

① 参见全国人大常委会办公厅研究室政治组编:《中国宪法精释》,中国民主法制出版社1996年版,第180页。

增值税;对于安置归侨的农场、林场等企业给予扶持,任何组织或者个人不得侵占其合法使用的土地,不得侵犯其合法权益;在安置归侨的农场、林场等企业所在的地方,可以根据需要合理设置学校和医疗保健机构,国家在人员、设备、经费等方面给予扶助。

(4) 人身自由权保护。归侨、侨眷与境外亲友的往来和通讯受法律保护;国家保障归侨、侨眷出境探亲、定居的权利。归侨、侨眷职工按照国家有关规定享受出境探亲的待遇;归侨、侨眷有权按照国家有关规定申请出境定居,经批准出境定居的,任何组织或者个人不得损害其合法权益。

《归侨侨眷保护法》还规定了侵犯归侨侨眷权益所应承担的行政责任、刑事责任和民事责任。

### 六、外国人

许多国家宪法根据国际惯例和本国的国策对外国人的权利作出规定。如《葡萄牙共和国宪法》第15条规定:"一、在葡萄牙访问或居住的外国人与无国籍的人,得享有并履行葡萄牙公民的权利与义务。二、前款规定不包括政治权利,并非纯属法律意义上的公共义务之履行,以及宪法与法律规定专为葡萄牙公民保留的权利与义务。三、对葡萄牙语国家的公民得按国际协定与互惠条件的规定授予外国人不得授予的权利,但不包括在主权机关担任公职以及在武装部队与外交部门服务的权利。"

有关国际公约也规定了外国人的权利,如《世界人权宣言》第14条规定:"(一) 人人有权在其他国家寻求和享有庇护以避免迫害。(二) 在真正由于非政治性的罪行或违背联合国的宗旨和原则的行为而被起诉的情况下,不得援用此种权利。"《公民权利和政治权利国际公约》第13条规定:"合法处在本公约缔约国领土内的外侨,只有按照依法作出的决定才可以被驱逐出境,并且,除非在国家安全的紧迫原因另有要求的情况下,应准予提出反对驱逐出境的理由和使他的案件得到合格当局或由合格当局特别指定的一人或数人的复审,并为此目的而请人作代表。"

我国《宪法》第一章"总纲"第32条规定:"中华人民共和国保护在中国境内的外国人的合法权利和利益,在中国境内的外国人必须遵守中华人民共和国的法律。""中华人民共和国对于因为政治原因要求避难的外国人,可以给予受庇护的权利。"据此,我国宪法规定的外国人的权利有两项:合法权益受保护和政治庇护权。

(1) 外国人的合法权利和权益受保护权。宪法所称的"在中国境内的外国人"是指在中国境内长期居住的或者临时来中国的具有外国国籍或者无国籍的自然人;外国人的"合法权利和利益"是指外国人所享有的符合中国法律并为国际法准则及国际惯例所公认的各种权力和利益,如人身权、财产权、诉讼权等,外国人的这些合法权利和利益,均受我国法律的保护,任何人不得侵犯。

《中华人民共和国出境入境管理法》(以下简称《出境入境管理法》)规定:① 在中国境内的外国人的合法权益受法律保护。在中国境内的外国人应当遵守中国法律,不得危害中国国家安全、损害社会公共利益、破坏社会公共秩序。② 外国人在中国境内停留居留,不得从事与停留居留事由不相符的活动,并应当在规定的停留居留期限届满前离境。③ 外国人在中国境内旅馆住宿的,旅馆应当按照旅馆业治安管理的有关规定为其办理住宿登记,并向所在地公安机关报送外国人住宿登记信息。外国人在旅馆以外的其他住所居住或者住宿的,应当在入住后 24 小时内由本人或者留宿人,向居住地的公安机关办理登记。④ 在中国境内出生的外国婴儿,其父母或者代理人应当在婴儿出生 60 日内,持该婴儿的出生证明到父母停留居留地县级以上地方人民政府公安机关出入境管理机构为其办理停留或者居留登记。外国人在中国境内死亡的,其家属、监护人或者代理人,应当按照规定,持该外国人的死亡证明向县级以上地方人民政府公安机关出入境管理机构申报,注销外国人停留居留证件。⑤ 外国人在中国境内工作,应当按照规定取得工作许可和工作类居留证件。任何单位和个人不得聘用未取得工作许可和工作类居留证件的外国人。⑥ 国务院人力资源社会保障主管部门、外国专家主管部门会同国务院有关部门根据经济社会发展需要和人力资源供求状况制定并定期调整外国人在中国境内工作指导目录。国务院教育主管部门会同国务院有关部门建立外国留学生勤工助学管理制度,对外国留学生勤工助学的岗位范围和时限作出规定。外国人有下列行为之一的,属于非法就业:未按照规定取得工作许可和工作类居留证件在中国境内工作的;超出工作许可限定范围在中国境内工作的;外国留学生违反勤工助学管理规定,超出规定的岗位范围或者时限在中国境内工作的。⑦ 根据维护国家安全、公共安全的需要,公安机关、国家安全机关可以限制外国人、外国机构在某些地区设立居住或者办公场所;对已经设立的,可以限期迁离。未经批准,外国人不得进入限制外国人进入的区域。⑧ 聘用外国人工作或者招收外国留学生的单位,应当按照规定向所在地公安机关报告有关信息。公民、法人或者其他组织发现外国人有非法入境、非法居留、非法就业情形的,应当及时向所在地公安机关报告。⑨ 申请难民地位的外国人,在难民地位甄别期间,可以凭公安机关签发的临时身份证明在中国境内停留;被认定为难民的外国人,可以凭公安机关签发的难民身份证件在中国境内停留居留。⑩ 对中国经济社会发展作出突出贡献或者符合其他在中国境内永久居留条件的外国人,经本人申请和公安部批准,取得永久居留资格。取得永久居留资格的外国人,凭永久居留证件在中国境内居留和工作,凭本人的护照和永久居留证件出入境。外国人有下列情形之一的,由公安部决定取消其在中国境内永久居留资格:对中国国家安全和利益造成危害的;被处驱逐出境的;弄虚作假骗取在中国境内永久居留资格的;在中国境内居留未达到规定时限的;不适宜在中国境内永久居留的其他情形。

2019年,《中华人民共和国外商投资法》(以下简称《外商投资法》)作了多方面保护规定:① 国家依法保护外国投资者在中国境内的投资、收益和其他合法权益。外商投资企业职工依法建立工会组织,开展工会活动,维护职工的合法权益。外商投资企业应当为本企业工会提供必要的活动条件。② 国家对外国投资者的投资不实行征收。在特殊情况下,国家为了公共利益的需要,可以依照法律规定对外国投资者的投资实行征收或者征用。征收、征用应当依照法定程序进行,并及时给予公平、合理的补偿。③ 外国投资者在中国境内的出资、利润、资本收益、资产处置所得、知识产权许可使用费、依法获得的补偿或者赔偿、清算所得等,可以依法以人民币或者外汇自由汇入、汇出。④ 国家保护外国投资者和外商投资企业的知识产权,保护知识产权权利人和相关权利人的合法权益;对知识产权侵权行为,严格依法追究法律责任。国家鼓励在外商投资过程中基于自愿原则和商业规则开展技术合作。技术合作的条件由投资各方遵循公平原则平等协商确定。行政机关及其工作人员不得利用行政手段强制转让技术。⑤ 行政机关及其工作人员对于履行职责过程中知悉的外国投资者、外商投资企业的商业秘密,应当依法予以保密,不得泄露或者非法向他人提供。⑥ 各级人民政府及其有关部门制定涉及外商投资的规范性文件,应当符合法律法规的规定;没有法律、行政法规依据的,不得减损外商投资企业的合法权益或者增加其义务,不得设置市场准入和退出条件,不得干预外商投资企业的正常生产经营活动。⑦ 地方各级人民政府及其有关部门应当履行向外国投资者、外商投资企业依法作出的政策承诺以及依法订立的各类合同。因国家利益、社会公共利益需要改变政策承诺、合同约定的,应当依照法定权限和程序进行,并依法对外国投资者、外商投资企业因此受到的损失予以补偿。⑧ 国家建立外商投资企业投诉工作机制,及时处理外商投资企业或者其投资者反映的问题,协调完善相关政策措施。外商投资企业或者其投资者认为行政机关及其工作人员的行政行为侵犯其合法权益的,可以通过外商投资企业投诉工作机制申请协调解决。外商投资企业或者其投资者认为行政机关及其工作人员的行政行为侵犯其合法权益的,除依照前款规定通过外商投资企业投诉工作机制申请协调解决外,还可以依法申请行政复议、提起行政诉讼。⑨ 外商投资企业可以依法成立和自愿参加商会、协会。商会、协会依照法律法规和章程的规定开展相关活动,维护会员的合法权益。

其他法律如《刑法》《行政诉讼法》《行政复议法》等法律也有相关规定。

当然,中国境内的外国人必须遵守中国法律。在中国境内进行投资活动的外国投资者、外商投资企业,应当遵守中国法律法规,不得危害中国国家安全、损害社会公共利益。

(2) 外国人的政治避难权。受庇护权即"政治避难权",是指一国公民因为政治原因请求另一国准予其进入该国居留,或已经进入该国请求准予在该国居留,经该国政府批准而享有受庇护的权利。享有受庇护权的外国人,在所在国的保护下,不被引渡或驱逐。

我国宪法规定给予外国人以受庇护的权利,具体含义如下:① 受庇护权只给予提出申请要求的外国人,不包括中国人。② 享有受庇护权的前提条件必须是出于政治原因,一般刑事犯罪不在此内。③ 我国政府对提出避难的要求,可以同意,也可以不同意。④ 受到庇护的外国人不得被引渡或者被驱逐出境。《中华人民共和国引渡法》对外国人因政治原因不得引渡的事项作了规定。

## 第十一节 基 本 义 务

### 一、概述

公民基本义务又称宪法义务,是指通过成文宪法、宪法性法律、国际或区域性人权公约、宪法解释、宪法判例、宪法惯例确认或默认的宪法规范的组成部分,它在字面上表现为给公民施加的必须履行的最重要的责任,具有限制公民权利的功能。但其实质是授予和拘束国家机关权力、保障公民权利的规范。一方面，宪法义务有授权功能，授予国家机关（主要是立法机关）根据宪法义务的要求给公民设定法律义务。另一方面，它具有限权功能，要求国家机关在设定法律义务时必须遵守宪法精神，不得侵犯公民宪法权利。[①] 它是公民义务中最重要、最基本的义务，是国家和社会对公民最基本的要求。需要指出的是，宪法规定的义务主体并不限于"公民"，根据宪法序言和第5条等规定，国家机关、政党、社会团体、企业事业组织、外国人等都是遵守宪法的义务主体。宪法中规定的公民义务往往也是其他社会主体的义务。

与1954年宪法相比，1982年宪法增加了权利义务统一性的规定。第33条规定，任何公民享有宪法和法律规定的权利，同时必须履行宪法和法律规定的义务。第51条规定，公民在行使自由和权利的时候，不得损害国家的、社会的、集体的利益和其他公民合法的自由和权利。增加这一新规定的原因是，权利义务统一是社会主义一项重要法制原则。确立这一原则有下列重要意义：第一，有利于正确处理权利与义务的关系。权利与义务是对立统一的关系，没有无权利的义务，也没有无义务的权利。在社会主义国家，任何公民不能只享有权利而不履行义务或者只履行义务而不享受权利。第二，有利于消除权利义务分离的现象。实际生活中存在着权利与义务分离的现象，有些人只求自己享受更多的权利而不履行自己应尽的义务，或者要求别人多履行义务而不必享有或者尽可能少享有权利。这是社会主义制度不容许的，须加以禁止。第三，有利于正确处理公民个人、集体和国家三者之间的关系。三者是相互促进、不可分离的关系，国家通过发展各项事业为公民提供越来越多的权利和保障，可以激发其履行义务的自觉性；公民履行义务的自觉性越高，国家各项事业的发展越快，公民享受的权利和获得的保障就越多。[②]可见，享有权利和承担义务是有机的内在联系。虽然基本权利和基本义务的关系并非始终具有对应性，但两者以不同的形式保持着内在的统一。特别是有些基本权利和基本义务是合为一体的，如劳动和受教育，既是公民的基本权利，又是公民的基本义务。

公民的基本义务决定着公民在国家生活中的地位，具有下列特征：

（1）表明公民的宪法地位。基本义务是公民应尽的责任，也是一种资格，表

---

① 参见朱应平：《宪法中非权利条款人权保障功能研究》，法律出版社2009年版，第259页。
② 参见全国人大常委会办公厅研究室政治组编：《中国宪法精释》，中国民主法制出版社1996年版，第151—152页。

明公民在国家中的主体地位。例如,服兵役义务并非任何人都能履行,只有公民资格的人才能履行。公民宪法义务是公民在享受宪法和法律规定的权利的同时必须承担的相应责任,这是保障公民自身获取利益的最基本的能动手段,它与基本权利一样,也是公民宪法地位的直接体现。

(2)基本义务是普通立法的宪法依据,须通过各种部门法予以具体化,通过普通法规定的制度保障其得到履行。宪法义务与普通法律义务的关系,可以用宪法义务具有的三个内在结构要素加以概括,即宪法义务具有授权性、限权性和内在正当性品性。授权性是指宪法义务授权立法者制定法律,将宪法义务具体细化为法律义务。限权性是指宪法义务因为受制于宪法规范中诸多因素的影响,如宪法权利、宪法原则等,从而发挥着限制权力和保障人权的功能。宪法义务的正当性品性是指它要求立法者在给公民设定具体义务时不得违反正当性原则。

(3)与基本权利具有总体上的统一性和具体法律关系中的复杂多样性。《宪法》第33条规定:"任何公民享有宪法和法律规定的权利,同时必须履行宪法和法律规定的义务。"据此,权利义务在总体上逻辑上具有统一性、不可分割性。但在具体法律关系中,享有权利和履行义务相统一的关系呈现多种情形。享有权利并不必然在任何时候、任何地点、任何情况下都具有一对一的履行义务的对应关系。从时间看,可能现在享有权利,将来才履行义务;从事项领域看,可能在一方面享受权利,在其他方面履行相应义务;从主体看,一方履行义务,另一方享有权利。

(4)与宪法权利具有对立统一性,有相互制约、相互依赖、相互促进的关系。享有权利和履行义务有一定的对立性。某一主体享有权利往往意味着其他主体承担相应义务,反过来也是如此;享有权利意味着获得资格或者权益,而履行义务意味着承担责任和负担。但二者也有相互依赖、相互促进和制约关系;公民履行义务的背后实际上存在着基本权利的因素,公民履行义务的过程也是享有基本权利的过程;基本权利是公民对国家而言享有的权利,基本义务是对国家的义务;二者基本反映了公民对国家的关系;公民履行义务有利于更好地享有权利,反之,没有很好地履行义务,也影响其享有权利;享有权利则能激发公民的主人意识,进而增强其对国家和社会的责任和义务。

## 二、公民基本义务的内容

其他国家和地区宪法关于公民基本义务的规定大体有两种情形。一种是以法国、德国等为代表,在宪法中对公民的基本义务作专章规定,如德国《魏玛宪法》第2编,即以"德意志人的基本权利与基本义务"为题,对义务性条款作了明确规定。另一种是以美国和瑞士等国为代表,在宪法中并不存在有关基本义务的明文规定,有关基本义务的内容只能从基本权利的条款或其他条款中间接地推导出来。此为默示性基本义务。

我国《宪法》第52—56条集中列举了公民的基本义务。此外第42、46条等规定了其他基本义务。以下介绍我国宪法规定的基本义务。

(一)维护国家统一和民族团结

《宪法》第52条规定:"中华人民共和国公民有维护国家统一和全国各民族团结的义务。"国家的统一和各民族的团结,是我国革命、建设和改革开放事业取得胜利的基本保证,也是实现公民基本权利的重要保证。宪法序言和总纲都强调维护民族团结的重要性和必要性。第52条的规定实际是序言和总纲规定的有关原则的延伸和具体化。

公民负有自觉维护国家统一的义务。"国家统一"包含三个含义:主权独立性,即国家独立自主地处理自己的对内对外事务,不受任何外国政府和政治势力的干涉;领土完整性,即在中国领域内的领土、领水、领空是一个完整的统一体,均属国家所有,政府对此享有排他性管辖权;权力统一性,即在中国领土内,只能有一个合法的统一的中央政府,享有对国家的统辖权。

维护国家统一的重要内容与标志是维护民族团结。我国是统一的、多民族国家。一切破坏民族团结、制造民族分裂的行为将受到法律的追究。2005年《反分裂国家法》第2条规定:"世界上只有一个中国,大陆和台湾同属一个中国,中国的主权和领土完整不容分割。维护国家主权和领土完整是包括台湾同胞在内的全中国人民的共同义务。"《中华人民共和国网络安全法》(以下简称《网络安全法》)第12条规定:任何个人和组织不得煽动分裂国家、破坏国家统一,宣扬民族仇恨、民族歧视等活动。违反宪法这一规定的,相关法律规定了法律责任。如《刑法》第102条规定,勾结外国,危害中华人民共和国的主权、领土完整和安全的,处无期徒刑或者10年以上有期徒刑。与境外机构、组织、个人相勾结,犯前款罪的,依照前款的规定处罚。第103条规定了分裂国家罪,组织、策划、实施分裂国家、破坏国家统一的,对首要分子或者罪行重大的,处无期徒刑或者10年以上有期徒刑;对积极参加的,处3年以上10年以下有期徒刑;对其他参加的,处3年以下有期徒刑、拘役、管制或者剥夺政治权利;煽动分裂国家、破坏国家统一的,处 5 年以下有期徒刑、拘役、管制或者剥夺政治权利;首要分子或者罪行重大的,处 5 年以上有期徒刑。

关于民族团结及其相关内容,宪法规定了以下内容:第一,2018 年修宪时将"中华民族"入宪,为民族团结提供了制度目标。"中华民族"入宪的核心价值之一即在于直接回应了"家庭成员"如何经由"民族团结"过程最终构成"大家庭"的根本法逻辑。[①] 第二,2018 年修正的《宪法》第 11 段的社会主义民族关系内容为民族团结明确了制度框架。宪法和《中华人民共和国民族区域自治法》(以下简称《民族区域自治法》)对社会主义民族关系内容的传统表述是平等、团结、互助,2018 年修宪时加入"和谐",目的是"铸牢中华民族共同体意识,加强各民族交往交流交融,促进各民族和睦相处、和衷共济、和谐发展"。[②]对民族团结的解释应以平等、互助为条件,以和谐为目标。第三,《宪法》序言第 11 段"两个反对"体现了实现民族团结的具体制度路径,即"反对"大汉族主义和地方民族主义。第四,《宪法》第 4 条第 1 款规定:"国家保障各少数民族的合法的权利和利益,维护和发展各民族的平等团结互助和谐关系。"

《网络安全法》第 12 条规定:任何个人和组织不得利用网络宣扬民族仇恨、民族歧视等活动。《刑法》将破坏《宪法》中"民族团结"的行为具体化为煽动民族仇恨、煽动民族歧视、歧视少数民族、侮辱少数民族以及侵犯少数民族风俗习惯五种行为。[③]

(二) 遵纪守法,尊重社会公德

《宪法》第 53 条规定:公民必须遵守宪法和法律,保守国家秘密,爱护公共财产,遵守劳动纪律,遵守公共秩序,尊重社会公德。具体包括以下内容。

(1) 遵守宪法和法律。此项义务是指公民有忠于宪法和法律,维护宪法和法律的尊严,保障宪法和法律实施的义务。这一义务是基于宪法规范的最高性而产生的,是实行"依法治国"的重要条件。宪法是国家的根本大法,具有最高的法律效力,是一切国家机关、社会团体和公民个人活动的基本准则;法律是国家

---

[①] "中华民族入宪"的规范意义,参见李占荣:《论"中华民族"入宪》,载《社会科学战线》2008 年第 10 期;夏引业:《"中华民族"入宪与统一之国家观念建构》,载《金陵法律评论》2014 年第 1 期;熊文钊、王楚克:《"中华民族"入宪:概念由来、规范释义与重大意义》,载《西北大学学报(哲学社会科学版)》2018 年第 4 期。

[②] 王晨:《关于〈中华人民共和国宪法修正案(草案)〉的说明——2018 年 3 月 5 日在第十三届全国人民代表大会第一次会议上》,载《中华人民共和国全国人民代表大会常务委员会公报》2018 年 S1 期。

[③] 《刑法》这三个条文存在诸如"情节严重""情节恶劣""造成严重后果"等程度性强调,合《治安管理处罚法》第 47 条的规定,这并不影响从行为类型上对侵犯民族团结的行为加以理解。

最高权力机关根据宪法制定的,它与宪法一起构成国家法制的基本框架。遵守宪法和法律,是树立宪法和法律的权威、维护社会主义法制的统一和尊严、确保宪法和法律得到切实有效贯彻实施的必要条件,也是公民的一项基本义务。为了增强全社会的宪法意识,弘扬宪法精神,加强宪法实施,全面推进依法治国,第十二届全国人大常委会于2014年作出决定,将每年12月4日设立为国家宪法日。国家通过多种形式开展宪法宣传教育活动。这一决定对全社会遵守宪法和法律具有重要意义。2018年修宪时在第27条后增加"国家工作人员就职时应当依照法律规定公开进行宪法宣誓"。

遵守宪法和法律的义务主体不限于公民个人。宪法序言规定:全国各族人民、一切国家机关和武装力量、各政党和各社会团体、各企业事业组织,都必须以宪法为根本的活动准则,并且负有维护宪法尊严、保证宪法实施的职责。第5条规定:一切国家机关和武装力量、各政党和各社会团体、各企业事业组织都必须遵守宪法和法律。一切违反宪法和法律的行为,必须予以追究。任何组织或者个人都不得有超越宪法和法律的特权。

公民遵守宪法并不意味着公民可以成为违宪的主体,公民即使违反宪法了,也只能通过一般的法律规范追究其法律责任。

公民遵守宪法和法律还包括公民要遵守宪法和法律确立的其他可能不属于法律规范的相关规范。如《教育法》规定,受教育者应当履行下列义务:① 遵守法律、法规;② 遵守学生行为规范,尊敬师长,养成良好的思想品德和行为习惯;③ 努力学习,完成规定的学习任务;④ 遵守所在学校或者其他教育机构的管理制度。其中第②项到第④项本身不属于法律规范,但经法律授权,也属于要遵守的规范内容。

(2) 保守国家秘密。《中华人民共和国保守国家秘密法》(以下简称《保护国家秘密法》)第2条规定,国家秘密是关系国家安全和利益,依照法定程序确定,在一定时间内只限一定范围的人员知悉的事项。由于国家秘密关系到国家的安全和利益,因此,每个公民都负有保守国家秘密的义务。第3条规定,国家秘密受法律保护。一切国家机关、武装力量、政党、社会团体、企业事业单位和公民都有保守国家秘密的义务。任何危害国家秘密安全的行为,都必须受到法律追究。违反保守国家保密法的规定,故意或过失泄露国家秘密,依法予以行政处罚或者行政处分,构成犯罪的,依法追究刑事责任。

(3) 爱护公共财产。公共财产包括国家所有和集体所有的财产,是社会主义现代化建设的物质基础,是人民物质生活不断提高的源泉,是公民享受各种权利的物质保证,因此,宪法将爱护公共财产作为公民的基本义务。《宪法》第12条规定:"社会主义的公共财产神圣不可侵犯。国家保护社会主义的公共财产。禁止任何组织或者个人用任何手段侵占或者破坏国家的和集体的财产。"这包含四个含义:厉行节约、避免浪费,合理利用公共财产;提倡公民勇于同非法侵犯公共财产的行为作斗争;负有保护公共财产的义务人和公共财产的使用者因自己的行为使公共财产受到损失,应承担行政责任或刑事责任;严重侵犯公共财产构成犯罪的,应受刑事制裁。[1]

(4) 遵守劳动纪律。劳动纪律是劳动者进行社会生产必须遵守的劳动秩序、劳动规则及其工作程序。它是进行社会劳动的基本条件之一,是有秩序地进行生产和工作的必要保证。宪法将遵守劳动纪律作为一项基本义务加以规定,目的在于提高劳动效率,保护劳动者的安全。

(5) 遵守公共秩序。公共秩序包括社会秩序、生活秩序、工作秩序、生产秩序、教学科研秩序等。这些秩序是由法律法规或公共团体、企业事业组织的规章制度乃至道德习惯所确定的。遵守公共秩序是人们进行正常的生产、工作和学习等各项活动的必要条件,也是人们进行共同的社会生活的起码要求。对于破坏公共秩序的行为根据情况,受到道德谴责、行政处罚、刑事责任的追究。如《治安管理处罚法》第25条规定,有下列行为之一的,处5日以上10日以下拘留,可以并处500元以下罚款;情节较轻的,处5日以下拘留或者500元以下罚款:散布谣言,谎报险情、疫情、警情或者以其他方法故意扰乱公共秩序的;投放虚假的爆炸性、毒害性、放射性、腐蚀性物质或者传染病病原体等危险物质扰乱公共秩序的;扬言实施放火、爆炸、投放危险物质扰乱公共秩序的。刑法也规定了扰乱公共秩序罪。

(6) 尊重社会公德。社会公德是指一定社会中占统治地位的、为公众所认可的公共道德,是评定人们行为的是非标准之一,社会全体成员应该共同遵守。《宪法》第24条规定:"国家倡导社会主义核心价值观,提倡爱祖国、爱人民、爱劳动、爱科学、爱社会主义的公德……"这是其核心内容。社会公德为法律所确认后,就不仅是道德规范也是法律规范,受到法律保护。如《中华人民共和国慈善法》(以下简称《慈善法》)第4条规定,开展慈善活动,应当遵循合法、自愿、诚信、

---

[1] 参见蔡定剑:《宪法精解(第二版)》,法律出版社2006年版,第288页。

非营利的原则,不得违背社会公德。《网络安全法》第9条规定,网络运营者开展经营和服务活动,必须遵守法律、行政法规,尊重社会公德。《高等教育法》规定:高等学校的学生应当遵守法律、法规,具有良好的思想品德,掌握较高的科学文化知识和专业技能。高等学校的学生思想品德合格,在规定的修业年限内学完规定的课程,成绩合格或者修满相应的学分,准予毕业。

(三)维护祖国安全、荣誉和利益

《宪法》第54条规定:"中华人民共和国公民有维护祖国的安全、荣誉和利益的义务,不得有危害祖国的安全、荣誉和利益的行为。"此项义务是爱国主义的具体表现,体现了民族自尊心和自信心,是我国公民应有的高尚情操。

《中华人民共和国反间谍法》(以下简称《反间谍法》)第4条规定:"中华人民共和国公民有维护国家的安全、荣誉和利益的义务,不得有危害国家的安全、荣誉和利益的行为。""一切国家机关和武装力量、各政党和各社会团体及各企业事业组织,都有防范、制止间谍行为,维护国家安全的义务。""国家安全机关在反间谍工作中必须依靠人民的支持,动员、组织人民防范、制止危害国家安全的间谍行为。"

《中华人民共和国国家安全法》(以下简称《国家安全法》)第2条规定,国家安全是指国家政权、主权、统一和领土完整、人民福祉、经济社会可持续发展和国家其他重大利益相对处于没有危险和不受内外威胁的状态,以及保障持续安全状态的能力。第11条规定,公民、一切国家机关和武装力量、各政党和各人民团体、企业事业组织和其他社会组织,都有维护国家安全的责任和义务。中国的主权和领土完整不容侵犯和分割。维护国家主权、统一和领土完整是包括港澳地区同胞和台湾地区同胞在内的全中国人民的共同义务。第77条规定,公民和组织应当履行下列维护国家安全的义务:遵守宪法、法律法规关于国家安全的有关规定;及时报告危害国家安全活动的线索;如实提供所知悉的涉及危害国家安全活动的证据;为国家安全工作提供便利条件或者其他协助;向国家安全机关、公安机关和有关军事机关提供必要的支持和协助;保守所知悉的国家秘密;法律、行政法规规定的其他义务。任何个人和组织不得有危害国家安全的行为,不得向危害国家安全的个人或者组织提供任何资助或者协助。

《中华人民共和国香港特别行政区维护国家安全法》(以下简称《香港特别行政区维护国家安全法》)第6条规定,维护国家主权、统一和领土完整是包括香港同胞在内的全中国人民的共同义务。在中国香港特别行政区的任何机构、组织和个人都应当遵守本法和中国香港特别行政区有关维护国家安全的其他法律,不得从事危害国家安全的行为和活动。中国香港特别行政区居民在参选或者就任公职时应当依法签署文件确认或者宣誓拥护《香港特别行政区基本法》,效忠中华人民共和国香港特别行政区。

祖国荣誉是指国家的尊严不受侵犯,国家的信誉不受破坏,国家的荣誉不受玷污,国家的名誉不受侮辱。对有辱祖国荣誉、损害祖国利益的行为要给予法律制裁。如侮辱国旗国徽国歌的,要受到行政处罚或者刑事制裁。

祖国利益是国家共同利益的集中体现,通常分为对内和对外两个方面,对外主要是民族的政治、经济、文化等方面的权利和利益,对内主要是指国家利益,是公民利益的最高体现。国家利益包括政治利益、安全利益、经济利益等,没有抽象的国家利益。公民要自觉地维护祖国利益,正确处理国家、集体与个人利益之间的相互关系,同损害祖国利益的行为进行斗争。

(四)依法服兵役

《宪法》第55条规定:"保卫祖国、抵抗侵略是中华人民共和国每一个公民的神圣职责。依照法律服兵役和参加民兵组织是中华人民共和国公民的光荣义务。"保卫祖国是指保卫国家领土完整、主权独立以及捍卫国家尊严的行动。抵抗侵略是指抵御外国及其他外来势力对我国领土的非法侵入。神圣职责是指公民不可推卸的责任。"神圣"本身不具有规范意义,只是强调此项义务的重要性。

依法服兵役的义务是指:我国公民不分民族、种族、职业、家庭出身、宗教信仰和教育程度,凡年满18周岁的,都有义务依法服兵役。有义务服兵役而拒绝、逃避兵役登记的,应征公民拒绝、逃避征集的,预备役人员拒绝、逃避军事训练的,经教育不改,基层人民政府应当强制其履行兵役义务。不履行服兵役义务的要承担相应的法律责任,《兵役法》作了详细规定。《兵役法》第3条规定,有严重生理缺陷或者严重残疾不适合服兵役的人,免服兵役。依照法律被剥夺政治权利的人,不得服兵役。违反该法规定不履行服兵役的,给予行政处罚或者行政处分,构成犯罪的,追究刑事责任。需要指出的是,宪法规定体现了公民有平等服兵役的光荣义务,但是《兵役法》并未将"性别"明确列入"不分"区别的因素中。这从某个方面来说,法律对男女服兵役有所差别对待。

民兵组织是党领导下的不脱离生产的群众武装,是国家武装力量的组成部分,是中国人民解放军的助手和后备力量。《兵役法》第六章作了规定。其任务是:参加社会主义现代化建设;执行战备勤务,参加防卫作战,抵抗侵略,保卫祖国;为现役部队补充兵员;协助维护社会秩序,参加抢险救灾。设立民兵组织的相关要求是:乡、民族乡、镇、街道和企业事业单位建立民兵组织。凡18周岁至35周岁符合服兵役条件的男性公民,经所在地人民政府兵役机关确定编入民兵组织的,应当参加民兵组织。根据需要,可以吸收18周岁以上的女性公民、35周岁以上的男性公民参加民兵组织。国家发布动员令后,动员范围内的民兵,不得脱离民兵组织;未经所在地的县、自治县、市、市辖区人民政府兵役机关批准,不得离开民兵组织所在地。

(五)依法纳税

纳税义务是指纳税人依法向税收部门按一定比例缴纳税款的义务。《宪法》第56条规定:公民有依照法律纳税的义务。纳税义务有下列特点:强制性,纳税人必须缴纳,否则将受到法律制裁;无偿性,是国家单方面向纳税人征收的,无须返还;固定性,纳税人和税率等都有法律明文规定。税法和刑法规定了违法者要承担的行政和刑事责任。

纳税是现代社会公民应该履行的一项基本义务,是法治社会的重要标志。履行纳税义务会给纳税人带来相应的权利。从某种意义上说,纳税义务的履行是纳税者享受权利的基础与条件。纳税者首先有权利享受政府用税收提供的服务和公共设施,如医疗、教育、社会安全、法律保障、交通等,并有权利要求政府积极改善这些条件并提供优质服务。另外,纳税者有权了解、监督税款的使用情况,进而监督政府工作。从政府角度讲,应通过各种途径公开国家税款的使用情况,为纳税者了解政府使用税款的情况提供条件。了解税款的使用情况是现代法治国家中公民享有的了解权的重要内容。为了使纳税行为得到进一步规范,纳税者有权要求接受与纳税有关的教育与培训,了解有关纳税知识与必要的程序。

2015年由全国人大修正的《立法法》第8条规定,税种的设立、税率的确定和税收征收管理等税收基本制度只能制定法律。

全国人大常委会制定的《中华人民共和国税收征收管理法》(以下简称《税收征收管理法》)根据宪法规定,规定了总则、税务管理(税务登记、账簿、凭证管理,纳税申报)、税款征收、税务检查、法律责任、附则等六章。该法确立了以下原则和制度:

(1)法定原则。《税收征收管理法》第3条规定,税收的开征、停征以及减税、免税、退税、补税,依照法律的规定执行;法律授权国务院规定的,依照国务院制定的行政法规的规定执行。任何机关、单位和个人不得违反法律、行政法规的规定,擅自作出税收开征、停征以及减税、免税、退税、补税和其他同税收法律、行政法规相抵触的决定。第 4 条规定,法律、行政法规规定负有纳税义务的单位和个人为纳税人。法律、行政法规规定负有代扣代缴、代收代缴税款义务的单位和个人为扣缴义务人。纳税人、扣缴义务人必须依照法律、行政法规的规定缴纳税款、代扣代缴、代收代缴税款。

(2) 信息共享制度。国家建立、健全税务机关与政府其他管理机关的信息共享制度。纳税人、扣缴义务人和其他有关单位应当按照国家有关规定如实向税务机关提供与纳税和代扣代缴、代收代缴税款有关的信息。

(3) 服务原则。税务机关应当广泛宣传税收法律、行政法规,普及纳税知识,无偿地为纳税人提供纳税咨询服务。

(4) 保障权利原则。纳税义务人依法享有相关权利。① 知情权。纳税人、扣缴义务人有权向税务机关了解国家税收法律、行政法规的规定以及与纳税程序有关的情况。② 信息秘密权。纳税人、扣缴义务人有权要求税务机关为纳税人、扣缴义务人的情况保密。税务机关应当依法为纳税人、扣缴义务人的情况保密。③ 税收优惠权。纳税人依法享有申请减税、免税、退税的权利。④ 正当程序和救济权。纳税人、扣缴义务人对税务机关所作的决定,享有陈述权、申辩权;依法享有申请行政复议、提起行政诉讼、请求国家赔偿等权利。⑤ 监督权。纳税人、扣缴义务人有权控告和检举税务机关、税务人员的违法违纪行为。任何单位和个人都有权检举违反税收法律、行政法规的行为。收到检举的机关和负责查处的机关应当为检举人保密。税务机关应当按照规定对检举人给予奖励。

(六) 其他宪法义务

除以上基本义务外,宪法还规定了公民其他 4 项基本义务。

(1) 劳动的义务。《宪法》第 42 条规定:公民有劳动的义务。它是指有劳动能力的公民,应当以主人翁的态度对待劳动,忠于职守,遵守劳动纪律,完成劳动任务,将劳动视为自己的一项职责。它有五个意思:第一,劳动是一切有劳动能力的公民的光荣职责。第二,国有企业和城乡集体经济组织的劳动者都应当以国家主人翁的态度对待自己的劳动。第三,劳动是一切有劳动能力的公民获得报酬的条件。第四,国家提倡社会主义劳动竞赛,奖励劳动模范和先进工作者。第五,国家提倡公民从事义务劳动。[①]

---

① 参见许安标、刘松山:《中华人民共和国宪法通释》,中国法制出版社 2004 年版,第 152、153 页。

《劳动法》规定了相关劳动义务：劳动者应当完成劳动任务，提高职业技能，执行劳动安全卫生规程，遵守劳动纪律和职业道德。国家提倡劳动者参加社会义务劳动，开展劳动竞赛和合理化建议活动，鼓励和保护劳动者进行科学研究、技术革新和发明创造，表彰和奖励劳动模范和先进工作者。《教育法》规定，教育必须为社会主义现代化建设服务、为人民服务，必须与生产劳动和社会实践相结合，培养德、智、体、美等方面全面发展的社会主义建设者和接班人。

2020年，中共中央、国务院发布《关于全面加强新时代大中小学劳动教育的意见》。这是为构建德、智、体、美、劳全面培养的教育体系而发布的重要政策，强调：要以习近平新时代中国特色社会主义思想为指导，全面贯彻党的教育方针，把劳动教育纳入人才培养全过程，贯通大中小学各学段，贯穿家庭、学校、社会各方面，与德育、智育、体育、美育相融合，实现知行合一，促进学生形成正确的世界观、人生观、价值观；要全面构建体现时代特征的劳动教育体系，把握劳动教育基本内涵，牢固树立劳动最光荣、劳动最崇高、劳动最伟大、劳动最美丽的观念。健全劳动素养评价制度，把劳动素养评价结果作为衡量学生全面发展情况的重要内容，作为评优评先的重要参考和毕业依据，作为高一级学校录取的重要参考或依据。

(2) 受教育的义务。它是指公民在一定形式下依法接受各种形式教育的义务。[①]《宪法》第46条规定："中华人民共和国公民有受教育的权利和义务。"《教育法》第44条规定，受教育者应当履行下列义务：① 遵守法律、法规；② 遵守学生行为规范，尊敬师长，养成良好的思想品德和行为习惯；③ 努力学习，完成规定的学习任务；④ 遵守所在学校或者其他教育机构的管理制度。

(3) 计划生育的义务。计划生育指我国实行有计划地调整人口增长速度，国家通过综合措施，控制人口的数量，提高人口素质。《宪法》第49条第2款规定："夫妻双方有实行计划生育的义务。"《中华人民共和国人口与计划生育法》（以下简称《人口与计划生育法》）第18条规定，国家提倡一对夫妻生育两个子女。符合法律、法规规定条件的，可以要求安排再生育子女。具体办法由省、自治区、直辖市人民代表大会或者其常务委员会规定。少数民族也要实行计划生育，具体办法由省、自治区、直辖市人民代表大会或者其常务委员会规定。夫妻双方户籍所在地的省、自治区、直辖市之间关于再生育子女的规定不一致的，按

---

[①] 参见全国人大常委会办公厅研究室政治组编：《中国宪法精释》，中国民主法制出版社1996年版，第175页。

照有利于当事人的原则适用。

（4）父母和子女的抚养与赡养义务。《宪法》第 49 条第 3 款规定："父母有抚养教育未成年子女的义务，成年子女有赡养扶助父母的义务。""抚养"是抚助养育，是指父母应为未成年人子女提供基本的生活条件，照顾他们的身心健康，保护他们的合法权益。"教育"是指父母有责任对子女进行包括德智体方面在内的基本教育。"未成年人"是指未满 18 周岁的子女。"赡养扶助"是指子女对无劳动能力或有劳动能力但生活困难的父母，提供基本的生活条件、照顾他们的生活，并在精神上给予尊敬、关怀和体贴。"成年子女"是指年满 18 周岁以上的子女。

《刑法》规定负有扶养义务而拒绝扶养，情节严重的，追究刑事责任。

### 三、我国公民基本权利和义务的关系及特点

《宪法》第 33 条规定："中华人民共和国公民在法律面前一律平等。任何公民享有宪法和法律规定的权利，同时必须履行宪法和法律规定的义务。"这一规定，揭示了公民基本权利和义务的关系及特点。

（1）公民权利和义务的平等性。公民权利的平等性是指我国公民享受权利和承担义务是平等的，这种平等是由法律规定，用国家强制力保证的。这种平等性主要体现如下：① 公民在享有权利、承担义务上一律平等。我国公民不论其民族、性别、出身、宗教信仰、教育程度、社会职业、社会地位、政治历史、财产状况有何不同，在法律面前都是平等的，都一律平等地享有宪法和法律规定的权利，也平等地履行宪法和法律规定的义务。② 国家对公民权利平等地保护。国家机关在适用法律时，对所有公民的合法权益平等地予以保护，对所有违法犯罪行为都一律平等地予以追究。不允许在法律适用上有不平等的例外。③ 任何公民都应当在宪法和法律范围内活动，依法享有宪法和法律确认的权利和自由，依法承担宪法和法律规定的义务，不得有超越宪法和法律的特权。《宪法》第 5 条第 4 款规定："一切国家机关和武装力量、各政党和各社会团体、各企业事业组织都必须遵守宪法和法律。一切违反宪法和法律的行为，必须予以追究。"第 5 款规定："任何组织或者个人都不得有超越宪法和法律的特权。"

（2）公民权利和义务的对应性。对应性主要表现如下：① 权利享有和义务履行的对应性。宪法在确认公民享有宪法和法律规定的权利的同时，又规定公民必须履行宪法和法律所要求履行的义务。《宪法》第 33 条第 4 款规定："任何

公民享有宪法和法律规定的权利,同时必须履行宪法和法律规定的义务。"①据此,公民享有权利和承担义务是统一的。公民享有权利,同时必须承担义务,不能只享受权利,而不履行义务。

② 权利和义务主体的对应性。一方为权利主体时,总有一方为义务主体;而在另一种场合,义务主体又可能因其义务而转化为权利主体,同样权利主体也相应地可能转化为义务主体。有时候,这种对应性是特定的,如《宪法》第49条规定:父母有抚养教育未成年子女的义务,对未成年子女而言,就有权利接受父母的抚养和教育;同样,成年子女有赡养扶助父母的义务,也就意味着父母有接受成年子女赡养扶助的权利。有时候,这种对应性是不特定的,如公民依法享有人格尊严不受侵犯的权利,这是对所有不特定的人的要求。

③ 权利和义务行为的对应性。即权利的行使和义务的履行,是建立在他人权利的享有和义务的履行的基础上的。也就是说,公民权利的行使,同时意味着要求他人履行相应的义务,即不妨碍权利行使的义务;与此相对应,公民行使权利时,也必须承担不妨碍他人权利行使的义务。在公民相互之间,权利的行使和义务的履行是相互对应、互为条件的。

④ 权利和义务实现的对应性。公民的权利和义务是相辅相成的、互相促进的。公民享受的权利越广泛,越会更加自觉、积极地履行义务;而公民自觉、积极地履行义务,会促进社会的发展和文明的进步,可以为更多更好地享受权利创造丰富的物质条件,使公民享有更多的权利。

⑤ 权利和义务价值的对应性。《宪法》第51条规定:"中华人民共和国公民在行使自由和权利的时候,不得损害国家的、社会的、集体的利益和其他公民的合法的自由和权利。"这是因为,维护国家、社会和集体的利益,与公民自身权利的保障从根本上说是一致的,国家、社会和集体利益如果被侵犯,公民个人的权利自由就得不到可靠保证。因此,公民个人在行使权利时,必须以不损害国家、社会和集体的利益为前提;同样,宪法确认的权利和自由,是所有公民共同的权利和自由,而不是某些个别人的权利和自由,任何一个公民行使这种权利时,都不能够建立在侵犯甚至剥夺其他公民的合法权利的基础上。

---

① 现行宪法在起草过程中,对这一条最初是这样表述的:"公民的权利和义务不可分离。任何公民享有宪法和法律规定的权利,同时有遵守宪法和法律的义务。"在草案讨论过程中,有人认为,该规定的前半句不是规范的法律用语,并且所包含的内容和后半句及后面的有关条款重复,因此应该删掉。宪法修改委员会采纳了这个意见,并对后半句作了文字上的处理,形成了现在的表述。参见全国人大常委会办公厅研究室政治组编:《中国宪法精释》,中国民主法制出版社1996年版,第151页。

# 第三章 国家机构

规范和控制国家权力是保证国家机构依据宪法行使权力、履行职责的重要任务。国家机构是宪法的重要内容,通常规定一国国家机构的种类、组成结构、活动方式、职权职责、相互关系等相关内容。我国国家机构包括全国人大及其常委会、国家主席、国务院、中央军事委员会、地方各级人大及其常委会、地方各级人民政府、民族自治地方自治机关、国家监察委员会及地方各级监察委员会、人民法院和人民检察院。此外,还包括我国香港和澳门特别行政区政权机关。

## 第一节 国家机构概述

### 一、含义和特征

国家机构是统治阶级为实现其国家职能而建立的国家机关的总称,是实现国家权力、执行国家职能、进行国家日常活动的组织体系。国家机构是一个严密的权力组织体系,构成有机的整体。国家机关是指一个国家机构中的某个单位,国家机构是由各种国家机关按照一定的结构形式组成。国家机构是整体,国家机关是部分。国家机构体现统治者的意志,反映国家的性质,是执行国家职能、保障公民基本权利的组织体系。它具有以下特征:

(1) 公共性。国家机构是根据宪法和法律规定建立起来的,通常以国家及全社会的名义进行活动;统治阶级的意志经过法律的程序,转化为国家意志并以国家的名义加以执行,其任务以国家任务的名义提出;由于国家机构的活动涉及社会生活各个领域,其管理活动具有公共性;其行使的权力具有公共性;国家机构的经费由全社会负担,国家机构通过税收等手段由全体社会成员提供费用维持其运转。

(2) 体系性和权力性。国家机构由立法机关、行政机关、司法机关等不同职能、不同活动方式的国家机关组成,具有严密的组织性。国家机构行使国家权力,包括立法权、行政权、司法权等。这些明显不同于一般的社会组织。

（3）阶级性。国家机构是统治阶级的组织，与国家性质相适应，其性质取决于国家性质。

（4）强制性。国家机构的活动对于全体社会成员具有普遍的约束力，全体社会成员必须遵守统治阶级所确立的各种社会规范，此种社会规范由国家强制力为后盾。

（5）历史性。国家机构是一个历史范畴，随着国家的产生而产生，随着国家的消亡而消亡。

（6）高度的形式相似性。尽管世界各国国家机构有不同类型，但形式上有高度的相似性，比如，通常有民意代表机关的议会、执行议会法律的政府、处理纠纷的司法机关等。

**二、国家机构的类型**

根据行使权力的性质不同，现代国家的国家机构一般由代议机关（有些国家为权力机关或立法机关）、国家元首、行政机关、司法机关组成；根据行使权力的范围和层次不同，国家机构可分为中央国家机关和地方国家机关（联邦制国家称为联邦政府和州、邦政府）。

（一）代议机关

代议机关又称代表机关、立法机关（有些国家称为权力机关，如中国），是建立在现代民主政治基础之上、主要通过选举方式产生并组成的、以行使国家立法权为主要职责的国家机关。代议机关起源于英国。1343年，由两院组成英国国会，国会制度从此确定下来。19世纪，英国议会经过3次（1832年、1867年、1884年）改革之后，逐步形成具有完整体系的责任内阁制。美国的代议机关最早源于北美殖民地时期。美国1787年《宪法》规定，最高立法机关是联邦国会。国会实行两院制，由参议院和众议院组成。1791年，法国宪法规定了一院制的议会。1815年成立的德意志邦联设立了邦联议会。1919年《魏玛宪法》规定国会是国家的立法机关，实行两院制。社会主义国家的代议机关最早源于1871年的巴黎公社。公社委员会是最高权力机关，实行"议行合一"的制度，采取立法和行政相统一的政权组织形式。俄国在1917年"十月革命"胜利后成立的工农兵代表苏维埃，是苏俄无产阶级专政的机关。根据1924年宪法和1936年宪法设立的苏联最高苏维埃是苏联最高权力机关，行使立法权。

代议机关由人民选举代表或议员而组成，以统一制定法律和监督行政。对于代议机关性质,理论界有委托说、代表说和国家机关说三种不同的观点。

代议机关主要分为两院制的立法机关和一院制的立法机关。

两院制的立法机关产生于英国。1295年,爱德华一世为进行战争,召集贵族、僧侣、武士及城镇代表举行会议,史称"模范会议"。会议虽由贵族、僧侣、武士及市民四个等级参加,但其后以利害关系为分野,逐渐形成两大阵营。议会分化为两院即贵族院、平民院。约经过百年时间才形成议会的两院制。美国是两院制典型,它是为了适应联邦制的需要,以参议院代表各州利益,众议院代表全国人民,使联邦制能发挥效力。

一院制立法机关首创于1789年法国大革命时期。1789年6月,平民代表决定举行会议,会议宣布国民议会正式成立,贵族和僧侣代表奉国王命令参加会议,使议会成为一院制。

代议机关的职权主要有立法权、财政权、监督权、人事任命的同意权和战争与和平的决定权。

(二) 国家元首

国家元首是指一个国家对内和对外的最高代表。各国的国家元首在称呼上有所不同,如总统、主席、国王、天皇、女王、大公、埃米尔、领袖、苏丹等,但国家元首的最基本特征是代表国家。

资产阶级革命以后,受人民主权学说的影响,国家权力不再集中在君主一个人手中,君主权力由宪法加以规定和限制。许多国家废除了君主制,由普选等方式产生的国家元首取代终身任职的封建君主。现代社会的国家元首不仅是指特定的个人,也是一种制度,国家元首最多只是国家主权的代表者或象征者。国家的意志和利益并不是构成国家的国民个人意志和利益的简单相加,而能够表达国家的立场和利益者唯有将公民或公民通过代议机关表达出来的意志加以形式化,以此来象征国家的统一和民族的团结,从这个意义上讲,国家元首实际上是国家这种政治组织的人格化。[①]

不同国家元首的产生方式、权限、任期等方面有很大差异。有的是最高行政机关的一部分,兼任政府首脑,也有的是最高权力机关的有机组成部分,或者仅仅只是国家的象征。元首可能拥有广泛的实权,也可能仅有虚名。但在地位和作用方面基本一致。在地位上,每个国家元首在形式上是对内对外代表国家的

---

① 参见王广辉:《比较宪法学》,武汉水利电力大学出版社1998年版,第422页。

国家机关,在法律上应为国家的最高机构。就作用而言,国家元首代表国家,所表达的意志是国家的意志,所进行的活动是国家的活动。

国家元首的产生主要有世袭制和选举制两种方式。世袭制是指国家元首的职位采取按血缘关系在家族内部中传递的方式,现代只有少数国家仍然保留这一形式。在这些国家,国家元首的权力只是形式上的,实际权力掌握在政府或议会手中。英国是保留世袭制的典型国家。实行选举制的国家,国家元首一般称为总统,少数国家叫主席。尽管各国选举产生的国家元首的实际地位及所享权力方面存在较大差别,但在形式上抛弃了君主这种封建的外壳,常被作为共和制的标志。美国首开国家元首由选举产生的先河。法国总统选举由1848年《第二共和国宪法》所确立。德国总统的选举,按联邦德国基本法规定,总统由间接选举产生。俄罗斯联邦总统由俄罗斯公民按照普遍、平等、直接的选举制,并采用无记名投票方式选举产生。

按照国家元首产生方式的不同,可分为君主制国家元首和共和制国家元首;按照国家元首组成人员的数量不同,可分为个人元首和集体元首;按照国家元首是否实际掌握职权,可以分为实位元首和虚位元首;根据国家元首任期的不同,可以分为终身任职的国家元首和限期任职的国家元首等。

各国的国家元首职权有很大差别,但也有相同的内容,主要包括:(1)参与立法权;(2)任免权;(3)紧急命令权;(4)军事权;(5)外交权;(6)赦免权;(7)荣典权,即颁赐荣典、荣誉、授予荣誉称号或职衔的权力;(8)其他权力,如解散议会及召集议会会议等。

(三) 行政机关

也称执行机关,是指根据宪法和法律规定设立的行使国家行政职能的国家机关,是国家机构的重要组成部分。行政机关的主要功能是实施宪法和法律,制定和实现国家和地区的政策,指挥、管理、协调和监督国内、国际重大公务。根据不同标准,对行政机关可以作各种不同的分类,如中央行政机关与地方行政机关,内阁制行政机关与总统制行政机关,一般权限行政机关与部门权限行政机关,职能性行政机关与专业性行政机关,专门执法行政机关与普通管理行政机关,等等。

行政机关如何设置,包括机构的数量与层次,要取决于其担负的职能多少及客观实际的需要。近代以来,行政机关的职能呈现不断扩大的趋势。从绝大多数国家的情况来看,行政机关的组织包括领导机关、职能机构、辅助机构、其他组织等。

现代国家的行政机关主要行使下列职权:执行法律;制定和实施政策;行政立法权;内政权,指对国家内部事务进行管理方面的权力;外交权;其他职权。

(四) 司法机关

一般是指行使司法权、以解决法律关系冲突的国家机关。狭义的司法机关仅指负责审判的法院,广义的司法机关包括主要负责刑事公诉的检察机关以及负责司法行政工作的机关。法院是代表国家行使审判权的机关,其职责在于居中裁判;检察机关是代表国家追究犯罪行为人的刑事责任而向法院提起公诉的机关,司法行政机关是行政机关的组成部分,一般不作为严格意义上的司法机关。

司法权范围在各国表现不同,在英美法系国家,司法权仅仅指审判权,检察权属于行政权的范围。在大陆法系国家,司法权包括审判权和检察权。但各国审判权都是司法权的核心。

大陆法系和英美法系的司法制度和原则有所不同。大陆法系国家的法律,以立法机关制定的成文法为主要形式,法律结构比较单一,法院组织较为简单。英美法系一般为判例法或普通法,法律结构复杂,法院组织庞杂。这两大法系的法院的组织、职权及活动形式存在一些明显差异:大陆法系国家由立法机关制定的成文法调整各种社会关系,英美法系国家法院的判例法具有重要作用;大陆法系国家对于行政行为合法性提出的诉讼,由独立于普通法院的行政法院受理,英美法系国家由普通法院受理;大陆法系国家法院除轻微案件是由法官独任审理外,一般案件采取合议制的审判组织来审理,英美法系国家除高级上诉法院以外,一般法院审理案件多采取独任制;大陆法系国家一般没有巡回审判制度,法院设立在固定的地点,当事人必须到法院所在地进行诉讼,英美法系国家较多地采取巡回审判制度;大陆法系国家通常实行参审制,由陪审官和常任法官共同组成合议庭审理案件,在判决时,陪审官与常任法官一道表决。英美法系国家广泛采用陪审制,审理案件时,陪审员组成陪审团,常任法官组成法官庭。陪审团从事实上确定受审人的罪过,由法官作出判决。

根据最高司法权由几个机关行使,司法体制可以分成一元制、二元制和多元制三种类型。

一元制司法体制是指司法权由普通法院统一行使,最高法院行使最高司法裁判权,以英国、美国、日本为代表,又可细分为:(1) 一元单轨制的司法体制,以日本为代表。日本宪法确立了司法权的独立及司法一元化。法院只有一个系统,即不存在特别法院的系统。日本法院管辖一切诉讼案件,民事、商事、刑事、行政的案件都在法院管辖之列。在日本,除刑事案件以外的案件,都是民事案件。(2) 一元双轨制的司法体制,以美国为代表。美国联邦最高法院享有最高司法权。美国设立了三级联邦法院,即最高法院、上诉法院及地方法院。美国联邦法院与各州法院并列,州法院对联邦法的解释虽要受联邦法院判例的拘束,但联邦法院在适用州法时,也受州法院判例的拘束。联邦法院的司法权,仅限于联邦宪法所赋予的权力。(3) 一元多轨制的司法体制,以英国为代表,具体表现为司法优越地位、遵循先例原则、诉讼中心主义、令状体制、司法官员和律师一元化等方面的特点。英国司法体制是统一的,苏格兰及北爱尔兰有自己的司法制度及法律,之前唯一能完全审判英格兰、苏格兰及北爱尔兰地区案件的法院,只有上议院,这是最终的上诉法院。

2009年10月1日,英国根据《2005年宪制改革法案》第三章设立的最高法院开始运作。它的司法权力主要继承自上议院,这些权力过往一直由12位同时拥有上院议员身份的常任上诉法官(lord of appeal in ordinary,通称"上议院高等法官")行使。最高法院无权审理来自苏格兰的刑事案件,这些案件一概由苏格兰的高等法院(high court of justiciary)审理,因此苏格兰高等法院是当地的最高刑事法院。然而,最高法院一如昔日的上议院,继续有权审理来自苏格兰、威尔士及北爱尔兰三个司法管辖地区的民事法院(court of session)的上诉案件、审理对海外33个国家和地区拥有海外司法管辖权的案件以及就涉及欧盟法律的案件向欧盟法院提出预先裁决的申请。

二元制司法体制是指司法权由两个不同的法院系统分别行使,最高司法裁判权由两个不同体系的法院行使。以法国为代表,其存在两套司法系统,即由普通法院组成的司法系统和由行政法院组成的司法系统。在法国,对国家公务员的违法行为,根据该违法行为的性质区别对待。公务员以私人身份实施违法行为,致使他人权益受到损害的,都由普通法院依普通法律进行审理。公务员以公职人员的身份实施违法行为,致使公民的权益受到损害的,构成行政诉讼,由行政法院依行政法规进行审理。行政法院制度后来在欧洲各国普及。

多元制司法体制是指司法权由多种法院分别行使,最高司法裁判权由多个机关分别行使,以德国为代表。德国的司法权由联邦和州的法院行使,联邦设立的联邦法院包括联邦宪法法院、联邦最高法院、联邦行政法院、联邦财务法院、联邦劳动法院、联邦社会法院、联邦惩戒法院、联邦专利法院等。其他法院,包括各种职业法院如为律师、医师、药剂师等的惩戒事项而设的法院,皆属于州的法院,只有各州有权设置。联邦法院是州法院的上级审法院,而且一切法院均为根据联邦法律设立的组织。

司法组织是指司法机关的机构体系。审判机关是主要的司法机关和司法的中心。审判机关表现为各级各类法院、法院内部设置的各个职能部门以及审理具体案件的组织形式。检察机关是重要的司法机关,与审判机关关系最密切。审判机关是司法组织的核心,检察机关是司法组织必不可少的一部分。审判机关包括普通法院、行政法院、专门法院。检察机关的性质一般分为两类,即国家公诉机关、国家的法律监督机关。美国、英国、法国、奥地利、德国、日本等国基本上都把检察机关定为国家公诉机关,主要担负刑事追诉的任务,检察官在刑事诉讼过程中作为当事人一方参加刑事诉讼活动。而社会主义国家把检察机关确定为国家法律监督机关,承担维护法制统一的法律监督任务。检察机关的设置多种多样,可归纳为两类:审检合一式与审检分离式,其中,又分为检察从属于行政式、检察与行政一体式、检察与行政平行式。

### 三、我国国家机构的组织和活动原则

国家机构的组织和活动原则是指由宪法规定的调整国家机构产生、运作的基本精神和准则。不同类型国家宪法确立了不同的组织和活动原则,但也有相同点。我国宪法规定了下列原则。

(一)党的领导的原则

2018年修宪时将"中国共产党领导是中国特色社会主义最本质的特征"写入宪法。此外,序言也有坚持党的领导的内容。2018年,中共中央《关于深化党和国家机构改革的决定》规定:"党的全面领导是深化党和国家机构改革的根本保证。……自觉在思想上政治上行动上同党中央保持高度一致,把加强党对一切工作的领导贯穿改革各方面和全过程,完善保证党的全面领导的制度安排,改进党的领导方式和执政方式,提高党把方向、谋大局、定政策、促改革的能力和定力。"2019年,中共中央《关于坚持和完善中国特色社会主义制度推进国家治理体系和治理能力现代化若干重大问题的决定》规定:"健全党的全面领导制度。完善党领导人大、政府、政协、监察机关、审判机关、检察机关、武装力量、人民团体、企事业单位、基层群众自治组织、社会组织等制度,健全各级党委(党组)工作

制度,确保党在各种组织中发挥领导作用。完善党领导各项事业的具体制度,把党的领导落实到统筹推进'五位一体'总体布局、协调推进'四个全面'战略布局各方面。完善党和国家机构职能体系,把党的领导贯彻到党和国家所有机构履行职责全过程,推动各方面协调行动、增强合力。"据此,要完善党领导国家机关的制度,健全各级党委工作制度,确保党在各种国家机关中发挥领导作用;完善党领导国家机关所实施的各项事业的具体制度;把党的领导贯彻到国家所有机构履行职责全过程,推动协调行动、增强合力。

(二)民主集中制原则

它是我国人民代表大会制度的基本原则,是国家机构组织和活动的一项原则。其基本含义包括:国家机构在民主基础上产生,并在民主的基础上对国家重大问题作出立法和决定,对国家事务和社会、经济、文化事务予以管理;国家机构在民主的基础上进行集中,统一行使国家权力。《宪法》第3条规定,中华人民共和国的国家机构实行民主集中制的原则。

根据宪法规定,这一原则包括以下内容:(1)代表人民行使国家权力的各级人民代表大会由民主选举产生,对人民负责,受人民监督。选举包括直接选举和间接选举两种情况。(2)国家行政机关、监察机关、审判机关和检察机关都由人民代表大会及其常委会产生,对后者负责,受其监督。也就是说,人大及其常委会对其他国家机关的监督是单向的,其他国家机关不能对人大及其常委会进行监督。人大对同级所有国家机关进行单向监督。(3)在纵向上,中央和地方的国家机构职权的划分,遵循在中央的统一领导下,充分发挥地方的主动性、积极性原则。(4)在国家机关内部领导体制上,表现为国家权力机关实行集体领导制度;而行政机关、军事机关实行首长负责制。这两种领导制度都是民主集中制原则的具体运用。

我国的民主集中制与其他国家的权力分立原则[①]属于两种不同的权力配置原则和方式,二者不同点在于:第一,集权为主还是分权为主。前者强调权力集中,后者强调分权。第二,单向监督还是双向制约。民主集中制原则下,人大及其常委会与其他国家机关之间是监督与被监督的关系,前者对后者监督是单向的。在三权分立体制下,通常是立法、行政和司法相互制约。第三,议会立法权是否受制于宪法审查。我国民主集中制下,最高立法权只受自我监督,不受外在

---

① 参见朱应平:《司法权分立原则研究》,载《法制现代化研究》2008年第9期,第193—221页。

其他国家机关的监督审查。第四,上下级关系是双向制约还是单向监督,是等级式的还是平等式的。三权分立之下,中央与地方通常存在一定的双向关系。在民主集中制下,则只有中央监督地方、上级监督下级。第五,政党是否受制于国家的监督制约以及是否有效地受制于宪法的控制。三权分立体制下,政党受制于国家的监督制约,特别是受到违宪审查机制的控制。在民主集中制下则不存在这种关系。

上述原则的共同点在于:存在某种程度的权力分工;不同国家机关之间存在权力的合作和协作;国家机关都要对宪法忠诚,要相互尊重,不得侵犯其他国家机关的权力。

孟德斯鸠提出的三权分立思想确实有利于制约公共权力,但因为存在彼此制衡的机制,所以难免效率较为低下,不完全适合于需要建立强有力政府的国家或时代,也不利于国家统合的需要。由于中国长期面临国家统合的历史课题与压力,并存在复杂的客观国情,三权分立机制尤其是美国式的三权分立机制很难引入中国,而且也不必完全引入中国。[①]

但是需要指出,三权分立或者分权制衡原则并不只是单纯强调国家权力的区分与相互约束制衡,也并不必然导致效率低下。在实行三权分立的国家和地区,通常强调权力科学配置,以此实现权力的科学运行,作出符合客观规律的决定。如德国联邦宪法法院从组织与功能的观点出发,认为作为宪法上基本原则而予以规范化的组织与功能上的权力区分,其应有助于国家权力与责任的分派,并得以对国家权力主体进行控制;分权的目的应在于促进国家各类行为决定应尽可能正确无误,为此,应视各权力本质与机关的性质,而由内部构成、组织方式、功能以及决定程序等方面均具有最佳前提要件的机关,作成不同样态之国家行为或决定。分权制衡原则的目的在于更好地保障人民权利,为了实现这一目的,强调国家权力分立更要求国家事务的处理,应由功能上最具适当之机关为之,亦即应依"适当功能之机关结构"来分配国家权力行使或事务之负责与决定。[②] 此外,实行权力制衡的国家或者地区,也同样强调国家机关之间的配合和合作。

(三) 分工负责、相互配合、相互制约原则

它是指在我国人民代表大会制度下,由人大及其常委会产生的其他国家机

---

① 参见林来梵:《宪法学讲义(第三版)》,清华大学出版社2018年版,第244—245页。
② 参见许宗力:《法与国家权力(一)》,月旦出版有限公司1999年版,第138页以下。

关之间在办理案件时,分工负责、互相配合、相互制约,防止任何一种权力违法使用权力,以确保法律的有效实施,确保权力既要合理科学运行,又要避免集权腐败。主要有两方面内容:第一,《宪法》第127条规定,监察机关办理职务违法和职务犯罪案件,应当与审判机关、检察机关、执法部门互相配合,互相制约。第二,第140条规定,人民法院、人民检察院和公安机关办理刑事案件,应当分工负责,互相配合,互相制约,以保证准确有效地执行法律。

分工负责是指在刑事案件中,公安机关负责侦查、拘留、执行逮捕、预审,以查证是否犯罪的证据;检察机关负责对公安机关侦查案件批准逮捕,对国家机关工作人员犯罪进行侦查、提起公诉;法院负责对公诉案件进行审判。① 分工负责要求各个国家机关各负其责,即各个国家机关要按照法律法规规定,承担应当由其承担的职责,不得任意推卸责任,不得把本应由本部门本单位解决的问题推给其他单位或部门。虽然第127条关于监察机关与其他国家机关之间关系的规定没有提到分工负责,但监察机关与其他国家机关也有分工负责的问题。

互相配合是指相关国家机关要注意配合,不能推诿和扯皮。就法院、检察院和公安机关来说,如对公安机关报送检察机关批准逮捕的案件,应及时审查作出批准或不批准的决定。检察机关对公安机关移送审查起诉的案件,对证据不充分的,应及时决定是否发回公安机关补充侦查,不能互相扯皮。在诉讼过程中,案卷材料的移送也应及时,相互配合。② 对监察机关来说,互相配合主要是指监察机关与司法机关、执法部门在办理职务违法犯罪案件方面,要按照法律规定,在正确履行各自职责的基础上,互相支持,不能违反法律规定,各行其是,互不通气,甚至相互扯皮。③ 这一原则要求相关国家机关在工作中实行齐抓共管,即各个机关要相互尊重、相互支持,协调一致地行动,要形成合力,形成"1+1>2"的效果。

分工负责侧重于职权职责之间的"分工",而"互相配合"侧重于"综合"。要求国家机关在行使职权履行职责过程中,要在职责上有分有合,只有明确分工,才能明确主要负责解决问题的主体;只有合作共管,才能避免国家机关之间的矛盾和冲突。前者是解决问题的基本基础和前提,后者是合力解决问题的保障。

---

① 参见蔡定剑:《宪法精解(第二版)》,法律出版社2006年版,第449—450页。
② 同上书,第450页。
③ 参见中共中央纪律检查委员会、中华人民共和国国家监察委员会法规室编:《〈中华人民共和国监察法〉释义》,中国方正出版社2018年版,第66页。

二者缺一不可。

强调互相配合具有深刻的法理基础,是当今世界各国或地区普遍的共识,即使在奉行三权分立的国家和地区,也把立法、行政和司法三机关之间权力的尊重和合作作为一项基本的原则,并认定为国家机关负有的"宪法忠诚义务"。我国台湾地区苏俊雄"大法官"在释字第520号解释所提出的协同意见书中指出:"宪法"机关负有"宪法忠诚"之义务,必须遵循并努力维系宪制制度的正常运作,既不得僭越其职权,也不容以意气之争瘫痪损害宪制机制的功能。此项"宪法忠诚"的规范要求,虽未见诸宪法明文规定,但不仅为宪政制度之正常运作所必需,也蕴含于责任政治之政治伦理,其规范性不容置疑。宪法机关忠诚,是指宪法机关在行使各自的权限时,彼此间对于他机关应相互尊重、相互合作,此乃各宪法机关对于宪法所应负之义务,唯有如此,各宪法机关才不至于在行使各自权限时相互阻挠从而导致国家的崩溃。宪法机关忠诚虽然并未见诸宪法条文,但其作为"不成文之宪法基本原则"则应该予以肯定。须特别说明的是,"宪法机关忠诚"乃是从德国宪法学上"联邦忠诚"此一概念脱胎而出。所谓联邦忠诚,是指为了巩固联邦体制,联邦和邦或者各邦彼此之间负有相互体谅、相互友好的亲善义务。联邦忠诚在德国《基本法》上未见明文规定,不过一般均承认其是一种不成文的宪法原则。因此,各权力机关于行使其权限时,均应负有相互体谅、彼此合作的义务,以避免宪法原先用以追求"国家最正确决定"此一目的的权力分立机制,却因为各宪法机关彼此之间相互阻挠或不理性对抗,而使国家成为一台空转的机器,造成宪制秩序的彻底瘫痪。[1]德国联邦宪法法院的判决也注重维护国家机关之间的合作、和谐和尊重,以使权力得到充分行使,更好地服务于人权。法国也不例外。尽管议会和内阁分权一度被认为是第五共和国的一次革命,但实际上并没有实现严格的分权,宪法委员会成功地消除了议会和内阁之间的严格分权。在宪法委员会和行政法院的双重审查之下,立法和执法机关得以维持分权制衡的稳定运作,实现了1958年制宪的首要目标。[2]

互相制约也是处理国家机关之间关系的重要原则。对法院、检察院和公安机关来说,其要求是,公安机关侦查的刑事案件需要逮捕的,要报检察机关批准;公安机关侦查终结的案件需要移送起诉的,检察机关审查起诉,以决定是否提起公诉;对犯罪情节轻微或可以免除刑罚的,检察机关可以作出不起诉的决定;检

---

[1] 参见法治斌、董保城:《宪法新论》,元照出版有限公司2006年版,第40—41页。
[2] 参见张千帆:《西方宪政体系(下册)》,中国政法大学出版社2005年版,第52页。

察机关对审判中违反法定诉讼程序的,有权向法院提出纠正意见;认为判决裁定确有错误的,可以向上一级法院提出抗诉。公安机关对检察院决定不起诉的案件,认为有错误时,可以要求复议,如果意见不被接受,可以向上一级人民检察院提请复核。① 在监察工作中,"互相制约"主要是指监察机关与司法机关、执法部门在追究职务违法犯罪过程中,通过程序上的制约,防止和纠正错误,以保证案件质量,正确应用法律惩罚违法犯罪。②

(四) 工作责任制原则

它是指国家机关要对其行使职权的行为负责并承担责任,如果国家机关违法或不当行使职权,应依法承担相应的法律责任。为此须贯彻权责统一的原则,做到执法有保障、有权必有责、有权必受监督、违法要追究。《宪法》第 27 条规定:一切国家机关实行工作责任制。

责任制原则在宪法中的规定要求包括:(1)《宪法》第 69、103 条规定,县级以上各级人大常委会向本级人大负责。(2)《宪法》第 3 条第 2 款、第 41 条、第 76 条、第 102 条规定,各级人民代表大会对人民负责,受人民监督,选民和选举单位有权依法罢免其选出的人民代表。(3)《宪法》第 3 条第 3 款、《宪法》第三章规定,国家行政机关、中央军委、监察机关、审判机关、检察机关对人大及其常委会负责。(4) 在不同的国家机关内部,由于机关性质的不同,责任制具体表现为集体负责制和个人负责制两种形式。前者是指国家机关全体组成人员和领导成员地位平等,对问题的决定由全体组成人员集体讨论,按照少数服从多数的原则作出决定,集体承担责任。《宪法》第 64 条、第 95 条第 2 款以及地方组织法相关条文规定,各级人大实行集体负责制。后者是指由首长个人决定问题并承担相应责任的领导制度。《宪法》第 88、93、105 条规定,各级政府及职能部门、中央军事委员会等实行首长负责制。

此外,宪法和相关法律对国家机关及其工作人员应当承担的具体责任作了规定,对违反宪法和法律的国家机关及其工作人员确立了相关责任。如宪法规定全国人大常委会对国务院制定的违反宪法和法律的行政法规有撤销的权力,全国人大有权罢免国务院组成人员。

《公务员法》《行政机关公务员处分条例》《中华人民共和国法官法》(以下简称《法官法》)、《中华人民共和国检察官法》(以下简称《检察官法》)都规定了相应

---

① 参见蔡定剑:《宪法精解(第二版)》,法律出版社 2006 年版,第 450 页。
② 参见中共中央纪律检查委员会、中华人民共和国国家监察委员会法规室编:《〈中华人民共和国监察法〉释义》,中国方正出版社 2018 年版,第 66 页。

的责任。2020年,全国人大常委会制定了《中华人民共和国公职人员政务处分法》(以下简称《公职人员政务处分法》),包括第一章总则、第二章政务处分的种类和适用、第三章违法行为及其适用的政务处分、第四章政务处分的程序、第五章复审复核、第六章法律责任、第七章附则。其中规定的责任包括:警告、记过、记大过、降级、撤职、开除。

(五) 法治原则

法治原则既是宪法的基本原则也是国家机构组织与活动的基本原则。前者更宏观,后者侧重于微观方面对国家机关提出的要求。法治原则规定在《宪法》第5条:"中华人民共和国实行依法治国,建设社会主义法治国家。""国家维护社会主义法制的统一和尊严。""一切法律、行政法规和地方性法规都不得同宪法相抵触。""一切国家机关和武装力量、各政党和各社会团体、各企业事业组织都必须遵守宪法和法律。一切违反宪法和法律的行为,必须予以追究。""任何组织或者个人都不得有超越宪法和法律的特权。"

《宪法》序言最后一段规定:"本宪法以法律的形式确认了中国各族人民奋斗的成果,规定了国家的根本制度和根本任务,是国家的根本法,具有最高的法律效力。全国各族人民、一切国家机关和武装力量、各政党和各社会团体、各企业事业组织,都必须以宪法为根本的活动准则,并且负有维护宪法尊严、保证宪法实施的职责。"据此,所有的国家机关、企事业单位、各政党、各社会团体都要以宪法为根本的活动准则,并且负有维护宪法尊严、保证宪法实施的职责。对于不同的国家机关来说,具体贯彻这一要求的情形有所区别,比如,全国人大及其常委会主要是通过制定法律、作出重要决定等方式直接以宪法为依据。而国务院工作部门、监察委员会、人民法院、人民检察院以及地方国家机关,主要依据法律法规和规章,因此主要是根据宪法精神贯彻实施法律法规规章,遵守这一规定就是把宪法精神贯穿于法律法规规章的实施之中。2018年修宪时把序言中的"健全社会主义法制"中的"法制"改为"法治"。

作为国家机构的基本原则,法治原则的基本要求是:第一,国家机构的组织须符合宪法和法律的规定。如中央国家机关和地方国家机关必须依法产生和组成。第二,国家机关行使职权须符合宪法和法律规定,也就是国家机关必须依据宪法法律和其他法定规范行使职权,不得越权行使权力。如宪法第89条规定国务院根据宪法和法律制定行政法规;根据第100条规定,省、直辖市的人大和它们的常委会制定地方性法规,不得同宪法、法律、行政法规相抵触。第三,国家机关行使职权的程序符合宪法和法律规定。如国家主席产生的程序、宪法修正的程序等,都要符合宪法的规定。第四,效忠宪法。2018年,修正《宪法》第27条并增加规定:国家工作人员就职时应当依照法律规定公开进行宪法宣誓。将第70条中的"法律委员会"改为"宪法和法律委员会"。第五,违反规定要承担相应的法律责任。

(六)精简效率原则

《宪法》第27条规定,一切国家机关实行精简的原则,不断提高工作质量。确立精简原则是实现社会主义国家职能的客观需要。要求国家机关及其工作人员的设置必须依法确定限额,定员定岗,职责明确,尽可能做到小而精。效率原则要求国家机关在处理事务时要及时、正确、妥善、低成本和具有活力。具体内容包括:国家机构设置要精简,实行大部制改革,对权能相近的国家机关进行整合;实行工作责任制;对国家工作人员进行培训和考核;反对官僚主义。

坚持这一原则,必须落实2018年中共中央《关于深化党和国家机构改革的决定》的要求:"坚持优化协同高效。优化就是要科学合理、权责一致,协同就是要有统有分、有主有次,高效就是要履职到位、流程通畅。必须坚持问题导向,聚焦发展所需、基层所盼、民心所向,优化党和国家机构设置和职能配置,坚持一类事项原则上由一个部门统筹、一件事情原则上由一个部门负责,加强相关机构配合联动,避免政出多门、责任不明、推诿扯皮,下决心破除制约改革发展的体制机制弊端,使党和国家机构设置更加科学、职能更加优化、权责更加协同、监督监管更加有力、运行更加高效。"

(七)为人民服务原则(忠诚于人民的原则)

指国家机关及其工作人员要一切从人民利益出发,树立群众观点,坚持群众路线,做人民的公仆。《宪法》第27条规定,一切国家机关和国家工作人员必须依靠人民的支持,经常保持同人民的密切联系,倾听人民的意见和建议,接受人民的监督,努力为人民服务。

具体要求如下:

(1)国家一切立法和决策活动都要从大多数人的最高利益出发,为人民的根本利益服务。《立法法》第5条规定:立法应当体现人民的意志,发扬社会主义民主,坚持立法公开,保障人民通过多种途径参与立法活动。

(2)国家机关及其工作人员在工作中必须贯彻"从群众中来,到群众中去"的工作方法,密切联系群众,倾听他们的意见和要求,确立为人民服务的具体办法和措施,取得人民的信任和支持,使各个国家机关能够和人民群众呼吸相通、艰苦与共,提高为人民服务的效能。

(3) 开辟各种途径,广泛地吸引人民群众参加国家管理。如组织人民群众参加宪法草案以及其他重要法律、法规草案和重大决策的讨论;认真处理人民的来信来访;建立人民代表联系群众的制度;吸引群众通过各种会议、报刊、座谈等发表个人意见、建议等。

(4) 倾听群众的批评和意见,接受人民群众的监督。《宪法》第 41 条规定:"中华人民共和国公民……对于任何国家机关和国家工作人员的违法失职行为,有向有关国家机关提出申诉、控告或者检举的权利……""对于公民的申诉、控告或者检举,有关国家机关必须查清事实,负责处理。任何人不得压制和打击报复。"这是人民群众参加国家管理和对国家进行民主监督的法律保证。

"为人民服务"原则要求国家机关及其工作人员必须效忠人民、忠诚于宪法。这一点也为其他国家所要求。德国《基本法》第 33 条第 4、5 款规定:"作为一项永久职能,国家权力的行使应按常规被委托于公民服务;其地位、服务和忠诚受公法调控""公民服务的法律应根据公务传统原则而加以调控。"这项"公务传统原则"包括公务人员效忠国家的要求。[1]在 1975 年的"公务员忠诚案"中,联邦宪法法院指出:"公务员和法官必须保卫他们所宣誓支持的宪法;这是职业公务和司法系统的传统且备受尊重的原则;这项原则规定于《基本法》第 33(5)条。(公务员的传统忠诚,在《基本法》的文字里具有明确根基;它起源于现代行政国家的要求:职业公共服务必须忠于国家及其宪政秩序。"[2]可见,德国宪法法院强调,公务员要支持和效忠宪法,要以宪法作为行为的根本规范。美国《宪法》第 6 条第 3 款规定:上述参议员和众议员,各州州议会议员,以及合众国和各州所有行政和司法官员,应宣誓或作代誓宣言拥护本宪法。可以说,所有国家机关都要效忠宪法。为人民服务就是要效忠宪法,因为宪法是人民意志和利益的最高载体。

我国宪法没有明确规定国家机关及其工作人员要效忠宪法,但这并不意味着没有效忠宪法的义务。江泽民同志在第八届全国人大第一次会议上说:"这次大会选举我担任中华人民共和国主席,我衷心感谢各位代表和全国各族人民对我的信任。国家主席责任重大。我将忠诚地履行宪法赋予的职责,恪尽职守,勤

---

[1] 参见张千帆:《西方宪政体系》(下册),中国政法大学出版社 2005 年版,第 295 页。
[2] 同上书,第 296 页。

勉工作，不辜负各位代表和全国人民的重托。"他在九届全国人大第一次会议闭幕式上表态说：我将忠实地遵守宪法，恪尽职守，竭诚为祖国为人民服务。第十届、第十一届全国人大会议选举产生的国家主席在表示效忠宪法上更为明显。不仅表达个人要效忠宪法，而且代表新一届中央国家机关工作人员表示要效忠宪法。这是对效忠宪法精神适用范围的拓展。十届全国人大一次会议上，胡锦涛同志说："我深知担任国家主席这一崇高的职务，使命光荣，责任重大。我一定忠诚地履行宪法赋予的职责，恪尽职守，勤勉工作，竭诚为国家和人民服务，不辜负各位代表和全国各族人民的重托。"这是其个人表示效忠人民和宪法的态度。同时，他还代表新一届国家机构工作人员表示了效忠态度。他说："新一届国家机构工作人员是在国际形势复杂多变、国内建设任务艰巨繁重的新形势下担负重任的，为了履行好人民赋予的神圣职责，我们一定努力做到：第一，发扬民主、依法办事，坚持党的领导、人民当家作主和依法治国的有机统一，坚定不移地维护社会主义民主的制度和原则，维护社会主义法制的统一和尊严。第二，忠于祖国、一心为民，坚持国家和人民的利益高于一切，做到权为民所用、情为民所系、利为民所谋，始终做人民的公仆。第三，继往开来、与时俱进，继承和弘扬中华民族的优良传统，学习和发扬我国老一辈领导人的崇高品德，永不自满，永不懈怠，开拓进取，不断前进。第四，严以律己、廉洁奉公，始终保持谦虚谨慎、艰苦奋斗的作风，为国家和人民夙兴夜寐地勤奋工作。"他还说，他和新一届国家机构工作人员诚心诚意地接受各位代表和全国各族人民的监督。他所说的这些内容就是宪法的规定，要做到这些要求，实际上就是效忠宪法。在十一届全国人大第一次会议闭幕会上，胡锦涛同志同样表达了其个人以及代表中央国家机关整体要效忠宪法。

全国人大常委会《关于实行宪法宣誓制度的决定》指出：为彰显宪法权威，激励和教育国家工作人员忠于宪法、遵守宪法、维护宪法，加强宪法实施，全国人民代表大会常务委员会决定：各级人民代表大会及县级以上各级人民代表大会常务委员会选举或者决定任命的国家工作人员，以及各级人民政府、监察委员会、人民法院、人民检察院任命的国家工作人员，在就职时应当公开进行宪法宣誓。宣誓誓词如下：我宣誓：忠于中华人民共和国宪法，维护宪法权威，履行法定职责，忠于祖国、忠于人民，恪尽职守、廉洁奉公，接受人民监督，为建设富强民主文明和谐美丽的社会主义现代化强国努力奋斗！

## 第二节 中央国家机关

中央国家机关不仅在国家机构部分占据重要地位,而且在整个宪法中占据重要地位。《宪法》第三章第57—94条集中规定了主要的中央国家机关的相关内容,此外第三章第七节关于监察委员会的第123—127条,第八节关于法院和检察院部分的第128、129、132、133、135、137、138条,第一章第2、3、27条等也与中央国家机关有关。

### 一、全国人大及其常委会

(一)全国人民代表大会

1. 性质和地位

根据宪法规定,全国人大是我国最高权力机关、最高立法机关,也是我国最高民意代表机关。最高国家权力机关有以下含义:第一,在国家权力机关组织体系中,处于最高层。人民主权原则决定了我国实行人民代表大会制度,全国人大和地方各级人大共同组成我国的权力机关。其中,全国人大处于最高地位。第二,与其他中央国家机关相比,其他中央国家机关包括全国人大常委会、国务院、中央军委、国家监察委员会、最高人民法院、最高人民检察院由其产生、对其负责、受其监督。第三,它处于国家决策层次上,决定国家政治、经济和社会生活中最重要的问题;它修改宪法、监督宪法实施,制定修改基本法律,决定重大问题等,其他国家机关处于执行层次。

最高地位表现在两个方面:其一,宪法规定其行使的职权都涉及国家的重大问题;其二,与国外议会相比,宪法和法律授权其行使的权力很大。

2. 组成和任期

《宪法》第59条规定,全国人大由省、自治区、直辖市、特别行政区和军队选出的代表组成。各少数民族都应当有适当名额的代表。《选举法》第16条规定,全国人大代表的名额不超过3000人。2017年4月,全国人大常委会对十三届全国人大代表名额作了分配。根据第十二届全国人大五次会议《关于第十三届全国人民代表大会代表名额和选举问题的决定》,第十三届全国人大代表名额不超过3000人,名额分配与第十二届相同。具体分配方案如下:北京市42名,天津市33名,河北省116名,山西省61名,内蒙古自治区53名,辽宁省94名,吉林省58名,黑龙江省84名,上海市50名,江苏省138名,浙江省84名,安徽省104名,福建省62名,江西省76名,山东省162名,河南省159名,湖北省108名,湖南省110名,广东省151名,广西壮族自治区85名,海南省21名,重庆市55名,四川省137名,贵州省66名,云南省87名,西藏自治区17名,陕西省65名,甘肃省49名,青海省18名,宁夏回族自治区18名,新疆维吾尔自治区56名,香港特别行政区36名,澳门特别行政区12名,台湾省暂时选举13名,中国人民解放军265名,其余255名由全国人大常委会依据法律另行分配。截至2019年4月,第十三届全国人大实有代表2971人。

我国采用地域代表制和职业代表制相结合的方法选举人大代表,以地域代表制为主。

全国人大常委会主持全国人大代表的选举:第一,决定代表名额的分配和选举或协商方案。根据全国人大关于全国人大代表名额和选举问题的决定,决定各省、自治区、直辖市和军队的代表名额的具体分配;确定少数民族代表名额的分配方案;决定我国台湾省的全国人大代表协商选举方案;通过我国香港、澳门特别行政区代表选举会议成员名单。第二,建议提名候选人。在全国人大代表的总名额中,留出一定数量的代表候选人名额,在中共中央提名与各民主党派和人民团体共同协商后,由全国人大常委会建议提交给有关省、自治区、直辖市进行选举。第三,对选举工作实施指导。对各省、自治区、直辖市选举全国人大代表工作中如何适用有关法律进行解释或工作指导。第四,审查各省、自治区、直辖市、特别行政区和解放军选出的全国人大代表的资格是否有效,选举程序是否合法。对不合法选举产生的全国人大代表,确认当选的代表无效。第五,确认当选的全国人大代表名单。

宪法规定,全国人大每届任期五年。全国人大任期届满的两个月以前,全国人大常委会必须完成下届全国人大代表的选举。如果遇到不能进行选举的非常情况,由全国人大常委会以全体组成人员的2/3以上的多数通过,可以推迟选举,延长本届全国人大的任期。在非常情况结束后一年内,必须完成下届全国人大代表的选举。

3. 职权

《宪法》第62条集中列举了全国人大的职权,其他相关条文也有规定。具体说明如下:

(1) 修改宪法的权力。第64条规定:宪法的修改,由全国人大常委会或者

1/5以上的全国人大代表提议,并由全国人大以全体代表的2/3以上的多数通过。多年来,一般由中共中央向全国人大或者其常委会提出修宪建议,由全国人大常委会或者全国人大代表将中共中央修宪建议变为修宪议案,然后按照法定程序通过。其中,1993年修宪两种方式都采用了。1993年修宪外,中共中央先后提出两个修宪建议。第一次向全国人大常委会提出,全国人大常委会审议通过后向全国人大提请审议。在大会审议过程中,中共中央又提出修改宪法的补充建议,而此时由常委会决定提出修宪议案已不可能,为此,采用由全国人大代表签名的办法,北京市等32个代表团共2383名代表同意这一补充建议,使之成为正式修正案的一部分。迄今,我国分别在1988年、1993年、1999年、2004年和2018年经历了五次修宪。

(2)立法权:制定和修改基本法律。全国人大有权制定和修改刑事、民事、国家机构的和其他的基本法律。但什么是基本法律,没有作出过解释。从实际情况看,全国人大制定基本法律与全国人大常委会制定非基本法律的权限不清。如1996年全国人大制定了《行政处罚法》,但与该法同等重要的《行政许可法》《行政强制法》则是由全国人大常委会制定的。《中华人民共和国城市居民委员会组织法》由全国人大制定,而同等重要的《中华人民共和国村民委员会组织法》则由全国人大常委会制定。2016年,全国人大制定的《慈善法》显然不属于基本法律。

《宪法》第58条规定,全国人大及其常委会行使国家立法权。国家立法权不同于行政立法权、地方立法权,具有下列特点:其一,最高性。全国人大及其常委会制定的各项制度和行为规范,其他国家机关、组织和个人都必须遵守和执行;它们制定的法律规范高于其他法律规范,法规、规章等都不得同法律相抵触。其二,主权性。其所制定的法律反映和代表国家对主权的行使。其三,独立性。独立并高于行政权、司法权;有完整的创制权。其四,广泛性。有权对法律关系的各个方面、各个领域行使立法权。它也不同于中央立法权。中央立法权还包括国务院制定行政法规等。①

《宪法》第64条规定,宪法修正案由全国人民代表大会以全体代表的2/3以上多数通过。法律和其他议案以全体代表的过半数通过。我国采取绝对多数的原则。简单多数原则是指以到会参加表决人数的过半数即为通过。我国无论宪

---

① 参见许安标、刘松山:《中华人民共和国宪法通释》,中国法制出版社2004年版,第182页。

法修正案还是法律和其他议案,都以全体代表作为基准计算。过半数是指超过半数,大于半数,仅仅等于半数不能认为是过半数。全体代表是指实有的全体代表,即经代表资格审查委员会审查确认的代表名单,不包括应选而未选出的代表名额,也不包括选出之后死亡、出缺的代表。出缺通常包括以下情形:人大代表迁出或调离本行政区域的;辞职被接受的;未经批准两次不出席本级人民代表大会会议的;被罢免的;丧失中国国籍的;依法被剥夺政治权利的等。

(3) 对中央国家机关组成人员的选举、决定和罢免的权力。第一,选举六种国家机关领导人:全国人大常委会委员长、副委员长、秘书长和委员;国家主席、副主席;中央军事委员会主席;国家监察委员会主任;最高人民法院院长、最高人民检察院检察长。第二,决定三种人选:根据国家主席提名,决定国务院总理人选;根据国务院总理提名,决定国务院副总理、国务委员、各部部长、各委员会主任、审计长和秘书长的人选;根据中央军事委员会主席的提名,决定中央军委副主席和委员。第三,对上述人员,全国人大有权依照法定程序予以罢免。选举和决定的区别在于:选举时的候选人由大会提出;决定人选时,其人选只能由特定的主体提出;对于代表来说,选举时可以投赞成票、反对票或者弃权票,还可以另选他人,而决定人选时,不能另选他人。

(4) 决定重大国家事项的权力。审查和批准国民经济和社会发展计划和计划执行情况的报告;审查和批准国家的预算和预算执行情况的报告;批准省、自治区、直辖市的建制;决定特别行政区的设立及制度;决定战争与和平问题。如1990年4月4日,第七届全国人大第三次会议作出《关于〈中华人民共和国香港特别行政区基本法〉的决定》;第七届全国人大三次会议通过《中华人民共和国香港特别行政区基本法》,包括附件一:《香港特别行政区行政长官的产生办法》,附件二:《香港特别行政区立法会的产生办法和表决程序》,附件三:《在香港特别行政区实施的全国性法律》,以及香港特别行政区区旗和区徽图案。《宪法》第31条规定:"国家在必要时得设立特别行政区。在特别行政区内实行的制度按照具体情况由全国人民代表大会以法律规定。"《香港特别行政区基本法》是根据宪法按照我国香港地区的具体情况制定的,是符合宪法的。香港特别行政区设立后实行的制度、政策和法律,以香港特别行政区基本法为依据。《香港特别行政区基本法》自1997年7月1日起实施。1993年3月31日,八届全国人大一次会议作出《关于〈中华人民共和国澳门特别行政区基本法〉的决定》;第八届全国人大一次会议通过《澳门特别行政区基本法》,包括附件一:《澳门特别行政区行政长官的产生办法》,附件二:《澳门特别行政区立法会的产生办法》,附件三:《在澳门特别行政区实施的全国性法律》,以及澳门特别行政区区旗和区徽图案。《澳门特别行政区基本法》自 1999 年 12 月 20 日起实施。

2011 年 3 月批准的《中华人民共和国国民经济和社会发展第十二个五年规划纲要》规定:"本规划经过全国人民代表大会审议批准,具有法律效力。要举全国之力,集全民之智,实现未来五年宏伟发展蓝图。"

(5) 最高监督权。第一,法律监督。其一,监督宪法实施。核心是违宪审查,内容主要包括:审查法律法规及其他规范性文件是否违反宪法的原则和精神;审查国家机关及其领导人员是否有违宪法职责;裁决国家机关的权限争议;权衡并裁决侵犯公民宪法基本权利的行为,决定优先保护哪一种宪法权利。其二,有权改变或者撤销其常务委员会制定的不适当的决定。作出这一规定,是因为 1982 年宪法扩大了全国人大常委会的职权,需要对此加强监督。全国人大常委会制定法律、决定重大事项、对人事任免的决定、对条约的批准和废除等,全国人大只要认为"不适当",不管是否违反宪法和法律,都可以改变或者撤销。《立法法》第 97 条规定,全国人大有权撤销全国人大常委会制定的法律、其批准的违背宪法和《立法法》第 75 条第 2 款规定的自治条例和单行条例。

第二,工作监督,指监督全国人大常委会、国务院、最高人民法院和最高人民检察院的工作。全国人大常委会对全国人大负责并报告工作;国务院对全国人大负责并报告工作;中央军事委员会主席对全国人大负责;国家监察委员会对全国人大负责;最高人民法院和最高人民检察院对全国人大负责。

另外,根据《人民法院组织法》《人民检察院组织法》规定,最高人民法院、最高人民检察院要向全国人大报告工作。

(6) 认为应当由全国人大行使的其他职权。这一规定是兜底条款,表明与本条列举事项有同等程度的其他重大问题,全国人大也有权行使。这一条并不意味着全国人大的权力不受限制。一般认为,"其他职权"涉及的事项的重要性程度要与已经明确列举的事项的程度相当,应当根据事项的性质确定,以客观标准作为判断依据。凡是具有创制性、全局性、根本性的事项,就属于应当由最高国家权力机关行使的职权。1982 年修宪以来,全国人大依据宪法此项规定,先后决定国务院机构改革方案、决定建立海南省经济特区等事项。1985 年 4 月 10 日,六届全国人大通过决定,授予国务院对于经济体制改革和对外开放方面的问题,必要时可以根据宪法,在同有关法律和全国人大及其常委会的有关决定的基本原则不相抵触的前提下,制定暂行的规定或者条例,颁布实施,并报全国人大常委会备案。2018年3月,十三届全国人大一次会议表决通过《关于国务院机构改革方案的决定》。

4. 会议制度和工作程序

(1) 会议制度

全国人大每年举行一次会议,在每年第一季度由全国人大常委会召集。如果全国人大常委会认为必要,或者有1/5以上的全国人大代表提议,可以临时召集全国人大会议。

2020年2月24日,十三届全国人大常委会第十六次会议表决通过《关于推迟召开第十三届全国人民代表大会第三次会议的决定》。决定指出,鉴于发生新冠肺炎的重大疫情,为了贯彻落实党中央统筹推进疫情防控和经济社会发展工作重大决策部署,继续做好疫情防控工作,切实保障人民群众生命健康安全,十三届全国人大常委会第十六次会议决定:适当推迟召开第十三届全国人民代表大会第三次会议,具体开会时间由全国人民代表大会常务委员会另行决定。2020年4月29日,全国人大常委会表决通过《关于第十三届全国人民代表大会第三次会议召开时间的决定》。根据决定,十三届全国人大三次会议于2020年5月22日在北京召开。

会议的组织形式包括:其一,预备会议。全国人大召开正式会议前,由其常务委员会主持先召开预备会议,选举本次会议的主席团和秘书长,通过本次会议的议程和其他准备事项的决定。预备会议由全国人大常委会主持。每届全国人大第一次会议的预备会议,由上届全国人大常委会主持。其二,主席团。全国人大举行会议的时候,设立主席团,它是主持全国人大会议的临时机构。主席团由全国人大代表在预备会议中选举代表组成。主席团主席的决定,由主席团全体成员的过半数通过。其任务主要有:主持本次会议;提出最高国家机关领导人的人选和确定正式候选人名单;组织代表团审议各项议案;处理代表团和代表在会议期间提出的议案、罢免案、质询案;草拟大会审议通过的决议草案。其三,代表团。全国人大会议举行前,代表按照选举单位组成代表团。代表团全体会议推选代表团团长、副团长。团长召集并主持代表团全体会议。代表团可分成几个代表小组。各代表团审议全国人大常委会提出的主席团和秘书长名单草案、会议议程草案以及关于会议的其他准备事项,并提出意见。在会议期间,对全国人大的议案进行审议,并可以由代表团团长或者由代表团推选的代表,在主席团会议上或者大会全体会议上,代表代表团对审议的议案发表意见。其四,正式会议。全国人大正式会议按会议的议程由大会主席团主持。会议一般公开举行。但在必要时,经主席团和各代表团团长会议决定,可以举行秘密会议。会议兼用全体会议和分组会议形式。听取报告、表决和选举国家机构的领导人员,一般用全体会议的形式。分组会议就是按各代表团或代表小组举行会议,对报告和议案进行审议和讨论。全国人民代表大会每次会议要进行多长时间,法律没有明文规定。

(2) 主要工作程序

第一,提出议案。主席团、全国人大常委会、全国人大各专门委员会、国务院、中央军事委员会、最高人民法院、最高人民检察院,可以向全国人大提出属于全国人大职权范围内的议案;一个代表团或者30名以上的代表联名,可以向全国人大提出属于其职权范围内的议案。代表联名或者代表团提出的议案,可以在全国人大会议举行前提出。

第二,审议和通过法律议案和其他议案、审议和批准工作报告及其他报告。对国家机关提出属于全国人大职权范围内的议案,由主席团决定列入会议议程;对代表或代表团提出的议案,由主席团决定是否列入会议议程,或者先交有关的专门委员会审议、提出是否列入会议议程的意见,再决定是否列入会议议程,并将主席团通过的关于议案处理意见的报告印发会议。

列入会议议程的法律案,大会全体会议听取关于该法律案的说明后,由各代表团审议,并由法律委员会和有关的专门委员会审议,法律委员会根据各代表团和有关的专门委员会的审议意见,对法律案进行统一审议,向主席团提出审议结果报告和草案修改稿,对重要的不同意见应当在审议结果报告中予以说明,主席团审议通过后,印发会议,并将修改后的法律案提请大会全体会议表决。

表决通过议案。全国人大会议进行选举或者通过议案,由主席团决定采用无记名投票方式或者举手方式。除宪法修改案外,法律和其他议案由全体代表的过半数通过。

公布法律、决议。法律议案通过后即为法律,由国家主席以发布命令的形式加以公布。选举结果和重要议案,由全国人大会议主席团发布公告或者由国家主席发布命令予以公布。

全国人大举行会议时,全国人大常委会、国务院、最高人民法院、最高人民检察院向会议提出的工作报告,会议可以作出相应的决定。国务院向全国人大会议提出关于国民经济和社会发展计划及计划执行情况的报告、关于国家预算及预算执行情况的报告由全国人大审查批准。

第三,选举。全国人大常委会组成人员,国家主席、副主席,中央军事委员会主席的人选,国家监察委员会主任的人选,最高人民法院院长和最高人民检察院检察长的人选,由主席团提名,经各代表团酝酿协商后,再由主席团根据多数代表的意见,确定正式候选人名单,交大会,由全体代表选举产生。实践中,通常由中共中央向全国人大提出中央国家机关领导人建议名单,通过协商确定正式候选人,依法进行选举。

第四,决定人选。国务院总理的人选,由国家主席提名;国务院副总理、国务委员、各部部长、各委员会主任、审计长和秘书长的人选由国务院总理提名;中央军事委员会副主席、委员的人选由中央军事委员会提名,由全国人大会议决定。

第五,罢免。主席团、三个以上代表团或1/10以上的代表,可以提出对全国人大常委会组成人员,国家主席、副主席,国务院的组成人员,中央军事委员会的组成人员,国家监察委员会主任,最高人民法院院长和最高人民检察院检察长的罢免案。

第六,询问和质询。在全国人大审议议案和有关报告时,有关部门应当派负责人到会,听取意见,回答代表提出的询问。宪法规定,全国人大会议期间,一个代表团或者30名以上的代表联名,可以书面提出对国务院和国务院各部门的质询案。《中华人民共和国全国人民代表大会和地方各级人民代表大会代表法》(以下简称《代表法》)等规定,全国人大会议期间,一个代表团或者30名以上的代表联名,有权书面提出对国务院和国务院各部、各委员会,最高人民法院,最高人民检察院的质询案。

第七,其他问题的处理。全国人大代表向全国人大提出的对各方面工作的建议、批评和意见,由全国人大常委会办事机构交由有关机关、组织研究处理,并负责在大会闭会之日起3个月内,至迟不超过6个月,予以答复。代表对答复不满意的,可以提出意见,由全国人大常委会办事机构交由有关机关、组织或者其上级机关、组织再作研究处理,并负责答复。

(二)全国人大常委会

1. 性质和地位

它是全国人大的常设机关,是全国人大闭会期间行使最高国家权力的机关,是国家立法机关的组成部分。在中央国家机关中,其地位低于全国人大,高于其他国家机关。

## 2. 组成、任期和机构设置

全国人大常委会由委员长、副委员长若干人、秘书长、委员若干人组成。以上人员称为全国人大常委会组成人员。全国人大常委会组成人员名额没有具体规定,每届的具体名额通常由每届全国人大第一次会议选举和决定任命办法确定。2018年选举的第十三届全国人大常委会组成人员有159人。

全国人大常委会每届任期5年。全国人大常委会委员长、副委员长连续任职不得超过两届。全国人大常委会委员不得兼任行政机关、监察机关、审判机关和检察机关的职务。

全国人大常委会设立办公厅,在秘书长领导下工作;全国人大常委会下设代表资格审查委员会、法制工作委员会、预算工作委员会、香港特别行政区基本法委员会、澳门特别行政区基本法委员会等机构。

## 3. 职权

《宪法》第67条进行了集中列举,第64条等也有规定。可以概括为以下七方面。

(1) 涉及宪法方面的职权,包括参与修宪权,有权提出宪法修正案;解释宪法;监督宪法实施。

我国采取立法机关解释宪法的制度,是由全国人大是最高国家权力机关的性质决定的。各国解释宪法一般有四种情况:第一,宪法条文只作原则规定,实施中如何具体理解和适用,需要加以阐述。第二,宪法条文中某些用语因受文字表达的局限,需要进一步阐释清楚。第三,宪法条文原来的规定有遗漏、不完善,需补充说明。第四,社会客观情况发生变化,宪法某些条文已不适应现实情况,需要对宪法作出现实意义的阐述。在我国,全国人大常委会如何解释宪法,还没有具体的制度,也没有实践,能不能把宪法解释用起来,是我国宪法实施的重要标志。①

(2) 立法权。有权制定和修改除应当由全国人大制定的法律以外的其他法律;在全国人大闭会期间,对全国人大制定的法律进行部分补充和修改,但是不得同该法律的基本原则相抵触。但《香港特别行政区基本法》第158条、《澳门特别行政区基本法》第144条规定,这两部基本法律的修改权属于全国人大,全国人大常委会有权行使修改提案权。

---

① 参见蔡定剑:《宪法精解(第二版)》,法律出版社2006年版,第331—332页。

"相抵触"主要有以下情况:第一,违反。法律的基本原则对问题有明确的规定,修改法律对此作出相反的规定,法律原则明令禁止的行为,法律作出允许的规定,这是明显的抵触。第二,越权。法律的原则对某问题有明确的限定,法律超其限定,增减权利义务。第三,缺少法律依据。某些法律或问题有宪法或法律明确规定只能由全国人大立法,排除其常委会修改的可能,常委会就不能对此进行修改。如我国香港、澳门两个特别行政区的有些法律只能由全国人大制定和修改。[①]

(3) 解释法律。《立法法》第 45 条规定:法律解释权属于全国人大常委会。法律有以下情况之一的,由全国人大常委会解释:① 法律的规定需要进一步明确具体含义的;② 法律制定后出现新的情况,需要明确适用法律依据的。《立法法》规定,国务院、中央军事委员会、最高人民法院、最高人民检察院和全国人大各专门委员会以及省、自治区、直辖市的人大常委会可以向全国人大常委会提出法律解释要求;常务委员会工作机构研究拟订法律解释草案,由委员长会议决定列入常务委员会会议议程;法律解释草案经常务委员会会议审议,由法律委员会根据常务委员会组成人员的审议意见进行审议、修改,提出法律解释草案表决稿;法律解释草案表决稿由常务委员会全体组成人员的过半数通过,由常务委员会发布公告予以公布;全国人大常委会的法律解释同法律具有同等效力。

(4) 监督权。工作监督权主要包括:听取和审议国务院、国家监察委员会、最高人民法院和最高人民检察院的专项工作报告;审查和批准决算,听取和审议国民经济和社会发展计划、预算的执行情况报告,听取和审议审计工作报告;法律实施情况的检查;询问和质询;特定问题调查。法律监督权包括:有权撤销国务院制定的同宪法、法律相抵触的行政法规、决定和命令;撤销省、自治区、直辖市国家权力机关制定的同宪法、法律和行政法规相抵触的地方性法规和决议。《立法法》规定,全国人大常委会有权撤销同宪法、法律和行政法规相抵触的地方性法规,有权撤销省、自治区、直辖市的人大常委会批准的违背宪法和《立法法》第 75 条第 2 款规定的自治条例和单行条例。

《监督法》规定了对最高法和最高检司法解释的监督措施。最高人民法院、最高人民检察院作出的属于审判、检察工作中具体应用法律的解释,应当自公布之日起 30 日内报全国人大常委会备案。国务院、中央军事委员会和省、自治区、

---

① 参见蔡定剑:《宪法精解(第二版)》,法律出版社 2006 年版,第 334 页。

直辖市的人大常委会认为最高人民法院、最高人民检察院作出的具体应用法律的解释同法律规定相抵触的,最高人民法院、最高人民检察院之间认为对方作出的具体应用法律的解释同法律规定相抵触的,可以向全国人大常委会书面提出进行审查的要求,由常委会工作机构送有关专门委员会进行审查、提出意见。前款规定以外的其他国家机关和社会团体、企业事业组织以及公民认为最高人民法院、最高人民检察院作出的具体应用法律的解释同法律规定相抵触的,可以向全国人大常委会书面提出进行审查的建议,由常务委员会工作机构进行研究,必要时,送有关专门委员会进行审查、提出意见。

全国人大法律委员会和有关专门委员会经审查认为最高人民法院或者最高人民检察院作出的具体应用法律的解释同法律规定相抵触的,而最高人民法院或者最高人民检察院不予修改或者废止的,可以提出要求最高人民法院或者最高人民检察院予以修改、废止的议案,或者提出由全国人大常委会作出法律解释的议案,由委员长会议决定提请常务委员会审议。

(5) 人事任免权。本属于全国人大的职权,但在全国人大闭会期间,根据国务院总理提名,决定部长、委员会主任、审计长、秘书长的人选;在全国人大闭会期间,根据中央军事委员会主席提名,决定中央军事委员会其他组成人员的人选。属于其本身的职权,根据国家监察委员会主任的提请,任免国家监察委员会副主任、委员;根据最高人民法院院长提请,任免最高人民法院副院长、审判员、审判委员会委员和军事法院院长;根据最高人民检察院检察长提请,任免最高人民检察院副检察长、检察员、检察委员会委员和军事检察院检察长,并且批准省、自治区、直辖市的人民检察院检察长的任免;决定驻外全权代表的任免。

宪法和法律对全国人大常委会人事任免权监督权方面存在不足。宪法和法律根据受监督的中央国家机关领导人身份不同,对全国人大常委会的免职权作出不同规定;与地方人大常委会撤职权的明确规定不同,宪法和法律未规定全国人大常委会享有撤职权。对于这种人事权和监督权规定上的缺漏,全国人大应依据宪法予以补救。①

(6) 重大国家事项决定权。在全国人大闭会期间,审查和批准国民经济和社会发展计划、国家预算在执行过程中所必须作的部分调整方案;决定同外国缔结的条约和重要协定的批准和废除;规定军人和外交人员的衔级制度和其他专

---

① 参见朱应平:《论建立全国人大常委会一体化免职和撤职制度》,载《华东政法大学学报》2019年第5期。

门衔级制度;规定和决定授予国家的勋章和荣誉称号;决定特赦;在全国人大闭会期间,如果遇到国家遭受武装侵犯或者必须履行国际共同防止侵略的条约的情况,决定战争状态的宣布;决定全国总动员或者局部动员;决定全国或者个别省、自治区、直辖市进入紧急状态。

国家勋章是以国家名义授予有重大贡勋的人以表示崇高荣誉的证章。国家荣誉是以国家的名义授予对国家有特别贡献或者品德特别优秀的人的一种表示尊重和敬意的称号,是国家最高的荣誉称号。1955年,全国人大常委会通过《授予中国人民解放军在中国人民革命战争时期有功人员的勋章奖章条例》。1981年,五届全国人大常委会决定授予宋庆龄同志国家荣誉主席称号。多数荣誉称号由政府发布。2019年9月17日,国家主席习近平签署主席令,根据十三届全国人大常委会第十三次会议17日下午表决通过的全国人大常委会关于授予国家勋章和国家荣誉称号的决定,授予42人国家勋章、国家荣誉称号。

2019年10月,全国人大常委会作出关于国家监察委员会制定监察法规的决定:① 国家监察委员会根据宪法和法律,制定监察法规。监察法规可以就下列事项作出规定:一是为执行法律的规定需要制定监察法规的事项;二是为履行领导地方各级监察委员会工作的职责需要制定监察法规的事项。监察法规不得与宪法、法律相抵触。② 监察法规应当经国家监察委员会全体会议决定,由国家监察委员会发布公告予以公布。③ 监察法规应当在公布后的30日内报全国人大常委会备案。全国人大常委会有权撤销同宪法和法律相抵触的监察法规。④ 本决定自2019年10月27日起施行。据此国家监察委有权制定监察法规,可以更好地领导、监督各级监察委的工作。这是对宪法的重要补充。

特赦是对已受刑事犯罪处罚被宣告有特定罪行的人,特别免除其刑罚的执行。中华人民共和国成立后,根据宪法,全国人大常委会对原国民党在押战犯先后进行过8次特赦。2015年,全国人大常委会通过关于特赦部分服刑罪犯的决定。决定依据2015年1月1日前人民法院作出的生效判决对正在服刑、释放后不具有现实社会危险性的四类罪犯实行特赦。决定自2015年8月29日起施行。此次特赦的四类罪犯包括:一是参加过中国人民抗日战争、中国人民解放战争的服刑罪犯;二是中华人民共和国成立以后,参加过保卫国家主权、安全和领土完整对外作战的服刑罪犯,但几种严重犯罪的罪犯除外;三是年满75周岁、身体严重残疾且生活不能自理的服刑罪犯;四是犯罪的时候不满18周岁,被判处三年以下有期徒刑或者剩余刑期在一年以下的服刑罪犯,但几种严重犯罪的罪犯除外。

2019年6月29日,国家主席习近平根据全国人大常委会通过的特赦决定签署主席特赦令,对依据2019年1月1日前人民法院作出的生效判决正在服刑的九类罪犯予以特赦。特赦令同时明确了九类对象不得特赦。这是继2015年我国在抗日战争胜利70周年之际进行特赦后的又一次特赦。宪法规定,全国人大常委会决定特赦;国家主席根据全国人大常委会决定发布特赦令。

总动员是国家在紧急状态时采取的一种紧急措施,把全部武装力量从平时状态转入战备状态,并统一调度、指挥、管理一切可以利用的人力物力财力为紧急状态时期的任务服务。总动员令是在全国范围内的动员,局部动员是指局部地区的动员。《中华人民共和国国防法》对此有规定。2004年修宪时将原来的"戒严"改为"紧急状态",后者包括戒严但不限于戒严。

其他授权决定如,关于授权最高人民法院、最高人民检察院在部分地区开展刑事案件速裁程序试点工作的决定;关于授权在部分地区开展人民陪审员制度改革试点工作的决定;关于授权最高人民检察院在部分地区开展公益诉讼试点工作的决定。

(7) 全国人大授予的其他职权。如七届全国人大二次会议审议了国务院提请授权深圳市人大及其常委会和深圳市政府分别制定深圳经济特区法规和深圳经济特区规章的议案,决定授权全国人大常委会在深圳市依法选举产生市人大及其常委会后,对国务院提出的上述议案进行审议,作出相应决定。

需要指出的是,近年来,全国人大对一些本应由其行使的职权并未行使也未明确作出授权,而是由全国人大常委会行使。这可以看作全国人大对其常委会的一种事后追认。如2013年,全国人大常委会《关于授权国务院在中国(上海)自由贸易试验区暂时调整有关法律规定的行政审批的决定》;2014年,全国人大常委会《关于授权国务院在中国(广东)自由贸易试验区、中国(天津)自由贸易试验区、中国(福建)自由贸易试验区以及中国(上海)自由贸易试验区扩展区域暂时调整有关法律规定的行政审批的决定》等,其中涉及调整实施的有关法律是全国人大制定的,理应由全国人大作出决定或者授权全国人大常委会作出决定,但全国人大并未授权其常委会作出决定。但是在次年的全国人大常委会工作报告中报告了这方面的工作,其工作报告获得全国人大的批准,意味着全国人大事后追认了这种行为的合宪性。再如2016年12月,全国人大常委会表决通过《关于在北京市、山西省、浙江省开展国家监察体制改革试点工作的决定》。这个试点的内容涉及宪法上国家机关体制的调整,本应由全国人大作出决定。但因为全国人大处于闭会期间,由常委会作出决定也是可以的,只要在2017年全国人大会议上获得事后追认即可。

4. 会议制度和工作程序

(1)会议制度。全国人大常委会会议一般每两个月举行一次。有特殊需要,可以临时召集会议。其会议由委员长召集并主持。委员长可以委托副委员长主持。常委会举行会议,必须有常委会全体组成人员过半数出席。

常委会会议有列席制度。举行会议时,国务院、中央军委、最高人民法院、最高人民检察院负责人,不是常委会委员的专门委员会组成人员,各省、自治区、直辖市人大常委会主任或副主任一人,列席会议。全国人大代表、其他有关部门负责人,经邀请可以列席会议。列席会议人员有发言权,没有表决权。

常委会会议有旁听制度。旁听人员没有发言权。如果他们对全国人大常委会会议正在审议的议案有意见,可以向全国人大常委会工作机构书面提出。

常委会会议分为全体会议、分组会议和联组会议三种形式。全体会议是常委会全体组成人员参加的会议,主要任务是听取各项工作报告和对议案的说明,对常委会审议的各项议案进行表决。分组会议是常委会组成人员按组进行讨论审议的会议。分组会议人数较少,便于委员充分发表意见,这是常委会审议讨论各项议案和报告的主要形式。联组会议是在分组会议的基础上召开的各组联席会议,主要任务是交流分组会议审议的情况和意见,对议案和报告所涉及的主要问题,特别是有意见分歧的问题,展开进一步讨论、辩论和协商。

(2)工作程序。第一,提出、审议和通过议案。委员长会议、国务院、中央军事委员会、最高人民法院、最高人民检察院、全国人大各专门委员会、常委会组成人员10人以上联名,可以向常委会提出属于常委会职权范围内的议案,依法予以审议表决通过后予以公布。

第二,工作监督。主要包括:其一,听取和审议专项工作报告。全国人大常委会每年选择若干关系改革发展稳定大局和群众切身利益、社会普遍关注的重大问题,有计划地安排听取和审议国务院、最高人民法院和最高人民检察院的专项工作报告。其二,审查和批准决算,听取和审议国民经济和社会发展计划、预算的执行情况报告。经全国人大批准的国家的国民经济和社会发展计划、预算,在执行过程中需要作部分调整的,国务院应将调整方案提请常委会审查和批准。常委会每年审查和批准决算的同时,听取和审议国务院提出的审计机关关于上一年度预算执行和其他财政收支的审计工作报告。其三,检查法律实施情况。常委会每年选择若干关系改革发展稳定大局和群众切身利益、社会普遍关注的重大问题,有计划地对有关法律实施情况组织执法检查。其四,质询和询问。在常委会会议期间,常委会组成人员10人以上联名,可以向常委会书面提出对国务院及国务院各部、各委员会和最高人民法院、最高人民检察院的质询案。常委会审议议案和有关报告时,国务院或者有关部门、最高人民法院或者最高人民检察院应当派有关负责人员到会,听取意见,回答询问。其五,特定问题调查。委员长会议、1/5以上常委会组成人员书面联名,可以向常委会提议组织特定问题的调查委员会。调查委员会应向常委会提出调查报告。常委会根据报告作出相应的决议、决定。

第三,法律规范的备案审查。《立法法》第99条规定:国务院、中央军事委员会、最高人民法院、最高人民检察院和各省、自治区、直辖市的人大常委会认为行政法规、地方性法规、自治条例和单行条例同宪法或者法律相抵触的,可以向全国人大常委会书面提出进行审查的要求,由常委会工作机构分送有关的专门委员会进行审查、提出意见。前款规定以外的其他国家机关和社会团体、企业事业组织以及公民认为行政法规、地方性法规、自治条例和单行条例同宪法或者法律相抵触的,可以向全国人大常委会书面提出进行审查的建议,由常委会工作机构进行研究,必要时,送有关的专门委员会进行审查、提出意见。第100条规定:全国人大专门委员会、常委会工作机构在审查、研究中认为行政法规、地方性法规、自治条例和单行条例同宪法或者法律相抵触的,可以向制定机关提出书面审查意见、研究意见;也可以由法律委员会与有关的专门委员会、常务委员会工作机构召开联合审查会议,要求制定机关到会说明情况,再向制定机关提出书面审查意见。制定机关应当在两个月内研究提出是否修改的意见,并向全国人大法律委员会和有关的专门委员会或者常务委员会工作机构反馈。全国人大法律委员会、有关的专门委员会、常务委员会工作机构根据前款规定,向制定机关提出审查意见、研究意见,制定机关按照所提意见对行政法规、地方性法规、自治条例和单行条例进行修改或者废止的,审查终止。全国人大法律委员会、有关的专门委员会、常务委员会工作机构经审查、研究认为行政法规、地方性法规、自治条例和单行条例同宪法或者法律相抵触而制定机关不予修改的,应当向委员长会议提出予以撤销的议案、建议,由委员长会议决定提请常委会会议审议决定。

2018年12月24日、2019年12月25日、2021年1月20日,全国人大常委会法制工作委员会主任沈春耀分别向全国人大常委会就2018年备案审查工作情况、2019年和2020年备案审查工作作报告。

(三)全国人大各委员会

专门委员会是全国人大的常设工作机构,其任务是在全国人大及其常委会的领导下,研究、审议、拟定有关议案。全国人大下设民族委员会、宪法和法律委员会、社会建设委员会、监察和司法委员会、外事委员会、华侨委员会、环境与资源保护委员会、农业与农村委员会。全国人大认为需要时可以设立其他专门委员会。各专门委员会由主任委员一人,副主任委员和委员若干人组成。

调查委员会是全国人大对属于其职权范围内的事项作出决议、决定,但有关重大事实不清需要按照法定程序成立的调查组织。全国人大认为必要时,可以组织特定问题的调查委员会。主席团、3个以上的代表团或1/10以上的代表联名,可以提议组织关于特定问题的调查委员会。委员会由主任委员、副主任委员若干人和委员若干人组成。调查委员会应当向全国人大提出调查报告,全国人大根据其报告,可以作出相应的决议。

2018年,中共中央印发的《深化党和国家机构改革方案》提出了深化全国人大机构改革的方案,组建全国人大社会建设委员会,整合全国人大内务司法委员会、财政经济委员会、教育科学文化卫生委员会的相关职责,组建或者更名下列专门委员会:(1)全国人大社会建设委员会作为全国人大专门委员会。主要职责是,研究、拟订、审议劳动就业、社会保障、民政事务、群团组织、安全生产等方面的有关议案、法律草案,开展有关调查研究,开展有关执法检查等。(2)全国人大内务司法委员会更名为全国人大监察和司法委员会,在原有工作职责基础上,增加配合深化国家监察体制改革、完善国家监察制度体系、推动实现党内监督和国家机关监督有机统一方面的职责。(3)全国人大法律委员会更名为全国人大宪法和法律委员会,全国人大宪法和法律委员会在继续承担统一审议法律草案工作的基础上,增加推动宪法实施、开展宪法解释、推进合宪性审查、加强宪法监督、配合宪法宣传等职责。

(四)全国人大代表

宪法和2010年修正的《代表法》对全国人大代表的权利和义务、保障和管理等做了规定。

1. 权利和义务

全国人大代表享有如下权利:出席全国人民代表大会会议,参加审议各项议案、报告和其他议题,发表意见;依法联名提出议案、质询案、罢免案等;提出对各方面工作的建议、批评和意见;参加全国人大的各项选举、决定和罢免;参加全国人大的各项审议和表决;获得依法执行代表职务所需的信息和各项保障;法律规定的其他权利。

全国人大代表应当履行下列义务:模范地遵守宪法和法律,保守国家秘密,在自己参加的生产、工作和社会活动中,协助宪法和法律的实施;按时出席全国人大会议,认真审议各项议案、报告和其他议题,发表意见,做好会议期间的各项工作;积极参加统一组织的视察、专题调研、执法检查等履职活动;加强履职学习和调查研究,不断提高执行代表职务的能力;与原选举单位和人民群众保持密切联系,听取和反映他们的意见和要求,努力为人民服务;自觉遵守社会公德,廉洁自律,公道正派,勤勉尽责;法律规定的其他义务。

2. 履职规范

(1)代表应按时出席本级人大会议,代表因健康等特殊原因不能出席会议的,应当按照规定请假。(2)代表在出席本级人民代表大会会议前,应当听取人民群众的意见和建议,为会议期间执行代表职务作好准备。(3)代表参加大会全体会议、代表团全体会议、小组会议,审议列入会议议程的各项议案和报告。代表应当围绕会议议题发表意见,遵守议事规则。(4)代表向本级人大提出的建议、批评和意见应当明确具体,注重反映实际情况和问题。(5)代表在闭会期间的活动以集体活动为主,以代表小组活动为基本形式。代表可以通过多种方式听取、反映原选区选民或者原选举单位的意见和要求。(6)代表根据安排,围绕经济社会发展和关系人民群众切身利益、社会普遍关注的重大问题,开展专题调研。

3. 保障措施

(1)全国人大代表,非经全国人大主席团许可,在全国人大闭会期间,非经全国人大常委会许可,不受逮捕或者刑事审判。如果因为是现行犯被拘留,执行拘留的机关应当立即向全国人大主席团或者全国人大常委会报告。(2)全国人大代表的言论免责权适用于全国人大的各种会议,包括大会全体会议、代表团会议、代表团小组会议、主席团会议、各专门委员会会议等。人大代表享有言论免责权,其在全国人大各种会议上的发言和表决,不受法律追究。(3)物质和经济保障。全国人大代表在出席全国人大会议期间或者在会议闭会期间执行各项代表职务的时候,国家根据实际需要给予物质上的保障和给予适当的补贴。

4. 强化对代表的监督措施

代表应当正确处理从事个人职业活动与执行代表职务的关系,不得利用执行代表职务干涉具体司法案件或者招标投标等经济活动牟取个人利益。《代表法》还规定了暂时停止执行代表职务以及代表资格终止等情形。

## 二、国家主席

(一) 发展演进历程

根据 1949 年《中华人民共和国中央人民政府组织法》(以下简称《中央人民政府组织法》)规定,我国设立中央人民政府委员会,对外代表国家,对内领导国家政权,集体行使国家元首的职权。中央人民政府主席是其代表。"中央人民政府主席,主持中央人民政府委员会的会议,并领导中央人民政府委员会的工作。"中央人民政府委员会享有国家元首的职权,负责制定并解释国家法律,颁布法令,并监督其执行;规定国家的施政方针;废除或修改政务院与国家的法律、法令相抵触的决议和命令;批准或废除或修改中华人民共和国与外国订立的条约和协定;处理战争及和平问题;批准或修改国家的预算和决算;颁布国家的大赦令和特赦令;制定并颁发国家的勋章、奖章,制定并授予国家的荣誉称号;任免各项政府人员;筹备并召开全国人大。可见,当时是集体元首制度。

1954 年宪法对中华人民共和国主席的产生、任期、职权以及在国家中的地位作了具体规定。第 41 条规定:"中华人民共和国主席对外代表中华人民共和国",这与《中央人民政府组织法》所规定的由中央人民政府委员会对外代表国家不同。国家主席由全国人大选举产生,对外代表中华人民共和国,并且根据全国人大及其常委会的决定,行使公布法律、任免国家机关工作人员等职权。刘少奇在《关于中华人民共和国宪法草案的报告》中指出,我们的国家元首职权由全国人大选出的全国人大常委会和中华人民共和国主席结合起来行使。我们的国家元首是集体国家元首。这一时期的元首制度是以主席为代表的集体元首制。

1975 年宪法取消国家主席建制,将原由国家主席行使的部分职权改由中共中央和中共中央主席行使。1975 年宪法规定:"全国人民代表大会根据中国共产党中央委员会的提议任免国务院总理""中国共产党中央委员会主席统帅全国武装力量"。原由国家主席行使的其他职权未作规定。1978 年宪法未设置国家主席,把 1954 年宪法规定由国家主席行使的部分职权改由全国人大常委会委员长和中共中央共同行使。此时的国家元首制度并不完善。

1982年宪法恢复了国家主席的设置,并对中华人民共和国主席的职权作了一些新的规定。这些规定标志着我国国家主席制度逐渐完善和健全。

(二)性质和地位

现行宪法对国家主席的性质和地位没有规定。宪法规定:中华人民共和国主席代表中华人民共和国,进行国事活动,接受外国使节;此外宪法还规定了国家主席享有广泛的对内事务的职权。从实际情况看,国家主席在实际政治生活中发挥重要作用,是我国的国家元首。

(三)产生和任期

现行宪法规定,国家主席、副主席由全国人大选举产生。具体程序是:由全国人大会议主席团提出国家主席和副主席的候选人名单,经各代表团酝酿协商,再由主席团根据多数代表的意见确定正式候选人名单,提交大会全体会议表决,以全体代表过半数同意当选。

《宪法》第79条规定:"有选举权和被选举权的年满四十五周岁的中华人民共和国公民可以被选为中华人民共和国主席、副主席。"据此,当选国家主席、副主席必须同时具备三个条件:必须是中国公民、必须有选举权和被选举权、年满45周岁。规定较高年龄的要求,主要考虑国家主席是一个崇高的职务,不仅要有丰富的政治阅历,而且必须在国内外享有较高的声誉和威望,只有到一定年龄的人,才可能具备这些条件。

国家主席、副主席每届任期5年。国家主席、副主席行使职权到下届全国人大选出的主席、副主席就职为止。国家主席缺位时,由副主席继任国家主席职位。副主席缺位时,由全国人大补选。国家主席、副主席都缺位时,由全国人大补选;在补选以前,由全国人大常委会委员长暂时代理主席职位。2018年修宪时将"国家主席、副主席连续任职不得超过两届"的规定删除。这一修改使得同时担任中共中央总书记、中央军事委员会主席和国家主席的任期制度保持一致。

(四)职权

根据宪法规定,国家主席行使以下职权:

(1)公布法律权。全国人大及其常委会通过的法律,须由国家主席公布施行。公布法律是一项立法程序,国家主席对最高国家权力机关通过的法律无否决权。

(2)人事提名权与任免权。国家主席有权向全国人大提名国务院总理的人选;根据全国人大及其常务委员会的决定,任免国务院总理、副总理、国务委员、各部部长、各委员会主任、审计长、秘书长。其中,"根据……决定"表明国家主席行使的相关权力都是根据全国人大或它的常委会的决定作出,无权自行决定,此种职权属于程序性的,不是实质性的。

(3)发布命令权。国家主席以发布命令的方式公布法律;根据全国人大常委会的决定发布特赦令、宣布进入紧急状态、宣布战争状态、发布动员令。

(4)外事权。国家主席代表中华人民共和国进行国事活动,接受外国使节;根据全国人大常委会的决定,派遣和召回驻外全权代表,批准和废除同外国缔结的条约和重要协定。2004年增加的"进行国事活动",主要作为国家元首出访他国,参加国际组织和地区性的国家首脑会议。

(5)授予荣誉权。国家主席根据全国人大常委会的决定,授予国家的勋章和荣誉称号。

国家副主席没有独立的职权,它的职责主要是协助国家主席工作。副主席可以受国家主席的委托,代替执行主席的一部分职权,如代替主席接受外国使节等。副主席受托行使国家主席职权时,具有与国家主席同等的法律地位。

我国国家主席制度在实际运作中已经不再是纯粹的虚职地位和角色,基于这种现实,我们建议修改宪法,增加国家主席对全国人大及其常委会负责和报告工作的规定。①

### 三、国务院

(一)性质和地位

《宪法》第85条规定:"中华人民共和国国务院,即中央人民政府,是最高国家权力机关的执行机关,是最高国家行政机关。"制宪过程中对"即"字作过推敲。关于"即"和"是"的不同,李维汉说,"即"和"是"字意思有些不同,举例说,沈雁冰,即茅盾,是文学家。这里的"即"字比较好。叶圣陶说:说明事物性质的,用"是"字,插进去的,用"即"字。可见,"即中央人民政府"是插入对国务院的一个说明。② 类似的在序言第六段:"工人阶级领导的、以工农联盟为基础的人民民主专政,实质上即无产阶级专政,得到巩固和发展。"

作为"中央人民政府",与地方人民政府对应。在我国,中央人民政府只有国务院,对外以中国政府的名义进行活动,对内同地方各级政府组成国家行政机关

---

① 参见朱应平:《我国现行国家主席制度刍议》,载《法学》2000年第11期。
② 参见蔡定剑:《宪法精解(第二版)》,法律出版社2006年版,第372页。

体系。作为最高权力机关的执行机关,国务院处理国家行政事务不得违反最高国家权力机关制定的法律和作出的决议决定,不能行使宪法和法律没有授予的权力。作为最高行政机关,统一领导各部、各委员会的工作以及全国地方各级国家行政机关的工作,在国家行政机关体系中居于最高地位。

(二)产生、组成和任期

国务院由总理、副总理若干人、国务委员若干人、各部部长、各委员会主任、审计长、秘书长组成。每届任期5年,总理、副总理、国务委员连续任职不得超过两届。

《宪法》第62条第5项规定:全国人大根据中华人民共和国主席的提名,决定国务院总理的人选;根据国务院总理的提名,决定国务院副总理、国务委员、各部部长、各委员会主任、审计长、秘书长的人选。

(三)国务院职权

《宪法》第89条规定了18项职权,主要分为以下几方面。

(1)行政立法权和其他相关权力。国务院有权根据宪法和法律,规定行政措施,制定行政法规,发布决定和命令。

"根据宪法和法律"不仅是指根据宪法关于国务院的职权,而且还要根据宪法和法律的有关原则、精神和内容的规定,来规定行政措施、制定行政法规、发布决定和命令。

行政法规属于行政立法。《立法法》《监督法》对此有相关规定。行政法规分为职权性和授权性行政法规。《立法法》第65条规定:"行政法规可以就下列事项作出规定:(一)为执行法律的规定需要制定行政法规的事项;(二)宪法第八十九条规定的国务院行政管理职权的事项。应当由全国人民代表大会及其常务委员会制定法律的事项,国务院根据全国人民代表大会及其常务委员会的授权决定先制定的行政法规,经过实践检验,制定法律的条件成熟时,国务院应当及时提请全国人民代表大会及其常务委员会制定法律。"这属于职权性行政法规。第1款规定:"国务院根据宪法和法律,制定行政法规。"这是授权性行政法规。

行政措施是指国务院为执行宪法和法律的有关原则、精神和履行国际条约所采取的具体办法和步骤。行政措施是行政管理的重要手段,是国务院的专属职权。①但是实际上,发布行政措施并非国务院的专属权力。《中华人民共和国地方各级人民代表大会和地方各级人民政府组织法》(以下简称《地方组织法》)第 59 条第 1 项规定,县级以上的地方各级人民政府有权为执行本级人民代表大会及其常务委员会的决议,以及上级国家行政机关的决定和命令,规定行政措施。1994 年,北京市政府发布《北京市行政措施备案规定》,该规定已经废止。后来,相关立法很少使用行政措施这一概念。

根据 2012 年中共中央办公厅、国务院办公厅发布的《党政机关公文处理工作条例》第 8 条的规定,"决定"适用于对重要事项作出决策和部署、奖惩有关单位和人员、变更或者撤销下级机关不适当的决定事项;"命令(令)"适用于公布行政法规和规章、宣布施行重大强制性措施、批准授予和晋升衔级、嘉奖有关单位和人员。

学者指出,1982 年宪法注意用词的一致性和规范化,凡是国家权力机关作出的都称为"决议";凡是国家行政机关作出的都称为"决定"。②

(2) 提出议案和其他要求的权力。指国务院有权向全国人大及其常委会提出属于这二者职权范围内的议案和其他要求。

根据《立法法》规定,国务院除了可以向全国人大及其常委会提出属于其职权范围内的立法议案外,还有权向全国人大常委会提出法律解释的要求;认为地方性法规、自治条例和单行条例同宪法或者法律相抵触的,可以向全国人大常委会书面提出进行审查的要求,由常务委员会工作机构分送有关的专门委员会进行审查、提出意见。

(3) 领导各部委及各级地方行政机关的工作。国务院规定各部和各委员会的任务和职责,统一领导各部和各委员会的工作,并且领导不属于各部和各委员会的全国性的行政工作;统一领导全国地方各级国家行政机关的工作,规定中央和省、自治区、直辖市的国家行政机关的职权的具体划分;编制和执行国民经济和社会发展计划和国家预算;批准省、自治区、直辖市的区域划分,批准自治州、县、自治县、市的建置和区域划分等。

(4) 领导和管理各项行政工作。领导和管理经济、城乡建设、生态文明建设、教育、科学、文化、卫生、体育和计划生育、民政、公安、司法行政、对外事务、国防建设事业和民族事务等工作。2018 年修宪时新增加了"生态文明建设",删除

---

① 参见蔡定剑:《宪法精解(第二版)》,法律出版社 2006 年版,第 381 页。
② 同上书,第 383 页。

了"监察"。

（5）保障权利。保障少数民族的平等权利和民族自治地方的自治权利；保护华侨的正当的权利和利益，保护归侨和侨眷的合法的权利和利益。

（6）法律监督权。有权改变或者撤销各部委发布的不适当的命令、指示和规章；有权改变或者撤销地方各级国家行政机关不适当的决定和命令。

（7）人事任免权、培训、考核和奖惩权。审定行政机构的编制，依照法律规定任免、培训、考核和奖惩行政人员。

（8）决定进入紧急状态权。依照法律规定决定省、自治区、直辖市的范围内部分地区进入紧急状态。

（9）全国人大及其常委会授予的其他职权。《立法法》第 9 条规定，第 8 条规定的事项尚未制定法律的，全国人大及其常委会有权作出决定，授权国务院可以根据实际需要，对其中的部分事项先制定行政法规，但是有关犯罪和刑罚、对公民政治权利的剥夺和限制人身自由的强制措施和处罚、司法制度等事项除外。如第六届全国人大常委会第二次会议决定：授权国务院对 1978 年 5 月 24 日五届全国人大常委会第二次会议原则批准的《关于安置老弱病残干部的暂行办法》和《关于工人退休、退职的暂行办法》的部分规定作一些必要的修改和补充。1984 年，全国人大常委会作出《关于授权国务院改革工商税制发布有关税收条例草案试行的决定》。1985 年，第六届全国人大第三次会议《关于授权国务院在经济体制改革和对外开放方面可以制定暂行的规定或者条例的决定》。

授权决定如：全国人大常委会《关于授权国务院在中国（上海）自由贸易试验区暂时调整有关法律规定的行政审批的决定》《关于授权国务院在中国（广东）、中国（天津）、中国（福建）自由贸易试验区以及中国（上海）自由贸易试验区扩展区域暂时调整有关法律规定的行政审批的决定》《关于授权国务院在部分地方开展药品上市许可持有人制度试点和有关问题的决定》。授权决定的期限，有三年也有两年，前者居多。

其他授权，如 2015 年全国人大常委会《关于授权国务院在北京市大兴区等 232 个试点县（市、区）、天津市蓟县等 59 个试点县（市、区）行政区域分别暂时调整实施有关法律规定的决定》：为了落实农村土地的用益物权，赋予农民更多财产权利，深化农村金融改革创新，有效盘活农村资源、资金、资产，为稳步推进农村土地制度改革提供经验和模式，第十二届全国人大常委会第十八次会议决定：授权国务院在北京市大兴区等 232 个试点县（市、区）行政区域，暂时调整实施

《中华人民共和国物权法》《中华人民共和国担保法》关于集体所有的耕地使用权不得抵押的规定；在天津市蓟县等59个试点县（市、区）行政区域暂时调整实施《中华人民共和国物权法》《中华人民共和国担保法》关于集体所有的宅基地使用权不得抵押的规定。上述调整在2017年12月31日前试行。暂时调整实施有关法律规定，必须坚守土地公有制性质不改变、耕地红线不突破、农民利益不受损的底线，坚持从实际出发，因地制宜。国务院及其有关部门要完善配套制度，加强对试点工作的整体指导和统筹协调、监督管理，按程序、分步骤审慎稳妥推进，防范各种风险，及时总结试点工作经验，并就暂时调整实施有关法律规定的情况向全国人大常委会作出报告。

（四）国务院的领导体制、机构设置和会议制度

1. 领导体制

国务院实行总理负责制。各部、各委员会实行部长、主任负责制。总理负责制具体表现：

（1）国务院总理人选由国家主席提名，经全国人大决定后由国家主席任命，总理担负着管理全国行政事务的职责，向全国人大及其常委会承担行政责任。

（2）国务院其他组成人员的人选由总理提名，由全国人大或全国人大常委会决定，在必要时，总理有权向全国人大或全国人大常委会提出免除他们职务的请求。

（3）总理领导国务院的工作，副总理、国务委员协助总理工作，国务委员受总理委托，负责某些方面的工作或者专项任务，并且可以代表国务院进行外事活动。各部部长、各委员会主任负责某一方面的工作。他们均须向国务院总理负责。

（4）总理召集和主持国务院全体会议和常务会议，会议议题由总理确定，重大问题须经国务院全体会议或者常务会议讨论，总理在集体讨论的基础上形成国务院的决定。

（5）国务院发布的决议、命令和行政法规，向全国人大或全国人大常委会提出的议案，任免人员案，均须总理签署，才有法律效力。

2. 机构设置

《中华人民共和国国务院组织法》（以下简称《国务院组织法》）规定：国务院各部、各委员会的设立、撤销或者合并，经总理提出，由全国人大决定；在全国人大闭会期间，由全国人大常委会决定。国务院可以根据工作需要和精简的原则，

设立若干直属机构主管各项专门业务,设立若干办事机构协助总理办理专门事项。每个机构设负责人二至五人。

《国务院行政机构设置和编制管理条例》第 6 条规定,国务院行政机构根据职能分为国务院办公厅、国务院组成部门、国务院直属机构、国务院办事机构、国务院组成部门管理的国家行政机构和国务院议事协调机构。

2018 年,国务院发布《关于机构设置的通知》指出,根据党的十九届三中全会审议通过的《深化党和国家机构改革方案》、第十三届全国人民代表大会第一次会议审议批准的国务院机构改革方案和国务院第一次常务会议审议通过的国务院直属特设机构、直属机构、办事机构、直属事业单位设置方案,国务院机构设置包括:国务院办公厅、国务院组成部门、国务院直属特设机构、国务院直属机构、国务院办事机构、国务院直属事业单位。

(1)国务院办公厅。协助国务院领导处理国务院日常工作。

(2)国务院组成部门。其依法分别履行国务院基本的行政管理职能。国务院组成部门包括各部、各委员会、中国人民银行和审计署。

目前包括外交部、国防部、国家发展和改革委员会、教育部、科学技术部、工业和信息化部、民族事务委员会、公安部、国家安全部、民政部、司法部、财政部、人力资源和社会保障部、自然资源部、生态环境部、住房和城乡建设部、交通运输部、水利部、农业农村部、商务部、文化和旅游部、国家卫生健康委员会、退役军人事务部、应急管理部、中国人民银行、审计署。此外,教育部对外保留国家语言文字工作委员会牌子。科学技术部对外保留国家外国专家局牌子。工业和信息化部对外保留国家航天局、国家原子能机构牌子。自然资源部对外保留国家海洋局牌子。生态环境部对外保留国家核安全局牌子。

(3)国务院直属特设机构。国务院国有资产监督管理委员会是国务院直属正部级特设机构,根据有关法律和国务院授权,代表国务院对国家出资企业履行出资人职责。

(4)国务院直属机构。主管国务院的某项专门业务,具有独立的行政管理职能。

包括海关总署、国家税务总局、国家市场监督管理总局、国家广播电视总局、国家体育总局、国家统计局、国家国际发展合作署、国家医疗保障局、国务院参事室、国家机关事务管理局。国家市场监督管理总局对外保留国家认证认可监督管理委员会、国家标准化管理委员会牌子。国家新闻出版署(国家版权局)在中央宣传部加挂牌子，由中央宣传部承担相关职责。国家宗教事务局在中央统战部加挂牌子，由中央统战部承担相关职责。

（5）国务院办事机构。协助国务院总理办理专门事项，不具有独立的行政管理职能。

包括国务院港澳事务办公室、国务院研究室。国务院侨务办公室在中央统战部加挂牌子，由中央统战部承担相关职责。国务院台湾事务办公室与中共中央台湾工作办公室、国家互联网信息办公室与中央网络安全和信息化委员会办公室，一个机构两块牌子，列入中共中央直属机构序列。国务院新闻办公室在中央宣传部加挂牌子。

（6）国务院直属事业单位。包括新华通讯社、中国科学院、中国社会科学院、中国工程院、国务院发展研究中心、中央广播电视总台、中国气象局、中国银行保险监督管理委员会、中国证券监督管理委员会。国家行政学院与中央党校，一个机构两块牌子，作为党中央直属事业单位。

2018年，中共中央发布的《深化党和国家机构改革方案》指出：深化国务院机构改革，要着眼于转变政府职能，坚决破除制约使市场在资源配置中起决定性作用、更好发挥政府作用的体制机制弊端，围绕推动高质量发展，建设现代化经济体系，加强和完善政府经济调节、市场监管、社会管理、公共服务、生态环境保护职能，结合新的时代条件和实践要求，着力推进重点领域、关键环节的机构职能优化和调整，构建起职责明确、依法行政的政府治理体系，增强政府公信力和执行力，加快建设人民满意的服务型政府。

① 组建自然资源部。为统一行使全民所有自然资源资产所有者职责，统一行使所有国土空间用途管制和生态保护修复职责，着力解决自然资源所有者不到位、空间规划重叠等问题，将国土资源部的职责，国家发展和改革委员会的组织编制主体功能区规划职责，住房和城乡建设部的城乡规划管理职责，水利部的水资源调查和确权登记管理职责，农业部的草原资源调查和确权登记管理职责，国家林业局的森林、湿地等资源调查和确权登记管理职责，国家海洋局的职责，国家测绘地理信息局的职责整合，组建自然资源部，作为国务院组成部门。自然资源部对外保留国家海洋局牌子。主要职责是，对自然资源开发利用和保护进行监管，建立空间规划体系并监督实施，履行全民所有各类自然资源资产所有者职责，统一调查和确权登记，建立自然资源有偿使用制度，负责测绘和地质勘查行业管理等。不再保留国土资源部、国家海洋局、国家测绘地理信息局。

②组建生态环境部。将环境保护部的职责,国家发展和改革委员会的应对气候变化和减排职责,国土资源部的监督防止地下水污染职责,水利部的编制水功能区划、排污口设置管理、流域水环境保护职责,农业部的监督指导农业面源污染治理职责,国家海洋局的海洋环境保护职责,国务院南水北调工程建设委员会办公室的南水北调工程项目区环境保护职责整合,组建生态环境部,作为国务院组成部门。生态环境部对外保留国家核安全局牌子。主要职责是,拟订并组织实施生态环境政策、规划和标准,统一负责生态环境监测和执法工作,监督管理污染防治、核与辐射安全,组织开展中央环境保护督察等。不再保留环境保护部。

③组建农业农村部。将中央农村工作领导小组办公室的职责,农业部的职责,以及国家发展和改革委员会的农业投资项目、财政部的农业综合开发项目、国土资源部的农田整治项目、水利部的农田水利建设项目等管理职责整合,组建农业农村部,作为国务院组成部门。中央农村工作领导小组办公室设在农业农村部。主要职责是统筹研究和组织实施"三农"工作战略、规划和政策,监督管理种植业、畜牧业、渔业、农垦、农业机械化、农产品质量安全,负责农业投资管理等。将农业部的渔船检验和监督管理职责划入交通运输部。不再保留农业部。

④组建文化和旅游部。将文化部、国家旅游局的职责整合而成,作为国务院组成部门。主要职责是贯彻落实党的文化工作方针政策,研究拟订文化和旅游工作政策措施,统筹规划文化事业、文化产业、旅游业发展,深入实施文化惠民工程,组织实施文化资源普查、挖掘和保护工作,维护各类文化市场包括旅游市场秩序,加强对外文化交流,推动中华文化走出去等。不再保留文化部、国家旅游局。

⑤组建国家卫生健康委员会。将国家卫生和计划生育委员会、国务院深化医药卫生体制改革领导小组办公室、全国老龄工作委员会办公室的职责,工业和信息化部的牵头《烟草控制框架公约》履约工作职责,国家安全生产监督管理总局的职业安全健康监督管理职责整合,组建国家卫生健康委员会,作为国务院组成部门。主要职责是拟订国民健康政策,协调推进深化医药卫生体制改革,组织制定国家基本药物制度,监督管理公共卫生、医疗服务和卫生应急,负责计划生育管理和服务工作,拟订应对人口老龄化、医养结合政策措施等。保留全国老龄工作委员会,日常工作由国家卫生健康委员会承担。民政部代管的中国老龄协会改由国家卫生健康委员会代管。国家中医药管理局由国家卫生健康委员会管

理。不再保留国家卫生和计划生育委员会。不再设立国务院深化医药卫生体制改革领导小组办公室。

⑥ 组建退役军人事务部。将民政部的退役军人优抚安置职责，人力资源和社会保障部的军官转业安置职责，以及中央军委政治工作部、后勤保障部有关职责整合，组建退役军人事务部，作为国务院组成部门。主要职责是拟订退役军人思想政治、管理保障等工作政策法规并组织实施，褒扬彰显退役军人为党、国家和人民牺牲奉献的精神风范和价值导向，负责军队转业干部、复员干部、退休干部、退役士兵的移交安置工作和自主择业退役军人服务管理、待遇保障工作，组织开展退役军人教育培训、优待抚恤等，指导全国拥军优属工作，负责烈士及退役军人荣誉奖励、军人公墓维护以及纪念活动等。

⑦ 组建应急管理部。将国家安全生产监督管理总局的职责，国务院办公厅的应急管理职责，公安部的消防管理职责，民政部的救灾职责，国土资源部的地质灾害防治、水利部的水旱灾害防治、农业部的草原防火、国家林业局的森林防火相关职责，中国地震局的震灾应急救援职责以及国家防汛抗旱总指挥部、国家减灾委员会、国务院抗震救灾指挥部、国家森林防火指挥部的职责整合，组建应急管理部，作为国务院组成部门。主要职责是组织编制国家应急总体预案和规划，指导各地区各部门应对突发事件工作，推动应急预案体系建设和预案演练。建立灾情报告系统并统一发布灾情，统筹应急力量建设和物资储备并在救灾时统一调度，组织灾害救助体系建设，指导安全生产类、自然灾害类应急救援，承担国家应对特别重大灾害指挥部工作。指导火灾、水旱灾害、地质灾害等的防治。负责安全生产综合监督管理和工矿商贸行业安全生产监督管理等。公安消防部队、武警森林部队转制后，与安全生产等应急救援队伍一并作为综合性常备应急骨干力量，由应急管理部管理，实行专门管理和政策保障，采取符合其自身特点的职务职级序列和管理办法，提高职业荣誉感，保持有生力量和战斗力。应急管理部要处理好防灾和救灾的关系，明确与相关部门和地方各自职责分工，建立协调配合机制。中国地震局、国家煤矿安全监察局由应急管理部管理。不再保留国家安全生产监督管理总局。

⑧ 重新组建科学技术部。将科学技术部、国家外国专家局的职责整合，重新组建科学技术部，作为国务院组成部门。科学技术部对外保留国家外国专家局牌子。主要职责是拟订国家创新驱动发展战略方针以及科技发展、基础研究规划和政策并组织实施，统筹推进国家创新体系建设和科技体制改革，组织协调

国家重大基础研究和应用基础研究,编制国家重大科技项目规划并监督实施,牵头建立统一的国家科技管理平台和科研项目资金协调、评估、监管机制,负责引进国外智力工作等。国家自然科学基金委员会改由科学技术部管理。不再保留单设的国家外国专家局。

⑨重新组建司法部。将司法部和国务院法制办公室的职责整合,重新组建司法部,作为国务院组成部门。主要职责是负责有关法律和行政法规草案起草,负责立法协调和备案审查、解释,综合协调行政执法,指导行政复议应诉,负责普法宣传,负责监狱、戒毒、社区矫正管理,负责律师公证和司法鉴定仲裁管理,承担国家司法协助等。不再保留国务院法制办公室。

⑩优化审计署职责。将国家发展和改革委员会的重大项目稽查、财政部的中央预算执行情况和其他财政收支情况的监督检查、国务院国有资产监督管理委员会的国有企业领导干部经济责任审计和国有重点大型企业监事会的职责划入审计署,相应对派出审计监督力量进行整合优化,构建统一高效的审计监督体系。不再设立国有重点大型企业监事会。

⑪组建国家市场监督管理总局。将国家工商行政管理总局的职责,国家质量监督检验检疫总局的职责,国家食品药品监督管理总局的职责,国家发展和改革委员会的价格监督检查与反垄断执法职责,商务部的经营者集中反垄断执法以及国务院反垄断委员会办公室等职责整合,组建国家市场监督管理总局,作为国务院直属机构。主要职责是负责市场综合监督管理,统一登记市场主体并建立信息公示和共享机制,组织市场监管综合执法工作,承担反垄断统一执法,规范和维护市场秩序,组织实施质量强国战略,负责工业产品质量安全、食品安全、特种设备安全监管,统一管理计量标准、检验检测、认证认可工作等。组建国家药品监督管理局,由国家市场监督管理总局管理,主要职责是负责药品、化妆品、医疗器械的注册并实施监督管理。将国家质量监督检验检疫总局的出入境检验检疫管理职责和队伍划入海关总署。保留国务院食品安全委员会、国务院反垄断委员会,具体工作由国家市场监督管理总局承担。国家认证认可监督管理委员会、国家标准化管理委员会职责划入国家市场监督管理总局,对外保留牌子。不再保留国家工商行政管理总局、国家质量监督检验检疫总局、国家食品药品监督管理总局。

⑫组建国家广播电视总局。在国家新闻出版广电总局广播电视管理职责的基础上组建国家广播电视总局,作为国务院直属机构。主要职责是,贯彻党的

宣传方针政策,拟订广播电视管理的政策措施并督促落实,统筹规划和指导协调广播电视事业、产业发展,推进广播电视领域的体制机制改革,监督管理、审查广播电视与网络视听节目内容和质量,负责广播电视节目的进口、收录和管理,协调推动广播电视领域走出去工作等。不再保留国家新闻出版广电总局。

⑬ 组建中央广播电视总台。整合中央电视台(中国国际电视台)、中央人民广播电台、中国国际广播电台,组建中央广播电视总台,作为国务院直属事业单位,归口中央宣传部领导。主要职责是宣传党的理论和路线方针政策,统筹组织重大宣传报道,组织广播电视创作生产,制作和播出广播电视精品,引导社会热点,加强和改进舆论监督,推动多媒体融合发展,加强国际传播能力建设,讲好中国故事等。撤销中央电视台(中国国际电视台)、中央人民广播电台、中国国际广播电台建制。对内保留原呼号,对外统一呼号为"中国之声"。

⑭ 组建中国银行保险监督管理委员会。将中国银行业监督管理委员会和中国保险监督管理委员会的职责整合,组建中国银行保险监督管理委员会,作为国务院直属事业单位。主要职责是依照法律法规统一监督管理银行业和保险业,保护金融消费者合法权益,维护银行业和保险业合法、稳健运行,防范和化解金融风险,维护金融稳定等。将中国银行业监督管理委员会和中国保险监督管理委员会拟订银行业、保险业重要法律法规草案和审慎监管基本制度的职责划入中国人民银行。不再保留中国银行业监督管理委员会、中国保险监督管理委员会。

⑮ 组建国家国际发展合作署。将商务部对外援助工作有关职责、外交部对外援助协调等职责整合,组建国家国际发展合作署,作为国务院直属机构。主要职责是拟订对外援助战略方针、规划、政策,统筹协调援外重大问题并提出建议,推进援外方式改革,编制对外援助方案和计划,确定对外援助项目并监督评估实施情况等。对外援助的具体执行工作仍由相关部门按分工承担。

⑯ 组建国家医疗保障局。将人力资源和社会保障部的城镇职工和城镇居民基本医疗保险、生育保险职责,国家卫生和计划生育委员会的新型农村合作医疗职责,国家发展和改革委员会的药品和医疗服务价格管理职责,民政部的医疗救助职责整合,组建国家医疗保障局,作为国务院直属机构。主要职责是拟订医疗保险、生育保险、医疗救助等医疗保障制度的政策、规划、标准并组织实施,监督管理相关医疗保障基金,完善国家异地就医管理和费用结算平台,组织制定和调整药品、医疗服务价格和收费标准,制定药品和医用耗材的招标采购政策并监

督实施,监督管理纳入医保支出范围内的医疗服务行为和医疗费用等。

⑰ 组建国家粮食和物资储备局。将国家粮食局的职责,国家发展和改革委员会的组织实施国家战略物资收储、轮换和管理,管理国家粮食、棉花和食糖储备等职责,以及民政部、商务部、国家能源局等部门的组织实施国家战略和应急储备物资收储、轮换和日常管理职责整合,组建国家粮食和物资储备局,由国家发展和改革委员会管理。主要职责是根据国家储备总体发展规划和品种目录,组织实施国家战略和应急储备物资的收储、轮换、管理,统一负责储备基础设施的建设与管理,对管理的政府储备、企业储备以及储备政策落实情况进行监督检查,负责粮食流通行业管理和中央储备粮棉行政管理等。不再保留国家粮食局。

⑱ 组建国家移民管理局。将公安部的出入境管理、边防检查职责整合,建立健全签证管理协调机制,组建国家移民管理局,加挂中华人民共和国出入境管理局牌子,由公安部管理。主要职责是协调拟订移民政策并组织实施,负责出入境管理、口岸证件查验和边民往来管理,负责外国人停留居留和永久居留管理、难民管理、国籍管理,牵头协调非法入境、非法居留、非法就业外国人治理和非法移民遣返,负责中国公民因私出入国(境)服务管理,承担移民领域国际合作等。

⑲ 组建国家林业和草原局。将国家林业局的职责,农业部的草原监督管理职责,以及国土资源部、住房和城乡建设部、水利部、农业部、国家海洋局等部门的自然保护区、风景名胜区、自然遗产、地质公园等管理职责整合,组建国家林业和草原局,由自然资源部管理。国家林业和草原局加挂国家公园管理局牌子。主要职责是监督管理森林、草原、湿地、荒漠和陆生野生动植物资源开发利用和保护,组织生态保护和修复,开展造林绿化工作,管理国家公园等各类自然保护地等。不再保留国家林业局。

⑳ 重新组建国家知识产权局。将国家知识产权局的职责、国家工商行政管理总局的商标管理职责、国家质量监督检验检疫总局的原产地地理标志管理职责整合,重新组建国家知识产权局,由国家市场监督管理总局管理。主要职责是负责保护知识产权工作,推动知识产权保护体系建设,负责商标、专利、原产地地理标志的注册登记和行政裁决,指导商标、专利执法工作等。商标、专利执法职责交由市场监管综合执法队伍。

㉑ 国务院三峡工程建设委员会及其办公室、国务院南水北调工程建设委员会及其办公室并入水利部。不再保留国务院三峡工程建设委员会及其办公室、国务院南水北调工程建设委员会及其办公室。

㉒ 调整全国社会保障基金理事会隶属关系。将全国社会保障基金理事会由国务院管理调整为由财政部管理,承担基金安全和保值增值的主体责任,作为基金投资运营机构,不再明确行政级别。

㉓ 改革国税地税征管体制。将省级和省级以下国税地税机构合并,具体承担所辖区域内各项税收、非税收入征管等职责。为提高社会保险资金征管效率,将基本养老保险费、基本医疗保险费、失业保险费等各项社会保险费交由税务部门统一征收。国税地税机构合并后,实行以国家税务总局为主,与省(自治区、直辖市)政府双重领导管理体制。国家税务总局要会同省级党委和政府加强税务系统党的领导,做好党的建设、思想政治建设和干部队伍建设工作,优化各层级税务组织体系和征管职责,按照"瘦身"与"健身"相结合原则,完善结构布局和力量配置,构建优化高效统一的税收征管体系。

3. 会议制度

国务院会议分为国务院全体会议和国务院常务会议。国务院工作中的重大问题,必须经国务院常务会议或者国务院全体会议讨论决定。国务院全体会议由全体成员组成,即由总理、副总理、国务委员、各部部长、各委员会主任、审计长、秘书长组成,由总理召集和主持。主要任务是讨论决定国务院工作中的重大事项,部署国务院的重要工作。一般每半年开一次,根据需要可安排有关部门、单位负责人列席会议。

常务会议由总理、副总理、国务委员、秘书长组成,由总理召集和主持,其主要任务是讨论决定国务院工作中的重要事项,讨论法律草案、审议行政法规草案,通报和讨论国务院其他事项。一般每周开一次。根据需要可安排有关部门、单位负责人列席会议。

**四、中央军事委员会**

(一) 我国的军事制度

军队是国家机构的重要组成部分。《宪法》第 93 条规定:"中华人民共和国中央军事委员会领导全国武装力量。"同时,将"中央军事委员会"单独列为一节。

《中国人民政治协商会议共同纲领》(以下简称《共同纲领》)规定:"中华人民共和国的武装力量,即人民解放军、人民公安部队和人民警察,是属于人民的武力。其任务是保卫中国的独立和领土主权的完整,保卫中国人民的革命成果和一切合法权益。"《共同纲领》还专设了"军事制度"章。规定以中央人民政府革命军事委员会为军事统率机关,由中央人民政府委员会组织产生,受中央人民政府委员会领导。军事委员会设主席1人,副主席若干人和委员若干人。

1954年宪法第20条规定:"中华人民共和国的武装力量属于人民,它的任务是保卫人民革命和国家建设的成果,保卫国家的主权、领土完整和安全。"明确规定由中华人民共和国主席统率全国武装力量,担任国防委员会主席,并根据全国人大及其常委会的决定,任免国防委员会副主席、委员。1975年宪法和1978年宪法将军事领导权直接划归中共中央主席,使军事领导机关从国家机构体系中脱离出去,从而混淆了党的职能与国家的职能。

1982年宪法第29条规定:"中华人民共和国的武装力量属于人民。它的任务是巩固国防,抵抗侵略,保卫祖国,保卫人民的和平劳动,参加国家建设事业,努力为人民服务。"

宪法还规定了武装力量的领导机关、组成以及领导体制等。

《国防法》第22条规定:中华人民共和国的武装力量,由中国人民解放军、中国人民武装警察部队、民兵组成。中国人民解放军现役部队是国家的常备军,主要担负防卫作战任务,必要时可以依照法律规定协助维护社会秩序;预备役部队平时按照规定进行训练,必要时可以依照法律规定协助维护社会秩序,战时根据国家发布的动员令转为现役部队。中国人民武装警察部队在国务院、中央军事委员会的领导指挥下,担负国家赋予的安全保卫任务,维护社会秩序。民兵在军事机关的指挥下,担负战备勤务、防卫作战任务,协助维护社会秩序。

(二)性质、组成、任期

《宪法》第93条规定:"中华人民共和国中央军事委员会领导全国武装力量。"据此,中央军事委员会是我国国家最高军事领导机关,领导和指挥全国武装力量。宪法还规定,中央军事委员会由全国人大产生,并规定中央军事委员会主席对全国人大及其常委会负责,表明了中央军事委员会与最高国家行政机关、国家监察委员会、最高国家审判机关、最高国家检察机关一样,在国家机构体系中从属于国家最高权力机关

中央军事委员会由主席1人、副主席若干人和委员若干人组成。中央军事委员会主席由全国人大选举产生,其他组成人员的人选,根据中央军事委员会主席的提名,由全国人大决定。在全国人大闭会期间,根据中央军事委员会主席的提名,由全国人大常委会决定。全国人大有权罢免中央军事委员会主席和其他组成人员。

中央军事委员会每届任期与全国人大每届任期相同,也是 5 年。全国人大如延长任期,中央军事委员会也相应延长任期。现行宪法对全国人大常委会委员长副委员长、国务院总理副总理和国务委员、最高人民法院院长、最高人民检察院检察长的连任届数都作了规定,即不得超过两届,但对军委主席连续任职的届数未作规定。

（三）领导体制

《宪法》第 93 条规定:中央军事委员会实行主席负责制。中央军事委员会的组织形式采取集体组成的委员会制,但领导体制实行首长负责制,即中央军事委员会主席负责制,主席有权对中央军事委员会职权范围内的事项作出最后决定,并由主席承担因此而产生的责任。主席负责制具体表现在:(1) 全国人大在组织中央军事委员会时,中央军事委员会副主席、委员的人选由主席提名;(2) 全国人大闭会期间,中央军事委员会主席有权提出副主席和委员的人选,报全国人大常委会决定;(3) 中央军事委员会发布的军事法规和命令均须由主席签署;(4) 由中央军事委员会主席而非委员会向全国人大及其常委会负责。主席负责制并不否认民主集中制,主席在对重大问题作出决定之前,必须进行集体研究和讨论,然后再集中正确的意见作出决定。

（四）职权

中央军事委员会主席对全国人大及其常委会负责的形式与国家最高行政机关、审判机关和检察机关的负责方式不同,宪法没有规定中央军事委员会主席要向全国人大报告工作,这主要是因为军事事务具有高度的机密性,不能像其他国家机关公开地、每年一次地报告工作。

现行宪法对中央军事委员会的具体职权没有规定,1997 年《国防法》第 13 条对中央军事委员会的职权作了如下规定:(1) 统一指挥全国武装力量;(2) 决定军事战略和武装力量的作战方针;(3) 领导和管理中国人民解放军的建设,制定规则、计划并组织实施;(4) 向全国人大或者全国人大常委会提出议案;(5) 根据宪法和法律,制定军事法规,发布决定和命令;(6) 决定中国人民解放军的体制和编制,规定总部以及军区、军兵种和其他军区级单位的任务和职责;(7) 依照法律、军事法规的规定,任免、培训、考核和奖惩武装力量成员;(8) 批准武装力量的武器装备体制和武器装备发展规划、计划,协同国务院领导和管理国防科研生产;(9) 会同国务院管理国防军费和国防资产;(10) 法律规定的其他职权。

《反分裂国家法》第 8 条规定:"台独"分裂势力以任何名义、任何方式造成中国台湾地区从中国分裂出去的事实,或者发生将会导致中国台湾地区从中国分裂出去的重大事变,或者和平统一的可能性完全丧失,国家得采取非和平方式及其他必要措施,捍卫国家主权和领土完整。依照前款规定采取非和平方式及其他必要措施,由国务院、中央军事委员会决定和组织实施,并及时向全国人民代表大会常务委员会报告。《国家安全法》第38条规定:中央军事委员会领导全国武装力量,决定军事战略和武装力量的作战方针,统一指挥维护国家安全的军事行动,制定涉及国家安全的军事法规,发布有关决定和命令。

《中华人民共和国国防教育法》(以下简称《国防教育法》)第6条规定,国务院领导全国的国防教育工作。中央军事委员会协同国务院开展全民国防教育。《中华人民共和国国防交通法》(以下简称《国防交通法》)第4条规定,国家国防交通主管机构负责规划、组织、指导和协调全国的国防交通工作。国家国防交通主管机构的设置和工作职责,由国务院、中央军事委员会规定。《中华人民共和国国防动员法》(以下简称《国防动员法》)第9条规定,国务院、中央军事委员会共同领导全国的国防动员工作,制定国防动员工作的方针、政策和法规,向全国人大常委会提出实施全国总动员或者局部动员的议案,根据全国人大常委会的决定和国家主席发布的动员令,组织国防动员的实施。国家的主权、统一、领土完整和安全遭受直接威胁必须立即采取应对措施时,国务院、中央军事委员会可以根据应急处置的需要,采取规定的必要的国防动员措施,同时向全国人大常委会报告。

此外,《立法法》第103条对中央军事委员会及其相关部门的立法权作了明确规定:中央军事委员会根据宪法和法律,制定军事法规。中央军事委员会各总部、军兵种、军区、中国人民武装警察部队,可以根据法律和中央军事委员会的军事法规、决定、命令,在其权限范围内制定军事规章。军事法规、军事规章在武装力量内部实施。军事法规、军事规章的制定、修改和废止办法,由中央军事委员会依照本法规定的原则规定。

2018年3月,中共中央《深化党和国家机构改革方案》对深化跨军地改革作了规定。着眼全面落实党对人民解放军和其他武装力量的绝对领导,贯彻落实党中央关于调整武警部队领导指挥体制的决定,按照"军是军、警是警、民是民"原则,将列武警部队序列、国务院部门领导管理的现役力量全部退出武警,将国家海洋局领导管理的海警队伍转隶武警部队,将武警部队担负民事属性任务的黄金、森林、水电部队整体移交国家相关职能部门并改编为非现役专业队伍,同

时撤收武警部队海关执勤兵力,彻底理顺武警部队领导管理和指挥使用关系。改革内容如下:

第一,公安边防部队改制。公安边防部队不再列武警部队序列,全部退出现役。公安边防部队转到地方后,成建制划归公安机关,并结合新组建国家移民管理局进行适当调整整合。现役编制全部转为人民警察编制。

第二,公安消防部队改制。公安消防部队不再列武警部队序列,全部退出现役。公安消防部队转到地方后,现役编制全部转为行政编制,成建制划归应急管理部,承担灭火救援和其他应急救援工作,充分发挥应急救援主力军和国家队的作用。

第三,公安警卫部队改制。公安警卫部队不再列武警部队序列,全部退出现役。公安警卫部队转到地方后,警卫局(处)由同级公安机关管理的体制不变,承担规定的警卫任务,现役编制全部转为人民警察编制。

第四,海警队伍转隶武警部队。按照先移交、后整编的方式,将国家海洋局(中国海警局)领导管理的海警队伍及相关职能全部划归武警部队。

第五,武警部队不再领导管理武警黄金、森林、水电部队。按照先移交、后整编的方式,将武警黄金、森林、水电部队整体移交国家有关职能部门,官兵集体转业改编为非现役专业队伍。武警黄金部队转为非现役专业队伍后,并入自然资源部,承担国家基础性、公益性地质工作任务和多金属矿产资源勘查任务,现役编制转为财政补助事业编制。原有的部分企业职能划转中国黄金总公司。武警森林部队转为非现役专业队伍后,现役编制转为行政编制,并入应急管理部,承担森林灭火等应急救援任务,发挥国家应急救援专业队作用。武警水电部队转为非现役专业队伍后,充分利用原有的专业技术力量,承担水利水电工程建设任务,组建为国有企业,可继续使用中国安能建设总公司名称,由国务院国有资产监督管理委员会管理。

第六,武警部队不再承担海关执勤任务。参与海关执勤的兵力一次性整体撤收,归建武警部队。为补充武警部队撤勤后海关一线监管力量缺口,海关系统要结合检验检疫系统整合,加大内部挖潜力度,同时通过核定军转编制接收一部分转业官兵,并通过实行购买服务、聘用安保人员等方式加以解决。

至于其他中央国家机关如国家监察委员会、最高人民法院、最高人民检察院,将在后文进行介绍。

## 第三节 地方国家机关

### 一、地方各级人大及常委会

(一) 地方各级人大

1. 性质和地位

《宪法》第 96 条规定:"地方各级人民代表大会是地方国家权力机关。"《地方组织法》第 4 条规定:地方各级人大是地方国家权力机关。据此,地方各级人大是宪法所规定的,按照行政区域建立起来的,代表民意的地方国家权力机关,它们与全国人大构成我国国家权力机关的体系。地方各级人大在本行政区域内处于首要地位,代表本地方人民意志,决定该地区的重大问题,在本行政区域内保证宪法、法律和行政法规的遵守和执行。本级行政机关、监察机关、审判机关、检察机关由它产生,对其负责,受其监督。

2. 组成、任期和会期

地方各级人大是由选民或选举单位选出的人大代表组成的。省、自治区、直辖市、设区的市、自治州的人大代表,由下一级人大选举代表组成。县、自治县、不设区的市、市辖区、乡、民族乡、镇的人大代表,由选民直接选出。

地方各级人大每届任期 5 年。县以上地方各级人大会议每年至少举行一次。经全体代表的 1/5 提议,可以临时召集本级人大会议。

3. 职权

县级以上地方各级人大职权如下:

(1) 保证权。在本行政区域内,保证宪法、法律、行政法规和上级人大及其常委会决议的遵守和执行,保证国家计划和国家预算的执行。

(2) 制定地方性法规。宪法规定,省、自治区、直辖市的人大根据本行政区域的具体情况和实际需要,在不同宪法、法律、行政法规相抵触的前提下,可以制定和颁布地方性法规,报全国人大常委会和国务院备案。设区的市的人民代表大会和它们的常务委员会,在不同宪法、法律、行政法规和本省、自治区的地方性法规相抵触的前提下,可以依照法律规定制定地方性法规,报本省、自治区人大常委会批准后施行。

《立法法》规定,省、自治区的人大常委会对报请批准的地方性法规,应当对其合法性进行审查,同宪法、法律、行政法规和本省、自治区的地方性法规不抵触的,应当在四个月内予以批准。省、自治区的人大常委会在对报请批准的设区的市的地方性法规进行审查时,发现其同本省、自治区的人民政府的规章相抵触的,应当作出处理决定。

除省、自治区的人民政府所在地的市,经济特区所在地的市和国务院已经批准的较大的市以外,其他设区的市开始制定地方性法规的具体步骤和时间,由省、自治区的人大常委会综合考虑本省、自治区所辖的设区的市的人口数量、地域面积、经济社会发展情况以及立法需求、立法能力等因素确定,并报全国人大常委会和国务院备案。

自治州的人大及其常委会可以依照规定行使设区的市制定地方性法规的职权。自治州开始制定地方性法规的具体步骤和时间,依照规定确定。

省、自治区的人民政府所在地的市,经济特区所在地的市和国务院已经批准的较大的市已经制定的地方性法规,涉及《立法法》第72条第2款规定事项范围(设区的市的人民代表大会及其常务委员会根据本市的具体情况和实际需要,在不抵触宪法、法律、行政法规和本省、自治区的地方性法规相抵触的前提下,可以对城乡建设与管理、环境保护、历史文化保护等方面的事项制定地方性法规,法律对设区的市制定地方性法规的事项另有规定的,从其规定)以外的,继续有效。

2018年修正的《宪法》第100条新增加规定:设区的市的人民代表大会和它们的常务委员会,在不同宪法、法律、行政法规和本省、自治区的地方性法规相抵触的前提下,可以依照法律规定制定地方性法规,报本省、自治区人民代表大会常务委员会批准后施行。

《立法法》第76条规定,规定本行政区域特别重大事项的地方性法规,应当由人民代表大会通过。

(3)人事任免权。有权选举并且罢免本级人大常委会的组成人员;选举和罢免省长、副省长,自治区主席、副主席,市长、副市长,州长、副州长,县长、副县长,区长、副区长。选举和罢免本级监察委员会主任、本级人民法院院长和人民检察院检察长;选出的人民检察院检察长,须报经上一级人民检察院检察长提请该级人大常委会批准;选举上一级人大代表。

(4)决定权。有权审查和批准本行政区域内的国民经济和社会发展计划、预算以及它们执行情况的报告;有权讨论、决定本行政区域内的政治、经济、教育、科学、文化、卫生、环境和资源保护、民政、民族等工作的重大事项。

（5）监督权。包括工作监督权和法律监督权。有权听取和审查本级人大常委会的工作报告；听取和审查本级人民政府和人民法院、人民检察院的工作报告；改变或者撤销本级人大常委会的不适当的决议；撤销本级人民政府的不适当的决定和命令。

（6）保护权利等职权。保护社会主义的全民所有的财产和劳动群众集体所有的财产，保护公民私人所有的合法财产，维护社会秩序，保障公民的人身权利、民主权利和其他权利；保护各种经济组织的合法权益；保障少数民族的权利；保障宪法和法律赋予妇女的男女平等、同工同酬和婚姻自由等各项权利。

《地方组织法》还规定了乡、民族乡、镇的人大的职权。乡、民族乡、镇的人大行使下列职权：在本行政区域内，保证宪法、法律、行政法规和上级人大及其常委会决议的遵守和执行；在职权范围内通过和发布决议；根据国家计划，决定本行政区域内的经济、文化事业和公共事业的建设计划；审查和批准本行政区域内的财政预算和预算执行情况的报告；决定本行政区域内的民政工作的实施计划；选举本级人大主席、副主席；选举乡长、副乡长，镇长、副镇长；听取和审查乡、民族乡、镇的人民政府的工作报告；撤销乡、民族乡、镇的人民政府的不适当的决定和命令；保护社会主义的全民所有的财产和劳动群众集体所有的财产，保护公民私人所有的合法财产，维护社会秩序，保障公民的人身权利、民主权利和其他权利；保护各种经济组织的合法权益；保障少数民族的权利；保障宪法和法律赋予妇女的男女平等、同工同酬和婚姻自由等各项权利。

少数民族聚居的乡、民族乡、镇的人大在行使职权的时候，应当采取适合民族特点的具体措施。

2015年修正的《地方组织法》对乡镇人大主席团职权作了补充，将第14条第3款修改为："乡、民族乡、镇的人民代表大会主席、副主席在本级人民代表大会闭会期间负责联系本级人民代表大会代表，根据主席团的安排组织代表开展活动，反映代表和群众对本级人民政府工作的建议、批评和意见，并负责处理主席团的日常工作。"第15条增加一款，作为第2款："主席团在本级人民代表大会闭会期间，每年选择若干关系本地区群众切身利益和社会普遍关注的问题，有计划地安排代表听取和讨论本级人民政府的专项工作报告，对法律、法规实施情况进行检查，开展视察、调研等活动；听取和反映代表和群众对本级人民政府工作的建议、批评和意见。主席团在闭会期间的工作，向本级人民代表大会报告。"

4. 会议制度

(1) 会议的举行。地方各级人大通过召开会议行使职权,会议每年至少举行一次。经过 1/5 以上代表提议,可以临时召集本级人大会议。县级以上的地方各级人大会议由本级人大常委会召集。乡、民族乡、镇的人大会议由上一次人大会议主席团负责召集。每届的第一次会议也由上一次的会议主席团召集。

地方各级人大每届第一次会议,在本届人大代表选举完成后的两个月内,由上届本级人大常委会或者乡、民族乡、镇的上次人大主席团召集。县级以上的地方各级政府组成人员和法院院长、检察院检察长,乡级的政府领导人员,列席本级人大会议;县级以上的其他有关机关、团体负责人,经本级人大常委会决定,可以列席本级人大会议。

县级以上的地方各级人大每次会议举行预备会议,选举本次会议的主席团和秘书长,通过本次会议的议程和其他准备事项的决定。预备会议由本级人大常委会主持。每届人大第一次会议的预备会议,由上届本级人大常委会主持。县级以上的地方各级人大举行会议的时候,由主席团主持会议。

(2) 议案的审议。地方各级人大举行会议时,主席团、常务委员会、各专门委员会、本级人民政府,可以向本级人大提出属于本级人大职权范围内的议案,由主席团决定提交人大会议审议,或者并交有关的专门委员会审议、提出报告,再由主席团审议决定提交大会表决。

县级以上的地方各级人大代表 10 人以上联名,乡、民族乡、镇的人大代表 5 人以上联名,可以向本级人大提出属于本级人大职权范围内的议案,由主席团决定是否列入大会议程,或者先交有关的专门委员会审议,提出是否列入大会议程的意见,再由主席团决定是否列入大会议程。

(3) 选举程序。县级以上地方各级人大常委会的组成人员,乡、民族乡、镇的人大主席、副主席,省长、副省长,自治区主席、副主席,市长、副市长,州长、副州长,县长、副县长,区长、副区长,乡长、副乡长,镇长、副镇长,法院院长、检察院检察长的人选,由本级人大主席团或代表联合提名。

省、自治区、直辖市的人大代表 30 人以上书面联名,设区的市和自治州的人大代表 20 人以上书面联名,县级的人大代表 10 人以上书面联名,可以提出本级人大常委会组成人员,政府领导人员,法院院长,检察院检察长的候选人。乡、民族乡、镇的人大代表 10 人以上书面联名,可以提出对本级人大主席、副主席,政府领导人员的候选人。

人大常委会主任、秘书长,乡、民族乡、镇的人大主席,政府正职领导人员,法院院长,检察院检察长的候选人数一般应多1人,进行差额选举;如果提名的候选人只有1人,也可以等额选举。人大常委会副主任,乡、民族乡、镇的人大副主席,政府副职领导人员的候选人数应比应选人数多1人至3人,人大常委会委员的候选人数应比应选人数多1/10至1/5,由本级人大根据应选人数在选举办法中规定具体差额数,进行差额选举。

(4) 罢免程序。县级以上的地方各级人大举行会议时,主席团、常务委员会或者1/10以上代表联名,可以提出对本级人大常委会组成人员、政府组成人员、法院院长、检察院检察长的罢免案,由主席团提请大会审议。

乡、民族乡、镇的人大举行会议的时候,主席团或者1/5以上代表联名,可以提出对人大主席、副主席,乡长、副乡长,镇长、副镇长的罢免案,由主席团提请大会审议。

罢免案应当写明罢免理由。被提出罢免的人员有权在主席团会议或者大会全体会议上提出申辩意见,或者书面提出申辩意见。在主席团会议上提出的申辩意见或者书面提出的申辩意见,由主席团印发会议。向县级以上的地方各级人大提出的罢免案,由主席团交会议审议后,提请全体会议表决;或者由主席团提议,经全体会议决定,组织调查委员会,由本级人大下次会议根据调查委员会的报告审议决定。

(二) 县以上地方各级人大常委会

1. 性质和地位

它是本级人大的常设机关,是本级地方国家权力机关的组成部分。它在本地仅次于本级人大的地位,对本级人大负责并报告工作。本级人大有权罢免本级人大常委会的组成人员。

2. 组成和任期

省、自治区、直辖市、自治州、设区的市的人大常委会由本级人大在代表中选举主任、副主任若干人、秘书长、委员若干人组成。县、自治县、不设区的市、市辖区的人大常委会由本级人大在代表中选举主任、副主任若干人和委员若干人组成。常委会的组成人员不得担任国家行政机关、审判机关和检察机关的职务;如果担任上述职务,必须向常务委员会辞去常务委员会委员的职务。

县级以上的地方各级人大常委会每届任期同本级人大每届任期相同,它行使职权到下届本级人大选出新的常委会为止。

3. 职权

县级以上地方各级人大常委会的职权主要有如下六方面：

（1）保证权。在本行政区域中保证宪法、法律、行政法规和上级人大及其常委会决议的遵守和执行。

（2）领导或者主持本级人大代表的选举；召集本级人大会议。

（3）制定地方性法规。省、自治区、直辖市的人大常委会在本级人大闭会期间，根据本行政区域的具体情况和实际需要，在不同宪法、法律、行政法规相抵触的前提下，可以制定和颁布地方性法规，报全国人大常委会和国务院备案。

设区的市的人大常委会根据本市的具体情况和实际需要，在不同宪法、法律、行政法规和本省、自治区的地方性法规相抵触的前提下，可以制定地方性法规，法律对设区的市制定地方性法规的事项另有规定的，从其规定。设区的市的地方性法规须报省、自治区的人大常委会批准后施行。省、自治区的人大常委会对报请批准的地方性法规，应当对其合法性进行审查，同宪法、法律、行政法规和本省、自治区的地方性法规不抵触的，应当在四个月内予以批准。

省、自治区的人大常委会在对报请批准的设区的市的地方性法规进行审查时，发现其同本省、自治区的人民政府的规章相抵触的，应当作出处理决定。

除省、自治区的人民政府所在地的市，经济特区所在地的市和国务院已经批准的较大的市以外，其他设区的市开始制定地方性法规的具体步骤和时间，由省、自治区的人大常委会综合考虑本省、自治区所辖的设区的市的人口数量、地域面积、经济社会发展情况以及立法需求、立法能力等因素确定，并报全国人大常委会和国务院备案。

自治州的人大及其常委会可以依照《立法法》第72条第2款规定行使设区的市制定地方性法规的职权。自治州开始制定地方性法规的具体步骤和时间，依照前款规定确定。

（4）人事任免和监督权。县级以上地方各级人大常委会有权依法决定国家机关工作人员的任免。包括：在本级人大闭会期间，决定副省长、自治区副主席、副市长、副州长、副县长、副区长的个别任免；在省长、自治区主席、市长、州长、县长、区长和法院院长、检察院检察长因故不能担任职务的时候，从本级政府、法院、检察院副职领导人员中决定代理的人选；决定代理检察长，须报上一级检察院和人大常委会备案。

根据省长、自治区主席、市长、州长、县长、区长的提名，决定本级政府秘书长、厅长、局长、委员会主任、科长的任免,报上一级政府备案;按照《人民法院组织法》和《人民检察院组织法》的规定,任免法院副院长、庭长、副庭长、审判委员会委员、审判员,任免检察院副检察长、检察委员会委员、检察员,批准任免下一级检察院检察长;省、自治区、直辖市的人大常委会根据主任会议的提名,决定在省、自治区内按地区设立的和在直辖市内设立的中级人民法院院长的任免,根据省、自治区、直辖市的检察院检察长的提名,决定检察院分院检察长的任免。

在本级人大闭会期间,决定撤销个别副省长、自治区副主席、副市长、副州长、副县长、副区长的职务;决定撤销由它任命的本级政府其他组成人员和法院副院长、庭长、副庭长、审判委员会委员、审判员、检察院副检察长、检察委员会委员、检察员、中级人民法院院长、检察院分院检察长的职务。撤销权具有双重性质,既是人事任免权,也是人事监督权。

在本级人大闭会期间,补选上一级人大出缺的代表和罢免个别代表。

《监察法》第9条规定,地方各级监察委员会由本级人大产生,负责本行政区域内的监察工作。地方各级监察委员会由主任、副主任若干人、委员若干人组成,主任由本级人大选举,副主任、委员由监察委员会主任提请本级人大常委会任免。

(5) 决定权。讨论、决定本行政区域内的政治、经济、教育、科学、文化、卫生、环境和资源保护、民政、民族等工作的重大事项;根据本级政府的建议,决定对本行政区域内的国民经济和社会发展计划、预算的部分变更;决定授予地方的荣誉称号。

2020年新冠肺炎疫情发生,不少地方人大常委会作了相应的规定。2020年2月7日,上海市人大常委会表决通过《关于全力做好当前新型冠状病毒感染肺炎疫情防控工作的决定》,即日起实施。该决定明确,上海市人民政府可以在不与宪法、法律、行政法规相抵触,不与上海本市地方性法规基本原则相违背的前提下,在医疗卫生、防疫管理、隔离观察、道口管理、交通运输、社区管理、市场管理、场所管理、生产经营、劳动保障、市容环境等方面,就采取临时性应急管理措施,制定政府规章或发布决定、命令、通告等,并报上海市人大常委会备案。上海市、区人民政府根据疫情防控需要,可以与长三角区域相关省、市建立疫情防控合作机制,加强信息沟通和工作协同,共同做好疫情联防联控。

(6) 监督权。监督本级政府、法院和检察院的工作,听取和审议"一府两院"专项工作报告;审查和批准决算,听取和审议国民经济和社会发展计划、预算的执行情况报告,听取和审议审计工作报告;法律法规实施情况的检查;审查规范性文件;询问和质询;特定问题调查以及撤职案的审议和决定;联系本级人大代表,受理人民群众对上述机关和国家工作人员的申诉和意见。撤销下一级人大及其常委会的不适当的决议;撤销本级政府的不适当的决定和命令。其中的后两点属于法律监督。

《监督法》第29条规定,县级以上地方各级人大常委会审查、撤销下一级人大及其常委会作出的不适当的决议、决定和本级政府发布的不适当的决定、命令的程序,由省、自治区、直辖市的人大常委会参照立法法的有关规定,作出具体规定。第30条规定,县级以上地方各级人大常委会对下一级人大及其常委会作出的决议、决定和本级政府发布的决定、命令,经审查,认为有下列不适当的情形之一的,有权予以撤销:① 超越法定权限,限制或者剥夺公民、法人和其他组织的合法权利,或者增加公民、法人和其他组织的义务的;② 同法律、法规规定相抵触的;③ 有其他不适当的情形,应当予以撤销的。

2015年,《全国人大常委会修改〈中华人民共和国地方各级人民代表大会和地方各级人民政府组织法〉、〈中华人民共和国全国人民代表大会和地方各级人民代表大会选举法〉、〈中华人民共和国全国人民代表大会和地方各级人民代表大会代表法〉的决定》规定:第53条增加一款作为第3款:"市辖区、不设区的市的人民代表大会常务委员会可以在街道设立工作机构。工作机构负责联系街道辖区内的人民代表大会代表,组织代表开展活动,反映代表和群众的建议、批评和意见,办理常务委员会交办的监督、选举以及其他工作,并向常务委员会报告工作。"

2018年,《监察法》第53条规定,各级监察委员会应当接受本级人民代表大会及其常务委员会的监督。各级人民代表大会常务委员会听取和审议本级监察委员会的专项工作报告,组织执法检查。县级以上各级人民代表大会及其常务委员会举行会议时,人民代表大会代表或者常务委员会组成人员可以依照法律规定的程序,就监察工作中的有关问题提出询问或者质询。

4. 会议制度

(1) 会议的举行。常委会会议由主任召集,每两个月至少举行一次。常委会的决议,由常委会以全体组成人员的过半数通过。

省、自治区、直辖市、自治州、设区的市的人大常委会主任、副主任和秘书长组成主任会议;县、自治县、不设区的市、市辖区的人大常委会主任、副主任组成主任会议。主任会议处理常务委员会的重要日常工作。

（2）议案的审议。县级以上的地方各级人大常委会主任会议可以向本级人大常委会提出属于常委会职权范围内的议案，由常委会会议审议。县级以上的地方各级政府、人大各专门委员会，可以向本级人大常委会提出属于常委会职权范围内的议案，由主任会议决定提请常委会会议审议，或者先交有关的专门委员会审议、提出报告，再提请常委会会议审议。

省、自治区、直辖市、自治州、设区的市的人大常委会组成人员5人以上联名，县级的人大常委会组成人员3人以上联名，可以向本级常委会提出属于常委会职权范围内的议案，由主任会议决定是否提请常委会会议审议，或者先交有关的专门委员会审议、提出报告，再决定是否提请常委会会议审议。

（3）质询。在常委会会议期间，省、自治区、直辖市、自治州、设区的市的人大常委会组成人员5人以上联名，县级的人大常委会组成人员3人以上联名，可以向常委会书面提出对本级政府、法院、检察院的质询案。质询案由主任会议决定交由受质询机关在常委会全体会议上或者有关的专门委员会会议上口头答复，或者由受质询机关书面答复。

5. 工作机构

县级以上的地方各级人大常委会设立代表资格审查委员会，根据工作需要，设立办事机构和其他工作机构。省、自治区的人大常委会可以在地区设立工作机构。

（三）专门委员会和调查委员会

1. 专门委员会

2015年修正的《地方组织法》将第30条第1款修改为："省、自治区、直辖市、自治州、设区的市的人民代表大会根据需要，可以设法制委员会、财政经济委员会、教育科学文化卫生委员会等专门委员会；县、自治县、不设区的市、市辖区的人民代表大会根据需要，可以设法制委员会、财政经济委员会等专门委员会。各专门委员会受本级人民代表大会领导；在大会闭会期间，受本级人民代表大会常务委员会领导。"

各专门委员会的主任委员、副主任委员和委员的人选，由主席团在代表中提名，大会通过。在大会闭会期间，常委会可以补充任命专门委员会的个别副主任委员和部分委员，由主任会议提名，常委会会议通过。

各专门委员会在本级人大及其常委会领导下，研究、审议和拟订有关议案；

对属于本级人大及其常委会职权范围内同本委员会有关的问题,进行调查研究,提出建议。

2. 临时性委员会

县级以上的地方各级人大可以组织关于特定问题的调查委员会。主席团或者1/10以上代表书面联名,可以向本级人大提议组织关于特定问题的调查委员会,由主席团提请全体会议决定。调查委员会由主任委员、副主任委员和委员组成,由主席团在代表中提名,提请全体会议通过。调查委员会应当向本级人大提出调查报告。人大根据调查委员会的报告,可以作出相应的决议。人大可以授权其常委会听取调查委员会的调查报告,常委会可以作出相应的决议,报人大下次会议备案。

县级以上地方人大常委会主任会议或者1/5以上的常委会组成人员书面联名,可以向本级人大常委会提议组织关于特定问题的调查委员会,由全体会议决定。调查委员会由主任委员、副主任委员和委员组成,由主任会议在常委会组成人员和其他代表中提名,提请全体会议通过。调查委员会应当向本级人大常委会提出调查报告。常委会根据调查委员会的报告,可以作出相应的决议。

(四)地方各级人大代表

地方各级人大代表是人民派往国家权力机关行使当家做主权利的使者,代表人民行使地方国家权力。根据宪法和《代表法》规定,地方各级人大代表有下列权利:

(1)提出议案权。县级以上地方各级人大代表10人以上联名,乡、民族乡、镇的人大代表5人以上联名,可以向本级人大提出属于人大职权范围内的议案;有权向本级政府和它所属的工作部门及法院和检察院提出质询案。在审议议案时,代表可以向有关的地方国家机关提出询问。

(2)提出批评、建议和意见的权利。县以上地方各级人大代表有权向本级人大及其常委会提出对各方面工作的建议、批评和意见;乡、民族乡、镇的人大代表有权向本级人大提出对各方面工作的建议、批评和意见。

(3)人身特别保护权。县以上地方各级人大代表非经本级人大主席团许可,在大会闭会期间,非经本级人大常委会许可,不受逮捕或者刑事审判。如果因为是现行犯被拘留,执行拘留的公安机关应当立即向该级人大主席团或者常委会报告。

(4)言论免责权。地方各级人大代表、常委会组成人员,在人大和常委会会议上的发言和表决,不受法律追究。

(5) 物质保障权。地方各级人大代表在出席人大会议和执行代表职务时,国家根据需要给予往返的旅费和必要的物质上的便利或者补贴。

人大代表有下列义务:应当和原选举单位或者选民保持密切联系,宣传法律和政策,协助本级政府推进工作,并且向人大及其常委会、政府反映群众的意见和要求。

代表活动方式:省、自治区、直辖市、自治州、设区的市的人大代表可以列席原选举单位的人大会议。县、自治县、不设区的市、市辖区、乡、民族乡、镇的人大代表分工联系选民,有代表3人以上的居民地区或者生产单位可以组织代表小组,协助人民政府推进工作。地方各级人大代表受原选举单位或选民监督,原选举单位和选民有权随时罢免自己选出的代表。

2015年,全国人大常委会对《代表法》作了修改,加强了人大代表的职责,为人大代表有效开展活动提供了保障。

(1) 第12条第2款修改为:"县级以上的各级人民代表大会代表参加表决通过本级人民代表大会各专门委员会组成人员的人选。"

(2) 第19条第3款修改为:"乡、民族乡、镇的人民代表大会主席、副主席根据主席团的安排,组织本级人民代表大会代表开展闭会期间的活动。"

(3) 第22条第1款修改为:"县级以上的各级人民代表大会代表根据本级人民代表大会常务委员会的安排,对本级或者下级国家机关和有关单位的工作进行视察。乡、民族乡、镇的人民代表大会代表根据本级人民代表大会主席团的安排,对本级人民政府和有关单位的工作进行视察。"

第3款修改为:"代表可以持代表证就地进行视察。县级以上的地方各级人民代表大会常务委员会或者乡、民族乡、镇的人民代表大会主席团根据代表的要求,联系安排本级或者上级的代表持代表证就地进行视察。"

(4) 第23条修改为:"代表根据安排,围绕经济社会发展和关系人民群众切身利益、社会普遍关注的重大问题,开展专题调研。"

(5) 第24条修改为:"代表参加视察、专题调研活动形成的报告,由本级人民代表大会常务委员会办事机构或者乡、民族乡、镇的人民代表大会主席团转交有关机关、组织。对报告中提出的意见和建议的研究处理情况应当向代表反馈。"

(6) 第26条修改为:"县级以上的各级人民代表大会代表可以应邀列席本

级人民代表大会常务委员会会议、本级人民代表大会各专门委员会会议,参加本级人民代表大会常务委员会组织的执法检查和其他活动。乡、民族乡、镇的人民代表大会代表参加本级人民代表大会主席团组织的执法检查和其他活动。"

(7) 第 29 条修改为:"代表在本级人民代表大会闭会期间,有权向本级人民代表大会常务委员会或者乡、民族乡、镇的人民代表大会主席团提出对各方面工作的建议、批评和意见。建议、批评和意见应当明确具体,注重反映实际情况和问题。"

(8) 第 33 条修改为:"代表在本级人民代表大会闭会期间,参加由本级人民代表大会常务委员会或者乡、民族乡、镇的人民代表大会主席团安排的代表活动,代表所在单位必须给予时间保障。"

(9) 第 42 条第 3 款修改为:"代表建议、批评和意见的办理情况,应当向本级人民代表大会常务委员会或者乡、民族乡、镇的人民代表大会主席团报告,并印发下一次人民代表大会会议。代表建议、批评和意见办理情况的报告,应当予以公开。"

(10) 第 45 条第 2 款修改为:"由选民直接选举的代表应当以多种方式向原选区选民报告履职情况。县级人民代表大会常务委员会和乡、民族乡、镇的人民代表大会主席团应当定期组织本级人民代表大会代表向原选区选民报告履职情况。"

**二、地方各级人民政府**

(一) 性质、地位、组成和任期

依照宪法和《地方组织法》规定,地方各级人民政府是地方各级国家权力机关的执行机关,是地方各级国家行政机关。作为地方各级权力机关的执行机关,要对本级人大负责并报告工作;县级以上地方各级政府在本级人大闭会期间,对本级人大常委会负责并报告工作。作为地方各级国家行政机关,要对上一级国家行政机关负责并报告工作,由于都是国务院统一领导下的国家行政机关,因此都服从国务院。

省、直辖市、自治州、设区的市的人民政府分别由省长、副省长,自治区主席、副主席,市长、副市长,州长、副州长和秘书长、厅长、局长、委员会主任等组成。县、自治县、不设区的市、市辖区的人民政府分别由县长、副县长,市长、副市长,区长、副区长和局长、科长等组成。

乡、民族乡的政府设乡长、副乡长。民族乡的乡长由建立民族乡的少数民族的公民担任。镇人民政府设镇长、副镇长。地方各级政府每届任期与本级人大每届任期相同为5年。

(二) 职权

(1) 执行本级人大及其常委会的决议，以及上级国家行政机关的决定和命令。县以上地方各级人民政府还要执行国民经济和社会发展计划、预算。

(2) 制定政府规章、发布措施、决定和命令。县级以上的地方各级政府有权规定行政措施，发布决定和命令。

2015年修正的《立法法》第82条规定：省、自治区、直辖市和设区的市、自治州的人民政府，可以根据法律、行政法规和本省、自治区、直辖市的地方性法规，制定规章。

地方政府规章可以就下列事项作出规定：① 为执行法律、行政法规、地方性法规的规定需要制定规章的事项；② 属于本行政区域的具体行政管理事项。

设区的市、自治州的人民政府根据第82条第1款、第2款制定地方政府规章，限于城乡建设与管理、环境保护、历史文化保护等方面的事项。已经制定的地方政府规章，涉及上述事项范围以外的，继续有效。

除省、自治区的人民政府所在地的市，经济特区所在地的市和国务院已经批准的较大的市以外，其他设区的市、自治州的人民政府开始制定规章的时间，与本省、自治区人民代表大会常务委员会确定的本市、自治州开始制定地方性法规的时间同步。

应当制定地方性法规但条件尚不成熟的，因行政管理迫切需要，可以先制定地方政府规章。规章实施满两年需要继续实施规章所规定的行政措施的，应当提请本级人大或者其常委会制定地方性法规。

没有法律、行政法规、地方性法规的依据，地方政府规章不得设定减损公民、法人和其他组织权利或者增加其义务的规范。

(3) 管理本行政区域内的经济、教育、科学、文化、卫生、体育事业、环境和资源保护、城乡建设事业和财政、民政、公安、民族事务、司法行政、计划生育等行政工作。

(4) 依照法律的规定任免、培训、考核和奖惩国家行政机关工作人员。

(5) 保护社会主义的全民所有的财产和劳动群众集体所有的财产；保护公民私人所有的合法财产；维护社会秩序；保障公民的人身权利、民主权利和其他权利;保护各种经济组织的合法权益;保障少数民族的权利和尊重少数民族的风俗习惯,帮助本行政区域内各少数民族聚居的地方依照宪法和法律实行区域自治,帮助各少数民族发展政治、经济和文化的建设事业;保障妇女的各项权利等:保障宪法和法律赋予妇女的男女平等、同工同酬和婚姻自由等各项权利。

(6) 领导和监督权。县以上各级政府领导所属各工作部门和下级政府的工作,改变或者撤销所属工作部门的不适当的命令、指示和下级政府的不适当的决定、命令。

(7) 办理上级国家行政机关交办的其他事项。省、自治区、直辖市、自治州、县、自治县、市、市辖区的人民政府应当协助设立在本行政区域内不属于自己管理的国家机关、企业、事业单位进行工作,并且监督它们遵守和执行法律和政策。

(三) 领导制度

地方各级政府实行省长、自治区主席、市长、州长、县长、区长、乡长、镇长负责制。省长、自治区主席、市长、州长、县长、区长、乡长、镇长分别主持地方各级政府的工作。

县级以上的地方各级政府会议分为全体会议和常务会议。全体会议由本级政府全体成员组成。省、自治区、直辖市、自治州、设区的市的人民政府常务会议,分别由省长、副省长,自治区主席、副主席,市长、副市长,州长、副州长和秘书长组成。县、自治县、不设区的市、市辖区的人民政府常务会议,分别由县长、副县长,市长、副市长,区长、副区长组成。省长、自治区主席、市长、州长、县长、区长召集和主持本级人民政府全体会议和常务会议。政府工作中的重大问题,须经政府常务会议或者全体会议讨论决定。

(四) 工作部门

地方各级政府根据工作需要和精干的原则,设立必要的工作部门,负责本地社会经济文化教育等各项专门职责的管理工作。这些工作部门为厅、局、委员会、办公室、科等,但乡、镇政府不设工作部门,可设一些工作人员。

省、自治区、直辖市的人民政府的厅、局、委员会等工作部门的设立、增加、减少或者合并,由本级人民政府报请国务院批准,并报本级人大常委会备案。自治州、县、自治县、市、市辖区的人民政府的局、科等工作部门的设立、增加、减少或者合并,由本级政府报请上一级政府批准,并报本级人大常委会备案。

县以上地方各级政府的工作部门,既受本级政府的领导,又依照法律或者行政法规的规定受上级政府主管部门的业务指导或者领导。

县级以上的地方各级政府设立审计机关,对本级政府和政府各部门的财政收支,对本区域内的财政金融机构和企业事业组织的财务收支,进行审计监督。地方各级审计机关依照法律规定独立行使审计监督权,对本级政府和上一级审计机关负责。

2018年机构改革后,与中央政府机构设置相对应,地方也作了较大调整。如上海市人民政府机构设置情况如下:(1)办公厅;(2)组成部门包括:发展和改革委员会(挂物价局牌子)、经济和信息化委员会(挂无线电管理局牌子)、商务委员会(挂口岸服务办公室牌子)、教育委员会、科学技术委员会(挂外国专家局牌子)、民族和宗教事务局、公安局、民政局(挂社会组织管理局牌子)、司法局、财政局、人力资源和社会保障局、规划和自然资源局、生态环境局、住房和城乡建设管理委员会、交通委员会、农业农村委员会、水务局(挂海洋局牌子)、文化和旅游局(挂广播电视局、文物局牌子)、卫生健康委员会(挂中医药管理局牌子)、退役军人事务局、应急管理局、审计局、市场监督管理局、地方金融监督管理局(挂金融工作局牌子)、外事办公室(挂市政府港澳事务办公室牌子);(3)直属特设机构:国有资产监督管理委员会;(4)直属机构包括:体育局、统计局、医疗保障局、绿化和市容管理局(挂林业局牌子)、机关事务管理局、民防办公室(挂人民防空办公室牌子)、合作交流办公室(挂市政府协作办公室牌子)、研究室、参事室;(5)部门管理机构包括:粮食和物资储备局(由发展和改革委员会管理)、监狱管理局(由司法局管理)、城市管理行政执法局(由住房和城乡建设管理委员会管理)、房屋管理局(由住房和城乡建设管理委员会管理)、药品监督管理局(由市场监督管理局管理)、知识产权局(由市场监督管理局管理)、道路运输管理局(由交通委员会管理)。

(五)地方各级政府的派出机关

省、自治区的人民政府在必要时,经国务院批准,可设立若干派出机关,如设"行政公署"。县、自治县的人民政府在必要时,经省、自治区、直辖市的人民政府批准,可以设立若干公所,作为它的派出机关。市辖区、不设区的市的人民政府,经上一级人民政府批准,可以设立若干街道办事处,作为它的派出机关。

(六)地方国家机关的改革

中共中央于2018年印发的《深化党和国家机构改革方案》规定,地方机构改革要坚持加强党的全面领导,坚持省市县统筹、党政群统筹,根据各层级党委和政府的主要职责,合理调整和设置机构,理顺权责关系,改革方案按程序报批后组织实施。深化地方机构改革,要着力完善维护党中央权威和集中统一领导的体制机制,省、市、县各级涉及党中央集中统一领导和国家法制统一、政令统一、市场统一的机构职能要基本对应。赋予省级及以下机构更多自主权,突出不同层级职责特点,允许地方根据本地区经济社会发展实际,在规定限额内因地制宜设置机构和配置职能。统筹设置党政群机构,在省、市、县对职能相近的党政机关探索合并设立或合署办公,市、县要加大党政机关合并设立或合署办公力度。借鉴经济发达镇行政管理体制改革试点经验,适应街道、乡镇工作特点和便民服务需要,构建简约高效的基层管理体制。还提出:坚持蹄疾步稳、紧凑有序推进改革,中央和国家机关机构改革要在2018年年底前落实到位。省级党政机构改革方案要在2018年9月底前报党中央审批,在2018年年底前机构调整基本到位。省以下党政机构改革,由省级党委统一领导,在2018年年底前报党中央备案。所有地方机构改革任务在2019年3月底前基本完成。

2018年5月11日,中央全面深化改革委员会第二次会议通过了《关于地方机构改革有关问题的指导意见》。

## 第四节 监察委员会

### 一、性质和任务

《宪法》第123条规定,中华人民共和国各级监察委员会是国家的监察机关。

《监察法》规定,各级监察委员会是行使国家监察职能的专责机关,依照本法对所有行使公权力的公职人员进行监察,调查职务违法和职务犯罪,开展廉政建设和反腐败工作,维护宪法和法律的尊严。据此,监察委员会是依法对公职人员职务违法和职务犯罪进行调查,开展廉政建设和反腐败的专门监察机关。

### 二、组织体系和领导体制

1. 组织体系、产生和任期

《宪法》第124条规定,中华人民共和国设立国家监察委员会和地方各级监察委员会。

监察委员会由下列人员组成：主任，副主任若干人，委员若干人。监察委员会主任每届任期同本级人民代表大会每届任期相同。国家监察委员会主任连续任职不得超过两届。监察委员会的组织和职权由法律规定。

《监察法》规定，国家监察委员会是最高监察机关。省、自治区、直辖市、自治州、县、自治县、市、市辖区设立监察委员会。国家监察委员会由全国人大产生，负责全国监察工作。国家监察委员会由主任、副主任若干人、委员若干人组成，主任由全国人大选举，副主任、委员由国家监察委员会主任提请全国人大常委会任免。

地方各级监察委员会由本级人大产生，负责本行政区域内的监察工作。地方各级监察委员会由主任、副主任若干人、委员若干人组成，主任由本级人大选举，副主任、委员由监察委员会主任提请本级人大常委会任免。地方各级监察委员会主任每届任期同本级人大每届任期相同。

各级监察委员会可以向本级中国共产党机关、国家机关、法律法规授权或者委托管理公共事务的组织和单位以及所管辖的行政区域、国有企业等派驻或者派出监察机构、监察专员。监察机构、监察专员对派驻或者派出它的监察委员会负责。派驻或者派出的监察机构、监察专员根据授权，按照管理权限依法对公职人员进行监督，提出监察建议，依法对公职人员进行调查、处置。

《监察法》还规定了监察官制度。第14条规定：国家实行监察官制度，依法确定监察官的等级设置、任免、考评和晋升等制度。

2. 领导体制

《监察法》对其横向和纵向关系作了规定。

(1) 横向关系：《宪法》第126条规定，国家监察委员会对全国人大和全国人大常委会负责。地方各级监察委员会对产生它的国家权力机关负责。第127条规定，监察委员会依照法律规定独立行使监察权，不受行政机关、社会团体和个人的干涉。监察机关办理职务违法和职务犯罪案件，应当与审判机关、检察机关、执法部门互相配合，互相制约。

《监察法》规定，国家监察委员会由全国人大产生，负责全国监察工作。国家监察委员会对全国人大及其常委会负责，并接受其监督。地方各级监察委员会对本级人大及其常委会负责，并接受其监督。

(2) 纵向关系。《宪法》第125条规定，国家监察委员会是最高监察机关。国家监察委员会领导地方各级监察委员会的工作，上级监察委员会领导下级监察委员会的工作。《监察法》第 10 条规定,国家监察委员会领导地方各级监察委员会的工作,上级监察委员会领导下级监察委员会的工作。这个规定与检察院上下级关系相同。这意味着上下级关系不限于具体的监察案件,还包括其他方面的监察监督。

### 三、监察对象的范围

《监察法》第 15 条规定,监察机关对下列公职人员和有关人员进行监察:(1) 中国共产党机关、人民代表大会及其常务委员会机关、人民政府、监察委员会、人民法院、人民检察院、中国人民政治协商会议各级委员会机关、民主党派机关和工商业联合会机关的公务员,以及参照《公务员法》管理的人员;(2) 法律、法规授权或者受国家机关依法委托管理公共事务的组织中从事公务的人员;(3) 国有企业管理人员;(4) 公办的教育、科研、文化、医疗卫生、体育等单位中从事管理的人员;(5) 基层群众性自治组织中从事管理的人员;(6) 其他依法履行公职的人员。

据此,监察对象主要包括[①]:(1) 公务员和参公管理人员。这是监察对象中的关键和重点。根据《公务员法》规定,公务员是指依法履行公职、纳入国家行政编制、由国家财政负担工资福利的工作人员。主要包括 8 类:中国共产党机关公务员、人民代表大会及其常务委员会机关公务员、人民政府公务员、监察委员会公务员、人民法院公务员、人民检察院公务员、中国人民政治协商会议各级委员会机关公务员、民主党派机关和工商业联合会机关公务员。

公务员身份的确定,有一套严格的法定程序,只有经过有关机关审核、审批及备案等程序,登记、录用或者调任为公务员后,方可确定为公务员。参照《公务员法》管理的人员,是指根据公务员法规定,法律、法规授权的具有公共事务管理职能的事业单位中除工勤人员以外的工作人员,经批准参照《公务员法》进行管理的人员。比如,中国证券监督管理委员会,就是参照《公务员法》管理的事业单位。列入参照《公务员法》管理范围,应当严格按照规定的条件、程序和权限进行审批。

(2) 法律、法规授权或者受国家机关依法委托管理公共事务的组织中从事公务的人员。它是指法律法规授权或者受国家机关依法委托管理公共事务的组

---

[①] 参见中共中央纪律检查委员会、中华人民共和国国家监察委员会法规室编:《〈中华人民共和国监察法〉释义》,中国方正出版社 2018 年版,第 108—114 页。

织中从事公务的人员,这主要是指除参公管理以外的其他管理公共事务的事业单位,比如疾控中心等的工作人员。

(3) 国有企业管理人员。根据有关规定和实践需要,作为监察对象的国有企业管理人员,主要是国有独资企业、国有控股企业(含国有独资金融企业和国有控股金融企业)及其分支机构的领导班子成员,包括设董事会的企业中由国有股权代表出任的董事长、副董事长、董事,总经理、副总经理,党委书记、副书记、纪委书记,工会主席等;未设董事会的企业的总经理(总裁)、副总经理(副总裁),党委书记、副书记、纪委书记,工会主席等。此外,对国有资产负有经营管理责任的国有企业中层和基层管理人员,包括部门经理、部门副经理、总监、副总监、车间负责人等;在管理、监督国有财产等重要岗位上工作的人员,包括会计、出纳人员等;国有企业所属事业单位领导人员,国有资本参股企业和金融机构中对国有资产负有经营管理责任的人员,也应当理解为国有企业管理人员的范畴,涉嫌职务违法和职务犯罪的,监察机关可以依法调查。

(4) 公办的教育、科研、文化、医疗卫生、体育等单位中从事管理的人员。作为监察对象的公办的教育、科研、文化、医疗卫生、体育等单位中从事管理的人员,主要是该单位及其分支机构的领导班子成员,以及该单位及其分支机构中的国家工作人员,比如,公办学校的校长、副校长,科研院所的院长、所长,公立医院的院长、副院长等。

公办教育、科研、文化、医疗卫生、体育等单位及其分支机构中层和基层管理人员,包括管理岗六级以上职员,从事与职权相联系的管理事务的其他职员;在管理、监督国有财产等重要岗位上工作的人员,包括会计、出纳人员,采购、基建部门人员涉嫌职务违法和职务犯罪,监察机关可以依法调查。此外,临时从事与职权相联系的管理事务,包括依法组建的评标委员会、竞争性谈判采购中谈判小组、询价采购中询价小组的组成人员,在招标、政府采购等事项的评标或者采购活动中,利用职权实施的职务违法和职务犯罪行为,监察机关也可以依法调查。

(5) 基层群众性自治组织中从事管理的人员。作为监察对象的基层群众性自治组织中从事管理的人员,包括村民委员会、居民委员会的主任、副主任和委员,以及其他受委托从事管理的人员。根据有关法律和立法解释,这里的"从事管理",主要是指:救灾、抢险、防汛、优抚、扶贫、移民、救济款物的管理;社会捐助公益事业款物的管理;国有土地的经营和管理;土地征用补偿费用的管理;代征、代缴税款;有关计划生育、户籍、征兵工作;协助人民政府等国家机关在基层群众性自治组织中从事的其他管理工作。

（6）其他依法履行公职的人员。这是兜底条款。为了防止出现对监察对象列举不全的情况，避免挂一漏万，《监察法》设定了这个兜底条款。但是对于"其他依法履行公职的人员"不能无限制地扩大解释，判断一个"履行公职的人员"是否属于监察对象的标准，主要是其是否行使公权力，所涉嫌的职务违法或者职务犯罪是否损害了公权力的廉洁性。

### 四、管辖权划分

《监察法》对地域管辖、级别管辖、管辖争议的解决、指定管辖、报请提级管辖等作了规定。

第16条规定，各级监察机关按照管理权限管辖本辖区内《监察法》第15条规定的人员所涉监察事项。上级监察机关可以办理下一级监察机关管辖范围内的监察事项，必要时也可以办理所辖各级监察机关管辖范围内的监察事项。监察机关之间对监察事项的管辖有争议的，由其共同的上级监察机关确定。该条包含了地域管辖、级别管辖和争议的解决。

第17条规定，上级监察机关可以将其所管辖的监察事项指定下级监察机关管辖，也可以将下级监察机关有管辖权的监察事项指定给其他监察机关管辖。监察机关认为所管辖的监察事项重大、复杂，需要由上级监察机关管辖的，可以报请上级监察机关管辖。这是指定管辖和报请提级管辖。

### 五、职权

《监察法》第11条规定：监察委员会依照本法和有关法律规定履行监督、调查、处置职责：(1)对公职人员开展廉政教育，对其依法履职、秉公用权、廉洁从政从业以及道德操守情况进行监督检查；(2)对涉嫌贪污贿赂、滥用职权、玩忽职守、权力寻租、利益输送、徇私舞弊以及浪费国家资财等职务违法和职务犯罪进行调查；(3)对违法的公职人员依法作出政务处分决定；对履行职责不力、失职失责的领导人员进行问责；对涉嫌职务犯罪的，将调查结果移送人民检察院依法审查、提起公诉；向监察对象所在单位提出监察建议。

一是监察调查权及其应遵循的原则。《监察法》第18条规定，监察机关行使监督、调查职权，有权依法向有关单位和个人了解情况，收集、调取证据。有关单位和个人应当如实提供。监察机关及其工作人员对监督、调查过程中知悉的国家秘密、商业秘密、个人隐私，应当保密。任何单位和个人不得伪造、隐匿或者毁灭证据。

第19—21、23—27条规定了监察调查的方法及其适用条件，具体包括：要求谈话或者说明情况；作出陈述；讯问；询问证人；留置；查询、冻结；搜查；调取、查封、扣押措施；勘验检查；鉴定；技术调查措施；通缉；限制出境措施。

二是留置权适用的条件和情形。第22条规定，被调查人涉嫌贪污贿赂、失职渎职等严重职务违法或者职务犯罪，监察机关已经掌握其部分违法犯罪事实及证据，仍有重要问题需要进一步调查，并有下列情形之一的，经监察机关依法审批，可以将其留置在特定场所：(1)涉及案情重大、复杂的；(2)可能逃跑、自杀的；(3)可能串供或者伪造、隐匿、毁灭证据的；(4)可能有其他妨碍调查行为的。对涉嫌行贿犯罪或者共同职务犯罪的涉案人员，监察机关可以依照前款规定采取留置措施。留置场所的设置、管理和监督依照国家有关规定执行。

三是相关措施采用的批准。监察机关需要采取技术调查、通缉、限制出境措施的，经过严格的批准手续，按照规定交有关机关执行。（第28—30条）

四是从宽处罚建议权。监察机关移送时从宽处罚建议的适用情形规定于第31—32条。

五是监察机关证据材料在刑事诉讼中的效力及其要求。第33条规定，监察机关依照《监察法》规定收集的物证、书证、证人证言、被调查人供述和辩解、视听资料、电子数据等证据材料，在刑事诉讼中可以作为证据使用。监察机关在收集、固定、审查、运用证据时，应当与刑事审判关于证据的要求和标准相一致。以非法方法收集的证据应当依法予以排除，不得作为案件处置的依据。

六是其他机关移送监察机关处理和数罪冲突职务犯罪优先管辖。第34条规定，法院、检察院、公安机关、审计机关等国家机关在工作中发现公职人员涉嫌贪污贿赂、失职渎职等职务违法或者职务犯罪的问题线索，应当移送监察机关，由监察机关依法调查处置。被调查人既涉嫌严重职务违法或者职务犯罪，又涉嫌其他违法犯罪的，一般应当由监察机关为主调查，其他机关予以协助。

七是其他事项。《监察法》还对其他重要问题作了规定。包括第五章监察程序、第六章反腐败国际合作、第七章对监察机关和监察人员的监督、第八章法律责任。

### 六、工作原则和方针

**（一）独立、配合和制约原则**

《宪法》第127条规定，监察委员会依照法律规定独立行使监察权，不受行政机关、社会团体和个人的干涉。监察机关办理职务违法和职务犯罪案件，应当与审判机关、检察机关、执法部门互相配合，互相制约。

《监察法》第4条规定，监察委员会依照法律规定独立行使监察权，不受行政机关、社会团体和个人的干涉。监察机关办理职务违法和职务犯罪案件，应当与审判机关、检察机关、执法部门互相配合，互相制约。监察机关在工作中需要协助的，有关机关和单位应当根据监察机关的要求依法予以协助。

强调监察机关依法独立行使监察权，绝不意味着监察机关可以不受任何约束和监督。监察机关在党的集中统一领导和监督下开展工作，要在本级人大及其常委会监督下开展工作，下级监察机关要接受上级监察机关的领导和监督，地方各级监察机关要接受国家监察委员会的领导和监督。此外，监察机关还应依法接受民主监督、社会监督、舆论监督等。

需要指出的是，在相互制约上，监察委员会不受行政诉讼的监督。

**（二）法治原则、平等原则、保障人权原则、教育与惩戒结合原则**

《监察法》第5条规定，国家监察工作严格遵照宪法和法律，以事实为根据，以法律为准绳；在适用法律上一律平等，保障当事人的合法权益；权责对等，严格监督；惩戒与教育相结合，宽严相济。这些原则也是宪法精神的体现。

**（三）方针**

保证监察机关以法治思维和法治方式开展工作，严格贯彻"惩前毖后、治病救人"等党的政策和策略。

《监察法》第6条规定，国家监察工作坚持标本兼治、综合治理，强化监督问责，严厉惩治腐败；深化改革、健全法制，有效制约和监督权力；加强法治教育和道德教育，弘扬中华优秀传统文化，构建"不敢腐、不能腐、不想腐"的长效机制。

## 第五节　审判机关和检察机关

### 一、审判机关

**（一）性质和任务**

《宪法》第128条规定，人民法院是国家的审判机关。这表明，各级法院是国家机构的组成部分,是专门行使国家审判权的机关。在我国人民代表大会制度下,法院代表国家、以国家的名义行使审判权,是依据法律规定对相关矛盾和纠纷予以处理的司法机关。除法院以外的其他任何国家机关、社会组织和个人无权行使国家的审判权。

2018年修正的《人民法院组织法》规定,法院通过审判刑事案件、民事案件、行政案件以及法律规定的其他案件,惩罚犯罪,保障无罪的人不受刑事追究,解决民事、行政纠纷,保护个人和组织的合法权益,监督行政机关依法行使职权,维护国家安全和社会秩序,维护社会公平正义,维护国家法制统一、尊严和权威,保障中国特色社会主义建设的顺利进行。

(二) 组织系统和领导体制

1. 组织系统

按照宪法和《人民法院组织法》的规定,法院组织系统包括最高人民法院、地方各级人民法院和专门人民法院。

最高人民法院是最高国家审判机关,设在首都北京。《人民法院组织法》第19条规定,最高人民法院可以设巡回法庭,审理最高人民法院依法确定的案件。

巡回法庭是最高人民法院的组成部分。巡回法庭的判决和裁定即最高人民法院的判决和裁定。为依法及时公正审理跨行政区域重大行政和民商事等案件,推动审判工作重心下移、就地解决纠纷、方便当事人诉讼,最高人民法院设立巡回法庭,受理巡回区内相关案件。目前,最高人民法院共设立了六个巡回法庭。第一巡回法庭设在广东省深圳市,巡回区为广东、广西、海南、湖南四省区。第二巡回法庭设在辽宁省沈阳市,巡回区为辽宁、吉林、黑龙江三省。第三巡回法庭设在江苏省南京市,巡回区为江苏、上海、浙江、福建、江西五省市。第四巡回法庭设在河南省郑州市,巡回区为河南、山西、湖北、安徽四省。第五巡回法庭设在重庆市,巡回区为重庆、四川、贵州、云南、西藏五省区市。第六巡回法庭设在陕西省西安市,巡回区为陕西、甘肃、青海、宁夏、新疆五省区。北京、天津、河北、山东、内蒙古等五省区市有关案件由最高人民法院本部直接受理。最高人民法院设立的巡回法庭是最高人民法院的派出机构,在审级上等同于最高人民法院。

地方各级人民法院按照行政区域设置,分为三级:(1) 基层人民法院,包括县人民法院、市人民法院、自治县人民法院、市辖区人民法院;(2) 中级人民法院,包括在省、自治区内按地区设立的中级人民法院,在直辖市内设立的中级人民法院,自治州中级人民法院;(3)高级人民法院包括省高级人民法院、自治区高级人民法院、直辖市高级人民法院。

专门人民法院是指设立在专门领域的审理特定案件的人民法院。《人民法院组织法》第15条规定,专门人民法院包括军事法院和海事法院、知识产权法院、金融法院等。

专门人民法院的设置、组织、职权和法官任免,由全国人民代表大会常务委员会规定。

2012年,作为专门人民法院之一的铁路运输法院全部完成签署移交地方管理的协议,17个铁路运输中级法院、58个铁路运输基层法院与铁路企业正式分离。

我国香港、澳门、台湾三个地区的法院组织系统不属于现行法院的组织系统。

最高法院院长由全国人大选举和罢免,副院长、审判委员会委员、庭长、副庭长和审判员由最高法院院长提请全国人大常委会任免。地方各级法院院长由地方各级人大选举和罢免,副院长、审判委员会委员、庭长、副庭长和审判员由本院院长提请本级人大常委会任免。

在省、自治区内按地区设立的和在直辖市内设立的中级人民法院院长,由省、自治区、直辖市人大常委会任免,副院长、审判委员会委员、庭长、副庭长和审判员由高级人民法院院长提请省、自治区、直辖市的人大常委会任免。

各级人民法院院长每届任期,与本级人大每届任期同为5年。最高人民法院院长连续任职不得超过两届。

根据《人民法院组织法》和《地方组织法》的规定,地方各级法院由本级国家权力机关产生,向本级人大及其常委会负责并报告工作。

为了更好地保障审判独立,按照十八届三中全会通过的《关于全面深化改革若干重大问题的决定》要求:"改革司法管理体制,推动省以下地方法院、检察院人财物统一管理,探索建立与行政区划适当分离的司法管辖制度,保证国家法律统一正确实施。"十八届四中全会要求:探索设立跨行政区划的人民法院,办理跨行政区域的案件。跨行政区划审判重大案件,特别是审理行政案件、重大民商案件、环境保护案件和食品安全案件,有助于打破地方保护主义的干扰。十九届四中全会通过的《中共中央关于坚持和完善中国特色社会主义制度推进国家治理体系和治理能力现代化若干重大问题的决定》提出:"深化司法体制综合配套改革,完善审判制度、检察制度,全面落实司法责任制,完善律师制度,加强对司法活动的监督,确保司法公正高效权威,努力让人民群众在每一个司法案件中感受到公平正义。"

2. 领导体制

根据宪法和法律的规定,最高人民法院对全国人大及其常委会负责并报告工作。地方各级法院对产生它的人大及其常委会负责并报告工作。上级人民法院监督下级人民法院的审判工作。这与上级检察机关领导下级检察院的关系不同。

(三) 法官

1. 法官的含义、任职条件和等级。

1995年,全国人大常委会制定了《法官法》,2001、2017、2019年进行了修正。根据《法官法》规定,法官是依法行使国家审判权的审判人员,包括最高人民法院、地方各级人民法院和军事法院等专门人民法院的院长、副院长、审判委员会委员、庭长、副庭长和审判员。

《法官法》第12条规定,担任法官必须具备下列条件:具有中华人民共和国国籍;拥护中华人民共和国宪法,拥护中国共产党领导和社会主义制度;具有良好的政治、业务素质和道德品行;具有正常履行职责的身体条件;具备普通高等学校法学类本科学历并获得学士及以上学位;或者普通高等学校非法学类本科及以上学历并获得法律硕士、法学硕士及以上学位;或者普通高等学校非法学类本科及以上学历,获得其他相应学位,并具有法律专业知识;从事法律工作满五年。其中获得法律硕士、法学硕士学位,或者获得法学博士学位的,从事法律工作的年限可以分别放宽至四年、三年;初任法官应当通过国家统一法律职业资格考试取得法律职业资格。适用学历条件确有困难的地方,经最高人民法院审核确定,在一定期限内,可以将担任法官的学历条件放宽为高等学校本科毕业。

第14条规定,初任法官采用考试、考核的办法,按照德才兼备的标准,从具备法官条件的人员中择优提出人选。人民法院的院长应当具有法学专业知识和法律职业经历。副院长、审判委员会委员应当从法官、检察官或者其他具备法官条件的人员中产生。

第15条规定,人民法院可以根据审判工作需要,从律师或者法学教学、研究人员等从事法律职业的人员中公开选拔法官。除应当具备法官任职条件外,参加公开选拔的律师应当实际执业不少于五年,执业经验丰富,从业声誉良好,参加公开选拔的法学教学、研究人员应当具有中级以上职称,从事教学、研究工作五年以上,有突出研究能力和相应研究成果。

《法官法》还规定了法官的等级制度。法官实行单独职务序列管理。法官等级分为十二级,依次为首席大法官、一级大法官、二级大法官、一级高级法官、二级高级法官、三级高级法官、四级高级法官、一级法官、二级法官、三级法官、四级法官、五级法官。最高人民法院院长为首席大法官。法官等级的确定,以法官德才表现、业务水平、审判工作实绩和工作年限等为依据。法官等级晋升采取按期晋升和择优选升相结合的方式,特别优秀或者工作特殊需要的一线办案岗位法官可以特别选升。

2. 法官的义务和权利

根据《法官法》规定,法官应当履行下列义务:严格遵守宪法和法律;秉公办案,不得徇私枉法;依法保障当事人和其他诉讼参与人的诉讼权利;维护国家利益、社会公共利益,维护个人和组织的合法权益;保守国家秘密和审判工作秘密,对履行职责中知悉的商业秘密和个人隐私予以保密;依法接受法律监督和人民群众监督;通过依法办理案件以案释法,增强全民法治观念,推进法治社会建设;法律规定的其他义务。

法官享有下列权利:履行法官职责应当具有的职权和工作条件;非因法定事由、非经法定程序,不被调离、免职、降职、辞退或者处分;履行法官职责应当享有的职业保障和福利待遇;人身、财产和住所安全受法律保护;提出申诉或者控告;法律规定的其他权利。

3. 任免和回避

法官职务的任免,依照宪法和法律规定的任免权限和程序办理。法官在依照法定程序产生后,在就职时应当公开进行宪法宣誓。法官有下列情形之一的,应当依法提请免除其法官职务:丧失中华人民共和国国籍的;调出所任职人民法院的;职务变动不需要保留法官职务的,或者本人申请免除法官职务经批准的;经考核不能胜任法官职务的;因健康原因长期不能履行职务的;退休的;辞职或者依法应当予以辞退的;因违纪违法不宜继续任职的。

《法官法》规定,发现违反本法规定的条件任命法官的,任命机关应当撤销该项任命;上级人民法院发现下级人民法院法官的任命违反本法规定的条件的,应当建议下级人民法院依法提请任命机关撤销该项任命。

《法官法》规定了法官的任职限制和回避制度。法官不得兼任人大常委会的组成人员,不得兼任行政机关、监察机关、检察机关的职务,不得兼任企业或者其他营利性组织、事业单位的职务,不得兼任律师、仲裁员和公证员。法官之间有夫妻关系、直系血亲关系、三代以内旁系血亲以及近姻亲关系的,不得同时担任下列职务:同一人民法院的院长、副院长、审判委员会委员、庭长、副庭长;同一人民法院的院长、副院长和审判员;同一审判庭的庭长、副庭长、审判员;上下相邻两级人民法院的院长、副院长。法官的配偶、父母、子女有下列情形之一的,法官应当实行任职回避:担任该法官所任职人民法院辖区内律师事务所的合伙人或者设立人的;在该法官所任职人民法院辖区内以律师身份担任诉讼代理人、辩护人,或者为诉讼案件当事人提供其他有偿法律服务的。法官从人民法院离任后两年内,不得以律师身份担任诉讼代理人或者辩护人。法官从人民法院离任后,不得担任原任职法院办理案件的诉讼代理人或者辩护人,但是作为当事人的监护人或者近亲属代理诉讼或者进行辩护的除外。法官被开除后,不得担任诉讼代理人或者辩护人,但是作为当事人的监护人或者近亲属代理诉讼或者进行辩护的除外。

(四)职权

法院是行使国家审判权的国家机关,审判权由最高人民法院、地方各级人民法院以及各专门法院共同行使。不同级别的法院,其具体的职权不同。根据人民法院组织法和其他法律的规定,各级法院的职权如下:

(1)基层法院的职权:基层人民法院审理第一审案件,法律另有规定的除外。基层人民法院对人民调解委员会的调解工作进行业务指导。基层人民法院根据地区、人口和案件情况,可以设立若干人民法庭。① 审理刑事、民事的第一审案件(法律另有规定的除外);② 处理不需要开庭审判的民事纠纷和轻微的刑事案件;③ 指导人民调解委员会的工作;④ 根据地区、人口等情况,可以设立若干人民法庭。人民法庭是基层人民法院的组成部分,它的判决和裁定就是基层人民法院的判决和裁定。

(2)中级人民法院审理下列案件:法律规定由其管辖的第一审案件;基层人民法院报请审理的第一审案件;上级人民法院指定管辖的第一审案件;对基层人民法院判决和裁定的上诉、抗诉案件;按照审判监督程序提起的再审案件。

(3)高级人民法院审理下列案件:法律规定由其管辖的第一审案件;下级人民法院报请审理的第一审案件;最高人民法院指定管辖的第一审案件;对中级人民法院判决和裁定的上诉、抗诉案件;按照审判监督程序提起的再审案件;中级人民法院报请复核的死刑案件。

（4）最高人民法院是我国的最高审判机关，行使国家最高审判权，同时监督地方各级法院和专门法院的工作。根据宪法和《人民法院组织法》的有关规定，最高人民法院审理下列案件：法律规定由其管辖的和其认为应当由自己管辖的第一审案件；对高级人民法院判决和裁定的上诉、抗诉案件；按照全国人民代表大会常务委员会的规定提起的上诉、抗诉案件；按照审判监督程序提起的再审案件；高级人民法院报请核准的死刑案件。

死刑除依法由最高人民法院判决的以外，应当报请最高人民法院核准。最高人民法院可以对属于审判工作中具体应用法律的问题进行解释。最高人民法院可以发布指导性案例。

2015年修正的《立法法》第104条规定：最高人民法院作出的属于审判工作中具体应用法律的解释，应当主要针对具体的法律条文，并符合立法的目的、原则和原意。遇有《立法法》第45条第2款规定情况的，应当向全国人大常委会提出法律解释的要求或者提出制定、修改有关法律的议案。最高人民法院作出的属于审判工作中具体应用法律的解释，应当自公布之日起三十日内报全国人大常委会备案。最高人民法院以外的审判机关，不得作出具体应用法律的解释。

最高人民法院还承担全国法院系统的司法行政管理权，如颁布一系列审判业务指导规则来规范各级法院的审判工作。

（5）专门法院依法行使相应的职权。

军事法院：负责现役军人、军队文职干部和在编职工的刑事犯罪案件。

海事法院：负责审理发生在中国法人、公民之间；中国法人、公民同外国或者地区法人、公民之间，外国或者地区法人、公民之间的海事、海商案件。根据1984年11月全国人大常委会通过的《关于在沿海港口城市设立海事法院的决定》和最高人民法院发布的《关于设立海事法院几个问题的决定》，在上海、天津、广州、青岛、大连和武汉等市设立海事法院。

铁路运输法院：初建于1954年3月，到1956年年初，铁路运输法院的各级机构普遍建立。主要受理涉及铁路运输、铁路安全、铁路财产的民事诉讼和刑事诉讼。其分为铁路运输中级法院、铁路运输基层法院两级。2009年7月8日，中央下发关于铁路公检法管理体制改革的文件，要求铁路公检法整体纳入国家司法体系，铁路法院整体移交驻在地省（直辖市、自治区）党委、高级人民法院管理。截止到2012年6月底，全国铁路法院完成管理体制改革，整体纳入国家司法体系。2012年7月2日,最高法院根据铁路法院管理体制改革变化,出台了《最高人民法院关于铁路运输法院案件管辖范围的若干规定》,对铁路法院案件管辖范围进行了规定。

铁路运输法院受理同级铁路运输检察院依法提起公诉的刑事案件。下列刑事公诉案件,由犯罪地的铁路运输法院管辖:车站、货场、运输指挥机构等铁路工作区域发生的犯罪;针对铁路线路、机车车辆、通讯、电力等铁路设备、设施的犯罪;铁路运输企业职工在执行职务中发生的犯罪。在列车上的犯罪,由犯罪发生后该列车最初停靠的车站所在地或者目的地的铁路运输法院管辖;但在国际列车上的犯罪,按照我国与相关国家签订的有关管辖协定确定管辖,没有协定的,由犯罪发生后该列车最初停靠的中国车站所在地或者目的地的铁路运输法院管辖。下列涉及铁路运输、铁路安全、铁路财产的民事诉讼,由铁路运输法院管辖:铁路旅客和行李、包裹运输合同纠纷;铁路货物运输合同和铁路货物运输保险合同纠纷;国际铁路联运合同和铁路运输企业作为经营人的多式联运合同纠纷;代办托运、包装整理、仓储保管、接取送达等铁路运输延伸服务合同纠纷;铁路运输企业在装卸作业、线路维修等方面发生的委外劳务、承包等合同纠纷;与铁路及其附属设施的建设施工有关的合同纠纷;铁路设备、设施的采购、安装、加工承揽、维护、服务等合同纠纷;铁路行车事故及其他铁路运营事故造成的人身、财产损害赔偿纠纷;违反铁路安全保护法律、法规,造成铁路线路、机车车辆、安全保障设施及其他财产损害的侵权纠纷;因铁路建设及铁路运输引起的环境污染侵权纠纷;对铁路运输企业财产权属发生争议的纠纷。

铁路运输基层法院就《最高人民法院关于铁路运输法院案件管辖范围的若干规定》第1条至第3条所列案件作出的判决、裁定,当事人提起上诉或铁路运输检察院提起抗诉的二审案件,由相应的铁路运输中级法院受理。

省、自治区、直辖市高级人民法院可以指定辖区内的铁路运输基层法院受理该规定第3条以外的其他第一审民事案件,并指定该铁路运输基层法院驻地的中级人民法院或铁路运输中级法院受理对此提起上诉的案件。此类案件发生管辖权争议的,由该高级人民法院指定管辖。省、自治区、直辖市高级人民法院可以指定辖区内的铁路运输中级法院受理对其驻在地基层人民法院一审民事判决、裁定提起上诉的案件。省、自治区、直辖市高级人民法院对本院及下级人民法院的执行案件,认为需要指定执行的,可以指定辖区内的铁路运输法院执行。各高级人民法院指定铁路运输法院受理案件的范围,报最高人民法院批准后实施。

为防止行政机关干预司法,消除公众对"民告官"的疑虑,2013年,最高人民法院发布《关于开展行政案件相对集中管辖试点工作的通知》,全国设立了多个跨行政区划集中管辖行政案件司法改革试点法院,如南京铁法、徐州铁法、上海铁法等铁路运输法院。2018年6月5日,上海铁路运输法院(以下简称"上铁法院")发布《关于进一步发挥环境资源案件集中管辖职能作用服务保障生态文明建设的意见》。上铁法院集中管辖上海市涉环境资源刑事案件,为全国首个集中管辖省级行政区划内全部涉环境资源刑事案件的法院。该院还集中管辖除上海海事法院、金山区人民法院、青浦区人民法院、崇明区人民法院管辖外的上海市涉环境资源民事案件,集中管辖上海市静安、虹口、普陀、长宁四区的行政诉讼案件(含涉环境资源行政诉讼案件)。

知识产权法院:管辖有关专利、植物新品种、集成电路布图设计、技术秘密等专业技术性较强的第一审知识产权民事和行政案件。2014年,中央全面深化改革领导小组第三次会议审议通过《关于设立知识产权法院的方案》。十二届全国人大常委会第十次会议通过了《关于在北京、上海、广州设立知识产权法院的决定》,其后,三家知识产权法院在北、上、广三地先后挂牌,对知识产权案件进一步集中管辖。2019年1月1日,最高人民法院知识产权法庭正式挂牌,统一审理全国范围内专业技术性较强的专利等上诉案件。

2018年8月20日,全国首家金融法院——上海金融法院揭牌成立。2018年3月28日,中央全面深化改革委员会通过《关于设立上海金融法院的方案》。4月全国人大常委会通过《关于设立上海金融法院的决定》,内容:① 设立上海金融法院。上海金融法院审判庭的设置,由最高人民法院根据金融案件的类型和数量决定。② 上海金融法院专门管辖上海金融法院设立之前由上海市的中级人民法院管辖的金融民商事案件和涉金融行政案件。管辖案件的具体范围由最高人民法院确定。上海金融法院第一审判决和裁定的上诉案件,由上海市高级人民法院审理。③ 上海金融法院对上海市人大常委会负责并报告工作。上海金融法院审判工作受最高人民法院和上海市高级人民法院监督。上海金融法院依法接受人民检察院法律监督。④ 上海金融法院院长由上海市人大常委会主任会议提请本级人大常委会任免。上海金融法院副院长、审判委员会委员、庭长、副庭长、审判员由上海金融法院院长提请上海市人民代表大会常务委员会任免。

为全面贯彻网络强国战略,最高人民法院经报中央全面深化改革委员会审议通过,印发了《关于在北京、广州增设互联网法院的方案》,配套制定了《关于互联网法院审理案件若干问题的规定》,对互联网法院的管辖范围、诉讼规则、上诉机制和平台建设等作出规范。

2018年9月,北京互联网法院、广州互联网法院分别挂牌成立。

2018年,中办国办印发了《关于建立"一带一路"国际商事争端解决机制和机构的意见》。最高人民法院第一国际商事法庭、第二国际商事法庭分别在广东省深圳市、陕西省西安市揭牌办公,主要负责审理涉及裁判尺度统一、社会影响大及对国际条约、国际规则的理解或解释方面具有重要意义的国际商事案件。

(五)审判工作原则和重要制度

宪法和人民法院组织法规定的相关原则和制度主要有五项:

(1)公民在适用法律上一律平等原则。《宪法》第33条第2款规定,公民在法律面前一律平等。这要求法院在审判工作中,不因当事人的民族、种族、性别、职业、家庭出身、财产状况、宗教信仰、教育程度等先天、后天的条件的不同,而加以不同的对待,对公民的合法权益都要依法予以保护,对公民的违法行为都要依法予以追究,在法律适用上一律平等,不允许有任何特权。《人民法院组织法》第5条规定,人民法院审判案件在适用法律上一律平等,不允许任何组织和个人有超越法律的特权,禁止任何形式的歧视。

(2)依法独立审判原则。审判独立是实现司法公正的基石,是法院公正地履行审判职能的内在要求。《宪法》第131条规定,人民法院依照法律规定独立行使审判权,不受行政机关、社会团体和个人的干涉。

依法独立审判是指法院在审理案件时严格依照法律规定进行审判活动,只服从法律,作出裁判;任何行政机关、社会团体和个人都无权非法干涉法院的审判工作。其中的"依照法律规定"之"法律"是狭义的,具体指宪法、《人民法院组织法》《刑事诉讼法》《民事诉讼法》《行政诉讼法》等。"独立行使审判权"是指我国的法院只是独立行使审判权,并不是法院独立,也不是司法独立。即审判人员在审判案件的时候,独立地以事实为根据,以法律为准绳,按照自己的判断认定事实,适用法律。① 这一原则有利于保证国家法律的权威,保证案件的公正审理,保证国家审判权的统一行使,保证国家法律统一执行,保证审判工作正常

---

① 参见蔡定剑:《宪法精解(第二版)》,法律出版社2006年版,第441页。

进行。

依法独立审判包括两方面内涵:第一,法院行使审判权独立于其他国家机关。任何国家机关不得非法干涉法院的审判工作。第二,法院行使审判权独立于上级法院。上级法院有权监督下级法院的审判工作,但必须依照法律的规定进行,不能非法干涉下级法院的审判工作。

为了保障法院落实这一原则,修正后的《人民法院组织法》规定,任何单位或者个人不得要求法官从事超出法定职责范围的事务。对于领导干部等干预司法活动、插手具体案件处理,或者人民法院内部人员过问案件情况的,办案人员应当全面如实记录并报告;有违法违纪情形的,由有关机关根据情节轻重追究行为人的责任。还规定,人民法院作出的判决、裁定等生效法律文书,义务人应当依法履行;拒不履行的,依法追究法律责任。人民法院采取必要措施,维护法庭秩序和审判权威。对妨碍人民法院依法行使职权的违法犯罪行为,依法追究法律责任。

(3) 公开审判原则。《宪法》第130条规定,人民法院审理案件,除法律规定的特殊情况外,一律公开进行。《人民法院组织法》第7条规定,人民法院实行司法公开,法律另有规定的除外。公开审判是指审判时对当事人和其他诉讼参与人公开,并向社会公开,允许公民旁听,允许新闻记者采访报道。根据有关法律的规定,除了涉及国家秘密、个人隐私、未成年人犯罪的案件,以及经当事人申请、法院决定不公开审理的涉及商业秘密的案件、离婚案件等外,其他案件的一审审理一律公开进行。这一原则的确立,目的在于让广大公民直接参与监督法院的审判活动,增强法院审判人员的责任意识,防止司法腐败的发生。

(4) 司法责任制原则。这是《宪法》第27条规定的责任制的具体体现。宪法规定,最高人民法院对全国人大和全国人大常委会负责。地方各级人民法院对产生它的国家权力机关负责。《人民法院组织法》第8条规定,人民法院实行司法责任制,建立健全权责统一的司法权力运行机制。《法官法》第46条规定,法官有下列行为之一的,应当给予处分;构成犯罪的,依法追究刑事责任:① 贪污受贿、徇私舞弊、枉法裁判的;② 隐瞒、伪造、变造、故意损毁证据、案件材料的;③ 泄露国家秘密、审判工作秘密、商业秘密或者个人隐私的;④ 故意违反法律法规办理案件的;⑤ 因重大过失导致裁判结果错误并造成严重后果的;⑥ 拖延办案,贻误工作的;⑦ 利用职权为自己或者他人谋取私利的;⑧ 接受当事人及其代理人利益输送,或者违反有关规定会见当事人及其代理人的;⑨ 违反有关规定从事或者参与营利性活动,在企业或者其他营利性组织中兼任职务的;⑩ 有其他违纪违法行为的。

（5）接受监督原则。宪法规定,审判机关由人民代表大会产生,对它负责,受它监督。全国人大选举和罢免最高人民法院院长,全国人大常委会监督最高人民法院工作。最高人民法院监督地方各级人民法院和专门人民法院的审判工作。上级人民法院监督下级人民法院的审判工作。《人民法院组织法》规定,最高人民法院对全国人大及其常委会负责并报告工作。地方各级人民法院对本级人大及其常委会负责并报告工作。各级人大及其常委会对本级人民法院的工作实施监督。最高人民法院监督地方各级人民法院和专门人民法院的审判工作,上级人民法院监督下级人民法院的审判工作。人民法院应当接受人民群众监督,保障人民群众对人民法院工作依法享有知情权、参与权和监督权。

### 二、检察机关

(一) 性质和任务

《宪法》第 134 条规定,人民检察院是国家的法律监督机关。据此,各级人民检察院是我国国家机构的组成部分,是专门行使国家法律监督权的机关。在我国人民代表大会制度下,检察院代表国家、以国家的名义行使法律监督权。需要指出的是,根据宪法规定,全国人大及其常委会对宪法实施进行监督,地方各级人大在本行政区域内保证宪法、法律和行政法规的遵守和执行。这种监督是宏观的更高层次的监督。除了人大及其常委会这种监督外,还专门设立人民检察院作为专门的法律监督机关,通过行使法律监督权,保证法律的统一实施。这种法律监督是具体的专业性的监督,其层次低于人大及其常委会的监督。

人民检察院通过行使检察权,追诉犯罪,维护国家安全和社会秩序,维护个人和组织的合法权益,维护国家利益和社会公共利益,保障法律正确实施,维护社会公平正义,维护国家法制统一、尊严和权威,保障中国特色社会主义建设的顺利进行。

根据《监察法》规定,原由人民政府的监察部门、预防腐败局及人民检察院查处贪污贿赂、失职渎职以及预防职务犯罪等部门的相关职能转移到监察委员会。人民检察院不再行使此类职务犯罪的侦查等工作。

(二) 组织系统和领导体制

1. 组织系统

检察院的组织系统由最高人民检察院、地方各级人民检察院和专门人民检察院组成。最高人民检察院是我国的最高法律监督机关,设在首都北京。这一法律地位的体现主要是:最高人民检察院由全国人大选举的检察长和由检察长提请全国人大常委会任命的副检察长、检察员和检察委员会委员组成;地方各级人民检察院和专门人民检察院须统一服从最高人民检察院的领导;在实际工作中,最高人民检察院可以就一些具体应用法律的问题作出解释,指导下级人民检察院的工作等。[1] 地方各级人民检察院按照行政区域设置,具体为:(1)县、市、自治县、市辖区检察院;(2)省、自治区、直辖市检察院分院,自治州和省辖市检察院;(3)省、自治区、直辖市检察院。

专门人民检察院是指根据检察工作需要,在特定的组织系统内设置的、具有专属管辖性质的检察机关。目前,我国设置的专门人民检察院包括军事检察院、铁路运输检察院。军事检察院分为中国人民解放军军事检察院,大军区、军兵种军事检察院,省军区、集团军军事检察院三级。铁路运输检察院受省、自治区、直辖市人民检察院领导,分为省、自治区、直辖市人民检察院铁路运输检察分院和基层铁路运输检察院二级。2009年,中央有关部门下发铁路公检法管理体制改革的通知,提出铁路检察院人财物管理与铁路部门、企业全部分离,一次性纳入国家司法管理体系,移交给驻在地省(自治区、直辖市)党委和省级检察院,实行属地管理的总原则。2010年,最高人民法院、最高人民检察院、中央编制机构委员会办公室、财政部、人力资源部、铁道部联合印发《关于铁路法院检察院管理体制改革若干问题的意见》,对铁路检察院管理体制改革后的干部管理、法律职务任免、业务管辖、资产移交、经费保障等作出了具体规定。2010年年底至2011年年初,最高检对铁检管理体制改革工作作出总体部署:铁路检察院移交后,两级铁路检察院均作为省级检察院派出机构,由所在省级有关机构直接管理。省级检察院领导设置在本省(区、市)区域内的铁检分院或基层铁检院的人财物等管理工作,铁检分院领导设置在本省(区、市)区域内的基层铁检院,同时领导属于本铁路局域范围但设置在外省(区、市)区域内的基层铁检院业务工作。铁路检察院业务管辖范围、办案体制机制和司法程序等在新的法律、规定实施前暂时保持不变。移交省级检察院管理后,铁检机关是国家依法设置的专门检察院,行使对铁路交通领域的专门法律监督职责。2012年6月底,全国17个铁路运输检察分院、59个基层铁路运输检察院全部分别移交给所在省、自治区、直辖市人民

---

[1] 参见许安标、刘松山:《中华人民共和国宪法通释》,中国法制出版社2004年版,第362页。

检察院。

最高人民检察院检察长由全国人大选举和罢免,副检察长、检察委员会委员、军事检察院检察长由最高人民检察院检察长提请全国人大常委会任免。地方各级人民检察院检察长由地方各级人大选举和罢免,副检察长、检察委员会委员和检察员由本院检察长提请本级人大常委会任免。

地方各级人民检察院检察长的任免,须报上一级检察院检察长提请该级人大常委会批准。在省、自治区内按地区设立的和在直辖市内设立的人民检察院分院检察长、副检察长、检察委员会委员和检察员,由省、自治区、直辖市人民检察院检察长提请本级人大常委会任免。

各级人民检察院检察长的任期,与本级人大每届任期相同,都为5年。最高人民检察院检察长连续任职不得超过两届。

根据《人民检察院组织法》和《地方组织法》规定,地方各级检察院由本级国家权力机关产生,向本级人大及其常委会负责并报告工作。中共十八届三中全会决定:改革司法管理体制,推动省以下地方法院、检察院人财物统一管理,探索建立与行政区划适当分离的司法管辖制度,保证国家法律统一正确实施。中共十八届四中全会决定,探索设立跨行政区划的人民检察院,办理跨行政区域的案件。

2. 领导体制

检察院实行双重领导体制。第一,要对同级国家权力机关负责。法律监督机关与权力机关这种关系是由我国政治体制决定的,在人民代表大会制度下,检察院由权力机关产生,对权力机关负责。这种负责有以下特点:其一,检察院对权力机关负责既包括作为一级组织对权力机关负责,也包括检察长和其他组成人员向权力机关负责。其二,既包括检察院对产生它的人民代表大会负责,也包括对产生它的人大常委会负责。其三,检察院向权力机关负责的方式或者途径,包括向权力机关报告工作,接受对其检察工作中特定问题的调查,接受对其组成人员的质询和罢免,等等。第二,要接受上级人民检察院和最高人民检察院的领导。最高人民检察院领导地方各级人民检察院和专门检察院的工作;上级人民检察院领导下级人民检察院的工作。人民检察院上下级之间的这种领导与被领导关系的主要体现是:最高人民检察院和省级人民检察院的检察长有权向本级人大常委会提请罢免和撤换下级人民检察院的检察长;下级检察院在办理重大案件时,要接受上级检察院的指示和领导。

## (三) 检察官

### 1. 检察官的任职条件和等级

担任检察官须具备以下条件:具有中华人民共和国国籍;拥护中华人民共和国宪法,拥护中国共产党领导和社会主义制度;具有良好的政治、业务素质和道德品行;具有正常履行职责的身体条件;具备普通高等学校法学类本科学历并获得学士及以上学位;或者普通高等学校非法学类本科及以上学历并获得法律硕士、法学硕士及以上学位;或者普通高等学校非法学类本科及以上学历,获得其他相应学位,并具有法律专业知识;从事法律工作满五年。其中获得法律硕士、法学硕士学位,或者获得法学博士学位的,从事法律工作的年限可以分别放宽至四年、三年;初任检察官应当通过国家统一法律职业资格考试取得法律职业资格。

适用学历条件确有困难的地方,经最高人民检察院审核确定,在一定期限内,可以将担任检察官的学历条件放宽为高等学校本科毕业。

检察官实行单独职务序列管理。检察官等级分为十二级,依次为首席大检察官、一级大检察官、二级大检察官、一级高级检察官、二级高级检察官、三级高级检察官、四级高级检察官、一级检察官、二级检察官、三级检察官、四级检察官、五级检察官。

最高人民检察院检察长为首席大检察官。检察官等级的确定,以检察官德才表现、业务水平、检察工作实绩和工作年限等为依据。检察官等级晋升采取按期晋升和择优选升相结合的方式,特别优秀或者工作特殊需要的一线办案岗位检察官可以特别选升。

### 2. 义务和权利

根据《检察官法》规定,检察官应当履行下列义务:严格遵守宪法和法律;秉公办案,不得徇私枉法;依法保障当事人和其他诉讼参与人的诉讼权利;维护国家利益、社会公共利益,维护个人和组织的合法权益;保守国家秘密和检察工作秘密,对履行职责中知悉的商业秘密和个人隐私予以保密;依法接受法律监督和人民群众监督;通过依法办理案件以案释法,增强全民法治观念,推进法治社会建设;法律规定的其他义务。

检察官享有下列权利:履行检察官职责应当具有的职权和工作条件;非因法定事由、非经法定程序,不被调离、免职、降职、辞退或者处分;履行检察官职责应当享有的职业保障和福利待遇;人身、财产和住所安全受法律保护;提出申诉或者控告;法律规定的其他权利。

3. 任免与回避

检察官的任免依照宪法和法律规定的任免权限和程序办理。检察官在依照法定程序产生后,在就职时应当公开进行宪法宣誓。检察官有下列情形之一的,应当依法提请免除其检察官职务:丧失中华人民共和国国籍的;调出所任职人民检察院的;职务变动不需要保留检察官职务的,或者本人申请免除检察官职务经批准的;经考核不能胜任检察官职务的;因健康原因长期不能履行职务的;退休的;辞职或者依法应当予以辞退的;因违纪违法不宜继续任职的。

此外,为保证司法公正,维护检察工作的严肃性,检察官之间有夫妻关系、直系血亲关系、三代以内旁系血亲以及近姻亲关系的,不得同时担任下列职务:同一人民检察院的检察长、副检察长、检察委员会委员;同一人民检察院的检察长、副检察长和检察员;同一业务部门的检察员;上下相邻两级人民检察院的检察长、副检察长。

检察官的配偶、父母、子女有下列情形之一的,检察官应当实行任职回避:担任该检察官所任职人民检察院辖区内律师事务所的合伙人或者设立人的;在该检察官所任职人民检察院辖区内以律师身份担任诉讼代理人、辩护人,或者为诉讼案件当事人提供其他有偿法律服务的。

(四) 职权

根据现行宪法和《人民检察院组织法》的规定,各级检察院的职权主要包括:

(1) 依照法律规定对有关刑事案件行使侦查权。根据2018年修正的《刑事诉讼法》第3条规定,检察、批准逮捕、检察机关直接受理的案件的侦查、提起公诉,由人民检察院负责。第19条规定,刑事案件的侦查由公安机关进行,法律另有规定的除外。人民检察院在对诉讼活动实行法律监督中发现的司法工作人员利用职权实施的非法拘禁、刑讯逼供、非法搜查等侵犯公民权利、损害司法公正的犯罪,可以由人民检察院立案侦查。对于公安机关管辖的国家机关工作人员利用职权实施的重大犯罪案件,需要由人民检察院直接受理的时候,经省级以上人民检察院决定,可以由人民检察院立案侦查。

(2) 对刑事案件进行审查,批准或者决定是否逮捕犯罪嫌疑人。公安机关要求逮捕犯罪嫌疑人时,应当提请检察院审查批准,人民检察院根据情况分别作出批准或不批准逮捕的决定。

(3) 对刑事案件进行审查,决定是否提起公诉,对决定提起公诉的案件支持公诉。公安机关侦查终结的案件和检察院直接受理侦查终结的案件,均由检察院提起公诉,并派出检察官出席法庭支持公诉。

(4)依照法律规定提起公益诉讼。《全国人大常委会关于修改〈中华人民共和国民事诉讼法〉和〈中华人民共和国行政诉讼法〉的决定》对《民事诉讼法》作出修改:第 55 条增加一款,作为第 2 款:"人民检察院在履行职责中发现破坏生态环境和资源保护、食品药品安全领域侵害众多消费者合法权益等损害社会公共利益的行为,在没有前款规定的机关和组织或者前款规定的机关和组织不提起诉讼的情况下,可以向人民法院提起诉讼。前款规定的机关或者组织提起诉讼的,人民检察院可以支持起诉。"对《行政诉讼法》亦作出修改:第 25 条增加一款,作为第 4 款:"人民检察院在履行职责中发现生态环境和资源保护、食品药品安全、国有财产保护、国有土地使用权出让等领域负有监督管理职责的行政机关违法行使职权或者不作为,致使国家利益或者社会公共利益受到侵害的,应当向行政机关提出检察建议,督促其依法履行职责。行政机关不依法履行职责的,人民检察院依法向人民法院提起诉讼。"

(5)监督权。对诉讼活动实行法律监督;对判决、裁定等生效法律文书的执行工作实行法律监督;对监狱、看守所的执法活动实行法律监督。

(6)司法解释权。《立法法》第 104 条规定,最高人民法院、最高人民检察院作出的属于审判、检察工作中具体应用法律的解释,应当主要针对具体的法律条文,并符合立法的目的、原则和原意。遇有第 45 条第 2 款规定情况的,应当向全国人民代表大会常务委员会提出法律解释的要求或者提出制定、修改有关法律的议案。最高人民法院、最高人民检察院作出的属于审判、检察工作中具体应用法律的解释,应当自公布之日起三十日内报全国人民代表大会常务委员会备案。最高人民法院、最高人民检察院以外的审判机关和检察机关,不得作出具体应用法律的解释。

(7)法律规定的其他职权。

(五)行使检察权的工作原则

依据我国宪法和《人民检察院组织法》,各级人民检察院在行使检察权时应当遵守下列原则:

(1)公民在适用法律上一律平等原则。《人民检察院组织法》规定,人民检察院行使检察权在适用法律上一律平等,不允许任何组织和个人有超越法律的特权,禁止任何形式的歧视。就是说,检察院在行使法律监督权时,不因当事人的民族、种族、性别、职业、家庭出身、财产状况、宗教信仰、教育程度等先天、后天的条件的不同,而加以不同的对待,对公民的合法权益都要依法予以保护,对公民的违法行为都要依法予以追究,在法律适用上一律平等,不允许有任何特权。

(2) 依法独立行使检察权原则。《宪法》第 136 条规定,检察院依照法律规定独立行使检察权,不受行政机关、社会团体和个人的干涉。《人民检察院组织法》作了同样的规定。

所谓依法独立行使检察权,是指检察院严格依照法律规定独立行使检察权,只服从法律;任何行政机关、社会团体和个人都无权非法干涉检察院的工作。这一原则有利于保证国家法律的权威,保证案件的公正处理,保证国家检察权的统一行使,保证国家法律统一执行。检察院的检察权不是绝对的。依照法律规定,检察院要向同级人大负责,并受其监督;检察院的工作要受上级人民检察院的领导;要受人民群众的监督和中国共产党的监督。

(3) 司法公正和保障人权原则。《人民检察院组织法》第 6 条规定,人民检察院坚持司法公正,以事实为根据,以法律为准绳,遵守法定程序,尊重和保障人权。

(4) 司法公开原则。《人民检察院组织法》第 7 条规定,人民检察院实行司法公开,法律另有规定的除外。

(5) 司法责任制原则。《宪法》第 27 条规定了责任制原则。《人民检察院组织法》第 8 条规定,人民检察院实行司法责任制,建立健全权责统一的司法权力运行机制。第 34 条规定,人民检察院实行检察官办案责任制。检察官对其职权范围内就案件作出的决定负责。检察长、检察委员会对案件作出决定的,承担相应责任。最高人民检察院对全国人大和全国人大常委会负责。地方各级人民检察院对产生它的国家权力机关和上级人民检察院负责。

(6) 接受监督原则。它是宪法监督原则的要求。《人民检察院组织法》第 9 条规定,最高人民检察院对全国人大及其常委会负责并报告工作。地方各级人民检察院对本级人大及其常委会负责并报告工作。各级人大及其常委会对本级人民检察院的工作实施监督。最高人民检察院是最高检察机关。最高人民检察院领导地方各级人民检察院和专门人民检察院的工作,上级人民检察院领导下级人民检察院的工作。人民检察院应当接受人民群众监督,保障人民群众对人民检察院工作依法享有知情权、参与权和监督权。

### 三、审判机关、检察机关和公安机关的关系

《宪法》第 140 条规定,"人民法院、人民检察院和公安机关办理刑事案件,应当分工负责,互相配合,互相制约,以保证准确有效地执行法律。"据此,"分工负责,互相配合,互相制约"是宪法调整法院、检察院和公安机关在刑事诉讼活动中相互关系的基本准则。

刑事诉讼程序中,法院是国家审判机关,行使国家审判权,检察院是国家法律监督机关,行使国家检察权,公安机关是国家行政机关,行使具体体现为侦查权的国家行政权。分工负责是指三个机关依法各司其职,各尽其责;互相配合是指三个机关在分工负责的基础上,通力合作,协调关系,共同制裁犯罪行为;互相制约是指三个机关在分工配合的基础上,依法互相监督,防止冤假错案的发生,保证准确有效地执行法律。因此,分工负责是为了达到互相制约目的的分工负责,互相制约是在分工负责基础上的互相制约,互相配合是在分工负责前提下,为促成刑事诉讼程序上的顺序连接的互相配合,三个机关均不能超越法定权限或者互相代替行使职权。

法院、检察院和公安机关在办理刑事案件过程中分工负责、互相配合、互相制约的具体表现是:

(1) 公安机关在侦查活动中,逮捕犯罪嫌疑人时,必须经过检察院审查批准;检察院有权监督公安机关的侦查活动是否合法。

(2) 公安机关对于检察院不批准逮捕的决定认为有错误时,可以要求检察院复议,意见要求不被接受时,还可以要求上级检察院复核。人民检察院应当及时作出决定,通知下级检察院和公安机关执行。

(3) 公安机关对侦查终结的案件应报检察院审查并决定是否起诉。检察院审查后,如果认为证据不充分,可以退回公安机关补充侦查。

(4) 法院对检察院提起公诉的案件,如认为主要事实不清、证据不足,或者有违法情况时,可以退回检察院补充侦查。检察院提起公诉的案件,由检察官以国家公诉人的身份出庭支持公诉,并对法院的审判活动是否合法进行监督,同时对法院的判决或裁定可依法提出抗诉。

## 第六节　民族自治地方的国家机关

民族自治地方的国家机关包括自治机关和一般的国家机关。除民族自治地方的人大和人民政府属于自治机关外,民族自治地方设立的其他国家机关均不属于自治机关,只是一般的国家机关,不享有自治权。如民族自治地方人大下设的各委员会,是本级人大的工作机关,不属于自治机关;同样,民族自治地方政府所属的职能部门,包括厅、局、处、科等,是政府的工作部门,在政府统一领导下工作,不享有自治权,不是自治机关。民族自治地方的非自治机关与非自治地方国家机关一样,依法行使法定的职权。

民族自治地方的监察委员会、法院和检察院也不属于自治机关的范畴。根据《中华人民共和国民族区域自治法》(以下简称《民族区域自治法》)第46条规定,民族自治地方法院的审判工作,受最高人民法院和上级法院的监督;民族自治地方检察院的工作,受最高人民检察院和上级检察院领导。民族自治地方的法院和检察院是按照统一的国家法律行使审判权和检察权的国家机关,国家的审判权和检察权必须统一行使以保障国家的统一,因此,法院和检察院是国家的法院和国家的检察院,不具有自治机关的性质。

### 一、民族自治地方自治机关的性质和特点

**(一)性质和范围**

1. 性质

民族自治地方的自治机关是在民族自治地方设立的,依法行使同级地方国家政权机关职权,同时依照宪法、《民族区域自治法》和其他法律的授权行使自治权的地方政权机关。自治机关在国家政权机构体系中,有两重性质:一方面,自治机关是国家的地方政权机关,与普通地方国家政权机关一样行使宪法和法律授予的职权;另一方面,因其设立在民族区域自治地方,因而依法享有自治权。

2. 范围

《宪法》第112条规定,民族自治地方的自治机关是自治区、自治州、自治县的人民代表大会和人民政府。这一规定包含两层意义:首先,自治机关由人大和政府共同构成,缺一不可。其次,自治机关专指民族自治地方的人大和人民政府

本身,不包括它们的下属机关和派出机关。宪法虽然没有规定民族自治地方的人大常委会为自治机关,但是从宪法和法律的精神看,民族自治地方的人大常委会应当是自治机关。[①]

(二) 共同点和不同点

民族自治地方的自治机关与一般国家机关既有共同点也有不同点。

根据宪法和法律规定,民族自治地方的自治机关是一级地方政权机关,它们与其他普通地方的国家机关有相同之处。表现在:(1) 实行民主集中制原则和人民代表大会制。它们的人大是地方国家权力机关,政府是本级人大的执行机关,是地方国家行政机关,它对本级人大和上一级政府负责并报告工作,在本级人大闭会期间向其常委会负责并报告工作,各级地方政府都是国务院统一领导下的国家行政机关,都服从国务院的领导。(2) 它们的人大和政府的任期均为每届五年,政府实行首长负责制。(3) 它们都有权行使《宪法》第三章第五节规定的地方国家政权机关的职权。

民族自治地方的自治机关与普通地方政权机关相比,又有其特殊性。自治机关的组成人员要体现少数民族实行区域自治的特点,及民族自治机关组成要体现民族化。同时,也要兼顾生活在民族自治地方的其他少数民族和汉族居民的权益,因此,在自治机关组成人员的配备上要贯彻民族平等、民族团结和民族和谐的原则。具体表现在:

(1) 民族区域自治地方人大代表的民族组成方面必须贯彻民族平等和民族团结原则。民族自治地方的人大中,除实行区域自治的民族的代表外,其他居住在本行政区域内的民族也应有适当名额的代表。其比例由省、自治区人大常委会根据法律作出决定。民族区域自治法作此规定的原因在于,我国各民族自治地方的民族构成十分复杂,大多数实行区域自治的民族人口占区内总人口的比例较小,根据当地实际情况和历史条件,保障各个民族应有的代表性,有利于自治机关与当地各个民族居民的密切联系和合作。

(2) 在自治机关领导人员的配备上,《宪法》第113条第2款规定:"自治区、自治州、自治县的人民代表大会常务委员会中应当有实行区域自治的民族的公民担任主任或者副主任",第114条规定:"自治区主席、自治州州长、自治县县长由实行区域自治的民族的公民担任。"《民族区域自治法》第17条第2款规定:

---

① 参见朱应平:《民族区域自治地方人大常委会是自治机关》,载《人大研究》2015年第7期。

"民族自治地方的人民政府实行自治区主席、自治州州长、自治县县长负责制。自治区主席、自治州州长、自治县县长,分别主持本级人民政府的工作。"这些规定,从组织上保证实行区域自治的民族在自治地方当家做主的地位和管理本民族内部事务的权利。

（3）在自治机关普通干部的配备上,《民族区域自治法》规定,自治区、自治州、自治县的自治机关所属工作部门的干部中,也应当合理配置实行自治的民族和其他少数民族的人员。

另外,民族自治地方的人民法院和人民检察院的领导成员和工作人员中,应当有实行区域自治的民族的公民。

### 二、自治权

民族自治地方的自治机关除了行使普通地方国家机关行使的职权外,还可以行使自治权。自治权属于国家权力的一部分。国家保障民族自治地方的自治机关享有广泛的自治权。自治权是少数民族当家做主,管理本民族内部事务的重要标志,是自治机关享有管理本地方事务的自主权的基本内容,实行民族区域自治,就是要在维护国家统一和中央集中领导的前提下,保证各少数民族在实行区域自治的地方,享有当家作主的权利。没有广泛的现实的自治权,就无所谓民族区域自治。但自治权具有限制性,即民族自治地方自治机关的自治权是相对的,不是绝对的。民族自治地方是统一多民族国家不可分离的部分,民族自治地方的自治机关是国家的一级地方国家机关。因此,自治机关所享有的自治权必须遵守宪法和民族区域自治法确定的基本原则和权限,服从中央和上级国家机关的统一领导。自治权的行使只针对实行自治的民族的内部事务以及民族自治地方内部事务方面,在法定的权限范围之外,不存在自治权。此外,自治权行使仅限于民族自治区域地方内,其效力是有地域界限的。

宪法确定了民族自治机关依法行使职权的原则。第115条规定,自治区、自治州、自治县的自治机关行使《宪法》第三章第五节规定的地方国家机关的职权,同时行使依照宪法、民族区域自治法和其他法律规定的权限行使自治权,根据本地方实际情况贯彻执行国家的法律、政策。据此规定,首先,民族自治地方自治机关享有与其他国家机关相同的职权。其次,有权根据宪法、民族区域自治法和其他法律规定行使自治权。自治权集中规定在《宪法》第112—116条。就是说,自治权的行使必须依法进行。再次,还享有变通执行国家法律、政策的权力。

民族自治地方的自治机关可以行使下列自治权：

(1) 自治立法权。《宪法》第116条规定："民族自治地方的人民代表大会有权依照当地民族的政治、经济和文化的特点，制定自治条列和单行条例"。据此，民族自治地方的人大有权依照当地民族的政治、经济和文化的特点，制定自治条例和单行条例。自治条例是指由民族自治地方的人大制定的、有关本地方实行区域自治的组织和活动原则、自治机关的构成和职权以及其他各种有关的重大问题的规范性文件。通常包括自治机关的组织和活动原则、自治机关的组成、自治机关范围及其关系、民族自治地方内部的民族关系、上下级自治机关关系等内容，是有关民族自治地方实行自治的综合性法律规范。

单行条例是指民族自治地方的人大在自治权的范围内，根据当地民族的政治、经济和文化特点，制定的关于某一方面具体事项的规范性文件。单行条例涉及的内容十分广泛，包括婚姻、继承、资源开发、计划生育、未成年人保护、社会治安、环境保护以及土地、森林、草原管理等。从单行条例与国家法律的关系来看，单行条例可以分为两种，一种是对国家法律作具体实施性的规定，另一种是民族自治地方根据当地实际需要对国家法律尚未作出规定或不需要国家法律作出规定的事项作出规定。

民族自治地方的自治机关必须根据宪法和法律规定的程序，制定自治条例和单行条例。自治区的自治条例和单行条例报全国人大常委会批准后生效。自治州、自治县的自治条例和单行条例，报省、直辖市或者自治区人大常委会批准后生效，并报全国人大常委会备案。

(2) 法律、政策变通执行自治权。第115条规定，民族自治地方的自治机关根据本地方实际情况贯彻执行国家的法律、政策。这是对其享有变通执行国家法律、政策的权力的确认。

变通执行权是实现自治权的补充形式，其行使有严格界限。表现在：第一，对宪法和民族区域自治法的规定以及其他有关法律、行政法规专门就民族自治地方所作的规定不得作出变通规定。第二，变通是法律授权的结果，没有法律授权，自治机关不得对法律进行变通。变通规定的合法性依据是宪法、民族区域自治法、立法法，但其直接的法律依据是其他法律的明文授权。可以说，变通权是法律特别授权的结果。第三，变通权的行使要从当地自治地方的实际情况出发，对允许变通的部分，也不得随意变通。当综合分析当地民族的政治、经济与文化特点后认为若不作变通的规定，当地民族的特殊利益有可能得不到有效保护时，才能经过法定程序对有关法律进行变通。

《民族区域自治法》第 20 条规定:"上级国家机关的决议、决定、命令和指示,如有不适合民族自治地方实际情况的,自治机关可以报经该上级国家机关批准,变通执行或者停止执行"。根据该条规定,民族自治地方的自治机关有权根据本地方的情况,在不违背宪法和法律的原则下,采取特殊政策和灵活措施;上级国家机关的决议、决定、命令和指示,如不适合民族自治地方实际情况的,自治机关可以报经该上级国家机关批准,变通执行或者停止执行;该上级国家机关在收到报告之日起 60 日内给予答复。

此外,变通权的行使主体,除了民族自治地方的人大外,还有民族自治地方的政府。自治机关中究竟是人大还是政府行使变通权,要视具体的法律规定。

(3) 经济建设自治权。民族自治地方在国家计划的指导下,自主安排和管理地方性的经济建设事业。其权限包括:① 在国家计划的指导下,根据本地方的特点和需要,制定经济建设的方针、政策和计划,自主地安排和管理地方性的经济建设事业。② 根据国家法律规定和本地方经济发展的特点,合理调整生产关系和经济结构。③ 根据民族自治地方的财力、物力自主地安排地方性的基本建设项目。④ 自主地管理隶属于本地方的企业、事业;非经民族自治地方同意,上级国家机关不得改变民族自治地方所属企业单位的隶属关系。⑤ 依照法律规定,管理和保护本地方的自然资源,确定本地方内草场和森林的所有权和使用权;对可以开发的自然资源,优先合理开发利用。⑥ 采取特殊政策,优待、鼓励各种专业人员参加自治地方各项建设事业。⑦ 自主地安排利用完成国家计划收购、上调任务之外的工农业产品和其他土特产品。⑧ 经国务院批准,可以开辟对外贸易口岸,在外汇留成等方面享受国家的优惠政策。

(4) 财政管理自治权。依照《民族区域自治法》规定,凡是属于民族自治地方的财政收入,自治机关有权自主地安排使用;地方财政入不敷出,由上级财政机关补助;民族自治地方享受国家拨给的各项专用资金和临时性的民族补助专款;按照国家规定设机动资金,预算中预备费的比例多于一般地区;在执行国家税收时,对属于地方财政收入的某些税收,经自治区(省)决定或批准,自治地方可以实行减税或免税。

(5) 文化教育管理自治权。在教育方面,自主发展民族教育,根据国家教育方针,决定本地区的教育规划、学校的设置、学制、办学形式、教学内容、教学用语和招生办法;为少数民族牧区和经济困难、居住分散的少数民族山区,设立以寄宿为主和助学金为主的公办民族小学和民族中学；招收少数民族学生为主的小学，有条件的应当采用少数民族文字的课本，并用少数民族语言讲课。根据情况从小学低年级或者高年级起开设汉语文课程，推广普通话和规范汉字。

在文化方面，自主发展具有民族形式和民族特点的文学、艺术、新闻、出版、广播、电影、电视等民族文化事业；自主决定本地方的医疗卫生事业的建设规划；发展民族传统医药，开展民族传统体育活动，以继承和发展少数民族的优良文化传统。

（6）公安部队组建自治权。根据宪法和《民族区域自治法》的规定，自治机关依照国家的军事制度和当地的实际需要，经国务院批准，可以组织本地方维护社会治安的公安部队。

（7）语言文字使用自治权。根据宪法和《民族区域自治法》的规定，民族自治地方的自治机关在执行职务时，依照本民族自治地方自治条例的规定，使用当地通用的一种或几种语言文字；同时使用几种通用的语言文字执行职务的，可以以实行区域自治的民族语言文字为主。

除了上述内容外，民族区域自治制度还包括民族区域自治制度的基本原则，如国家统一原则、民族平等原则、法治原则、自治机关与上级国家机关的关系。

## 第七节　特别行政区的国家机关

**一、概述**

根据《香港特别行政区基本法》和《澳门特别行政区基本法》的规定，特别行政区的国家机关包括行政长官、行政机关、立法会和司法机关。有下列特点：

（1）是我国国家机构的组成部分，性质上属于地方国家机关，其享有的立法权、行政权和司法权等高度自治权来源于中央的授权，其行使不得妨碍国家行使全面管治权、不得影响国家主权和国家统一。

（2）特别行政区的政治体制，既不采用内地的人民代表大会制，也不照搬外国的三权分立制，更不沿用港澳原来的总督制。特别行政区行政、立法和司法三者的关系是：行政主导、司法独立、行政机关与立法机关之间既互相制衡，又相互配合。这是一种新型的地方政权组织形式，它保留了港澳地区原有的司法独立原则和行政主导作用，同时强调行政与立法二者要互相制衡和互相配合，而且重在配合。

（3）在行政长官、立法会和司法机关组成方面体现"港人治港""澳人治澳"的原则。香港特别行政区行政长官、立法会主席、政府主要官员、终审法院法官和高等法院的首席法官等，必须由在外国无居留权的香港特别行政区永久性居民中的中国公民担任。澳门特别行政区行政长官、政府主要官员、立法会主席和副主席、终审法院院长、检察长必须由澳门特别行政区永久性居民中的中国公民担任。

**二、特别行政区的国家机关**

（一）行政长官

1. 性质、地位和任职条件

特别行政区行政长官具有双重角色，既是特别行政区的首长，代表特别行政区，对中央人民政府和特别行政区负责，又是特别行政区的政府首脑，领导特别行政区政府，对特别行政区立法会负责。

行政长官由年满40周岁，在香港通常居住连续满20年并在外国无居留权的香港特别行政区永久性居民中的中国公民担任。澳门特别行政区行政长官由年满40周岁，在澳门通常居住连续满20年的澳门特别行政区永久性居民中的中国公民担任。行政长官在当地通过选举或协商产生，由中央人民政府任命，每届任期5年，可连任一次。

2. 职权

根据基本法，行政长官职权包括：（1）领导特别行政区政府；（2）负责执行基本法和依照基本法制定的适用于特别行政区的其他法律；（3）签署立法会通过的法案，公布法律；签署立法会通过的财政预算案，将财政预算、决算报中央人民政府备案；（4）决定政府政策和发布行政命令；《澳门特别行政区基本法》规定行政长官有权制定行政法规；（5）提名并报请中央人民政府任命特别行政区下列主要官员：各司司长、副司长、各局局长、廉政专员、审计署署长、警务处处长、入境事务处处长、海关关长；各司司长、廉政专员、审计长、警察部门主要负责人和海关主要负责人；澳门特别行政区行政长官可以建议中央政府免除上述官员职务；委任行政会议成员或行政会委员；依照法定程序任免各级法官；依照法定程序任免公职人员；澳门特别行政区长官还可依照法定程序任免检察官；提名并报请中央人民政府任命检察长，建议中央人民政府免除检察长的职务；委任立法会议员;(6)执行中央政府就基本法规定的有关事务发出的指令,代表特别行政区政府处理中央授权的对外事务和其他事务;(7)批准向立法会提出有关财政收入或支出的动议;(8)根据安全和重大公共利益的考虑,决定政府官员或其他负责政府公务的人员是否向立法会或其属下的委员会作证和提供证据;(9)依法赦免或减轻刑事罪犯的刑罚;处理请愿、申诉事项。

(二)政府

1. 组成

香港特别行政区政府是特别行政区的行政机关,主要由司、局、处、署组成,其核心构成部分是政务司、财政司和律政司,律政司同内地的司法部不一样,它更像内地的检察院,香港特别行政区的刑事检控权由律政司掌握。澳门特别行政区政府下设司、局、厅、处。特别行政区政府依照基本法规定行使职权,并对立法会负责;执行立法会通过并已生效的法律;定期向立法会作施政报告;答复立法会议员的质询等。

香港特别行政区政府主要官员必须是在香港通常居住连续满15年并在外国无居留权的香港特别行政区永久性居民中的中国公民担任;澳门特别行政区政府主要官员必须是在澳门通常居住连续满15年的澳门特别行政区永久性居民中的中国公民担任。他们任职资格中的居住年限要求与行政长官不同,而且无年龄的特别要求。特别行政区政府主要官员由行政长官提名并报请中央人民政府任命,其免职也由行政长官向中央人民政府提出建议。

2020年6月30日,全国人大常委会制定了《香港特别行政区维护国家安全法》,其中规定:中央人民政府对香港特别行政区有关的国家安全事务负有根本责任。香港特别行政区负有维护国家安全的宪制责任,应当履行维护国家安全的职责。香港特别行政区行政机关、立法机关、司法机关应当依据本法和其他有关法律规定有效防范、制止和惩治危害国家安全的行为和活动。

第二章《香港特别行政区维护国家安全的职责和机构》规定:香港特别行政区应当尽早完成基本法规定的维护国家安全立法,完善相关法律。香港特别行政区执法、司法机关应当切实执行本法和香港特区现行法律有关防范、制止和惩治危害国家安全行为和活动的规定,有效维护国家安全;应当加强维护国家安全和防范恐怖活动的工作;对学校、社会团体、媒体、网络等涉及国家安全的事宜,香港特别行政区政府应当采取必要措施,加强宣传、指导、监督和管理;应当通过学校、社会团体、媒体、网络等开展国家安全教育,提高香港特别行政区居民的国家安全意识和守法意识。行政长官应当就香港特别行政区维护国家安全事务向中央人民政府负责,并就香港特别行政区履行维护国家安全职责的情况提交年度报告。如中央人民政府提出要求,行政长官应当就维护国家安全特定事项及时提交报告。

香港特别行政区设立维护国家安全委员会,负责香港特别行政区维护国家安全事务,承担维护国家安全的主要责任,并接受中央人民政府的监督和问责。香港特别行政区维护国家安全委员会由行政长官担任主席,成员包括政务司长、财政司长、律政司长、保安局局长、警务处处长、警务处维护国家安全部门的负责人、入境事务处处长、海关关长和行政长官办公室主任。香港特别行政区维护国家安全委员会下设秘书处,由秘书长领导。秘书长由行政长官提名,报中央人民政府任命。

香港特别行政区维护国家安全委员会的职责为:分析研判香港特别行政区维护国家安全形势,规划有关工作,制定香港特别行政区维护国家安全政策;推进香港特别行政区维护国家安全的法律制度和执行机制建设;协调香港特别行政区维护国家安全的重点工作和重大行动。

香港特区维护国家安全委员会的工作不受香港特别行政区任何其他机构、组织和个人的干涉,工作信息不予公开。香港特别行政区维护国家安全委员会作出的决定不受司法复核。

香港特别行政区维护国家安全委员会设立国家安全事务顾问,由中央人民政府指派,就香港特别行政区维护国家安全委员会履行职责相关事务提供意见。国家安全事务顾问列席香港特别行政区维护国家安全委员会会议。

香港特别行政区政府警务处设立维护国家安全的部门,配备执法力量。

警务处维护国家安全部门可以从香港特别行政区以外聘请合格的专门人员和技术人员,协助执行维护国家安全相关任务。

警务处维护国家安全部门的职责为:收集分析涉及国家安全的情报信息;部署、协调、推进维护国家安全的措施和行动;调查危害国家安全犯罪案件;进行反干预调查和开展国家安全审查;承办香港特别行政区维护国家安全委员会交办的维护国家安全工作;执行本法所需的其他职责。

香港特别行政区律政司设立专门的国家安全犯罪案件检控部门,负责危害国家安全犯罪案件的检控工作和其他相关法律事务。该部门检控官由律政司长征得香港特别行政区维护国家安全委员会同意后任命。

律政司国家安全犯罪案件检控部门负责人由行政长官任命,行政长官任命前须书面征求《香港特别行政区维护国家安全法》第 48 条规定的机构的意见。律政司国家安全犯罪案件检控部门负责人在就职时应当宣誓拥护《香港特别行政区基本法》,效忠香港特别行政区,遵守法律,保守秘密。

经行政长官批准,香港特别行政区政府财政司长应当从政府一般收入中拨出专门款项支付关于维护国家安全的开支并核准所涉及的人员编制,不受香港特别行政区现行有关法律规定的限制。财政司长须每年就该款项的控制和管理向立法会提交报告。

2. 职权

根据基本法的规定,特别行政区政府行使下列职权:(1)制定并执行政策;(2)管理各项行政事务;(3)办理基本法规定的中央人民政府授权的对外事务;(4)编制并提出财政预算、决算;(5)拟订并提出法案、议案、附属法规;或者提出法案、议案、草拟行政法规;(6)委派官员列席立法会并代表政府发言等。

(三)立法会

1. 性质、地位和任职条件

根据基本法的规定,特别行政区立法会是特别行政区立法机关,行使立法权。

香港特别行政区立法会议员由在外国无居留权的香港特别行政区永久性居民中的中国公民担任,但非中国籍的香港特别行政区永久性居民和在外国有居留权的香港特别行政区永久性居民可以当选为香港特别行政区立法会议员,其所占比例不得超过立法会全体议员的 20%。澳门特别行政区立法会议员由澳门特别行政区永久性居民担任,但与香港特别行政区有明显不同,澳门特别行政区立法会议员的任职资格既无国籍的要求,也无"在外国无居留权"的限制。

香港特别行政区和澳门特别行政区立法会议员均由选举产生,香港特别行政区立法会除第一届任期为两年外,以后每届任期均为 4 年。澳门特别行政区立法会议员除第一届另有规定外,每届任期 4 年。

2. 组织和会议

根据《香港特别行政区基本法》,香港特别行政区立法会经选举产生,立法会的产生办法根据香港特别行政区的实际情况和循序渐进的原则而规定,最终达至全部议员由普选产生的目标。立法会产生的具体办法和法案、议案的表决程序由《香港特别行政区立法会的产生办法和表决程序》规定。

2007年，全国人大常委会作出《关于香港特别行政区2012年行政长官和立法会产生办法及有关普选问题的决定》，其规定如下：(1) 2012年香港特别行政区第四任行政长官的选举，不实行由普选产生的办法。2012年香港特别行政区第五届立法会的选举，不实行全部议员由普选产生的办法，功能团体和分区直选产生的议员各占半数的比例维持不变，立法会对法案、议案的表决程序维持不变。在此前提下，2012年香港特别行政区第四任行政长官的具体产生办法和2012年香港特别行政区第五届立法会的具体产生办法，可按照《香港特别行政区基本法》第45条、第68条的规定和附件一第七条、附件二第三条的规定作出符合循序渐进原则的适当修改。(2) 在香港特别行政区行政长官实行普选前的适当时候，行政长官须按照香港基本法的有关规定和《全国人民代表大会常务委员会关于〈中华人民共和国香港特别行政区基本法〉附件一第七条和附件二第三条的解释》，就行政长官产生办法的修改问题向全国人大常委会提出报告，由全国人大常委会确定。修改行政长官产生办法的法案及其修正案，应由香港特别行政区政府向立法会提出，经立法会全体议员2/3多数通过，行政长官同意，报全国人大常委会批准。(3) 在香港特别行政区立法会全部议员实行普选前的适当时候，行政长官须按照《香港特别行政区基本法》的有关规定和《全国人民代表大会常务委员会关于〈中华人民共和国香港特别行政区基本法〉附件一第七条和附件二第三条的解释》，就立法会产生办法的修改问题以及立法会表决程序是否相应作出修改的问题向全国人大常委会提出报告，由全国人大常委会确定。修改立法会产生办法和立法会法案、议案表决程序的法案及其修正案，应由香港特别行政区政府向立法会提出，经立法会全体议员2/3多数通过，行政长官同意，报全国人大常委会备案。(4) 香港特别行政区行政长官的产生办法、立法会的产生办法和法案、议案表决程序如果未能依照法定程序作出修改，行政长官的产生办法继续适用上一任行政长官的产生办法，立法会的产生办法和法案、议案表决程序继续适用上一届立法会的产生办法和法案、议案表决程序。

2014年，全国人大常委会作出《关于香港特别行政区行政长官普选问题和2016年立法会产生办法的决定》，其中规定：(1) 从2017年开始，香港特别行政区行政长官选举可以实行由普选产生的办法。(2) 香港特别行政区行政长官选举实行由普选产生的办法时：① 须组成一个有广泛代表性的提名委员会。提名委员会的人数、构成和委员产生办法按照第四任行政长官选举委员会的人数、构成和委员产生办法而规定。② 提名委员会按民主程序提名产生2—3名行政长官候选人。每名候选人均须获得提名委员会全体委员半数以上的支持。③ 香港特别行政区合资格选民均有行政长官选举权，依法从行政长官候选人中选出一名行政长官人选。④ 行政长官人选经普选产生后，由中央人民政府任命。(3) 行政长官普选的具体办法依照法定程序通过修改《中华人民共和国香港特别行政区基本法》附件一《香港特别行政区行政长官的产生办法》予以规定。修改法案及其修正案应由香港特别行政区政府根据《香港特别行政区基本法》和本决定的规定，向香港特别行政区立法会提出，经立法会全体议员 2/3 多数通过，行政长官同意，报全国人大常委会批准。(4) 如行政长官普选的具体办法未能经法定程序获得通过，行政长官的选举继续适用上一任行政长官的产生办法。(5)《香港特别行政区基本法》附件二关于立法会产生办法和表决程序的现行规定不作修改，2016 年香港特别行政区第六届立法会产生办法和表决程序，继续适用第五届立法会产生办法和法案、议案表决程序。在行政长官由普选产生以后，香港特别行政区立法会的选举可以实行全部议员由普选产生的办法。在立法会实行普选前的适当时候，由普选产生的行政长官按照《香港特别行政区基本法》的有关规定和《全国人民代表大会常务委员会关于〈中华人民共和国香港特别行政区基本法〉附件一第七条和附件二第三条的解释》，就立法会产生办法的修改问题向全国人大常委会提出报告，由全国人大常委会确定。

香港立法会至今已进行了六届选举。1998 年 5 月 24 日，香港第一届立法会选举正式举行。此后于 2000、2004、2008、2012、2016 分别进行了第 1—6 届换届选举。

澳门特别行政区立法会多数议员由选举产生。立法会的产生办法由《澳门特别行政区立法会的产生办法》(以下简称《产生办法》)规定。1999 年 4 月 10 日，澳门特别行政区筹备委员会七次会议通过特区首届立法会具体产生办法。澳葡政府管治时期最后一届立法会中的部分议员符合规定的将会"乘坐直通车"过渡为特区首届立法会议员。1999 年 8 月 29 日，筹委会根据《产生办法》通过了 15 名选任议员的过渡确认资格，他们"乘坐直通车"成为特区首届立法会的议员。澳门特别行政区第一届政府推选委员会投票选出一名议员，以填补直选议席空缺。1999 年 9 月 24 日，时任行政长官何厚铧公布 7 位委任议员名单，澳门特别行政区首届立法会 23 位议员全部到位。澳门特别行政区首届立法会于 1999 年 10 月 12 日澳门回归前提前运作，曹其真和刘焯华分别当选正、副主席。2001、2005、2009、2013、2017 年度分别举行了第二、三、四、五、六届立法会选举。

香港特别行政区立法会设主席一人,经立法会议员互选产生,由年满40周岁、在香港特别行政区通常居住连续满20年并在外国无居留权的香港特别行政区永久性居民中的中国公民担任。澳门特别行政区立法会设主席、副主席各一人,均由立法会议员互选产生,由澳门特别行政区通常居住连续满15年的澳门特别行政区永久性居民中的中国公民担任。立法会主席缺席时由副主席代理,立法会主席或副主席出缺时,另行选举。

根据基本法的规定,立法会主席行使的职权主要包括:主持立法会会议;决定会议议程;决定开会的日期或时间;召开紧急会议或应行政长官的要求召开紧急会议;在立法会休会期间可召开特别会议;立法会议事规则所规定的其他职权等。

3. 职权

特别行政区立法会的职权包括:(1) 根据基本法规定依法制定、修改和废除法律;(2) 根据政府的提案,审核、通过财政预算;(3) 根据政府提案,批准税收和公共开支;(4) 听取行政长官的施政报告并进行辩论;(5) 对政府的工作提出质询;(6) 就任何有关公共利益问题进行辩论;(7) 行政长官如有严重违法或渎职行为而不辞职,立法会可以依照一定程序对其提出弹劾案,并报请中央人民政府决定;另外,香港特别行政区立法会有权同意终审法院法官和高等法院首席法官的任免;(8) 接受特别行政区居民申诉并作出处理。

关于立法会的立法职权中,特别值得提出的是,《澳门特别行政区基本法》第23条规定,澳门特别行政区应自行立法禁止任何叛国、分裂国家、煽动叛乱、颠覆中央人民政府及窃取国家机密的行为,禁止外国的政治性组织或团体在澳门特别行政区进行政治活动,禁止澳门特别行政区的政治性组织或团体与外国的政治性组织或团体建立联系。澳门特别行政区2009年完成了《中华人民共和国澳门特别行政区维护国家安全法》的制定。

《香港特别行政区基本法》第23条规定,香港特别行政区应自行立法禁止任何叛国、分裂国家、煽动叛乱、颠覆中央人民政府及窃取国家机密的行为,禁止外国的政治性组织或团体在香港特别行政区进行政治活动,禁止香港特别行政区的政治性组织或团体与外国的政治性组织或团体建立联系。2020年5月28日,全国人大作出《关于建立健全香港特别行政区维护国家安全的法律制度和执行机制的决定》指出:为了维护国家主权、安全、发展利益,坚持和完善"一国两制"制度体系,维护香港长期繁荣稳定,保障香港居民合法权益,根据《宪法》第31条和第62条第2项、第14项、第16项的规定,以及《香港特别行政区基本法》的有关规定,全国人大作出如下决定:(1)国家坚定不移并全面准确贯彻"一国两制""港人治港"、高度自治的方针,坚持依法治港,维护宪法和《香港特别行政区基本法》确定的香港特别行政区宪制秩序,采取必要措施建立健全香港特别行政区维护国家安全的法律制度和执行机制,依法防范、制止和惩治危害国家安全的行为和活动。(2)国家坚决反对任何外国和境外势力以任何方式干预香港特别行政区事务,采取必要措施予以反制,依法防范、制止和惩治外国和境外势力利用香港进行分裂、颠覆、渗透、破坏活动。(3)维护国家主权、统一和领土完整是香港特别行政区的宪制责任。香港特别行政区应当尽早完成《香港特别行政区基本法》规定的维护国家安全立法。香港特别行政区行政机关、立法机关、司法机关应当依据有关法律规定有效防范、制止和惩治危害国家安全的行为和活动。(4)香港特别行政区应当建立健全维护国家安全的机构和执行机制,强化维护国家安全执法力量,加强维护国家安全执法工作。中央人民政府维护国家安全的有关机关根据需要在香港特别行政区设立机构,依法履行维护国家安全相关职责。(5)香港特别行政区行政长官应当就香港特别行政区履行维护国家安全职责、开展国家安全教育、依法禁止危害国家安全的行为和活动等情况,定期向中央人民政府提交报告。(6)授权全国人大常委会就建立健全香港特别行政区维护国家安全的法律制度和执行机制制定相关法律,切实防范、制止和惩治任何分裂国家、颠覆国家政权、组织实施恐怖活动等严重危害国家安全的行为和活动以及外国和境外势力干预香港特别行政区事务的活动。全国人大常委会决定将上述相关法律列入《香港特别行政区基本法》附件三,由香港特别行政区在当地公布实施。(7)本决定自公布之日起施行。

(四)司法机关

根据基本法规定,特别行政区司法机关保持独立地位,无须向立法机关负责及接受其监督。同时,特别行政区在司法上享有高度自治权,其法院所审理的案件不可上诉至最高人民法院或内地的任何其他法院。

(1)香港特别行政区司法机关。香港特别行政区各级法院是香港特别行政区的司法机关,行使香港特别行政区的审判权,香港特别行政区的终审权属于香港特别行政区终审法院。法院独立行使审判权,不受任何干涉,司法人员履行审判职责的行为不受法律追究。

司法机关包括终审法院、高等法院、区域法院、裁判署法庭和其他专门法庭，并由律政司主管刑事检察工作。其法官由当地法官和法律界以及其他方面知名人士组成的独立委员会推荐，由行政长官任命。终审法院和高等法院的首席法官，应由在外国无居留权的香港特别行政区永久性居民中的中国公民担任。法院法官如果无力履行职责或行为不检点，行政长官可以根据终审法院首席法官任命的不少于3名当地法官所组成的审议庭的建议，予以免职。在终审法院首席法官无力履职或行为不检点的情况下，行政长官有权任命不少于5名当地法官所组成的审议庭进行审议，并可根据审议庭的建议，依照基本法规定程序，予以免职。

（2）澳门特别行政区司法机关。由两部分组成：法院和检察院。各级法院行使审判权，终审权属于澳门特别行政区终审法院。法院系统包括终审法院、中级法院、初级法院和行政法院。行政法院是管辖行政诉讼和税务诉讼的专门初级法院，不服其裁决，可以向中级法院上诉。检察院独立行使法律赋予的检察职能。

各级法院的法官，根据当地法官、律师和知名人士组成的独立委员会的推荐，由行政长官任命。法官的选用以其专业资格为标准，符合标准的外籍法官也可聘用。法官只有在无力履行其职责或行为与其所任职务不相称的情况下，行政长官才可根据终审法院院长任命的不少于3名当地法官组成的审议庭的建议，予以免职。终审法院法官的免职由行政长官根据澳门特别行政区立法会议员组成的审议委员会的建议决定。终审法院法官的任命和免职须报全国人大常委会备案。澳门特别行政区各级法院的院长由行政长官从法官中选任。终审法院院长由澳门特别行政区永久性居民中的中国公民担任。终审法院院长的任命和免职须报全国人大常委会备案。检察院独立行使法律赋予的检察职能，不受任何干涉。检察长由澳门特别行政区永久性居民中的中国公民担任，由行政长官提名，报中央人民政府任命。检察官经检察长提名，由行政长官任命。2009年，立法会修改的《澳门司法组织纲要法》第19-A条规定了特别情况下的刑事管辖权："一、对于第2/2009号法律《维护国家安全法》规定的犯罪，本法律第二十四条第一款、第二十九条、第二十九-B条、第三十六条（一）、（三）、（六）及（七）项、第四十四条第二款（三）、（四）、（六）、（九）及（十）项所指的职权属法官委员会在确定委任且为中国公民的法官中预先指定的法官,有关指定为期两年。二、对于第 2/2009 号法律规定的犯罪,本法律第五十六条第二款(三)、(四)、(五)、(六)、(八)、(十)及(十四)项所指的职权属检察长在确定委任且为中国公民的检察院司法官中指定的检察院司法官。"

全国人大常委会通过的《香港特别行政区维护国家安全法》规定了分裂国家罪、颠覆国家政权罪、恐怖活动罪、勾结外国或者境外势力危害国家安全罪以及其他处罚规定。规定了涉及司法机关处理涉及国家安全的一些规定。(1)香港特区行政长官应当从裁判官、区域法院法官、高等法院原讼法庭法官、上诉法庭法官以及终审法院法官中指定若干名法官,也可从暂委或者特委法官中指定若干名法官,负责处理危害国家安全犯罪案件。行政长官在指定法官前可征询香港特别行政区维护国家安全委员会和终审法院首席法官的意见。上述指定法官任期一年。凡有危害国家安全言行的,不得被指定为审理危害国家安全犯罪案件的法官。在获任指定法官期间,如有危害国家安全言行的,终止其指定法官资格。在裁判法院、区域法院、高等法院和终审法院就危害国家安全犯罪案件提起的刑事检控程序应当分别由各该法院的指定法官处理。(2)除另有规定外,裁判法院、区域法院、高等法院和终审法院应当按照香港特别行政区的其他法律处理就危害国家安全犯罪案件提起的刑事检控程序。(3)对高等法院原讼法庭进行的就危害国家安全犯罪案件提起的刑事检控程序,律政司长可基于保护国家秘密、案件具有涉外因素或者保障陪审员及其家人的人身安全等理由,发出证书指示相关诉讼毋须在有陪审团的情况下进行审理。凡律政司长发出上述证书,高等法院原讼法庭应当在没有陪审团的情况下进行审理,并由三名法官组成审判庭。凡律政司长发出前款规定的证书,适用于相关诉讼的香港特别行政区任何法律条文关于"陪审团"或者"陪审团的裁决",均应当理解为指法官或者法官作为事实裁断者的职能。(4)香港特别行政区法院在审理案件中遇有涉及有关行为是否涉及国家安全或者有关证据材料是否涉及国家秘密的认定问题,应取得行政长官就该等问题发出的证明书,上述证明书对法院有约束力。

此外,该法还规定了部分案件由中央国家机关进行办理。第 55 条规定,有以下情形之一的,经香港特别行政区政府或者驻香港特别行政区维护国家安全公署提出,并报中央人民政府批准,由驻香港特别行政区维护国家安全公署对本法规定的危害国家安全犯罪案件行使管辖权:案件涉及外国或者境外势力介入的复杂情况,香港特别行政区管辖确有困难的;出现香港特别行政区政府无法有效执行本法的严重情况的;出现国家安全面临重大现实威胁的情况的。根据第 55 条规定管辖有关危害国家安全犯罪案件时,由驻香港特别行政区维护国家安全公署负责立案侦查,最高人民检察院指定有关检察机关行使检察权,最高人民法院指定有关法院行使审判权。根据第 55 条规定管辖案件的立案侦查、审查起诉、审判和刑罚的执行等诉讼程序事宜,适用《中华人民共和国刑事诉讼法》等相关法律的规定。根据第 55 条规定管辖案件时,第 56 条规定的执法、司法机关依法行使相关权力,其为决定采取强制措施、侦查措施和司法裁判而签发的法律文书在香港特别行政区具有法律效力。对于驻香港特别行政区维护国家安全公署依法采取的措施,有关机构、组织和个人必须遵从。

# 第四章　宪法规定的制度和政策

我国宪法规定了很多制度和政策的内容,主要涉及政治、经济、文化、生态文明和社会等方面的制度和政策。这些内容成为除基本权利和义务、国家机构以外的另一部分重要内容。

2019年,十九届四中全会通过的《关于坚持和完善中国特色社会主义制度推进国家治理体系和治理能力现代化若干重大问题的决定》(以下简称《决定》)是对中华人民共和国70年取得的历史性成就进行的总结。实践充分证明,中国特色社会主义制度是当代中国发展进步的根本保证。《决定》由15部分构成,分为三大板块。第一板块为第一部分,是总论,主要阐述中国特色社会主义制度和国家治理体系发展的历史性成就、显著优势,提出新时代坚持和完善中国特色社会主义制度、推进国家治理体系和治理能力现代化的重大意义和总体要求。第二板块为分论,聚焦坚持和完善支撑中国特色社会主义制度的根本制度、基本制度、重要制度,安排了13个部分,明确了各项制度必须坚持和巩固的根本点、完善和发展的方向,并作出工作部署。第三板块为第十五部分和结束语,主要就加强党对坚持和完善中国特色社会主义制度、推进国家治理体系和治理能力现代化的领导提出要求。其中提到建立健全的制度包括:坚持和完善党的领导制度体系,提高党科学执政、民主执政、依法执政水平;坚持和完善人民当家作主制度体系,发展社会主义民主政治;坚持和完善中国特色社会主义法治体系,提高党依法治国、依法执政能力;坚持和完善中国特色社会主义行政体制,构建职责明确、依法行政的政府治理体系;坚持和完善社会主义基本经济制度,推动经济高质量发展;坚持和完善繁荣发展社会主义先进文化的制度,巩固全体人民团结奋斗的共同思想基础;坚持和完善统筹城乡的民生保障制度,满足人民日益增长的美好生活需要;坚持和完善共建共治共享的社会治理制度,保持社会稳定、维护国家安全;坚持和完善生态文明制度体系,促进人与自然和谐共生;坚持和完善党对人民军队的绝对领导制度,确保人民军队忠实履行新时代使命任务;坚持和完善"一国两制"制度体系,推进祖国和平统一;坚持和完善独立自主的和平外交政策,推动构建人类命运共同体;坚持和完善党和国家监督体系,强化对权力运行的制约和监督;加强党对坚持和完善中国特色社会主义制度、推进国家治理体系和治理能力现代化的领导。这些制度和体系方面的内容在宪法中有了基本的规定,《决定》将其与时俱进地加以时代化、具体化。

## 第一节 政治制度

政治制度是统治阶级实现其阶级统治的方式及其有关制度的总称,如国家的管理形式、国家结构形式、政党制度、自治制度等。宪法规定政治制度的具体内容并保障各项具体政治制度的运行。

### 一、国家性质

(一) 概念

根据马克思主义国家理论的学说,国家性质即国家的阶级本质,又称"国体",主要是国家的统治阶级和被统治阶级的关系。"国体"是宪法学基本范畴之一。毛泽东指出,国体"就是社会各阶级在国家中的地位"[①]。根据学界的研究和现实情况,我们认为,国体反映一个社会的阶级、阶层构成,表明社会各阶级、阶层在国家中的地位及其相互关系,具体包括三方面问题:一个国家在一定时期,其国家阶级和阶层的构成中由哪些阶级和阶层组成;每个阶级和阶层在国家中所处的地位和作用如何;国家的基本职能有哪些。随着我国社会发展变化,社会成员简单地被分为不同的阶级已不能完全说明现状,社会各阶层和集团的不断涌现和分化,要求我们从其他角度分析和定位不同的社会成员对国家的影响和作用。

宪法是作为适应近现代国家维护阶级统治需要而产生的,因此必须把国家性质作为宪法的重要内容予以规定。资本主义国家的宪法同样对国家性质予以规定,只不过不直接明确地规定国家性质,通常以一般抽象的词句间接体现国家的本质。如《意大利共和国宪法》第1条规定:"意大利为民主共和国,其基础是劳动。"法国《法兰西第五共和国宪法》第2条规定:"法兰西为不可分割、非宗教的、民主的并为社会服务的共和国。"这些规定表明,它们都属于民主共和国。近现代西方国家宪法基本以这种方式规定国家的阶级本质。

---

① 《毛泽东选集》(第二卷),人民出版社1991年版,第676页。

社会主义国家的宪法同国体关系密切,宪法的性质和内容皆由国体所决定,国家性质主要解决的是统治权的归属问题。如我国宪法规定,中华人民共和国的一切权力属于人民,实行人民民主专政的国家性质。国家性质的规定是要解决统治权的维护和巩固的问题,而如何在实践中将这些规定通过宪法和法律的手段真正落实,并非易事。

(二) 我国的国家性质

1. 人民民主专政的含义、宪法依据、发展演变及其优点

我国的国家性质是人民民主专政。它是工人阶级领导的以工农联盟为基础的,在人民内部实行民主,对敌人实行专政的国家政权。我国宪法从两方面对此作出规定。首先,《宪法》序言中宣告:"工人阶级领导的、以工农联盟为基础的人民民主专政,实质上即无产阶级专政",并对人民民主专政的政权阶级基础作了规定。其次,《宪法》第1条第1款规定:"中华人民共和国是工人阶级领导的、以工农联盟为基础的人民民主专政的社会主义国家。"

人民民主专政是无产阶级专政理论与中国革命具体实际相结合的产物,是中国共产党领导中国人民在长期革命斗争中的伟大创造。人民民主专政的概念由毛泽东在《将革命进行到底》一文中首次提出,"革命彻底胜利以后,将要在'全国范围内建立无产阶级领导的以工农联盟为主体的人民民主专政的共和国'。"[①]1949年,毛泽东在《新民主主义论》一文中,对人民民主专政进行了全面论述。同年9月,中国人民政治协商会议第一届全体会议通过《共同纲领》,把"人民民主专政"作为中华人民共和国的国体正式确定下来。1954年宪法把"人民民主专政"改为"人民民主",主要因为当时许多人认为"人民民主"就是"人民民主专政",且"人民民主"的提法更突出国家政权的民主性质。1957年后,我国在"人民民主专政"问题上开始出现"左"的倾向。1975年宪法和1978年宪法受极"左"思潮影响,将"人民民主专政"改为"无产阶级专政"。1979年以后,又恢复了"人民民主专政"的提法,人民民主专政进入一个新的发展时期。1982年宪法继续使用这一概念。继续使用这一概念有以下理由:第一,符合我国国情。在我国,人民民主专政有其产生发展的历史,是在长期革命斗争中形成的,符合我国基本国情,是马克思主义无产阶级专政理论与中国革命具体实践相结合的产物。在新民主主义革命和社会主义革命阶段,工人阶级始终是领导阶级,农民是

---

① 《毛泽东选集》(第四卷),人民出版社1991年版,第1375页。

可靠的同盟军,民族资产阶级参加了新民主主义革命并接受了社会主义改造。中国革命的历史特点和阶级状况决定政权实行的是有更广泛阶级基础的"人民民主专政"而不只是无产阶级一个阶级的专政。第二,人民民主专政是无产阶级专政在我国的具体形式,其实质是无产阶级专政。其在领导权、阶级基础、国家职能和历史使命上与无产阶级专政一致。第三,这一概念全面且准确地表达无产阶级专政关于民主和专政这两个方面的含义。第四,人民民主专政确切地反映了我国国家阶级状态所发生的深刻变化和国家政权的民主性质。

2. 阶级和阶层构成

根据现行宪法规定,在我国人民民主专政的国家性质中,人民处于统治阶级的地位。在人民内部,各个阶级、阶层的地位又有所不同,工人阶级处于领导地位,工农联盟是国家的基础,在这个基础上团结其他社会主义事业建设者和爱国者。

(1) 工人阶级是领导阶级。工人阶级是社会主义国家的领导阶级,也是我国人民民主专政的领导力量;工人阶级对国家的领导,是人民民主专政的根本标志。毛泽东曾指出,"人民民主专政需要工人阶级的领导"。[①] 工人阶级之所以是我国政权的领导阶级,是由工人阶级的本质属性和历史使命所决定的。工人阶级是先进生产力的代表,最有远见,最大公无私,最具有革命彻底性,最具有严密的组织性和严格的纪律性。只有工人阶级才能领导人民消灭剥削制度,消灭阶级差别,最终实现共产主义。中国工人阶级也具有这些特点,决定了工人阶级在我国的领导地位。事实证明,工人阶级的领导是我国社会主义革命和建设取得伟大胜利,人民民主专政保持正确的发展方向,改革开放取得伟大成就的保障。

随着改革开放和经济体制的改革,工人阶级的组成有了很大变化。在产业结构调整中,原来属于全民所有制和集体所有制的工人阶级,一部分进入外资企业和私营企业,一部分成为个体、私营企业的创办者。国有企业和集体企业中的部分工人阶级在股份制改造中成为持股者,他们既是公有财产的所有者,又是个人财产的所有者,由无产者变成有产者,"无产"不再是当代工人阶级的标志。现在的工人阶级不单是过去传统产业的阶级,还包括从事商贸、金融、流通、服务等第三产业工作的劳动者和管理者。我国工人阶级的队伍发生变化并未改变其阶

---

① 《毛泽东选集》(第四卷),人民出版社1991年版,第1479页。

级属性,工人阶级仍然是与大机器生产相联系的最先进的阶级,保持了原来的阶级特性和优秀品质,是改革和建设的主力军,是社会主义制度建设的领导阶级。

工人阶级作为国家的领导阶级是通过其先锋队组织——中国共产党的领导实现的。没有中国共产党的领导,工人阶级的先进性就难以保证。因此,要使工人阶级永远保持先进性,作为其先锋队组织的中国共产党必须加强对工人阶级的教育和领导。

2018年3月第五次宪法修正时,在第1条第一句话之后增加:"中国共产党领导是中国特色社会主义最本质的特征。"这一规定突出了党的领导在社会主义国家中的重要地位和作用。

(2) 工农联盟是国家政权的阶级基础。马克思列宁主义者认为,无产阶级在推翻剥削制度的革命中及在社会主义建设过程中,必须同广大农民结成稳固的联盟。只有这样,才能建立和巩固无产阶级专政的国家政权。因此,工农联盟是无产阶级专政的阶级基础。我国人民民主专政也不例外。农民占我国人口的绝大多数,农民问题始终是我国革命、建设和改革开放的根本问题。历史表明,我国农民阶级始终是工人阶级最可靠的同盟军。工人阶级取得政权后,要取得社会主义建设事业的成功,要取得改革开放的成功,必须同农民结成巩固的联盟,并不断加强。

改革开放和经济体制的改革,使农民阶级队伍结构和地位发生了较大的变化。农民阶级急剧分化,传统意义上的农业劳动者减少。经过多年的发展,中国农民的规模显著缩小了。同时,随着社会的转型,农民分化出几个相对独立的新的社会阶层,包括乡镇企业工人阶层、农民工阶层、农村干部阶层、农村知识分子阶层、个体劳动者阶层。农民阶级内部的分化是家庭独立经营权、户籍制度松动等多种因素作用的结果。由此产生的直接影响是:一方面,纯粹的农业劳动者和以农业为主的农民劳动者的数量大为减少,农民阶层的规模显著缩小。另一方面,农民阶级的急剧分化,使工农联盟的巩固面临许多新问题。如如何切实地使农民平等地享有政治、经济、社会和文化权利;建立农村社会保障制度;改革户籍制度,打破城乡分割的二元结构;创造就业机会,保障农民工阶层的权益;保护进城务工农民工子女受教育问题等。

(3) 知识分子是现代化建设的基本依靠力量。知识分子是指那些具有一定的科学文化知识,并且因此而从事脑力劳动的社会成员。按照马克思主义的观点,知识分子从来不是一个独立的阶级,只是一个特殊的社会阶层,他们的阶级属性应根据其经济地位和政治态度确定。中华人民共和国成立以来,我国知识分子的定性定位经历了曲折的发展过程,知识分子一度被错误地划入资产阶级的范围,成了革命的对象。20世纪70年代后期,知识分子的定性和定位发生变化。知识分子被定性为工人阶级的一部分,并在现行宪法中得到了体现。《宪法》序言规定:"社会主义的建设事业必须依靠工人、农民和知识分子,团结一切可以团结的力量。"第23条规定:"国家培养为社会主义服务的各种专业人才,扩大知识分子的队伍,创造条件,充分发挥他们在社会主义现代化建设中的作用。"由于知识分子是掌握知识的脑力劳动者,是先进生产力的开拓者,社会主义物质文明、政治文明、精神文明、生态文明和社会文明建设必须依靠知识分子。

(4) 新的社会阶层是社会主义事业的建设者的组成部分。新的社会阶层是指我国改革开放条件下出现的,与社会主义市场经济体制相联系的,有别于传统的阶级、阶层并且比较稳定和具有一定规模的新型社会群体。他们主要是从工人阶级、农民阶级队伍中分化出来的,尽管不再属于工人阶级、农民阶级,但与工人、农民等一样,也是有中国特色社会主义事业的建设者。该社会阶层主要包括以下六类人员:一是民营科技企业的创业人员和技术人员;二是受聘于外资企业的管理技术人员;三是个体户;四是私营企业主;五是中介组织的从业人员;六是自由职业人员。2004年宪法修正案第19条将《宪法》序言第十自然段第二句增加了"社会主义事业的建设者"这个组成部分。这表明,社会主义事业的建设者包括全体社会主义劳动者和在社会变革中出现的新的社会阶层。这样修改有利于最广泛、最充分地调动一切积极因素。

(5) 社会主义事业的建设者。《宪法》序言规定:"在长期的革命、建设、改革过程中,已经结成由中国共产党领导的,有各民主党派和各人民团体参加的,包括全体社会主义劳动者、拥护社会主义的爱国者和拥护祖国统一的爱国者的广泛的爱国统一战线,这个统一战线将继续巩固和发展。"2004年宪法修正案在第19条"全体社会主义劳动者、拥护社会主义的爱国者和拥护祖国统一的爱国者"中的"全体社会主义劳动者"后增加了"社会主义事业的建设者"。

2004年,王兆国在《关于〈中华人民共和国宪法修正案(草案)〉的说明》中指出:在统一战线的表述中增加社会主义事业的建设者。《宪法》序言第十自然段第一句明确规定:"社会主义的建设事业必须依靠工人、农民和知识分子,团结一切可以团结的力量。"随着改革的深化、开放的扩大和经济社会的发展,我国的统一战线不断扩大。党的十六大明确提出,在社会变革中出现的新的社会阶层"都是中国特色社会主义事业的建设者"。据此,《宪法修正案(草案)》在宪法关于统一战线的表述中增加"社会主义事业的建设者",将宪法序言这一自然段第二句关于统一战线的表述修改为:"在长期的革命和建设过程中,已经结成由中国共产党领导的,有各民主党派和各人民团体参加的,包括全体社会主义劳动者、社会主义事业的建设者、拥护社会主义的爱国者和拥护祖国统一的爱国者的广泛的爱国统一战线,这个统一战线将继续巩固和发展。"统一战线包括的"劳动者""建设者"和两种"爱国者",一层比一层更广泛,社会主义事业的建设者包括全体社会主义劳动者和在社会变革中出现的新的社会阶层。这样修改有利于最广泛、最充分地调动一切积极因素。

这一修改表明,我国现阶段存在两个爱国者的联盟:一个是由内地拥护社会主义的爱国者组成的,主要包括内地范围内的劳动者和社会主义事业的建设者;另一个爱国者联盟是以拥护祖国统一为基础组成的爱国者,包括我国台湾地区、港澳同胞和海外侨胞所组成的政治联盟。

2018年修宪时将序言上述内容修改为:"在长期的革命、建设、改革过程中,已经结成由中国共产党领导的,有各民主党派和各人民团体参加的,包括全体社会主义劳动者、社会主义事业的建设者、拥护社会主义的爱国者、拥护祖国统一和致力于中华民族伟大复兴的爱国者的广泛的爱国统一战线,这个统一战线将继续巩固和发展。"

(6)敌对势力和敌对分子及其他改造惩罚对象。宪法没有使用"敌人"这一术语,但在1982年《宪法修正案(草案)》说明中指出:"人民民主专政,除了在人民内部实行民主的一面,还有全体人民对于敌人实行专政的一面。"这表明立宪者把"敌人"作为我国现阶段阶级和阶层构成的基本状况之一。《宪法》序言第8段规定,中国人民对敌视和破坏我国社会主义制度的国内外的敌对势力和敌对分子,必须进行斗争。所以"敌人"在宪法中指的是敌视和破坏我国社会主义制度的国内外的敌对势力和敌对分子。

3. 人民民主专政的实质是无产阶级专政

我国的人民民主专政是无产阶级专政在我国的具体表现形式。无产阶级专政是马克思主义国家理论的精髓,是马克思主义基本理论和基本实践。人民民主专政理论的提出是由中国革命的特点决定的,是适合我国国情和革命传统的无产阶级专政的一种形式。我国现行《宪法》序言指出:"工人阶级领导的、以工农联盟为基础的人民民主专政,实质上即无产阶级专政。"之所以说人民民主专

政实质上是无产阶级专政,理由在于:

(1) 从领导力量看,人民民主专政与无产阶级专政一样,都是以工人阶级为领导的国家政权。在我国,工人阶级是国家的领导阶级,它的先锋队——中国共产党是人民民主专政的领导核心,所以人民民主专政也就是由工人阶级(通过中国共产党)来领导的。

(2) 从阶级基础看,无产阶级专政的最高原则是无产阶级同农民阶级结成牢固的联盟。在我国,工农联盟是人民民主专政的阶级基础,是建立、巩固和发展人民民主专政和社会主义制度的重要保证。

(3) 从国家职能看,人民民主专政和无产阶级专政都担负着保障人民当家作主的权利,组织社会主义的物质文明、政治文明、精神文明、生态文明和社会文明建设,镇压敌对阶级和敌对势力的反抗、保卫祖国抵御外来侵略的职能。

(4) 从历史使命看,人民民主专政与无产阶级专政所担负的历史使命一样,都是要消灭剥削和阶级差别,发展生产力,最终实现共产主义。

以上四点说明,我国的人民民主专政实质是无产阶级专政,1975年和1978年宪法都曾规定我国是"无产阶级专政的社会主义国家";1982年宪法序言宣告我国的人民民主专政"实质上即无产阶级专政"。1982年宪法之所以规定"人民民主专政的社会主义国家",是因为"人民民主专政"这个提法更符合我国的国情。所谓人民民主专政,"实质上"就是无产阶级专政,并不等于人民民主专政就完全是无产阶级专政;人民民主专政不仅仅是一个提法的问题,它与无产阶级专政的区别还牵涉到我国政权从内容到形式的许多方面。

### (三) 社会主义制度

《宪法》第1条第2款规定了我国的根本制度即社会主义制度。它是社会主义国家中经济、政治、文化和社会等各项制度的总和。其中,经济上实行以公有制为基础,多种所有制经济共同发展的基本经济制度,坚持以经济建设为中心,不断解放和发展生产力,加强社会主义物质文明建设。在政治上,实行人民代表大会制度的政体,坚持和完善中国共产党领导的多党合作和政治协商制度以及民族区域自治制度,大力发展社会主义民主政治,实行依法治国,建设社会主义政治文明。在教育、科学、文化和思想道德建设方面,坚持以马列主义、毛泽东思想、邓小平理论和"三个代表"重要思想、科学发展观、习近平新时代中国特色社会主义思想为指导,实行中国特色的教育科学文化制度,大力加强社会主义精神文明建设,等等。

我国的社会主义制度在新时代就是中国特色社会主义制度。2019年10月十九届四中全会通过的《中共中央关于坚持和完善中国特色社会主义制度、推进国家治理体系和治理能力现代化若干重大问题的决定》指出：中国特色社会主义制度是党和人民在长期实践探索中形成的科学制度体系，我国国家治理一切工作和活动都依照中国特色社会主义制度展开，我国国家治理体系和治理能力是中国特色社会主义制度及其执行能力的集中体现。

我国国家制度和国家治理体系具有多方面的显著优势，主要是：坚持党的集中统一领导，坚持党的科学理论，保持政治稳定，确保国家始终沿着社会主义方向前进的显著优势；坚持人民当家作主，发展人民民主，密切联系群众，紧紧依靠人民推动国家发展的显著优势；坚持全面依法治国，建设社会主义法治国家，切实保障社会公平正义和人民权利的显著优势；坚持全国一盘棋，调动各方面积极性，集中力量办大事的显著优势；坚持各民族一律平等，铸牢中华民族共同体意识，实现共同团结奋斗、共同繁荣发展的显著优势；坚持公有制为主体、多种所有制经济共同发展和按劳分配为主体、多种分配方式并存，把社会主义制度和市场经济有机结合起来，不断解放和发展社会生产力的显著优势；坚持共同的理想信念、价值理念、道德观念，弘扬中华优秀传统文化、革命文化、社会主义先进文化，促进全体人民在思想上精神上紧紧团结在一起的显著优势；坚持以人民为中心的发展思想，不断保障和改善民生、增进人民福祉，走共同富裕道路的显著优势；坚持改革创新、与时俱进，善于自我完善、自我发展，使社会始终充满生机活力的显著优势；坚持德才兼备、选贤任能，聚天下英才而用之，培养造就更多更优秀人才的显著优势；坚持党指挥枪，确保人民军队绝对忠诚于党和人民，有力保障国家主权、安全、发展利益的显著优势；坚持"一国两制"，保持香港、澳门地区长期繁荣稳定，促进祖国和平统一的显著优势；坚持独立自主和对外开放相统一，积极参与全球治理，为构建人类命运共同体不断作出贡献的显著优势。这些显著优势，是我们坚定中国特色社会主义道路自信、理论自信、制度自信、文化自信的基本依据。

## 二、政权组织形式

（一）概述

政权组织形式是指掌握国家权力的阶级行使国家权力的政权体制，也就是统治阶级按照一定的原则组成的代表国家行使权力以实现阶级统治任务的国家政权机关的组织体系。具体说来，包括统治阶级通过建立何种政权体制，去体现统治阶级与被统治阶级的关系，解决统治阶级内部的关系，由谁作为国家权力的代表或象征，并以何种方式和手段将所形成的国家意志，向社会予以表达，以什么名义来表达等内容。

学界通常又将政权组织形式称为政体或根本政治制度，但政权组织形式与政体概念不完全一致。大多数学者将"政体"和"政权组织形式"等同。何华辉先生认为，政体和政权组织形式是既相互区别又相互联系的概念，"政体是实现国家权力的一种形式。它是形成与表现国家意志的特殊方式，或者说是表现权力的政治体制。"[①]而"政权组织形式也是一种实现国家权力的形式。它是指一个国家实现国家权力的机关组织。"[②]政权组织形式是政体的下位概念，包括了同一级国家机关之间的关系和上下级国家机关之间的关系。由于国家结构形式已习惯用于指中央与地方、国家整体与部分间的权力配置关系，与政权组织形式并列，所以政权组织形式应仅指国家权力在同一级国家机关之间的配置以及由此形成的同一级国家机关之间的相互关系。

在一定的历史条件下，一定的政权组织形式能影响国家政权的稳定性。历史上各种类型的国家之所以能延续一个相当长的时间，其最重要的因素之一，就是采用了适合国家治理需要的政权组织形式。政权组织形式问题是马列主义、毛泽东思想关于国家学说的重要组成部分。马克思主义者在长期的革命实践中，一向严肃地把国家本质与国家形式加以辩证统一，共同探讨研究。他们深刻地认识到：取得政权之后的无产阶级必须同时建立起适宜的政权组织形式，才能发展民主，保障人民权利，实现对社会的改造并建设经济。可见，政权组织形式问题是一国的根本政治制度的问题。

政权组织形式与一国国家制度的各个部分及其活动过程联系密切，一国的政权组织形式确立后，并不意味着可以一劳永逸，仍有待进一步健全，逐步趋向完备。我国的人民代表大会制度也是如此，存在着从不完善到逐步完善的发展和改革过程，这一过程将持续进行。

（二）类型

自从人类社会产生国家以来，与各种性质不同的国家相适应，出现了多种政权组织形式。亚里士多德是在政体基础上最先提出政权组织形式的人。中世

---

[①] 何华辉：《比较宪法学》，武汉大学出版社1988年版，第136页。
[②] 同上书，第139页。

纪，神学和自然法学说认为君主制是最好的政体，托马斯·阿奎那像亚里士多德一样把政体分为君主政体、贵族政体、平民政体、暴君政体、寡头政体、民主政体六种。早期资产阶级思想家马基雅维利认为有君主制、贵族制、共和制三种正确的政体和暴君制、寡头制、群氓统治三种变态政体。马克思、恩格斯关于无产阶级国家政体的理论是马克思主义国家学说的一个有机组成部分，他们从来没有把政体等同于政权组织形式。他们也把政体分为君主专制政体、君主立宪政体、共和政体，并且明确共和政体是资产阶级共和国和无产阶级专政国家均可采用的政体。

1. 西方国家的政体

尽管西方思想家对政体的理解并不一致，对政体种类的概括也不尽相同，但基本上是按照行使国家权力人数的多寡来划分政体的，并且大多数思想家对政体和政权组织形式有所区分，将政权组织形式看成是政体的具体体现或某一政体所选定的国家治理的权力结构。最为典型的政体为君主制与共和制。

（1）君主制。指国家最高权力在实际上或名义上掌握在君主个人手中，君主终身任职并且实行世袭的政权组织形式。君主制又分为专制君主制和立宪君主制两种。专制君主制指国家最高权力掌握在君主手中，君主权力的行使不受法律或其他国家机关的限制和监督。这是奴隶制和封建制国家普遍采用的政权组织形式。立宪君主制是指由世袭的国王为国家元首，而其权力依照宪法受到限制，又称为有限君主制。立宪君主制又可分为二元立宪君主制和议会立宪君主制两种。二元制立宪君主制中，君主掌握国家统治大权，议会的权力很小。这种政权组织形式主要存在于封建势力相对强大的国家。第二次世界大战前的日本和德国（1871—1919）曾采用这种形式。当代的资本主义国家，除约旦王国、尼泊尔王国、摩洛哥等少数国家外，采用这种形式的国家很少。议会立宪君主制中，君主处于象征性地位，在形式上议会处于主导地位，但实权掌握在内阁手中，如英国、日本、比利时等。

（2）共和制。指国家最高权力掌握在由选举产生的、有一定任期的国家机关或公职人员手中的政权组织形式。在欧洲，奴隶制国家产生初期，出现过希腊雅典民主共和制和罗马贵族共和制；在封建制国家中，在意大利的威尼斯、热那亚、佛罗伦萨等出现了城市共和国，但共和制被广泛采用则是资产阶级革命胜利后的事情。资产阶级革命以后，世界上的政体主要是共和政体、君主立宪政体和少数的专制政体，其中又以共和政体最多，君主立宪政体从本质上说也是共和政体——既有民主的基础,又有君民共和的特征。当然,同样是共和政体的国家,其政权组织形式也是不一样的。共和制又分为议会共和制和总统共和制。议会共和制指由议会中占多数席位的政党组织政府,并对议会负责的政权组织形式,如德国、意大利、印度等。总统共和制指由选举产生的总统直接组织政府,不对议会负责的政权组织形式,美国是最典型的采用总统共和制的国家。法国采取的是介于总统共和制和议会共和制之间的半总统共和制。此外,瑞士的委员会制是共和制的一种独特形式。

2. 社会主义国家的政体

无产阶级取得政权后,采取什么样的政体,是马克思主义国家学说中的一个重要问题。马克思在总结法国1848年大革命的历史经验时指出:工人阶级专政具体形式应该是"红色共和国""社会共和国",即明确主张社会主义国家应采取"共和政体"。1871年,巴黎工人起义所创立的巴黎公社,是无产阶级专政的政权组织形式的第一次尝试,尽管只存在了72天,政权组织也极不完备,但它毕竟创造了不同于剥削阶级国家的政权组织的新形式。1905年俄国革命中,工农群众创造了"苏维埃"(即代表会议)形式。1917年,"十月革命"取得胜利后,在俄国建立了第一个无产阶级专政的苏维埃社会主义国家。第二次世界大战后,欧洲和亚洲出现了一系列社会主义国家,这些社会主义国家都建立了人民代表制的共和政体,各社会主义国家政权组织形式的共同点是:国家的一切权力属于人民,人民通过直接或间接地选举代表(或议员)组成各级国家权力机关和行使管理国家和社会的一切权力,实行民主集中制。以马列主义政党为国家的执政党,也是社会主义共和政体与资本主义共和政体的根本区别所在。当然,由于社会主义各国具体历史情况不同,其政权组织形式又呈现各自的特点,如苏维埃制、代表会议制、人民大会制等。

(1) 苏维埃制。俄国"十月革命"后建立的人类历史上第一个社会主义国家苏联采取的政权组织形式。其基本特点是:由人民选举的代表组成的苏维埃代表大会作为人民的代议机关,苏维埃对人民负责,代表可以由人民撤换;最高苏维埃是最高国家立法机关,设立联邦院和民族院,两院有平等的权力;最高苏维埃也是最高国家权力机关,其他一切国家机关如苏联部长会议、苏联最高法院和检察院都由它产生,由它授权并向它负责;最高苏维埃设立主席团作为常设机构。

(2) 人民会议制。朝鲜采用这种政体,其基本特点是:最高人民会议是朝鲜民主主义人民共和国的最高国家权力机关,代表全体人民行使立法权;最高人民会议闭会期间的最高权力机关是最高人民会议常任委员会,最高人民会议常任委员会委员长代表国家,接受外国使节的派遣国书和召回国书;内阁是国家最高权力机关的执行机关,内阁总理代表朝鲜民主主义人民共和国政府,内阁对最高人民会议负责,最高人民会议闭会期间对最高人民会议常任委员会负责。

（3）人民代表大会制。我国采用这一制度,其基本特点是:"一切权力属于人民"是我国政治制度的核心内容和根本准则;全国人民代表大会是最高国家权力机关,其他中央国家机关由全国人民代表大会产生并对它负责,受它监督;全国人民代表大会又是国家最高立法机关,可以修改宪法和解释宪法,制定法律及解释法律,全国人大及其常委会行使国家立法权。全国人大和地方各级人大由人民选举产生,对人民负责,受人民监督。

（三）政体和国体的关系

政体与国体的关系是形式和内容的关系。政体从属于国体,国体决定政体。然而,政体从属于国体,绝不是说政体对它所从属和反映的国体只是消极被动的因素,恰恰相反,它对特定的国体起着反作用,可以促进或者阻碍它所从属和反映的国体的发展。

1. 国体决定政体

（1）依据国体选择相应政体。这是政体与国体间密切关系的具有决定性的方面。国家是有组织的暴力,没有适当形式的政权组织形式,就不能代表国家。人类发展史证明:不同类型国家的统治者都要选择最适合自己的政权组织形式来实现对国家的统治。如奴隶制国家和封建制国家普遍采用君主专制政体,资本主义国家普遍采用共和制政体。

（2）政体随国体变化而变化。如在奴隶制、封建制国家里,适应奴隶主对奴隶的公开的暴力统治和封建主对农民的超经济强制,普遍实行的是君主制政体。发展到资本主义国家时,其政权组织形式由君主专制相应地变为民主共和制政体。世界各国大都随着国家性质的改变经历了君主政体和共和政体两种形式。

2. 政体反映国体

政体决定于国体是它们两者之间的关系的一个方面,它们之间的关系的另一方面是政权组织形式服务于国家性质的需要。

（1）政体适合于国体时,能够促进国家的巩固和发展。历史上各种不同性质的国家之所以能够延续一个比较长的时期,原因之一就是政体适应了国体的需要。这在资产阶级国家里表现得十分明显。资产阶级进行反对封建专制统治的革命胜利后,大多数国家采取了民主共和制政体,顺利地实现了资产阶级专政,巩固和发展了国家。

(2)政体不适合于国体时,就会引起国家的衰退、甚至灭亡。例如,20世纪30年代的德国曾是一个实行资产阶级民主制的国家。以希特勒为首的纳粹党上台执政后,破坏了1919年制定的《魏玛宪法》,在德国实行法西斯专制独裁统治,这种统治形式实际上摧毁了《魏玛宪法》所确立的民主共和政体,改变了德国的政权组织形式,德国成了事实上的专制国家并从此走向衰落。可见,政体不适合于国体时,必然阻碍国家的巩固和发展。

当然,国体与政体不必然对应。一个国家的政体不仅要受国体的制约,而且还要受统治阶级与被统治阶级的实际力量对比关系和社会历史条件等因素的制约,因此,同一类型的国体除了有典型的政体以外,还有其他非典型的政体。比如,当今一些发达的资本主义国家(英国、荷兰等)就采用立宪君主制而不采用大多数资本主义国家所采用的民主共和制。而国体不同的国家,政体又可能有某些相同或相似之处。例如,公元前5世纪的希腊为奴隶制国家,采用联邦共和政体,封建制国家同样不乏民主共和政体,如15世纪的波兰共和国就是典型的共和政体。一般而言,政权组织形式的科学、健全和完善对国家具有重要意义。特别是现代民主国家,政权组织形式是保障民主政治实现、防止专权、保护公民权利实现的重要的制度体现。因而政权组织形式是宪法建构政治社会的制度方式,为现代宪法所普遍规定。

(四)我国的政权组织形式

我国的政权组织形式是人民代表大会制度,即由人民按照民主集中制的原则依法选举代表,组成全国和地方国家权力机关体系,并通过国家权力机关组织其他国家机关,以实现人民当家作主的制度。

人民代表大会制度和人民代表大会是有区别的。前者是我国政权的组织形式和运行方式,而后者是一种具体的国家机关。

1. 人民代表大会制度的含义

(1)国家的一切权力属于人民。"权力属于人民",这是人民代表大会制度的实质,是人民代表大会制度最重要的内涵。

权力属于人民意味着国家权力属于人民全体。由于国家权力统一不可分割,所以不能把每一个公民单独地看作部分权力的所有者,而只能视人民为整体是国家权力的所有者。当然不能简单地认为,只要建立了人民代表大会制度,一切权力就自然属于人民了。中华人民共和国成立以来的事实表明,即使我们一直实行人民代表大会制度,可是每个历史时期的民主程度,即表现国家权力属于人民的程度并不相同。要努力地建设社会主义民主,务必使人民代表大会制度的每一个具体环节都能充分地体现权力属于人民的原则,使每一个人民代表都能真正地代表人民,为人民服务;使每一项决策都能完善地体现人民的意志,代表人民的最高利益。只有这样,才能真正实现宪法规定的"中华人民共和国的一切权力属于人民"。

(2) 人民在民主普选的基础上选派代表,组成各级人大作为权力机关。现代国家一般不可能由全体人民始终直接行使国家权力,代议制是现代国家实现民主政治的主要制度形式。我国人口众多,文化程度、生活水平、思想素质和各自所从事的职业以及具体的利益与要求等,差异极大,要使人民能够统一意志,行使权力,必须实行民主和集中的政治制度。这就要求,必须选举代表,由他们代表人民,组成各级人民代表大会行使国家权力。《宪法》第2条规定:"人民行使国家权力的机关是全国人民代表大会和地方各级人民代表大会。"这一规定表明,在我国,国家权力属于人民,但人民作为权力的集体所有者并不直接行使权力,作为人民的代表也非各人独自行使权力。严格地说,国家权力是由全国人大和地方各级人大行使,它们所行使的权力的内容就是宪法和法律规定的关于全国人大和地方各级人大的职权。

作为国家权力机关的人民代表大会,代表人民的意志和利益。每一个人大代表是选举产生他的那一部分群众的意志的代表者,并接受这部分群众的托付和监督。但是,每一代表在参政、议政以及在投票表决时,应当立足于全局,把整体利益置于首位。选举确定的是选民与代表之间的代表关系,代表既不能脱离选民完全独立,也不能处处顺从自己的选民。代表在代议机关的发言、投票可以根据个人的认识、能力去判断行事,但应当总体上尊重选民的意志,向选民负责,受选民利益的约束。

(3) 其他国家机关由人民代表大会产生,受它监督,向它负责。全国人大和地方各级人大是人民行使国家权力的机关。在此,国家权力是统一不可分的,但就具体内容言,国家权力是可以分解的。全国人民通过人大行使的国家权力分解为两个部分:一部分是由人大直接行使,它体现为宪法和法律规定的各级人大的职权;另一部分经宪法授权给其他国家机关行使,由人大负责组织和监督。这就是说，人民代表大会除制定法律、议决国家大事外，还要组织行政机关、监察机关、审判机关和检察机关等，这些国家机关都由人民代表大会产生、向本级人民代表大会负责并接受监督，以确保法律和决定的贯彻实施。

《宪法》第3条第3款规定：国家行政机关、监察机关、审判机关、检察机关都由人民代表大会产生，对它负责，受它监督。

（4）人大常委会向本级人大负责，人大向人民负责。人大行使国家权力主要是通过会议的方式进行的。全国和地方各级人大通常每年只举行一次会议，而且会期不长。所以县以上各级人大均设常委会作为经常行使国家权力的机关。常委会是本级人民代表大会的一部分，由人民代表中的一部分常务代表组成。《宪法》第69条规定："全国人民代表大会常务委员会对全国人民代表大会负责并报告工作。"第103条规定：县级以上的地方各级人民代表大会常务委员会对本级人民代表大会负责并报告工作。因为人民代表大会是由人民选派的代表所组成的，所以常务委员会向本级人民代表大会负责就是向人民负责。

《宪法》第3条规定："全国人民代表大会和地方各级人民代表大会都由人民选举产生，对人民负责，受人民监督。"在实践中，首先人民代表受选民或者原选举单位的监督，选民或者原选举单位可以随时罢免自己选出的代表。由于代表是人民代表大会的组成人员，所以对代表的监督可视为对人民代表大会的监督。其次，《宪法》第41条规定："中华人民共和国公民对于任何国家机关和国家工作人员，有提出批评和建议的权利……。"公民既然可以对任何国家机关提出批评和建议，也应包括人民代表大会这个机关及其工作人员在内。

2. 性质和地位

政权组织形式是政治制度的核心部分，作为政权组织形式的人民代表大会制度是我国的根本政治制度。之所以人民代表大会制度是我国的根本政治制度，原因在于：

（1）直接反映我国的阶级本质，体现了一切权力属于人民的本质要求。人民代表大会制度全面、直接地反映我国的人民民主专政的国家性质，体现各阶级、阶层、各个方面、各个地区和各个民族在国家政权中的应有地位，否则人民民主专政便无法实现。人民代表大会制度体现一切权力属于人民的本质要求表现在：各级人大的代表构成能够最准确地表明社会各阶级、阶层在国家生活中的地位；人民代表大会制度的组织和活动能够确保人民当家作主统一行使国家权力。

（2）人民代表大会制度的产生不以任何制度为依据，它一经产生就可创造各种制度和法律,即成为其他制度赖以建立的基础,其他各种制度是根据人民代表大会的活动而建立的。人民代表大会通过它的立法活动,既可以建立立法制度本身,又可以建立婚姻制度、司法制度、税收制度、教育制度及军事制度等,也可通过人民代表大会或者人民代表大会批准或授权其他国家机关建立其他各项制度。

(3) 人民代表大会制度能够反映我国政治生活的全貌,体现我国政治力量的源泉。如果说其他的制度,如司法制度、税收制度、教育制度、选举制度、婚姻制度等,只能表现我国社会生活的一个侧面,那么,人民代表大会制度则反映了我国政治生活的方方面面。

(4) 从人民代表大会与其他国家机关的关系来看,人民代表大会作为国家权力机关是我国国家机构的基础,由它产生其他国家机关。人民代表大会同其他国家机关的关系是领导与被领导的关系、监督与被监督的关系。

3. 原则

《宪法》第 3 条规定:"中华人民共和国的国家机构实行民主集中制的原则。"这一规定确认民主集中制是人民代表大会制度基本的组织与活动原则。新中国先后制定的一部临时宪法和四部正式宪法,都将民主集中制规定为国家机构的组织和活动原则,现行宪法规定详尽。

在人民代表大会制度下,我们虽然存在着立法、行政、监察、审判、检察不同性质的国家机关,各自行使不同的职权,但社会主义国家机构组织和活动的根本原则是民主集中制,而不是资产阶级标榜的"三权分立"制。"三权分立"原则在反封建专制的资产阶级革命中曾发挥过进步作用,资产阶级革命胜利后,大多数国家均以"三权分立"原则作为政权组织与活动的基本原则。立法机关、行政机关、司法机关的关系是一种"制衡"关系,即议会、法院和政府三者在分别行使立法、司法和行政权时,彼此独立,又互相牵制。我国人民代表大会制度实行的民主集中制原则表现为以下两方面:

(1) 民主方面的表现。首先,各级人大代表都是由民主选举产生的,代表对原选区选民或原选举单位负责,并且受原选区选民或原选举单位监督。选民或选举单位有权罢免不称职的代表。人大代表与选民或选举单位的这种关系,表明了人民是国家的主人,人民代表是人民的公仆,人大是执行人民意志的代表机关。其次,人大实行合议制,坚持定期举行会议,保证绝大多数代表都能积极参加会议,集体开会、集体讨论、集体决定,反对个人专制,一旦会议作出决议,就要求坚决贯彻执行,并对执行的情况进行监督。最后,人大监督其他国家机关。人民政府、监察委员会、人民法院、人民检察院等这些人大选举产生的机关都受人大监督。这些国家机关要保证法律和决定的贯彻实施,对本级人大负责并接受监督。

(2) 集中方面的表现。首先,全国人大及其常委会统一行使国家立法权,保证社会主义法制的统一和尊严。我国人民权力的至上性和全权性,表现为人民代表机关权力的至上性和全权性,即人民代表大会所行使的国家权力是至高无上的、统一的、不可分割的。其次,人大讨论决定全国和地方的重大事项,法律、法规、决议的通过都实行少数服从多数的原则。对人大通过的法律、法规,其他机关都应贯彻执行。只有这样才能体现人民代表大会制下的立法、行政、司法的高度统一,才能保证国家权力的集中行使。最后,中央和地方的关系是整体和局部关系,局部服从整体,下级服从上级,地方服从中央。全国人大常委会有权撤销省级国家权力机关制定的与宪法、法律和行政法规相抵触的地方性法规。

我国的人民代表大会制既是民主的,又是集中的。它既表现出广泛的民主,使各级人民代表大会真正代表人民,支持和监督它所选出的各级政府,从而使政府植根于民主的基础上;同时又使各级政府形成有效的工作系统,按照宪法和法律行使职权,领导和管理国家行政事务,执行本级人民代表大会的决议,并保障人民的一切权利。因此,民主集中制是我国人民代表大会制的基本原则。

4. 完善人民代表大会制度

人民代表大会制度是适合我国的政权组织形式。其具体制度设计以及在实践中还存在不完善之处。人民代表大会制度的建设和完善显得尤为迫切。党的十九届四中全会强调要坚持和完善人民代表大会制度这一根本政治制度。指出:"人民行使国家权力的机关是全国人民代表大会和地方各级人民代表大会。支持和保证人民通过人民代表大会行使国家权力,保证各级人大都由民主选举产生、对人民负责、受人民监督,保证各级国家机关都由人大产生、对人大负责、受人大监督。支持和保证人大及其常委会依法行使职权,健全人大对'一府一委两院'监督制度。密切人大代表同人民群众的联系,健全代表联络机制,更好发挥人大代表作用。健全人大组织制度、选举制度和议事规则,完善论证、评估、评议、听证制度。适当增加基层人大代表数量。加强地方人大及其常委会建设。"应考虑从以下几方面加以完善:

(1) 正确处理党和人大的关系。在法律上,人民代表大会是国家权力机关,党必须遵守由人大制定的宪法和法律;全国人大及其常委会有权监督宪法和法律的实施,对国家机关和政党违反宪法和法律的行为必须予以追究;但是在国家政治体制中,人大是在党的领导下,人民代表大会必须接受党的领导。因此,完善人民代表大会制度,必须坚持依宪执政。

首先,要明确区分党的职能和人民代表大会职能的界线。政党本身不是政权,党同国家政权的性质不同、职能不同,组织形式和工作方式也不同。党的决策不能代替人民代表大会的决策;党的路线方针政策不能代替国家宪法和法律。党的工作的核心是支持和领导人民当家作主。党对人民代表大会的领导主要是政治领导,即政治原则、政治方向、重大决策的领导以及向国家权力机关推荐重要干部。通过法定程序使党的主张变成国家意志,并通过党组织的活动和党员的模范作用带动广大人民群众,实现党的路线、方针、政策。因此,党对国家的领导主要应当通过各级人大的活动实现,而不是以包办来代替人民代表大会的工作。

其次,人民代表大会对党组织有制约和影响的作用。党必须在宪法和法律的范围内活动,必须接受宪法和法律的监督。对党的有关决策建议,人民代表大会可以采纳,也可以提出不同的意见经修改后采纳,并非要一字不改地全部接受;对于党组织推荐的人民代表大会代表或人民代表大会领导人的候选人,应尊重全体选民或全体代表的意愿,通过民主选举予以承认或不承认。

最后,在坚持和完善党对人民代表大会领导的同时,必须清楚地认识到党与人民代表大会间的关系是辩证统一的关系,党的建议只有在人大通过后,转化为人民的意志和国家的法律、决定等形式,才能体现社会主义民主,才能要求全体人民执行,也才能产生良好的政治效应。党要充分运用人民代表大会制度这个执政的制度载体和操作平台,依宪执政。

(2)加强人民代表大会自身的建设。首先,完善选举制度。党的十一届三中全会以来,我国人大代表选举制度的改革和建设已取得明显成效。为了适应改革开放和民主法制建设的不断深入发展,我们还需进一步健全完善这一制度,完善人大代表的选举方式、选举程序和选举机制。在选举方式上,我们要根据国家和各地经济、文化发展的实际情况,逐步地、有条件地调整直接选举的范围。根据我国目前的实情,首先可以考虑在一些条件成熟的大中城市进行直选省、市人大代表的试点。在选举程序上,从当前来看,我们必须重点搞好选举程序的最初环节,即严格依照有关法律规定,既认真做好人大代表候选人的酝酿提名、协商确定等工作,又及时公布选民名单和投票的时间、地点、程序以及人大代表候选人的名单及其德、才、绩、体的情况。在选举机制上,应当引入竞争机制,依法保障政党、团体、选民和上一届人大代表对本届人大和差额选举的比例,使广大选民对候选人有比较充分的了解和更大的挑选余地,从而保证选民能够选出确实能代表自己意志、具有较强社会活动能力和参政议政能力的人大代表。

其次,优化代表结构。按照2010年修改的《选举法》,全国人大常委会对各省、自治区、直辖市的全国人大代表名额进行了重新分配,更好地体现了人人平等、地区平等和民族平等。所谓人人平等,就是实现了城乡人口的同票同权,每位代表所代表的人口比例相同,而不再存在过去城乡人口之间4:1甚至8:1的现象。这是"一人一票,同票同值"的人人平等。至于地区平等,是用每个省级地方给出一个固定的基数的办法予以保证的。民族平等是用每个民族至少要有1名代表的规定来保证的。后两个平等即地区平等和民族平等属于代表性平等,与城乡平等(人人平等)这一"票票等值"不是一个含义。这三个平等体现了中国民主制度的特色。

再次,提高人大代表的素质。人大代表素质的高低,直接关系人大代表参政议政的能力和水平。近几年来,我国人大代表的素质虽然有改进,但整体素质有待提升。"建设社会主义法治国家"这一方略,对于代表履行职责提出了更高的标准和要求,人民群众关于强化代表素质,增强代表履职意识和能力,充分发挥代表职责作用的呼声越来越高。人民代表大会代表应该具备的素质包括良好的政治素质、道德素质、文化素质、身体素质以及由这些因素所综合体现的参政议政能力,特别要有民主作风和法律意识,具有依法行使权利的自觉与品格。

最后,健全各级人民代表大会的组织机构。党的十八大报告提出:"要健全国家权力机关组织制度"。健全人大组织机构,一是要加强和完善各级人民代表大会常委会,一方面有意识地选拔一些年富力强、精力充沛、具有进取心和开拓精神的干部到人大常委会工作。另一方面对各级人大常委会也要建立监督和约束机制,通过建立和加强会议制度、代表视察制度、代表列席原选举单位会议的制度提高代表素质和工作的主动性、积极性,从而使人民代表大会能够更好地发挥作用。二是要加强和完善各级人民代表大会的专门委员会。为了适应人民代表大会建设的需要,现有的专门委员会要吸收既懂专业知识,又有实际经验和较高政治水平的人进入专门委员会,并增加年轻委员和专职委员的比例,更好地适应形势发展的需要。同时,随着社会和经济的发展,应当增设必要的专门委员会。

党的十九大报告要求"发挥人大及其常委会在立法工作中的主导作用,健全人大组织制度和工作制度,支持和保证人大依法行使立法权、监督权、决定权、任免权,更好发挥人大代表作用,使各级人大及其常委会成为全面担负起宪法法律赋予的各项职责的工作机关,成为同人民群众保持密切联系的代表机关。完善人大专门委员会设置,优化人大常委会和专门委员会组成人员结构"。

(3) 加强监督制度建设。目前,我国宪法和法律所规定的各级人大及其常委会的有关职权,特别是监督权在实践中往往流于形式,缺乏完善的监督机构和监督程序。如关于宪法监督问题,全国人大及常委会如何监督,对违宪案件如何处理,至今没有具体化、规范化的规定,致使全国人大及其常委会的这一职权无法落实。同时,宪法和法律明文规定的监督形式没有得到有效的运用,表现为比较软性的手段(如听取和审议工作报告、听取专题工作汇报、询问、评议工作、执法检查、视察工作等)运用得多,而比较硬性的监督手段(如质询、撤销、调查、罢免等)运用得少。这种缺乏约束力或者约束力不强的现象造成人民代表大会监督不力。针对以上状况,应着力完善人大常委会监督法或制定统一的"人大监督法"。同时,应设立专门的监督机构,从组织机构上保证国家权力机关监督职能的落实。具体说,在全国人大设立一个专门委员会性质的宪法监督委员会,在地方各级人大亦设立相应的专门监督机构。其理由是:第一,符合人民代表大会制度的基本原则和体制。它从属于人大,在人大闭会期间受人大常委会领导。这样既维护了人大常设机构的地位和权威,又不违背我国的权力结构。第二,设立这样的机构作为一个常设机构,协助人大及其常委会专事监督,可以弥补对国家权力机关监督不足的矛盾,有利于保持监督的专门化和经常性。

中共中央《关于全面推进依法治国若干重大问题的决定》要求"完善全国人大及其常委会宪法监督制度,健全宪法解释程序机制。加强备案审查制度和能力建设,把所有规范性文件纳入备案审查范围,依法撤销和纠正违宪违法的规范性文件,禁止地方制发带有立法性质的文件。"党的十九大报告提出"加强宪法实施和监督,推进合宪性审查工作,维护宪法权威。"

(4) 密切人大代表同人民的联系。把各级人大及其常委会建设成为同人民保持密切联系的代表机关。要扩大和改进人民群众通过人大有序参与管理国家事务的渠道和方式,完善以人大代表为主渠道的民意表达和整合机制。建立人大常委会委员与人大代表、人大代表与选民之间相互联系的通道,保证人大代表和人民群众更好地发挥议政督政的作用、管理国家和社会事务的作用、决定国家大政方针的作用,保障人大代表依法行使职权,健全代表工作的服务保障机制和激励约束机制,推进人大工作的公开性和透明度,充分发挥代表在了解民情、反映民意、集中民智、维护民权中的作用,积极创造条件,保障代表的知情权,组织代表开展视察、执法检查和专题调研活动,认真做好议案、建议工作,为代表搭建依法履职的平台,通过规范和完善视察、联系、信访等制度,保持代表与人民群众和社会各界的广泛联系,更好地、更全面地反映人民的愿望和利益。

2015年,全国人大常委会对《代表法》作了修改,强化了代表的责任,主要内容如下:① 乡、民族乡、镇的人民代表大会主席、副主席根据主席团的安排,组织本级人民代表大会代表开展闭会期间的活动。② 县级以上的各级人民代表大会代表根据本级人民代表大会常务委员会的安排,对本级或者下级国家机关和有关单位的工作进行视察。乡、民族乡、镇的人民代表大会代表根据本级人民代表大会主席团的安排,对本级人民政府和有关单位的工作进行视察。③ 代表根据安排,围绕经济社会发展和关系人民群众切身利益、社会普遍关注的重大问题,开展专题调研。④ 代表参加视察、专题调研活动形成的报告,由本级人民代表大会常务委员会办事机构或者乡、民族乡、镇的人民代表大会主席团转交有关机关、组织。对报告中提出的意见和建议的研究处理情况应当向代表反馈。⑤ 县级以上的各级人大代表可以应邀列席本级人大常委会会议、本级人大各专门委员会会议,参加本级人大常委会组织的执法检查和其他活动。乡、民族乡、镇的人大代表参加本级人大主席团组织的执法检查和其他活动。⑥ 代表在本级人大闭会期间,有权向本级人大常委会或者乡、民族乡、镇的人大主席团提出对各方面工作的建议、批评和意见。建议、批评和意见应当明确具体,注重反映实际情况和问题。⑦ 代表在本级人大闭会期间,参加由本级人大常委会或者乡、民族乡、镇的人大主席团安排的代表活动,代表所在单位必须给予时间保障。⑧ 代表建议、批评和意见的办理情况,应当向本级人大常委会或者乡、民族乡、镇的人大主席团报告,并印发下一次人大会议。代表建议、批评和意见办理情况的报告,应当予以公开。⑨ 由选民直接选举的代表应当以多种方式向原选区选民报告履职情况。县级人大常委会和乡、民族乡、镇的人大主席团应当定期组织本级人大代表向原选区选民报告履职情况。

## 三、国家结构形式

### （一）含义

国家结构形式是随着国家的产生而逐渐形成的。在原始社会，人们按血缘划分区域。自奴隶制国家出现，才开始按地域划分区域，由此产生最初的国家结构形式。经过漫长的封建社会的演变，国家结构形式趋于完备。特别是进入资本主义社会，国家结构形式更加成熟，各国都把国家结构形式纳入宪法中予以确认与保护。国家结构形式是国家纵向分权的结果。一个主权国家，只要其领土不是小到可以直接管辖的程度，就必然将其广袤的疆土划分为不同层级的治理区域，并根据各治理区域的区域性特点，将国家权力在中央与地方各级政府之间进行适当分割，由此形成各级政府间的职责权限关系。

国家结构形式指的是特定国家的统治阶级根据什么原则、采取何种形式来处理国家内部的组成，以及调整国家整体与组成部分之间的相互关系。它的实质在于中央和地方或组成单位之间的权限划分问题。[①]

### （二）分类

当今的国家结构形式只有单一制和联邦制两种。

1. 单一制

指在统一的主权国家内部，根据行政区域的划分设立不同层级的地方政府，在中央政府与地方政府之间依法进行权力分配而形成的一种比较紧密的国家结构形式。其具有以下特征：（1）全部权力从本源上看都属于中央国家机构，地方能得到什么权力，得到多少权力，完全由中央决定；从中央与地方权力划分来看，地方接受中央统一领导，地方政府的权力由中央政府授予，地方行政区域单位和自治单位没有脱离中央而独立的权力。（2）全国具有统一的法律体系，国家只有一部宪法，由统一的中央立法机关根据宪法制定法律。（3）全国只有一个最高立法机关、一个最高行政机关、一个最高审判机关、一套完整的司法系统。（4）从对外关系来看，只有统一的国家才能作为国际法上的主体，地方政府不享有独立主权；公民具有统一的国籍。中央尤其是中央行政机关通常较直接、较严密地监督控制着地方。

现代国家中，90%左右实行单一制国家结构形式，其中影响较大的有中国、

---

① 参见许崇德主编：《宪法》，中国人民大学出版社2009年版，第141页。

日本、哈萨克斯坦、韩国、法国、英国、意大利、西班牙、土耳其、葡萄牙、埃及等国。按国家权力纵向配置的具体方式和中央集权程度的不同,单一制国家结构形式又可以分为四种类型:地方自治单一制(如英国)、中央集权单一制(如历史上的法国、斯里兰卡)、中央和地方均权单一制(较为少见)和民主集中单一制(如古巴、朝鲜)。我国属于单一制,而且有不同于其他同类型国家的特色。

2. 联邦制

联邦制是由若干具有相对独立性的地区(如邦、州、共和国等)作为成员单位联盟组成的国家。具有以下特征:

(1) 联邦和成员单位根据双方均不得单方面修改的宪法分享国家权力;在全部国家权力中涉及全联邦事务的权力完全由联邦政府享有,管理较单纯地方性事务之权由成员单位享有,密切关涉双方事务之权则由双方共享,剩余权力视联邦制具体类型而定。属于全联邦之权通常为国防、外交、货币发行、度量衡、航空、对外贸易和成员单位之间的贸易,等等。

(2) 联邦有统一的宪法和法律,成员单位各有自己的宪法和法律;全联邦立法机关由两院组成,上院代表各成员单位的平等参政权,下院代表全联邦人民。

(3) 既有全联邦统一的立法机关、行政机关和审判机关,又有各成员单位自成体系的立法机关、行政机关和法院体系,且互不统属。

(4) 从对外关系来看,联邦中央作为政治实体统一行使外交权,有些国家还允许成员国享有一定的外交权。联邦制国家的公民既有联邦的国籍,又有所在成员国或州的国籍。

各联邦制国家的情况差异性很大,可以分为分权制衡联邦制(如美国、德国、加拿大、俄罗斯等)、中央集权联邦制(如印度、马来西亚、巴基斯坦等)、自治民主联邦制(较为少见)。世界上实行联邦制国家结构形式的国家只有20多个,仅占主权国家总数的10%左右,但却包括了绝大多数大国、全世界近一半的土地面积和1/3左右的人口。实行联邦制的主要有美国、加拿大、墨西哥、巴西、阿根廷、澳大利亚、俄罗斯、德国、南斯拉夫、马来西亚、巴基斯坦、印度等国。

历史上还曾经出现过邦联制的国家结构形式。邦联制是指两个以上的独立国家为了特定的目的而结成的比较松散的国家联合。实际上,邦联不应认定为独立主权的国家,如果国家结构形式以国家为分类对象和国家主权为分类标准,邦联显然不是一种独立国家意义上的结构形式,它更多体现的是若干独立国家组成的一种特定的关系。

国家结构形式之所以呈现多样性,在于每个国家采用何种形式取决于多种因素,如历史、民族、经济、政治和地理等因素,但最主要的要根据本国的历史和民族分布构成这两大因素。

(三)我国的国家结构形式

我国作为单一制国家,在现行宪法中作了规定。宪法序言写明:"中华人民共和国是全国各族人民共同缔造的统一的多民族国家。"所有这些宪法条文都表明我国是单一制国家。

我国是典型的单一制国家,同时有着强烈的中国特色。《宪法》第3条第4款规定:"中央和地方的国家机构职权的划分,遵循在中央的统一领导下,充分发挥地方的主动性、积极性的原则。"《宪法》第4条第3款规定:"各少数民族聚居的地方实行区域自治,设立自治机关,行使自治权。各民族自治地方都是中华人民共和国不可分离的部分。"《宪法》第31条规定:"国家在必要时得设立特别行政区。"

关于中央和地方的关系,我国遵循两项原则:(1)确保中央政府的统一领导,坚持地方服从中央,下级服从上级。(2)在中央统一领导下,充分发挥地方的积极性和创造性。十九届四中全会提出要健全充分发挥中央和地方两个积极性体制机制。理顺中央和地方权责关系,加强中央宏观事务管理,维护国家法制统一、政令统一、市场统一。适当加强中央在知识产权保护、养老保险、跨区域生态环境保护等方面事权,减少并规范中央和地方共同事权。赋予地方更多自主权,支持地方创造性开展工作。按照权责一致原则,规范垂直管理体制和地方分级管理体制。优化政府间事权和财权划分,建立权责清晰、财力协调、区域均衡的中央和地方财政关系,形成稳定的各级政府事权、支出责任和财力相适应的制度。构建从中央到地方权责清晰、运行顺畅、充满活力的工作体系。

我国实行民族区域自治制度,实行自治的民族区域一般享有比其他行政区域更多的权力;港、澳地区实行"一国两制",即在一个中国的前提下,国家的主体坚持社会主义制度,在香港、澳门地区保持原有的资本主义制度和生活方式不变。民族区域自治制度和特别行政区制度是我国对于国家结构形式的拓展。

在统一的主权下,既有类别不同的多层级的普通行政区域,又创造了中国特色的民族区域自治制度,并发展出世界上独一无二的特别行政区制度,充分体现出我国的单一制是一种具有极大包容性的制度形式。

四、行政区划

指国家为了实现自己的职能,将全国逐级划分成不同区域,并相应建立各级国家机关,实行分区分级管理以实现国家职能的法律制度。

（一）历史上的行政区划

行政区划是随着国家的出现而产生的,近代出现在各国的宪法之中。行政区划是统治者意志的体现。当然也兼顾历史传统、人口分布、地理条件和国防需要。

我国有漫长的行政区划历史。秦朝时设立郡、县两级地方政权;汉朝时设立州、郡、县三级地方政权;唐朝时设立道、州、县三级地方政权;宋朝时设立路、州、县三级地方政权;元朝设立省、路、府、州、县五级地方政权,创建了省一级行政区域;明朝时设立省、府、县三级地方政权;清朝时设立省、道、府、县四级地方政权。民国初年,先后废除了道、府。1925 年 7 月 1 日,国民党在广州建立了国民政府,下设省与县两级,省政府是地方最高行政机关,县为自治单位,省、县两级统称政府,中国地方政权称"政府"即源于此。

中华人民共和国成立之后,我国的行政区划作过大幅度调整。中华人民共和国成立初期,先后设立东北、华北、西北、华东、华南、西南六大行政区,作为我国地方最高一级行政区。大行政区下面辖有省、市和行署。1954 年 6 月,六大行政区被撤销,同时撤销了各行署以及平原、绥远、热河、西康等省。1954 年 9 月,第一部宪法生效时,首次用根本法的形式规定了我国的行政区划。行政区划一般分为三级,即省(自治区、直辖市)、县(自治县、市)、乡(民族乡、镇);特殊情况再加上一级,即在某些省或自治区下设立自治州一级,或在某些较大的市设有县和区。1958 年后,行政区划内乡的建制被农村人民公社替代,1975 年宪法和 1978 年宪法都没有规定乡的建制。

（二）现行行政区划

我国现行行政区划划分遵循便于实行国家管理、有利于经济发展、有利于民族团结、有利于公民行使权利的原则。《宪法》第 30 条对行政区域划分作了如下规定:全国分为省、自治区、直辖市;省、自治区分为自治州、县、自治县、市;县、自治县分为乡、民族乡、镇。直辖市和较大的市分为区、县。自治州分为县、自治县、市。自治区、自治州、自治县都是民族自治地方。现行《宪法》第 31 条规定:"国家在必要时得设立特别行政区。"我国现行行政区划有以下特点:

(1) 多种类型并存。根据宪法规定,我国地方行政区域被分为三种类型:① 一般地方行政区域,如省、直辖市、县、市、乡、镇;② 民族自治区域,如自治区、自治州和自治县;③ 特别行政区,如香港、澳门特别行政区。

（2）多级建制并存。一般行政区设省、设区市、县、乡（镇）四级，直辖市设市、区（县）、乡镇三级，实行民族区域自治的地方分为四级，如四川省辖下的自治州、自治州辖下的县及乡。

（3）多种城市类型并存。我国城市有相当于省的直辖市；有省、自治区人民政府所在地的市和国务院批准的较大的市，其级别在省与县之间，通称为地级市，现在为独立的设区的市；还有不设区的市，行政级别同县一样，通称为县级市。

（三）行政区划工作应当坚持的原则和须考虑的因素

2018年，国务院发布的《行政区划管理条例》第2条规定，行政区划管理工作应当加强党的领导，加强顶层规划。行政区划应当保持总体稳定，必须变更时，应当本着有利于社会主义现代化建设、有利于推进国家治理体系和治理能力现代化、有利于行政管理、有利于民族团结、有利于巩固国防的原则，坚持与国家发展战略和经济社会发展水平相适应、注重城乡统筹和区域协调、推进城乡发展一体化、促进人与自然和谐发展的方针，制订变更方案，逐级上报审批。行政区划的重大调整应当及时报告党中央。第3条规定，行政区划的设立、撤销以及变更隶属关系或者行政区域界线时，应当考虑经济发展、资源环境、人文历史、地形地貌、治理能力等情况；变更人民政府驻地时，应当优化资源配置、便于提供公共服务；变更行政区划名称时，应当体现当地历史、文化和地理特征。

（四）变更的法定程序

行政区划并非一成不变，当社会、政治、经济发生变化时，行政区域也会随之变化。行政区划的变更是指行政区域的设立、撤销、合并和更名。根据宪法规定，全国人大有权批准省、自治区和直辖市的建置，决定特别行政区的设立及其制度；国务院批准省、自治区、直辖市的区域划分，批准自治州、县、自治县、市的建置和区域划分。

《行政区划管理条例》进一步明确了行政区划的具体权限。

（1）省、自治区、直辖市的设立、撤销、更名，报全国人民代表大会批准。

（2）下列行政区划的变更由国务院审批：省、自治区、直辖市的行政区域界线的变更，人民政府驻地的迁移，简称、排列顺序的变更；自治州、县、自治县、市、市辖区的设立、撤销、更名和隶属关系的变更以及自治州、自治县、设区的市人民政府驻地的迁移；自治州、自治县的行政区域界线的变更，县、市、市辖区的行政区域界线的重大变更；凡涉及海岸线、海岛、边疆要地、湖泊、重要资源地区及特殊情况地区的隶属关系或者行政区域界线的变更。

（3）县、市、市辖区的部分行政区域界线的变更,县、不设区的市、市辖区人民政府驻地的迁移,国务院授权省、自治区、直辖市人民政府审批;批准变更时,同时报送国务院备案。

（4）乡、民族乡、镇的设立、撤销、更名,行政区域界线的变更,人民政府驻地的迁移,由省、自治区、直辖市人民政府审批。

（5）依照法律、国家有关规定设立的地方人民政府的派出机关的撤销、更名、驻地迁移、管辖范围的确定和变更,由批准设立该派出机关的人民政府审批。

（6）市、市辖区的设立标准,由国务院民政部门会同国务院其他有关部门拟订,报国务院批准。镇、街道的设立标准,由省、自治区、直辖市人民政府民政部门会同本级人民政府其他有关部门拟订,报省、自治区、直辖市人民政府批准;批准设立标准时,同时报送国务院备案。

**五、政党制度**

政党是近代西方政治的产物。马克思主义者认为,"党是阶级的先进觉悟阶层,是阶级的先锋队"。[①] 我国学者认为,从本质上说,政党是特定阶级或阶层利益的集中代表者,是由于一定的阶级基础,在共同政治纲领的指引下,以谋取和巩固政权为目标而采取共同行动的积极分子所组成的政治组织。[②] 政党是人类社会发展到一定历史阶段的产物,最初是随着资本主义经济的发展和资本主义政治制度的建立而产生发展的,第二次世界大战后,政党几乎成为世界各国的普遍政治现象。政党对其代表的阶级、阶层或集团起着组织、领导作用与核心作用,是近代阶级斗争和社会政治、经济活动的重要工具。

（一）政党制度的概念及分类

政党制度是指由法律规定或者在实际政治生活中形成的有关政党的组织、活动以及政党参与政权的方式、程序等一系列制度性规定的总和,即一个国家关于政党的各种规范的总和。政党制度是随着政党的出现形成的,是近代西方资产阶级民主政治的产物。

由于政治传统和阶级结构不同,各国政党制度也不相同。从本质上有无产阶级政党制度和资产阶级政党制度之分。从形式上可分为:(1) 一党制。指一

---

① 《列宁全集》(第24卷),人民出版社1990年版,第38页。
② 参见许耀桐主编:《政治学》,对外经济贸易大学出版社2010年版,第403页。

个国家中执政党是唯一合法的政党,或只有一个政党在国家的政治生活中占主导地位或统治地位。现今实行一党制的国家主要是一些发展中国家,如几内亚、莫桑比克、缅甸等国家。(2)两党制。指一个国家内由两个主要的势均力敌的政党通过竞选,占据议会多数席位,并借以组织政府,轮流执政的制度。在西方国家中,英国和美国是典型的实行两党制的国家。(3)多党制。指一个国家内多党并立,相互竞争,参加议会或总统选举,并由在竞选中获胜的政党或政党联盟组织政府或担任总统,掌握国家政权。以法国、德国和意大利等为代表的大陆法系国家多采用这种政党制度。(4)一党领导的多党合作制。多党合作制是指一个国家中有一个处于领导地位的政党执掌国家政权,其他合法存在的政党作为参政党参与国家政权的新型政党制度,我国是典型的一党领导的多党合作制。

(二)宪法中的政党及政党制度

政党作为近代民主政治的重要组成部分,是近代代议制度和选举制度的直接产物。英、美等国最早产生宪法,代议制度和选举制度是宪法确立的民主制度的核心。不同的政治派别为了取得议会选举的胜利,建立自己的政府,便以选区为单位建立了相应的选举组织,制定竞选纲领。由此,议会和政府中的政治派别变成了政党组织,近现代意义的政党宣告形成。可见,最早的政党是实施宪法的产物。

政党和政党制度是当今法治国家政治生活的重要因素,政党政治渗透到了国家政治、经济、文化生活的各个领域。政党活动必须纳入宪法和法律的范围之中,宪法在政党制度化方面起着重要的作用,是政党制度化的基本形式。政党制度构成现代宪法的重要内容。当然,并非所有宪法都直接规定政党制度,现代国家宪法对政党制度规定的主要内容包括:结社(党)自由;政党制度的种类;政党的领导地位(一般是社会主义国家宪法);政党与国家的关系;政党的组织和活动原则;政党立法的宪法依据等。

我国宪法确立了政党制度,主要内容如下:

(1)确立了中共的历史地位和作用。《宪法》序言规定:1949年,以毛泽东主席为领袖的中国共产党领导中国各族人民,在经历了长期的艰难曲折的武装斗争和其他形式的斗争以后,终于推翻了帝国主义、封建主义和官僚资本主义的统治,取得了新民主主义革命的伟大胜利,建立了中华人民共和国。从此,中国人民掌握了国家的权力,成为国家的主人。还指出:中国新民主主义革命的胜利和社会主义事业的成就,是中共领导中国各族人民,在马克思列宁主义、毛泽东思想的指引下,坚持真理,修正错误,战胜许多艰难险阻而取得的。

2018年修宪时在第1条增加"中国共产党领导是中国特色社会主义最本质的特征"。这一规定揭示了中国共产党领导与中国特色社会主义之间内在的统一性。把这一理论创新成果充实进宪法规定的国家根本制度之中,对于坚持和加强党的全面领导、科学表述和完善发展政党制度与国体、推进中国特色社会主义事业发展都具有重要而深远的意义。中国特色社会主义是在党的领导下开创和发展起来的,也只有在党的领导下才能继续推进。当前,在中国特色社会主义道路上实现"两个一百年"奋斗目标,实现中华民族伟大复兴的中国梦,从根本上还是要依靠党的领导。宪法总纲关于党的领导是中国特色社会主义最本质特征的规定,为新时代坚持和加强党的全面领导、建设社会主义现代化强国提供了坚实的宪法基础和保障。

(2) 确立中国共产党在社会主义初级阶段的基本路线。2018年修宪时将宪法序言关于基本路线的内容作了修改:国家的根本任务是,沿着中国特色社会主义道路,集中力量进行社会主义现代化建设。中国各族人民将继续在中国共产党领导下,在马克思列宁主义、毛泽东思想、邓小平理论、"三个代表"重要思想、科学发展观、习近平新时代中国特色社会主义思想指引下,坚持人民民主专政,坚持社会主义道路,坚持改革开放,不断完善社会主义的各项制度,发展社会主义市场经济,发展社会主义民主,健全社会主义法治,贯彻新发展理念,自力更生,艰苦奋斗,逐步实现工业、农业、国防和科学技术的现代化,推动物质文明、政治文明、精神文明、社会文明、生态文明协调发展,把我国建设成为富强民主文明和谐美丽的社会主义现代化强国,实现中华民族伟大复兴。

(3) 肯定了中国共产党领导的多党合作与政治协商制度的作用和政策。序言第十自然段指出:社会主义的建设事业必须依靠工人、农民和知识分子,团结一切可以团结的力量。在长期的革命和建设过程中,已经结成由中国共产党领导的,有各民主党派和各人民团体参加的,包括全体社会主义劳动者、社会主义事业的建设者、拥护社会主义的爱国者和拥护祖国统一和致力于中华民族伟大复兴的爱国者的广泛的爱国统一战线,这个统一战线将继续巩固和发展。中国人民政治协商会议是有广泛代表性的统一战线组织,过去发挥了重要的历史作用,今后在国家政治生活、社会生活和对外友好活动中,在进行社会主义现代化建设、维护国家的统一和团结的斗争中,将进一步发挥它的重要作用。中国共产党领导的多党合作和政治协商制度将长期存在和发展。

（4）规定了各政党必须在宪法和法律的范围内活动的原则。序言规定：全国各族人民、一切国家机关和武装力量、各政党和各社会团体、各企业事业组织，都必须以宪法为根本的活动准则，并且负有维护宪法尊严、保证宪法实施的职责。《宪法》第5条规定：一切国家机关和武装力量、各政党和各社会团体、各企业事业组织都必须遵守宪法和法律。一切违反宪法和法律的行为，必须予以追究。任何组织或个人都不得有超越宪法和法律的特权。

（三）中国共产党领导的多党合作制

中国革命的历史和实践决定了中国在社会主义初级阶段，只能采取中国共产党领导的多党合作制。《宪法》序言第十自然段末对此作了确认："中国共产党领导的多党合作和政治协商制度将长期存在和发展"。

1. 坚持党的全面领导

中国共产党领导是我国政党制度的基本特征、重要内容和基本方面，它有两方面基本含义：

（1）中国共产党作为执政党，对国家进行领导，民主党派承认并接受中国共产党在国家政权中的领导地位，参与政权，共同执行和遵守在中国共产党领导下经法定程序制定的国家法律和政策。

中共中央《关于全面推进依法治国若干重大问题的决定》要求：善于使党的主张通过法定程序成为国家意志，善于使党组织推荐的人选通过法定程序成为国家政权机关的领导人员，善于通过国家政权机关实施党对国家和社会的领导，善于运用民主集中制原则维护中央权威、维护全党全国团结统一。

2019年，中共中央《关于加强党的政治建设的意见》强调坚持党的政治领导。党是最高政治领导力量，党的领导是中国特色社会主义最本质的特征，是中国特色社会主义制度的最大优势。加强党的政治建设，必须坚持和加强党的全面领导，完善党的领导体制，改进党的领导方式，承担起执政兴国的政治责任。第一，坚决做到"两个维护"。坚持和加强党的全面领导，最重要的是坚决维护党中央权威和集中统一领导。第二，完善党的领导体制。坚持党总揽全局、协调各方，建立健全坚持和加强党的全面领导的制度体系，为把党的领导落实到改革发展稳定、内政外交国防、治党治国治军各领域各方面各环节提供坚实制度保障。健全党中央集中统一领导重大工作的体制机制。完善地方党委、党组、党的工作机关实施党的领导的体制机制。建立健全国有企业党委（党组）和农村、事业单位、街道社区等的基层党组织发挥领导作用的制度规定。贯彻落实宪法规定，制定和修改有关法律法规要明确规定党领导相关工作的法律地位。将坚持党的全面领导的要求载入人大、政府、法院、检察院的组织法,载入政协、民主党派、工商联、人民团体、国有企业、高等学校、有关社会组织等的章程,健全党对这些组织实施领导的制度规定,确保其始终在党的领导下积极主动、独立负责、协调一致地开展工作。第三,改进党的领导方式。着眼于党把方向、谋大局、定政策、促改革,强化战略思维、创新思维、辩证思维、法治思维、底线思维,正确制定和坚决执行党的路线方针政策,不断增强党的政治领导力、思想引领力、群众组织力、社会号召力。要坚持民主集中制这一根本领导制度,要坚持群众路线这一基本领导方法。要坚持依法执政这一基本领导方式,注重运用法治思维和法治方式治国理政,善于使党的主张通过法定程序成为国家意志、转化为法律法规,自觉把党的领导活动纳入制度轨道。

(2) 中国共产党在政党关系中对民主党派实行政治领导,即政治原则、政治方向和重大政策方针的领导。政治原则的领导,就是指中国共产党为了实现一定历史时期的任务而制定根本原则,并把各民主党派及全国各族人民的思想、认识统一到这个原则上来;政治方向的领导,是指中国共产党根据一定的政治原则,指明一定历史阶段的奋斗目标,并领导、组织各民主党派为实现这个目标而共同努力;重大方针政策的领导,是指中国共产党为实现一定的奋斗目标而在政治、经济、文化等各个领域,主持并领导各民主党派根据我国的实际情况,制定科学、合理、切实可行的重大方针政策,推进社会主义建设事业。

中共十九届四中全会关于党的全面领导的制度提出的要求是:中国共产党领导是中国特色社会主义最本质的特征,是中国特色社会主义制度的最大优势,党是最高政治领导力量。必须坚持党政军民学、东西南北中,党是领导一切的,坚决维护党中央权威,健全总揽全局、协调各方的党的领导制度体系,把党的领导落实到国家治理各领域各方面各环节。① 建立不忘初心、牢记使命的制度。② 完善坚定维护党中央权威和集中统一领导的各项制度。③ 健全党的全面领导制度。完善党领导人大、政府、政协、监察机关、审判机关、检察机关、武装力量、人民团体、企事业单位、基层群众自治组织、社会组织等制度,健全各级党委(党组)工作制度,确保党在各种组织中发挥领导作用。完善党领导各项事业的具体制度,把党的领导落实到统筹推进"五位一体"总体布局、协调推进"四个全面"战略布局各方面。完善党和国家机构职能体系,把党的领导贯彻到党和国家所有机构履行职责的全过程,推动各方面协调行动、增强合力。④ 健全为人民执政、靠人民执政各项制度。⑤ 健全提高党的执政能力和领导水平制度。⑥ 完善全面从严治党制度。

2. 中国共产党与各民主党派的多党合作

坚持和完善中国共产党领导的多党合作制度,是建设有中国特色社会主义的重要政治条件,也是我国民主政治建设的一大任务。我国目前共有8个民主党派,它们分别是:中国国民党革命委员会、中国民主同盟、中国民主建国会、中国民主促进会、中国农工民主党、中国致公党、九三学社、台湾民主自治同盟。这些民主党派是在中国民主革命时期逐步建立的,并在中华人民共和国建立后得到了新的发展。民主党派是参政党,作为执政党的中国共产党与作为参政党的各民主党派的关系,在政治上是领导与被领导的关系,是通力合作的关系;民主党派参政的基本点是参加国家政权,参与国家大政方针和国家领导人选的协商,参与国家事务的管理,参与国家方针、政策、法律、法规的制定和执行,以及同执政党互相监督;民主党派参政的目的,是和执政的中国共产党共同致力于社会主义建设事业,共同实现建设现代化的宏伟目标。

2005年,中共中央《关于进一步加强中国共产党领导的多党合作和政治协商制度建设的意见》提出了中国共产党与民主党派的合作形式多种多样,除了中国共产党要采取各种形式与民主党派等进行密切的合作与协商外,还包括进一步发挥民主党派成员、无党派人士在人民代表大会中的作用;举荐民主党派成员、无党派人士担任各级政府及司法机关的领导职务;进一步发挥民主党派在人民政协中的作用;支持民主党派加强自身建设。可见,中国共产党与民主党派的合作是全方位的,不仅在党际,还贯穿于国家机关。

(四)我国的政治协商制度

政治协商制度是指在中国共产党领导下,各民主党派、各人民团体、各少数民族和社会各界代表以中国人民政治协商会议为组织形式,就国家的大政方针和重大问题进行民主协商的一种制度。政治协商的结果虽然不具有法律效力,也不形成国家意志,但对党和国家的工作具有重要的建议、咨询、参考作用,在不同程度上对党和国家的决策产生影响。

1. 政治协商制度的组织

政治协商制度的组织是中国人民政治协商会议,它分为全国政协和地方政协两个系统。

中国人民政治协商会议全国委员会设主席,副主席若干人和秘书长。政协全国委员会的任期为5年。政协全国委员会会议形式分为全体会议和常务委员会会议两种形式。中国人民政治协商会议全国委员会全体会议每年举行一次。常务委员会认为必要时,可临时召集。全体会议行使下列职权:修改中国人民政治协商会议章程,监督章程的实施;选举全国委员会的主席、副主席、秘书长和常务委员,决定常务委员会组成人员的增加或者变更;协商讨论国家的大政方针以及经济建设、政治建设、文化建设、社会建设、生态文明建设中的重要问题,提出建议和批评;听取和审议常务委员会的工作报告、提案工作情况报告和其他报告;讨论本会重大工作原则、任务并作出决议。

政协全国常务委员会由政协主席、副主席、秘书长和常务委员组成。常务委员会每年至少举行两次专题议政性会议。常委会的职权有:解释中国人民政治协商会议章程,监督章程的实施;召集并主持中国人民政治协商会议全国委员会全体会议;每届第一次全体会议前召开全体委员参加的预备会议,选举第一次全体会议主席团,由主席团主持第一次全体会议;组织实现中国人民政治协商会议章程规定的任务;执行全国委员会全体会议的决议;全国委员会全体会议闭会期间,审查通过提交全国人民代表大会及其常务委员会或国务院的重要建议案;协商决定全国委员会委员;根据秘书长的提议,任免中国人民政治协商会议全国委员会副秘书长;决定中国人民政治协商会议全国委员会工作机构的设置和变动,并任免其领导成员。

政协地方委员会包括政协省、自治区、直辖市委员会以及政协自治州、设区的市、县、自治县、不设区的市和市辖区委员会,每届任期为五年。政协地方各级委员会全体会议每年至少举行一次,其职权有:选举地方委员会的主席、副主席、秘书长和常务委员,决定常务委员会组成人员的增加或者变更;听取和审议常务委员会的工作报告、提案工作情况报告和其他报告;讨论并通过有关的决议;参与对国家和地方事务的重要问题的讨论,提出建议和批评。

地方各级政协委员会由常务委员会主持。常务委员会由政协主席、副主席、秘书长和常务委员组成,其职权有:召集并主持地方委员会全体会议;每届第一次全体会议前召开全体委员参加的预备会议,选举第一次全体会议主席团,由主席团主持第一次全体会议;组织和实现人民政协章程规定的任务和全国委员会所作的全国性决议以及上级地方委员会所作的全地区性的决议;执行本级地方委员会全体会议的决议;在地方委员会全体会议闭会期间,审议通过提交同级地方人大及其常委会或人民政府的重要建议案;协商决定地方委员会委员;根据秘书长的建议,任免地方委员会的副秘书长;决定地方委员会工作机构的设置和变动,并任免其正副职领导成员。地方各级政协常委会会议也分为常务委员会全体会议和主席会议两种形式。常委会内亦相应设立各专门委员会。

2. 政治协商会议的性质与职能

中国人民政治协商会议是中国人民爱国统一战线的组织,是中国共产党领导的多党合作和政治协商的重要机构,是我国政治生活中发扬社会主义民主的重要形式,是国家治理体系的重要组成部分,是具有中国特色的制度安排。它是具有政党社团联盟性质的政治组织,不是国家政权组织,但又与国家政权组织有着密切的联系;它不同于一般的社会团体,具有比一般的社会团体更广泛、更权威的代表性。按照2018年《中国人民政治协商会议章程》的规定,其主要职能是"政治协商、民主监督、参政议政"。

政治协商是对国家大政方针和地方的重要举措以及经济建设、政治建设、文化建设、社会建设、生态文明建设中的重要问题,在决策之前和决策实施之中进行协商。中国人民政治协商会议全国委员会和地方委员会可根据中国共产党、人民代表大会常务委员会、人民政府、民主党派、人民团体的提议,举行有各党派、团体的负责人和各族各界人士的代表参加的会议,进行协商,亦可建议上列单位将有关重要问题提交协商。

民主监督是对宪法、法律和法规的实施,重大方针政策、重大改革举措、重要决策部署的贯彻执行情况,涉及人民群众切身利益的实际问题解决落实情况,国家机关及其工作人员的工作等,通过提出意见、批评、建议的方式进行的协商式监督。

参政议政是对政治、经济、文化、社会生活和生态环境等方面的重要问题以及人民群众普遍关心的问题,开展调查研究,反映社情民意,进行协商讨论。通过调研报告、提案、建议案或其他形式,向中国共产党和国家机关提出意见和建议。

**六、民族区域自治制度**

(一) 概述

指各少数民族在国家统一领导下,依据宪法规定,以少数民族聚居区为基础建立民族自治地方,设立自治机关,行使自治权,实现少数民族人民当家作主的政治制度。我国民族区域自治制度在社会发展进程中发挥了重要作用,并在实

践中形成了自己的特色。根据宪法和《民族区域自治法》等有关法律的规定,包括以下主要内容:

(1) 各民族自治地方都是中华人民共和国不可分离的部分,各民族自治地方的自治机关都是中央统一领导下的地方政权机关。

(2) 民族区域自治必须以少数民族聚居区为基础,是民族自治与区域自治的结合。

(3) 在民族自治地方设立自治机关,民族自治机关除行使宪法规定的地方国家政权机关的职权外,还可以依法行使广泛的自治权。

民族区域自治制度萌芽于20世纪30年代中期,1949年9月制定的《共同纲领》将该制度固定下来。1952年,中央人民政府委员会颁布《中华人民共和国民族区域自治实施纲要》,这一制度更具体。我国四部宪法都规定实行民族区域自治制度。1984年,第六届全国人民代表大会第二次会议通过的《民族区域自治法》,以宪法为依据,标志着我国民族区域自治制度已发展到一个成熟的阶段。2001年,全国人大常委会对该法予以修正,使该法更加适应于社会主义现代化发展和解决民族关系的需要。

民族区域自治是一项具有中国特色、符合我国国情的基本制度,它体现了国家的集中统一领导与民族区域自治的有机结合。实行这一制度不仅有利于国家的统一和民族的团结,保障少数民族人民的平等权利和当家作主、管理本民族内部事务的权利,而且有利于把党和国家的方针、政策与少数民族地区的特点结合起来,采取适合本民族地区特点的方式和步骤走社会主义道路,从而促进少数民族的进步和少数民族地区经济文化等各项事业的发展。

2018年第五次修宪时将宪法第4条第1款修改为:"国家保障各少数民族的合法的权利和利益,维护和发展各民族的平等团结互助和谐关系。"其中的"和谐"是新增加的。

(二) 民族区域自治地方的类型和名称

我国已建立的民族自治地方,按其民族组成和民族聚居状况,大体可分为三种类型:

(1) 以一个少数民族聚居区为基础而建立的自治地方。如西藏自治区是以藏族聚居区为基础建立的,宁夏回族自治区是以回族聚居区为基础建立的,四川的凉山彝族自治州是以彝族聚居区为基础建立的。其特点是,实行区域自治的少数民族只有一个,在所辖的区域内,一般没有设立其他少数民族的自治地方,但在其区域内拥有一部分汉族或者其他少数民族。

（2）以一个人口较多的少数民族聚居区为基础,同时又包括一个或几个人口较少的少数民族而建立的自治地方。如新疆维吾尔自治区,它是以维吾尔族聚居区为主体,同时还包括回族、哈萨克族、锡伯族等较小的少数民族聚居区,在自治区范围内还设立了一些自治州和自治县。如在该自治区内,下设立昌吉回族自治州、伊犁哈萨克自治州等五个自治州。在昌吉回族自治州之下设有木垒哈萨克自治县,伊犁哈萨克自治州下设有察布查尔锡伯自治县、塔什库尔干塔吉克自治县等四个自治县。

（3）以两个或两个以上的少数民族的聚居区为基础联合建立的自治地方。如湘西土家族苗族自治州,云南省双江拉祜族佤族布朗族傣族自治县。其特点是,由两个或两个以上的少数民族聚居区为基础联合建立一个自治地方,联合实行自治民族的人口比例占自治地方人口总数的60%左右。

民族自治地方的名称具有特殊性。《民族区域自治法》规定:"民族自治地方的名称,除特殊情况外,按照地方名称、民族名称、行政地位的顺序组成。"如宁夏回族自治区,宁夏是地方名称,回族是民族名称,自治区是行政地位。按照地方名称、民族名称、行政地位这三要素顺序组成自治地方的名称属于一般命名原则。也有特殊的命名情况,其一是虽然也由三要素构成,但不加"族"字,如新疆维吾尔自治区;其二是没有地方名称,只有民族名称、行政地位,如内蒙古的"鄂伦春自治旗";其三是地名和民族名称合二为一,如"西藏自治区","西藏"既是地域名称,又是民族名称。

（三）民族区域自治制度的特征

（1）民族区域自治以宪法和《民族区域自治法》为依据。行使自治权是由宪法和民族区域自治法所赋予的权力。法律未明确的权力,不属于民族自治地方,而属于中央。自治机关不能行使宪法和法律未授权或委托的权力。我国宪法规定,"各民族自治地方都是中华人民共和国不可分离的部分"。各实行民族区域自治的地方是中央领导下的地方政权,要保证宪法和法律在地区得到遵守和执行,维护国家统一。

（2）建立自治机关行使自治权。民族区域自治要行使自治权,必须通过自治地方的自治机关(人大和人民政府),任何其他机关、集体、党团或个人都无权行使。自治机关作为国家一级地方政权,在行使作为国家机关普遍具有的职权时,同时行使自治权。我国实行民族区域自治的目的,是要让少数民族在聚居区域内享有当家作主的权利,享有自主地管理民族内部事务等自治权。

(3)民族自治与区域自治相结合。我国的民族区域自治包含民族自治和区域自治两个方面。聚居地区的少数民族被赋予自主管理本民族内部事务的权力,享有民族自治的权利,这是民族自治。我国各民族在居住上形成了大杂居、小聚居、交错居住的状况,即使在某个少数民族聚居的地方,也有部分其他少数民族居住,这些民族也应该享有自治权,因而,民族区域自治又包含区域自治的因素。如内蒙古自治区,该自治区有44个民族,有4个实行区域自治。它既是蒙古族人民的自治,又是内蒙古地区的自治。该地区所有的民族均享有内蒙古自治区所享有的管理本地区经济文化建设的权利。自治权既不是某一自治民族独有的,也不是简单的地区自治,而是民族自治与区域自治相结合。

**七、特别行政区制度**

(一)概述

特别行政区是指根据我国宪法和法律的规定专门设立的具有特殊法律地位,实行特别的政治、经济制度,直辖于中央人民政府的地方行政区域。《宪法》第31条规定:"国家在必要时得设立特别行政区。在特别行政区内实行的制度按照具体情况由全国人民代表大会以法律通过。"《宪法》第62条规定,全国人大有权"决定特别行政区的设立及其制度"。这些规定为设立特别行政区提供了宪法依据。1990年,全国人大制定了《香港特别行政区基本法》、1993年,全国人大制定了《澳门特别行政区基本法》,对特别行政区制度作出具体规定。

(二)法律地位

特别行政区的法律地位是指特别行政区在国家政权结构中的地位。其实质是如何处理中央与特别行政区的关系,在法律上则表现为如何划分中央与特别行政区的职权。

《香港特别行政区基本法》和《澳门特别行政区基本法》在第1条规定,香港、澳门特别行政区是我国不可分离的部分;第12条规定,香港、澳门特别行政区是中华人民共和国的一个享有高度自治权的地方行政区域,直辖于中央人民政府。这就明确了特别行政区的法律地位。

(1)特别行政区是我国单一制国家不可分离的部分。特别行政区作为单一制国家的组成部分是不能从祖国分离出去的,我国包括特别行政区在内理所当然地要维护国家的统一、主权和领土的完整。"一国两制"是国家对特别行政区的方针,"两制"是"一国"之下的"两制",既不容许破坏"两制",也不容许破坏"一国"。

(2) 特别行政区是我国的一个地方行政区域。特别行政区与中央的关系是一个主权国家内部地方与中央的关系,是领导与被领导、监督与被监督、授权与被授权的关系,不是平行的、并列的关系。其所享有的高度自治并不是无限自治。根据两部基本法的规定,这一高度自治是在全国人大授权下的自治,不是特别行政区本身固有的权力,高度自治的权力来源于中央。

(3) 特别行政区是实行高度自治的地方行政区域。特别行政区享有高度自治权。对特别行政区来说,中央负责管理的仅限于涉及特别行政区的外交、防务以及其他属于国家主权和国家整体权益范围内的事务。特别行政区的其他事务,除了《香港特别行政区基本法》和《澳门特别行政区基本法》规定须受中央监督的情况外,中央不予过问。

(4) 特别行政区是直辖于中央人民政府的一级地方行政区域。表现在:① 特别行政区受中央人民政府直接管辖,在中央人民政府与特别行政区之间没有任何中间层次。两部基本法第22条均规定,中央人民政府所属各部门、各省、自治区、直辖市均不得干预香港、澳门特别行政区根据基本法自行管理的事务。中央各部门、各省、自治区、直辖市如需在特别行政区设立机构,须征得特别行政区政府同意并经中央人民政府批准;所设机构及其人员均须遵守特别行政区的法律。内地人员进入特别行政区须办理批准手续,其中进入特别行政区定居的人数由中央人民政府主管部门征求特别行政区政府的意见后确定。② 根据宪法、《香港特别行政区基本法》和《澳门特别行政区基本法》的规定,全国人大有权授予特别行政区以高度自治权;全国人大及其常委会、国务院还可授予特别行政区"其他权力";特别行政区立法机关制定的法律须报全国人大常委会备案;香港特别行政区终审法院的法官和高等法院首席法官的任免、澳门特别行政区终审法院法官和院长的任免须报全国人大常委会备案等。可见,全国人大及其常委会对特别行政区有授权和监督关系。③ 特别行政区是一级地方政权。特别行政区只有一级政府、一级政权。特别行政区政府不再下设任何政权单位。

(三) 中央和特别行政区的关系

指中央对特别行政区实行管辖和特别行政区在中央监督下实行高度自治而产生的相互关系。中央和特别行政区的关系的核心是权力的划分和行使,即中央对特别行政区行使哪些权力,特别行政区被授予哪些权力以及中央对特别行政区行使权力的监督等。

1. 中央对特别行政区的管辖权

根据《香港特别行政区基本法》和《澳门特别行政区基本法》的规定，中央对特别行政区行使的主要权力有：中央政府负责管理与特别行政区有关的外交事务；中央政府负责管理特别行政区的防务；中央政府任命特别行政区行政长官和行政机关的主要官员；全国人大常委会有权决定特别行政区进入紧急状态；全国人大常委会享有对特别行政区基本法的解释权；全国人大对特别行政区基本法享有修改权。

从特别行政区的具体情况看，其权力来自于中央政府的授权。宪法是上位法，是特别行政区基本法的法律依据；特别行政区的制度设计，是基于宪法的授权；基本法以及特别行政区的法律制度，原则上不得与宪法相抵触。尽管宪法授权特别行政区根据自身具体情况，按照基本法进行制度设计与制度安排，但这些都是在宪法的秩序范围内进行的，这种制度设计与制度安排只能"依照"宪法的授权而不能"超越"宪法的授权，否则就可能因违宪而无效。同样，特别行政区的"高度自治权"是"依法"享有的，这个"法"不限于基本法，还包括宪法。宪法第31条中的"国家在必要时设立特别行政区。在特别行政区内实行的制度按照具体情况由全国人民代表大会以法律规定"，这一规定的核心是为了实现"祖国统一"，途径是"一国两制"，前提是不能损害统一国家的利益。在特别行政区制度下，特别行政区所依法享有的自治权，是由中央政府基于宪法授予的，而不是特别行政区自身所固有的。

2019年2月26日，中央政府向香港特别行政区行政长官作出指令：2018年9月24日，香港特别行政区政府保安局局长作出命令，禁止"香港民族党"在香港运作。2019年2月19日，香港特别行政区行政长官会同行政会议作出决定，确认保安局局长命令有效。中央人民政府支持香港特别行政区政府依法禁止"香港民族党"运作。依据宪法和《香港特别行政区基本法》，香港特别行政区应当依法履行维护国家安全的宪制责任。香港特别行政区是中华人民共和国不可分离的部分，是直辖于中央人民政府的一个享有高度自治权的地方行政区域。维护国家主权、统一和领土完整，是香港特别行政区政府的职责，也是包括香港同胞在内的全中国人民的共同义务。香港特别行政区行政长官依法对中央人民政府和香港特别行政区负责。请行政长官就依法禁止"香港民族党"运作等有关情况向中央人民政府提交报告。这是国务院第一次行使指令权，体现了中央的主权。

《香港特别行政区维护国家安全法》第 3 条规定,中央人民政府对香港特别行政区有关的国家安全事务负有根本责任。香港特别行政区负有维护国家安全的宪制责任,应当履行维护国家安全的职责。香港特别行政区行政机关、立法机关、司法机关应当依据本法和其他有关法律规定有效防范、制止和惩治危害国家安全的行为和活动。

2. 特别行政区享有的高度自治权

(1)行政管理权。特别行政区行政机关依法享有自行处理行政事务的权力。特别行政区政府可制定并执行政策,进行人事任免,管理社会治安,编制并提出财政预算、决算,拟定并提出法案、议案等。

(2)立法权。特别行政区享有立法权。立法机关有权对高度自治范围内的一切事务进行立法,但无权对国防、外交等属于中央人民政府的事务进行立法。立法机关制定的法律须报全国人大常委会备案,备案不影响该法律的生效。全国人大常委会可将法律发回,但不作修改。经发回的法律立即失效。全国人大常委会授权香港特别行政区法院在审理案件时对基本法关于特别行政区自治范围内的条款自行解释。

(3)独立的司法权与终审权。《香港特别行政区基本法》和《澳门特别行政区基本法》均在第 19 条规定,特别行政区各级法院独立进行审判,不受任何干涉,司法人员履行审判职责的行为不受法律追究。终审权属于特别行政区的终审法院。

(4)财政独立权。特别行政区保持财政独立,其财政收入全部用于本区需要,不上缴中央人民政府。中央人民政府不在特别行政区征税。特别行政区可自行制定货币金融政策。港币(澳币)为香港(澳门)法定货币继续流通。港币(澳币)的发行权属于香港(澳门)特别行政区政府,不实行外汇管制政策,港币、澳门元自由兑换。继续开放外汇、黄金、证券、期货等市场。

(5)在授权范围内处理对外事务。香港、澳门特别行政区可在经济、贸易、金融、航运、通讯、旅游、文化、体育等领域以"中国香港""中国澳门"的名义,单独地同世界各国、各地区及有关国际组织保持和发展关系,签订和履行有关协议。

(四)坚持和完善"一国两制"制度体系的措施

党的十九届四中全会强调指出:"一国两制"是党领导人民实现祖国和平统一的一项重要制度,是中国特色社会主义的一个伟大创举。必须坚持"一国"是实行"两制"的前提和基础,"两制"从属和派生于"一国"并统一于"一国"之内。严格依照宪法和基本法对香港、澳门特别行政区实行管治,坚定维护国家主权、安全、发展利益,维护香港、澳门特别行政区长期繁荣稳定,绝不容忍任何挑战"一国两制"底线的行为,绝不容忍任何分裂国家的行为。

(1)要求全面准确贯彻"一国两制""港人治港""澳人治澳"、高度自治的方针。坚持依法治港治澳,维护宪法和基本法确定的宪制秩序,把坚持"一国"原则和尊重"两制"差异、维护中央对特别行政区全面管治权和保障特别行政区高度自治权、发挥祖国内地坚强后盾作用和提高特别行政区自身竞争力结合起来。完善特别行政区同宪法和基本法实施相关的制度和机制,坚持以爱国者为主体的"港人治港""澳人治澳",提高特别行政区依法治理能力和水平。

(2)健全中央依照宪法和基本法对特别行政区行使全面管治权的制度。完善中央对特别行政区行政长官和主要官员的任免制度和机制、全国人大常委会对基本法的解释制度,依法行使宪法和基本法赋予中央的各项权力。建立健全特别行政区维护国家安全的法律制度和执行机制,支持特别行政区强化执法力量。健全特别行政区行政长官对中央政府负责的制度,支持行政长官和特别行政区政府依法施政。完善香港、澳门特别行政区融入国家发展大局、同内地优势互补、协同发展机制,推进粤港澳大湾区建设,支持香港、澳门特别行政区发展经济、改善民生,着力解决影响社会稳定和长远发展的深层次矛盾和问题。加强对香港、澳门特别行政区社会特别是公职人员和青少年的宪法和基本法教育、国情教育、中国历史和中华文化教育,增强香港、澳门特别行政区同胞国家意识和爱国精神。坚决防范和遏制外部势力干预港澳事务和进行分裂、颠覆、渗透、破坏活动,确保香港、澳门特别行政区长治久安。

**八、群众自治制度**

居民委员会和村民委员会是我国的基层群众性自治组织,他们不是国家机关。宪法对居民委员会和村民委员会作了规定,是我国政治制度的一个重要的特色。

*(一)性质和特点*

我国的基层群众性自治组织是城市和农村按居民居住地区设立的居民委员会和村民委员会。根据宪法、《中华人民共和国城市居民委员会组织法》(以下简称《城市居民委员会组织法》)和《中华人民共和国村民委员会组织法》(以下简称

《村民委员会组织法》)的规定,居民委员会和村民委员会的性质是我国城乡居民自己组织起来,进行自我教育、自我管理、自我服务的群众性自治组织。它是建立在我国社会的最基层、与群众直接联系的组织,是在自愿的基础上由群众按照居住地区自己组织起来管理自己事务的组织。宪法和法律对基层群众性自治组织的规定,确定了基层群众性自治组织的法律地位。它具有如下特点:

1. 自治性和独立性

基层群众性自治组织代表本居住地区的居民行使自治的权利,是具有自治性质的社会组织。在组织状态上,基层群众性自治组织具有独立性,它不属于居民居住地区范围内任何其他的社会组织,也独立于各级各类国家机关。它是居民或村民基于居住范围内社会生活的共同需要而建立起来的,目的在于解决居住地范围内的公共事务和公益事业方面的社会问题。我国基层政权机关同基层群众性自治组织的关系,不是上级政权机关对下级政权机关的行政领导关系,是基层政权机关对群众性自治组织的指导、帮助和监督关系。

2. 民主性和群众性

基层群众性自治组织是人民群众管理基层社会事务的重要组织形式。《宪法》第2条第3款规定:"人民依照法律规定,通过各种途径和形式,管理国家事务,管理经济和文化事业,管理社会事务。"人民群众通过基层群众性自治组织广泛地参与和管理社会经济和文化事务,实现社会主义民主政治的要求。《城市居民委员会组织法》的立法目的在于:加强城市居民委员会的建设,由城市居民群众依法办理群众自己的事情,促进城市基层社会主义民主和城市社会主义物质文明、精神文明建设的发展。《村民委员会组织法》规定,村民委员会实行民主选举、民主决策、民主管理、民主监督。基层群众性自治组织是最典型和最直接的民主形式。居民委员会的组成人员由本居住地区全体有选举权的居民或每户所派的代表选举产生,村民委员会的组成人员由村民直接选举产生。居民委员会和村民委员会进行工作行使职权不具有国家强制力,其工作以民主的方式进行,不得强迫命令,决定问题要采取少数服从多数的原则。它主要通过说服教育,通过制定居民公约和守则,通过道德规范的力量开展工作。基层群众性自治组织可以依法参与有关基层人民代表大会的活动,向基层人民代表大会反映居民或村民的意见、要求和提出意见。

3. 基层性

基层群众性自治组织是我国社会的最基层、与群众直接相联系的组织,其基层性特点主要表现在它是在我国居民群众中所建立的。从组织系统上看,居民委员会和村民委员会没有上级组织,没有全国性、地区性的统一组织,不像国家机关和社会团体除有基层组织外,还有上级的地区性组织和全国性的组织。基层群众性自治组织只存在于居民和村民居住地区范围内的基层社区。另外,从自治内容上看,基层群众性自治组织所从事的工作,都是居民或村民居住地区范围内社区的公共事务和公益事业,与群众的生活直接相关。

(二)基层群众性自治组织同基层政权的关系

宪法规定,居民委员会、村民委员会同基层政权的相互关系由法律规定。

1. 原则性规定

《村民委员会组织法》第 5 条规定:乡、民族乡、镇的政府对村委会的工作给予指导、支持和帮助,但是不得干预依法属于村民自治范围内的事项。村委会协助乡、民族乡、镇的政府开展工作。《城市居民委员会组织法》第 2 条规定:不设区的市、市辖区的政府或者它的派出机关对居委会的工作给予指导、支持和帮助。居委会协助不设区的市、市辖区的政府或者它的派出机关开展工作。

2. 监督

基层政权有权对群众自治组织活动进行监督。《村民委员会组织法》第 17 条第 2 款规定,对以暴力、威胁、欺骗、贿赂、伪造选票、虚报选举票数等不正当手段,妨害村民行使选举权、被选举权,破坏村委会选举的行为,村民有权向乡、民族乡、镇的人大和政府或者县级人大常委会和政府及其有关主管部门举报,由乡级或者县级政府负责调查并依法处理。第 20 条规定,村委会应当自新一届村民委员会产生之日起十日内完成工作移交。工作移交由村民选举委员会主持,由乡、民族乡、镇的政府监督。第 35 条规定:村委会成员的任期和离任经济责任审计,由县级政府农业部门、财政部门或者乡、民族乡、镇的政府负责组织,审计结果应当公布,其中离任经济责任审计结果应当在下一届村民委员会选举之前公布。第 36 条规定,村委会不依照法律、法规的规定履行法定义务的,由乡、民族乡、镇的政府责令改正。乡、民族乡、镇的政府干预依法属于村民自治范围事项的,由上一级政府责令改正。

《城市居民委员会组织法》第 15 条规定:居民公约由居民会议讨论制定,报不设区的市、市辖区的政府或者它的派出机关备案,由居委会监督执行。居民应当遵守居民会议的决议和居民公约。居民公约的内容不得与宪法、法律、法规和国家的政策相抵触。

3. 支持和保障

政府对自治组织的相关活动有支持的义务。《村民委员会组织法》第37条规定,政府对村委会协助政府开展工作应当提供必要的条件;政府有关部门委托村委会开展工作需要经费的,由委托部门承担。村委会办理本村公益事业所需的经费,由村民会议通过筹资筹劳解决;经费确有困难的,由地方政府给予适当支持。

《城市居民委员会组织法》第17条规定,居委会的工作经费和来源,居委会成员的生活补贴费的范围、标准和来源,由不设区的市、市辖区的政府或者上级政府规定并拨付;经居民会议同意,可以从居委会的经济收入中给予适当补助。居委会的办公用房,由当地政府统筹解决。第20条规定,市、市辖区的政府有关部门,需要居委会或者它的下属委员会协助进行的工作,应当经市、市辖区的政府或者它的派出机关同意并统一安排。市、市辖区的政府的有关部门,可以对居委会有关的下属委员会进行业务指导。

基层政权是我国国家政权体系中最底层环节,在城市是指不设区的市、市辖区的人大和政府及其派出机关;在农村是指乡、民族乡、镇的人大和政府。2015年修正的《地方组织法》在第53条增加一款,作为第3款:"市辖区、不设区的市的人民代表大会常务委员会可以在街道设立工作机构。"

(三) 居民自治

1. 居委会的设置

《城市居民委员会组织法》规定,居委会的范围为100户至700户。"居民委员会的设立、撤销、规模调整,由不设区的市、市辖区的人民政府决定。"这表明居委会的设置由城市基层政府来安排。该法还规定,居委会设立的原则是根据居民居住状况,便于居民自治。居民自治是居委会的本质,居委会的设立必须以实现居民自治为目的。便于居民自治主要包括:便于居民参与管理居住地的公共事务;便于居民加强与居委会的联系;便于居民享受居住地的公共服务。

2. 居委会的组织

(1) 产生。居委会的组成人员由选举产生。居委会主任、副主任和委员,由本居住地区全体有选举权的居民或者由每户派代表选举产生;根据居民意见,也可以由每个居民小组选举代表2—3人选举产生。年满18周岁的本居住地区居民,不分民族、种族、性别、职业、家庭出身、宗教信仰、教育程度、财产状况、居住期限,都有选举权和被选举权;但是,依照法律被剥夺政治权利的人除外。

(2) 组成和任期。居委会由主任、副主任和委员5—9人组成。多民族居住地区,居委会中应当有人数较少的民族的成员。居委会每届任期为3年,其成员可以连选连任。

(3) 工作方式、原则和下属组织。居委会进行工作,应当采取民主的方法,不得强迫命令。居委会决定问题,采取少数服从多数的原则。居委会的成员应当遵守宪法、法律、法规和国家政策,办事公道,热心为居民服务。

居委会可以设立人民调解、治安保卫、公共卫生等委员会。居委会成员可以兼任上述下属委员会的成员。居民较少的居委会可以不设下属的委员会,由居委会的成员分工负责有关工作。居委会还可以分设若干居民小组,小组长由居民小组推选。

3. 居民会议

居民会议是由居委会辖区范围内年满18周岁以上的居民组成的居民自治的权威机构。居委会向居民会议负责并报告工作。凡涉及全体居民利益的重大问题,居委会必须提请居民会议讨论决定。居民会议有权撤销和补充居委会成员。居民应当遵守居民会议的决议。

居民会议由居委会召集和主持。有1/5以上的年满18周岁以上的居民、1/5以上的户或1/3以上的居民小组提议,应当召集居民会议。

4. 居民公约

居民公约由居民会议讨论制定,报不设区的市、市辖区的政府或者它的派出机关备案,由居委会监督执行。居民应当遵守居民公约。居民公约的内容不得与宪法、法律、法规和国家的政策相抵触。

5. 任务

宪法规定,居委会的任务是办理本居住地区的公共事务和公益事业,调解民间纠纷,协助维持社会治安,并且向政府反映群众的意见、要求和提出建议。《城市居民委员会组织法》将居委会的任务具体规定为:宣传宪法、法律、法规和国家政策,维护居民的合法权益,教育居民履行依法应尽的义务,爱护公共财产,开展多种形式的社会主义精神文明建设活动;办理居住地区的公共事务和公益事业;调解民间纠纷;协助维持社会治安;协助政府或其派出机关做好与居民利益有关的公共卫生、计划生育、优抚救济、青少年教育等项工作;向政府或其派出机关反映居民的意见、要求和提出建议。

(四) 村民自治

1. 村委会的设置

《村民委员会组织法》规定,村委会根据村民居住状况、人口多少,按照便于群众自治,有利于经济发展和社会管理的原则设立。其设置还应经村民会议同意。村委会设置范围有三种情况:村委会一般设在自然村;自然村较小、人口不多的,可以由几个自然村联合设立村委会;范围较大、人口较多的自然村,可以设立几个村委会。

《村民委员会组织法》规定,村委会的设置包括村民委员会的设立、撤销、范围调整,其机关是县级政府。村委会的设置,先由乡、民族乡、镇的政府提出,经村民会议讨论同意后,报县级政府批准。

2. 村委会的组织

(1) 产生。村委会主任、副主任和委员,由村民直接选举产生。除依照法律规定被剥夺政治权利的人外,凡年满18周岁的村民都有选举权和被选举权。有选举权和被选举权的村民名单,应当在选举日的20日以前公布。对登记参加选举的村民名单有异议的,应当自名单公布之日起5日内向村民选举委员会申诉,村民选举委员会应当自收到申诉之日起3日内作出处理决定,并公布处理结果。村委会的选举,由村民选举委员会主持。村民选举委员会成员由村民会议或者各村民小组推选产生。选举村民委员会,由本村有选举权的村民直接提名候选人。候选人的名额应当多于应选名额。有选举权的村民的过半数投票,选举有效;候选人获得参加投票的村民的过半数的选票,始得当选。选举实行无记名投票、公开计票的方法,选举结果应当当场公布。选举时,设立秘密写票处。

(2) 组成、任期和罢免。村委会由主任、副主任和委员共3—7人组成。村委会成员中,妇女应当有适当的名额,多民族居住的村应当有人数较少的民族的成员。任何组织或者个人不得指定、委派或者撤换村委会成员。村委会每届任期3年,其成员可以连选连任。本村1/5以上有选举权的村民,可以要求罢免村委会的成员。罢免村委会成员须经有选举权的村民过半数通过。

(3) 工作方式、原则和下属组织。村委会进行工作,应当坚持群众路线,充分发扬民主,认真听取不同意见,不得强迫命令,不得打击报复,村委会决定问题的时候,采取少数服从多数的原则。村委会成员应遵守宪法、法律、法规和国家政策,办事公道,热心为村民服务。村委会成员不脱离生产,根据情况,可以给予适当补贴。村委会实行村务公开制度。

村委会根据需要设人民调解、治安保卫、公共卫生等委员会。村委会成员可以兼任下属委员会的成员。人口少的村的村委会可以不设下属的委员会，由村委会成员分工负责人民调解、治安保卫、公共卫生等工作。村委会还可以分设村民小组，小组长由村民小组会议推选。

3. 村民会议

村民会议是村民群众自治的最高组织形式，由本村年满18周岁以上的村民组成。召开村民会议应当有18周岁以上的村民过半数参加，必要时可以邀请本村的企业、事业单位和群众团体代表参加会议。村民委员会向村民会议负责并报告工作。村民会议每年审议村委会的工作报告，并评议村委会的工作。村民会议由村委会召集。有1/10以上的村民提议，应当召集村民会议。涉及全村村民利益的问题，村委会必须提请村民会议讨论决定，方可办理。村民会议有权撤换和补选村委会的成员。

4. 村规民约

具有公约性质的规范文件。由村民会议制定，报乡、民族乡、镇的政府备案，由村民委员会监督、执行。村规民约不得与宪法、法律和法规相抵触。它具有群众性、合法性、针对性和规范性等特点，是实行村民自治，进行自我管理、自我教育的重要形式。

5. 任务

根据《村民委员会组织法》，其任务具体规定为：（1）宣传宪法、法律、法规和国家的政策，教育和推动村民履行法律规定的义务、爱护公共财产，维护村民的合法权益，发展文化教育，普及科技知识，促进男女平等，做好计划生育工作，促进村与村之间的团结、互助，开展多种形式的社会主义精神文明建设活动。（2）支持服务性、公益性、互助性社会组织，依法开展活动，推动农村社区建设。（3）协助乡、民族乡、镇的人民政府开展工作。（4）支持和组织村民发展各种形式的合作经济和其他经济，承担本村生产的服务和协调工作，促进农村生产建设和经济发展。（5）尊重并支持集体经济组织依法独立进行经济活动的自主权，维护以家庭承包经营为基础、统分结合的双层经营体制，保障集体经济组织和村民、承包经营户、联户或者合伙的合法财产权和其他合法权益。（6）依照法律规定，管理本村属于村民集体所有的土地和其他财产，引导村民合理利用自然资源，保护和改善生态环境。（7）多民族居住的村，村民委员会应当教育和引导各民族村民增进团结，互相尊重和互相帮助。（8）遵守宪法、法律、法规和国家的政策,遵守并组织实施村民自治章程、村规民约,执行村民会议、村民代表会议的决定、决议,办事公道,廉洁奉公,热心为村民服务,接受村民监督。

6. 民主管理和民主监督

村委会应当实行少数服从多数的民主决策机制和公开透明的工作原则,建立健全各种工作制度;实行村务公开制度,接受村民的监督;应当保证所公布事项的真实性,并接受村民的查询;不及时公布应当公布的事项或者公布的事项不真实的,村民有权向乡、民族乡、镇的政府或者县级政府及其有关主管部门反映,有关政府或者主管部门应当负责调查核实,责令依法公布;经查证确有违法行为的,有关人员应当依法承担责任。村应当建立村务监督委员会或者其他形式的村务监督机构,负责村民民主理财,监督村务公开等制度的落实,其成员由村民会议或者村民代表会议在村民中推选产生,其中应有具备财会、管理知识的人员。村委会成员及其近亲属不得担任村务监督机构成员。村务监督机构成员向村民会议和村民代表会议负责,可以列席村委会会议。村委会和村务监督机构应当建立村务档案。村委会成员实行任期和离任经济责任审计。村委会或者村委会成员作出的决定侵害村民合法权益的,受侵害的村民可以申请法院予以撤销,责任人依法承担法律责任。村委会不依照法律、法规的规定履行法定义务的,由乡、民族乡、镇的政府责令改正。乡、民族乡、镇的政府干预依法属于村民自治范围事项的,由上一级政府责令改正。

(五)健全充满活力的基层群众自治制度

十九届四中全会提出,要健全基层党组织领导的基层群众自治机制,在城乡社区治理、基层公共事务和公益事业中广泛实行群众自我管理、自我服务、自我教育、自我监督,拓宽人民群众反映意见和建议的渠道,着力推进基层直接民主制度化、规范化、程序化。全心全意依靠工人阶级,健全以职工代表大会为基本形式的企事业单位民主管理制度,探索企业职工参与管理的有效方式,保障职工群众的知情权、参与权、表达权、监督权,维护职工合法权益。

## 九、国家标志

(一)国旗

1. 概念

国旗是主权国家的象征和标志,它通过一定的式样、色彩和图案来反映一个国家政治特点和历史文化传统。各国往往以宪法或专门的法律来规定国旗的名称、图案以及使用方法。1990年,全国人大常委会通过《中华人民共和国国旗法》(以下简称《国旗法》)规定了国旗的构成、制作、升挂以及使用办法。

2. 含义

我国的国旗是五星红旗。《国旗法》规定,国旗按照中国人民政治协商会议第一届全体会议主席团公布的国旗制作说明制作。国旗由省、自治区、直辖市政府指定的企业制作。

我国国旗的色彩和构图简明扼要,内容深刻。红色旗面象征着革命,旗上的五颗五角星及其相互关系象征共产党领导下的革命人民大团结。五角星用黄色是为了在红地上显出光明,黄色较白色明亮美丽,四颗小五角星各有一尖正对着大星的中心点,这是表示围绕着一个中心而团结。

3. 升挂与使用

(1) 升挂国旗的范围。按《国旗法》规定,地方各级政府对本行政区域内国旗的升挂和使用,实施监督管理。外交部、国务院交通主管部门、中国人民解放军总政治部对各自管辖范围内国旗的升挂和使用,实施监督管理。应当每日升挂国旗的机构与场所有:① 北京天安门广场、新华门;② 全国人大常委会,国务院,中央军事委员会,最高法院,最高检察院;中国人民政治协商会议全国委员会;③ 外交部;④ 出境入境的机场、港口、火车站和其他边境口岸,边防海防哨所。

应当在工作日升挂国旗的机构与场所有:① 国务院各部门;② 地方各级人大常委会、政府、法院、检察院;③ 中国人民政治协商会议地方各级委员会;④ 全日制学校(除寒假、暑假和星期日外)。

可以升挂国旗的场所有:① 企业事业组织、村委会、居委会,城镇居民院(楼)以及广场、公园等公共活动场所,有条件的可以升挂国旗;② 民族自治地方在民族自治地方成立纪念日和主要传统民族节日,可以升挂国旗;③ 举行重大庆祝、纪念活动,大型文化、体育活动,大型展览会,可以升挂国旗。

在国庆节、国际劳动节、元旦和春节,各级国家机关和各人民团体应当升挂国旗;不以春节为传统节日的少数民族地区,春节是否升挂国旗,由民族自治地方的自治机关规定。

(2) 下半旗的规定。根据《国旗法》的规定,下列人士逝世,下半旗志哀:① 国家主席、全国人大常委会委员长、国务院总理、中央军事委员会主席;② 中国人民政治协商会议全国委员会主席;③ 对中华人民共和国作出杰出贡献的人;④ 对世界和平或者人类进步事业作出杰出贡献的人。此外,发生特别重大伤亡的不幸事件或者严重自然灾害造成重大伤亡时,可以下半旗志哀。

4. 维护国旗的尊严

尊重和爱护国旗是每一个公民和组织的义务。国旗法规定,不得升挂破损、污损或者不合规定的国旗。国旗及其图案不得用作商标和广告,不得用于私人丧事活动。《刑法》第299条规定,在公共场合故意以焚烧、毁损、涂划、玷污、践踏等方式侮辱中华人民共和国国旗、国徽的,处3年以下有期徒刑、拘役、管制或者剥夺政治权利。

(二) 国徽

1. 含义

国徽是国家的象征和标志,它通过特定的图案来表现国家的历史文化传统、政治体制和民族精神。国徽通常由宪法或者专门法律规定。

中华人民共和国国徽由第一届中国人民政治协商会议全国委员会第二次会议提出,1950年9月18日,中央人民政府委员会第八次会议审议通过,以后为各部宪法所确认。《宪法》第142条规定:"中华人民共和国国徽,中间是五星照耀下的天安门,周围是谷穗和齿轮。"

国徽用天安门作图案,表示中华人民共和国的诞生;5个五角星象征中国共产党领导下的人民大团结;齿轮和谷穗表明我国是工人阶级领导下的工农联盟为基础的人民民主国家。

2. 悬挂使用

1991年,全国人大常委会通过《中华人民共和国国徽法》(以下简称《国徽法》)对我国国徽的制作、使用等作了专门的规定。下列机构应当悬挂国徽:(1) 县级以上各级人大常委会;(2) 县级以上各级政府;(3) 中央军事委员会;(4) 各级法院和专门法院;(5) 各级检察院和专门检察院;(6) 外交部;(7) 国家驻外使馆、领馆和其他外交代表机构。

可以悬挂国徽的机构是:乡、民族乡、镇的政府,具体办法由省、自治区、直辖市的政府根据实际情况规定。国徽应当悬挂在机关正门上方正中处。

下列场所应当悬挂国徽:(1) 北京天安门城楼,人民大会堂;(2) 县级以上各级人大及其常委会会议厅;(3) 各级法院和专门法院的审判庭;(4) 出入境口岸的适当场所。

下列机构的印章应当刻有国徽图案:(1) 全国人大常委会、国务院、中央军事委员会、最高人民法院、最高人民检察院;(2)全国人大各专门委员会和全国人大常委会办公厅、工作委员会,国务院各部、各委员会、各直属机构、国务院办公厅以及国务院规定应当使用刻有国徽图案印章的办事机构,中央军事委员会办公厅以及中央军事委员会规定应当使用刻有国徽图案印章的其他机构;(3)县级以上地方各级人大常委会、政府、法院、检察院、专门法院、专门检察院;(4)国家驻外使馆、领馆和其他外交代表机构。

《国徽法》还规定了应当印有国徽图案的文字、出版物的范围。

3. 维护国徽的尊严

《国徽法》规定,一切组织和公民都必须尊重和爱护国徽。国徽及其图案不得用于商标、广告、日常生活的陈设布置、私人庆吊活动以及国务院规定不得使用国徽和图案的其他场合。不得悬挂破损、污损或者制作不合规格的国徽。

2020年8月11日,全国人大常委会初次审议《中华人民共和国国旗法(修正草案)》《中华人民共和国国徽法(修正草案)》。两个修正草案涉及增加升挂国旗、悬挂国徽的场合,规范国旗、国徽的使用,加强国旗宣传教育等多个方面。

(三) 国歌

国歌是体现民族精神的歌曲,我国的国歌是《义勇军进行曲》,由田汉作词、聂耳作曲。1949年,中国人民政治协商会议第一届全体会议通过了关于国歌的决议,决定在中华人民共和国国歌未正式确定以前,以《义勇军进行曲》为国歌;1978年3月5日,五届全国人大一次会议通过关于国歌的决定,决定在保留歌曲曲调的基础上修改歌词;1982年,五届全国人大五次会议通过决议,决定恢复《义勇军进行曲》为国歌。2004年,十届全国人大二次会议通过宪法修正案,把《宪法》第四章的名称修改为"国旗、国歌、国徽、首都",并在这一章的第141条中增加一款,作为第2款:"中华人民共和国国歌是《义勇军进行曲》。"将国歌正式写入宪法,有利于维护国歌的权威性和稳定性,增强全国各族人民的国家认同感和国家荣誉感。2017年,全国人大常委会制定了《中华人民共和国国歌法》(以下简称《国歌法》)。规定下列内容:中华人民共和国国歌是《义勇军进行曲》。中华人民共和国国歌是中华人民共和国的象征和标志。一切公民和组织都应当尊重国歌,维护国歌的尊严。国家倡导公民和组织在适宜的场合奏唱国歌,表达爱国情感。奏唱国歌时,在场人员应当肃立,举止庄重,不得有不尊重国歌的行为。在公共场合,故意篡改国歌歌词、曲谱,以歪曲、贬损方式奏唱国歌,或者以其他方式侮辱国歌的,由公安机关处以警告或者15日以下拘留;构成犯罪的,依法追究刑事责任。

**（四）首都**

首都是一国法定的中央国家机关所在地，是一国的政治中心。我国宪法规定："中华人民共和国首都是北京。"北京作为我国首都是由1949年9月27日中国人民政治协商会议第一届第一次全体会议确定的，这次会议通过的《关于中华人民共和国国都、纪年、国歌、国旗的决议》规定："中华人民共和国国都定于北平。自即日起，改名北平为北京。"

## 第二节 经济制度

我国宪法第6—18条集中规定了经济制度的内容。2019年，党的十九届四中全会指出：公有制为主体、多种所有制经济共同发展，按劳分配为主体、多种分配方式并存，社会主义市场经济体制等社会主义基本经济制度，既体现了社会主义制度优越性，又同我国社会主义初级阶段社会生产力发展水平相适应，是党和人民的伟大创造。必须坚持社会主义基本经济制度，充分发挥市场在资源配置中的决定性作用，更好发挥政府作用，全面贯彻新发展理念，坚持以供给侧结构性改革为主线，加快建设现代化经济体系。

### 一、经济制度概述

**（一）概念**

宪法学所理解的经济制度，是指国家通过宪法和法律在确认和调整经济关系时所形成的各种制度的总和，是法律化了的经济制度，是一国上层建筑体系中制度范畴的组成部分。它首先是通过宪法、法律、国家政策等构成的具有内在联系的一种制度体系，旨在运用宪法、法律等确认、调整与维护一个国家的经济基础；其次，经济制度虽然是宪法、法律、国家政策等调整一国经济关系所形成，但必须以一定社会发展阶段的生产关系为客观基础和依据；第三，经济制度由一国的生产关系构成，其主要包含三个方面内容：确认生产关系的制度，如生产资料所有制、产品分配制度；在生产关系的制度基础上建立起来的经济管理体制，以及与该经济管理体制有内在联系的基本经济政策；对公民和其他经济主体经济权利的保护。

**（二）宪法与经济制度**

经济制度与宪法有着密切的联系。宪法作为上层建筑的重要组成部分，一方面不能脱离一定的社会经济基础而存在,另一方面又反过来对宪法所赖以建立和生存的经济制度的巩固和发展产生重要影响。

从历史发展角度看,无论是近代宪法还是现代宪法,资本主义宪法还是社会主义宪法,尽管规定的内容和侧重点不同,但都涉及生产关系方面的内容。早期资本主义国家宪法对经济制度的确认和调整,主要通过规定"私有财产神圣不可侵犯"原则确立生产资料的私有制;20世纪后,一些资本主义国家的宪法用更多条款对经济制度和公民经济生活作出规定,如1919年德国《魏玛宪法》,对国家经济制度和公民的经济生活作了专章规定。社会主义国家宪法从一开始就重视经济制度。如1918年《俄罗斯苏维埃联邦社会主义共和国宪法》第一篇"被剥削劳动人民权利宣言"中,用大量文字规定了废除土地私有制,宣布土地为全民财产,全国性的一切森林、矿藏与水利、全部农畜与农具,实验农场与农业企业为国有财产,将一切银行收归国有等内容。我国历部宪法也对经济制度作了规定。1954年宪法在确认国家在过渡时期总任务的同时,规定了四种所有制形式及其在国民经济体系中的地位,国家对它们的政策等内容。1982年宪法在总结我国社会主义经济制度建立和发展过程中正反两方面经验教训的基础上,确立了基本适应我国社会主义初级阶段生产力发展水平和生产关系状况的基本经济制度。涉及经济制度的宪法条文包括《宪法》第6—18条等。

(三) 基本特征

我国是社会主义国家,《宪法》第1条规定:"社会主义制度是中华人民共和国的根本制度。"《宪法》第6条对我国经济制度作了原则性规定:"国家在社会主义初级阶段,坚持公有制为主体、多种所有制经济共同发展的基本经济制度"。其他如《宪法》第7—18条等。这些条文规定明确了我国经济制度的性质、内容和基本特征。

(1) 我国经济制度的本质特征和基础是生产资料的社会主义公有制。生产资料所有制形式反映了国家制度的本质特征,制约了社会经济制度的其他方面,并进而决定了国家政权的阶级本质,是国家经济制度的基础。我国必须坚持公有制作为社会主义经济制度的基础。只有始终坚持生产资料公有制,才能确保劳动人民经济上、政治上的主人翁地位,才有统一的社会利益和雄厚的物质基础,确保经济和社会的协调发展,达到全体社会成员共同富裕的目的。

(2) 以公有制为主体,多种所有制经济共同发展,这是我国社会主义初级阶段经济制度的主要特征。我国处在社会主义初级阶段,生产力水平比较落后,各方面发展不平衡,具有多层次性,需要在公有制为主体的条件下发展多种所有制经济。因此,多种所有制经济形式并存是客观需要,所有制结构中除了公有制以外,还包含个体经济、私营经济、外资经济等非公有制经济,它们也是社会主义经济的重要组成部分。

**二、生产资料所有制形式**

宪法规定了我国生产资料的所有制形式。

(一)公有制经济

社会主义公有制经济是社会主义社会全体劳动人民或部分劳动群众共同占有生产资料和劳动成果的所有制形式,是社会主义社会区别于其他社会形态的最主要的标志之一。它消除了生产的社会性和生产资料私人占有之间的矛盾,是社会主义经济制度的基础,决定劳动者在生产中的互助合作关系和按劳分配关系。《宪法》第6条规定:"中华人民共和国的社会主义经济制度的基础是生产资料的社会主义公有制,即全民所有制和劳动群众集体所有制。"

社会主义公有制经济的显著特征是:生产资料归劳动者共同所有(以国家或集体所有的形式出现),其范围主要包括国有经济和集体经济;在社会主义市场经济条件下,公有与非公有经济成分相互融合、相互渗透、相互参股的形式较多,因而公有制经济还包括混合所有制经济中的国有成分和集体成分。

1. 全民所有制经济

它是指由全体劳动人民共同占有生产资料、由代表全体人民的国家占有生产资料的一种所有制形式。我国是人民当家作主的国家,国家代表着人民,全民所有制表现为国家所有制,亦称国有经济。这种经济是在中华人民共和国成立初期没收官僚资本、改造民族资本的基础上逐步发展而来。由于过去长期以来一直实行计划经济,全民所有制企业也由国家直接负责经营和管理,所以全民所有制经济也被称为"国营经济"。为了适应社会主义市场经济建设的要求,使全民所有制企业真正成为自主经营、自负盈亏的市场主体,建立现代企业制度,全民所有制企业的所有权与经营权的分离势在必行。为此,1993年宪法修正案第5条、第8条改变了"国营经济"的提法,将"国有经济"作为全民所有制经济的代名词。

我国的国有经济包括两部分内容:(1)属于国家所有的工厂、铁路、航空、海运、银行、电信等国有企业,国家机关、事业单位、军队等全民单位的财产也是国有财产的重要组成部分；国家控股的企业，中外合资、中外合作企业中的国有资产部分等。目前，在关系国民经济命脉的重要行业和关键领域，国有经济占统治地位。这样，才能保证国民经济的平稳运行，保证国民经济有正确的发展方向。

（2）属于国家所有的自然资源和土地。《宪法》第 9 条规定："矿藏、水流、森林、山岭、草原、荒地、滩涂等自然资源，都属于国家所有，即全民所有；由法律规定属于集体所有的森林和山岭、草原、荒地、滩涂除外。"在宪法列举的自然资源中，矿藏、水流只能为国家所有，不会成为集体所有制的对象。《宪法》第 10 条第 1 款、第 2 款规定："城市的土地属于国家所有。农村和城市郊区的土地，除由法律规定属于国家所有的以外，属于集体所有；宅基地和自留地、自留山，也属于集体所有。任何组织或者个人不得侵占、买卖或者以其他形式非法转让土地。土地的使用权可以依照法律的规定转让。一切使用土地的组织和个人必须合理地利用土地。"宪法有关自然资源和土地所有权的规定，既体现了以社会主义公有制为基础，又突出了全民所有制的主体地位；这对于国家和集体合理利用自然资源，进行社会主义现代化建设，具有重要意义。

国有经济是整个社会主义经济的主导力量，是实现社会主义的基本物质条件，对于充分发挥全民所有制经济在新创建企业以及发展新产业上的优越性，充分发挥集体经济、个体经济及其他经济成分在经营上的优越性；对于整个国民经济的发展，对于集体所有制经济的巩固并保证其沿着社会主义方向的发展，对于保障其他所有制经济为社会主义服务，具有决定性作用；对于发挥社会主义制度的优越性，增强我国的经济实力、国防实力和民族凝聚力，也具有关键性作用。正因如此，《宪法》第 7 条规定："国有经济，即社会主义全民所有制经济，是国民经济中的主导力量。国家保障国有经济的巩固和发展。"所谓全民所有制，是主导力量，主要是指全民所有制经济对于整个国民经济具有较强的导向作用，而不是指全民所有制经济的数量在整个国民经济中占绝对优势。在社会主义市场经济条件下，国有经济要在国民经济中起主导作用，必须不断提高自己的整体素质和竞争力，引导和影响其他所有制经济的发展。

2. 集体所有制经济

又称社会主义劳动群众集体所有制经济，是指社会主义社会中，生产资料和劳动成果归部分劳动群众集体共同占有的一种公有制形式。从性质上看，集体所有制经济也是我国社会主义公有制经济的重要组成部分，但集体经济中，其生产资料分别由不同的劳动群众集体单位占有，劳动者与生产资料的结合仅限于该集体的范围之内,并且生产资料属于集体经济成员共同所有,共同进行生产经营活动,成员根据他对集体经济的贡献来分配其经营成果。劳动群众集体经济是在土地改革的基础上,通过对农业和手工业等个体经济实行社会主义改造建立起来的。

《宪法》第9、10条规定,集体所有制经济的范围包括:一是由法律规定属于集体所有的土地、山岭、草原、荒地、滩涂等自然资源;二是农村集体经济;三是城镇中的集体经济。

农村集体经济主要有农村中的生产、供销、信用、消费等各种形式的合作经济,以及家庭联产承包责任制等形式。农业生产以家庭为基本单位,实行家庭联产承包责任制是农业生产发展的客观要求。耕地是农民的命根子,农民不仅在承包地上进行生产,而且靠它维持生活。这是农业生产发展和农村稳定的基础。家庭联产承包责任制长期不能变。

城镇中的集体经济组织作为劳动群众集体所有制经济的一个重要组成部分,是在对中华人民共和国成立之初对城镇中手工业实行社会主义改造的基础上逐步建立和发展的,是城镇中一部分劳动群众自愿联合组成的各种形式的合作经济。《宪法》第8条第2款规定:"城镇中的手工业、工业、建筑业、运输业、商业、服务业等行业的各种形式的合作经济,都是社会主义劳动群众集体所有制经济。"

社会主义劳动群众集体所有制的实现分为制度实现和经营实现两个层次。集体所有制在集体所有权基础上,采取多种形式的集体所有制实现的经营形式。也就是说,集体所有制实现的法权制度就是集体所有权,集体所有权在本质上是集体成员的共同所有权。但实行集体所有制时,并不要求集体成员集体劳动、统一经营,而是可以采取多元化的经营形式。

《宪法》第8条第3款规定,国家保护城乡集体经济组织的合法权利和利益,鼓励、指导和帮助集体经济的发展。

目前,社会主义公有制经济在所有制结构中占据主导地位,主要表现为:第一,就全国而言,公有资产在社会总资产中占优势。第二,国有经济控制国民经济命脉,即在关键行业、重点领域起主导作用,对整个国民经济发展起主导作用。

(二)我国现阶段非公有制经济的形式

非公有制经济是相对于公有制经济而言的一种经济形式,它是我国现阶段除了公有制经济形式以外的所有经济结构形式,包括个体经济、私营经济、外资经济等。非公有制经济是社会主义市场经济的重要组成部分。

1. 劳动者个体经济和私营经济

劳动者个体经济是指由劳动者个人或家庭占有生产资料,从事个体劳动和经营的所有制形式。它是以劳动者自己劳动为基础,劳动成果直接归劳动者所有和支配。私营经济是指以生产资料私有和雇佣劳动为基础,以取得利润为目的的所有制形式。

在劳动者个体经济和私营经济的问题上,宪法确认它们的地位并保障它们的发展,经历了一个逐步的过程。1978年,十一届三中全会提出"社员自留地、家庭副业和集市贸易是社会主义经济的必要补充部分,任何人不得乱加干涉"。1981年,中共十一届六中全会决议指出:"社会主义生产关系的变革和完善必须适应于生产力的状况,有利于生产力的发展。国营经济和集体经济是中国的基本经济形式,一定范围的劳动者个体经济是公有制经济的必要补充","必须在公有制基础上实行计划经济,同时发挥市场调节的辅助作用。"1982年,党的十二大报告强调:"在农村和城市,都要鼓励劳动者个体经济在国家规定的范围内和工商行政管理下适当发展,作为公有制经济的必要的、有益的补充。只有多种经济形式的合理配置和发展,才能繁荣城乡经济,方便人民生活。"1982年宪法确认劳动者个体经济的宪法地位。第11条规定:"在法律规定范围内的城乡劳动者个体经济,是社会主义公有制经济的补充。国家保护个体经济的合法的权利和利益。国家通过行政管理,指导、帮助和监督个体经济。"

囿于当时的现实条件和思想认识,宪法未对私营经济作规定。1987年,党的十三大根据我国社会主义初级阶段的现实情况,对私营经济的性质、地位和作用等作了详细阐述,并要求尽快制定有关私营经济的政策和法律,保护私营经济的合法利益,加强对私营经济的引导、监督和管理。1988年,全国人大通过的宪法修正案规定:"国家允许私营经济在法律规定的范围内存在和发展。私营经济是社会主义公有制经济的补充。国家保护私营经济的合法权利和利益,对私营经济实行引导、监督和管理。"随后,国务院发布《中华人民共和国私营企业暂行条例》。

1992年,党的十四大明确我国经济体制改革的目标是建立社会主义市场经济体制,并提出"在所有制结构上,以公有制包括全民所有制和集体所有制经济为主体,个体经济、私营经济、外资经济为补充,多种经济成分长期共同发展,不同经济成分还可以自愿实行多种形式的联合经营。国有企业、集体企业和其他企业都进入市场,通过平等竞争发挥国有企业的主导作用。"1997年,党的十五大确立"以公有制为主体、多种所有制经济共同发展,是中国社会主义初级阶段的一项基本经济制度",并且确认"非公有制经济是中国社会主义市场经济的重要组成部分。对个体、私营等非公有制经济要继续鼓励、引导,使之健康发展。"由此,全国人大于1999年通过的宪法修正案规定,"在法律规定范围内的个体经济、私营经济等非公有制经济,是社会主义市场经济的重要组成部分。"2002年,党的十六大强调"必须毫不动摇地鼓励、支持、引导非公有制经济发展。"2004年宪法修正案规定:"国家保护个体经济、私营经济等非公有制经济的合法的权利和利益。国家鼓励、支持和引导非公有制经济的发展,并对非公有制经济依法实行监督和管理。"2005年,国务院颁布《关于鼓励支持和引导个体私营等非公有制经济发展的若干意见》。党的十八大报告强调"毫不动摇地鼓励、支持、引导非公有制经济发展,保证各种所有制经济依法平等使用生产要素、公平参与市场竞争、同等受法律保护。"

2016年,中共中央国务院发布《关于完善产权保护制度依法保护产权的意见》指出,坚持平等保护。健全以公平为核心原则的产权保护制度,毫不动摇巩固和发展公有制经济,毫不动摇鼓励、支持、引导非公有制经济发展,公有制经济财产权不可侵犯,非公有制经济财产权同样不可侵犯。坚持权利平等、机会平等、规则平等,废除对非公有制经济各种形式的不合理规定,消除各种隐性壁垒,保证各种所有制经济依法平等使用生产要素、公开公平公正参与市场竞争、同等受到法律保护、共同履行社会责任。

党的文件和宪法之所以明确并逐步提高劳动者个体经济和私营经济的宪法地位,一方面是缘于劳动者个体经济和私营经济在发展生产、满足人民生活需要,增加就业,增加国家财政收入,增强经济活力,支持国民经济快速增长,加快生产力发展等方面都发挥了重要作用。另一方面是因为,鼓励、支持、引导劳动者个体经济和私营经济的发展,有利于坚持和完善我国社会主义初级阶段的基本经济制度,以现代产权制度为基础发展混合所有制经济,推动各种所有制经济平等竞争、共同发展;有利于完善社会主义市场经济体制,充分发挥市场配置资源的基础性作用,建立公平竞争的市场环境;有利于激发经济增长的内生动力,促进经济长期平稳较快发展。

要促进劳动者个体经济和私营经济的发展,必须要在坚持公有制主体地位的前提下,依法保护它们的合法权益,为它们的发展创造公平竞争的法制环境、政策环境和市场环境。

2. 外资经济

外资经济是我国发展对外经济关系，吸引外资过程中建立起来的所有制形式。

《外商投资法》第 2 条规定，本法所称外商投资，是指外国的自然人、企业或者其他组织直接或者间接在中国境内进行的投资活动，包括下列情形：(1) 外国投资者单独或者与其他投资者共同在中国境内设立外商投资企业；(2) 外国投资者取得中国境内企业的股份、股权、财产份额或者其他类似权益；(3) 外国投资者单独或者与其他投资者共同在中国境内投资新建项目；(4) 法律、行政法规或者国务院规定的其他方式的投资。《外商投资法》所称外商投资企业，是指全部或者部分由外国投资者投资，依照中国法律在中国境内经登记注册设立的企业。

在改革开放之初，外资经济的存在与发展，对于解决资金短缺问题，提高技术和管理水平，调整产业结构，拉动我国经济增长、吸纳社会就业、增加国家税源等方面都具有积极作用。因此，1982 年宪法规定："中华人民共和国允许外国的企业和其他经济组织或者个人依照中华人民共和国法律的规定在中国投资，同中国的企业或者其他经济组织进行各种形式的经济合作。在中国境内的外国企业和其他外国经济组织以及中外合资经营的企业，都必须遵守中华人民共和国的法律。它们的合法的权利和利益受中华人民共和国法律的保护。"1999 年宪法修正案将外资经济纳入社会主义非公有制经济的同时，提高了其在社会主义市场经济中的地位，成为社会主义市场经济的重要组成部分。2004 年修宪时，又进一步提高对非公有制经济的保障力度："国家鼓励、支持和引导非公有制经济的发展，并对非公有制经济依法实行监督和管理。"

之后相继制定了《中华人民共和国中外合资经营企业法》《中华人民共和国中外合作经营企业法》《中华人民共和国外资企业法》，以及相关的行政法规和地方性法规。这些法律、法规一方面确立外资经济的合法地位，保证其合法权益，另一方面为了避免外资经济损害我国经济和社会发展，妨害我国改革开放和市场经济的健康发展，对外资经济的设立及其经营范围、生产经营活动等进行管制。

2019 年，全国人大通过《外商投资法》，自 2020 年 1 月 1 日起施行。《中华人民共和国中外合资经营企业法》《中华人民共和国外资企业法》《中华人民共和国中外合作经营企业法》同时废止。该法规定：为了进一步扩大对外开放，积极促进外商投资，保护外商投资合法权益，规范外商投资管理，推动形成全面开放新格局，促进社会主义市场经济健康发展，根据宪法，制定本法。

《外商投资法》以法的形式着力于投资促进和保护，为外企在华投资兴业创造透明、可预期的营商环境，这也标志着在推动由商品和要素流动型开放向规则等制度型开放转变中，中国迈出关键一步。第一，从"外资三法"到一法统领，外商投资立法与时俱进，适应全方位对外开放、高质量发展新形势。制定该法是中国全方位对外开放，是引进外资走向高质量发展，是科技革命下国际竞争的需要。第二，制定该法是要在新的历史条件下通过国家立法表明将改革开放进行到底的决心和意志，展现新时代中国积极的对外开放姿态，顺应时代发展潮流，体现推动新一轮高水平对外开放、营造国际一流营商环境的精神和要求。这部法律重点是确立外商投资准入、促进、保护、管理等方面的基本制度框架和规则，建立起新时代我国外商投资法律制度的"四梁八柱"。它由总则、投资促进、投资保护、投资管理、法律责任和附则 6 个部分组成，共 42 条。明确实行准入前国民待遇加负面清单管理制度，既是国际先进规范，也已在中国厚植沃土。该法针对外商特别关切的一些法律问题，包括投资审批问题、知识产权问题、技术转让问题等作出比较彻底明确的规定。第三，开启引资新里程，为中国企业创造充分竞争环境，为外商投资送上"定心丸"。①

《中华人民共和国外商投资法实施条例》规定，香港特别行政区、澳门特别行政区投资者在内地投资，参照《外商投资法》和该条例执行；法律、行政法规或者国务院另有规定的，从其规定。

我国台湾地区投资者在大陆投资，适用《中华人民共和国台湾同胞投资保护法》及其实施细则的规定；该法及其实施细则未规定的事项，参照《外商投资法》和该条例执行。

定居在国外的中国公民在中国境内投资，参照《外商投资法》和该条例执行；法律、行政法规或者国务院另有规定的，从其规定。

十九届四中全会强调，要建设更高水平开放型经济新体制。实施更大范围、更宽领域、更深层次的全面开放，推动制造业、服务业、农业扩大开放，保护外资合法权益，促进内外资企业公平竞争，拓展对外贸易多元化，稳步推进人民币国

---

① 参见李婕：《制度型开放迈出关键一步：聚焦〈外商投资法〉》（上），载《人民日报海外版》2019 年 3 月 19 日第 6 版。

际化。健全外商投资准入前国民待遇加负面清单管理制度,推动规则、规制、管理、标准等制度型开放。健全促进对外投资政策和服务体系。加快自由贸易试验区、自由贸易港等对外开放高地建设。推动建立国际宏观经济政策协调机制。健全外商投资国家安全审查、反垄断审查、国家技术安全清单管理、不可靠实体清单等制度。完善涉外经贸法律和规则体系。

总之,自党的十五大总结以往在所有制问题上的经验教训,第一次把以公有制为主体、多种所有制经济共同发展作为我国的基本经济制度,提出非公有制经济是社会主义市场经济的重要组成部分,以共同发展取代并存,以重要组成部分取代补充地位,逐渐消除所有制结构不合理对生产力的羁绊,表明限制非公有制经济发展的时代结束,非公有制经济在社会主义市场经济的条件下,获得了新的发展空间。

### 三、我国的分配制度

1. 概述

分配制度是我国社会主义经济制度的重要内容。《宪法》第 6 条规定:"社会主义公有制消灭人剥削人的制度,实行各尽所能、按劳分配的原则。国家在社会主义初级阶段,坚持公有制为主体、多种所有制经济共同发展的基本经济制度,坚持按劳分配为主体、多种分配方式并存的分配制度。"确立这一分配制度,基于以下原因:第一,我国是社会主义国家,在分配制度方面,必须贯彻各尽所能,按劳分配的原则。第二,社会主义初级阶段,以公有制为主体、多种所有制经济共同发展的所有制结构决定了我国现阶段必须采取这种分配制度。第三,社会主义市场经济条件下,价格、供求和竞争等要素在资源配置方面发挥重要影响,分配形式必然与单纯的按劳分配不同。必须考虑以按劳分配为主体、多种分配方式并存,把按劳分配和按生产要素分配结合起来的必然性。这是发展社会主义市场经济的客观要求。市场经济的有效运行,不仅存在生产要素的多种所有者,而且形成包括生产要素在内的市场体系。从改革开放实践经验来看,这一分配原则,加快了我国国民经济的发展,有效防止了社会财富分配的两极分化,对实现我国社会的共同富裕起到了促进作用。

2. 我国现阶段的分配形式

按劳分配是指以劳动者向社会提供的劳动产品的数量和质量为标准,分配个人收入和消费品,多劳多得,少劳少得。我国实行这一原则为主体的主要原因是:第一,生产资料的社会主义公有制决定了要消灭人剥削人的制度,因此要实行按劳分配。第二,我国还处在并长期处于社会主义初级阶段,生产力发展水平不高,物质产品还没有极大丰富,劳动还只是人们谋生的手段,不具备实行按需分配的条件。

按劳分配以外的其他多种分配方式,主要是指按劳分配以外的按资分配、按经营收入分配和按社会保障原则分配等分配形式。按资分配是指资本所有者凭借其资本所有权参与他人劳动成果的分配。主要表现形式有:个人的存款利息;购买股票、基金、债券、理财产品等获得的股息、红利和债息等;租金收入,即财产所有者凭借其财产出租所获得的收入;"三资"企业和私有企业雇主所获得的收入。

按经营收入分配是指按商品生产者或经营者在一定时间内生产经营的最终收益量,即经济效果来分配。主要表现形式有:经营性劳动收入;创新收入,即生产者或经营者由于提供了开发新产品、发明新技术、开拓新市场等创造性劳动获得的收入;风险收入,即生产者或经营者因承担经营风险获得的收入;机会收入,即生产者或经营者因价格变动或政策变动等外部因素获得的收入。

按社会保障原则分配是指国家、企业和社会为保障社会公平和各部门、各地区和各行业的协调发展实行的一种分配原则。具体表现为:福利性收入,如职工病假期间支付的工资、住房补贴等;扶持性收入,如对农业生产资料的价格补贴,对少数民族地区和贫困地区的财政拨款和优惠贷款等;鼓励性收入,如鼓励科技人员到边远、贫困地区工作的上浮工资等;救济性收入,如对因自然灾害、丧失劳动能力等原因给予的救济费用等。

党的十九大报告提出:坚持按劳分配原则,完善按要素分配的体制机制,促进收入分配更合理、更有序。鼓励勤劳守法致富,扩大中等收入群体,增加低收入者收入,调节过高收入,取缔非法收入。坚持在经济增长的同时实现居民收入同步增长、在劳动生产率提高的同时实现劳动报酬同步提高。拓宽居民劳动收入和财产性收入渠道。履行好政府再分配调节职能,加快推进基本公共服务均等化,缩小收入分配差距。

**四、财产权保护制度**

保护财产是许多国家宪法的重要内容。资本主义国家宪法通常规定公民的私有财产。我国宪法既保护公有财产,也保护公民的私有财产。

### 1. 社会主义公共财产神圣不可侵犯

《宪法》第 12 条规定："社会主义的公共财产神圣不可侵犯。国家保护社会主义的公共财产。禁止任何组织或者个人用任何手段侵占或者破坏国家的和集体的财产。"据此,宪法确立了社会主义公共财产的神圣地位,此外,《宪法》第 6 条、第 7 条、第 9 条等规定都对社会主义公共财产保护有所体现。《民法典》等多个部门法有保护规定。

公共财产是指社会主义全民所有的财产和劳动群众集体所有的财产。我国社会主义公共财产的地位极其重要,它是人民民主专政的物质基础,是我国现代化建设的物质基础,是提高人民物质文化生活需要的物质源泉,是公民实现权利的物质保证。

### 2. 保护公民私有财产权

我国有关私有财产权的宪法保护制度始于《共同纲领》,但私有财产权宪法保护制度的真正确立是 1954 年宪法。1954 年宪法第 8—14 条集中对私有财产权的保护及其限制作了规定。1975 年宪法和 1978 年宪法第 9 条规定保护"公民的劳动收入、储蓄、房屋和各种生活资料的所有权"。1982 年宪法第 13 条规定:"国家保护公民的合法收入、储蓄、房屋和其他合法财产的所有权",第 11 条第 1 款规定"保护城乡劳动者个体经济"。总之,2004 年之前,宪法对私有财产保护的范围狭窄,保护力度不够。

改革开放以来,公民个人财产有了很大增加,财产形式更加多样,社会对私有财产权宪法保护的要求也越来越强烈。为此,1988 年宪法修正案第 1 条增加"保护私营经济"的规定,《宪法》第 18 条第 1、2 款规定保护外国的企业和其他外国经济组织或个人的合法的权利和利益等,将私有财产权的主体从单纯的公民扩充到了包括私营经济和外国的企业和其他经济组织或个人。1999 年宪法修正案将以财产私有制为基础的个体经济、私营经济的地位由社会主义公有制经济的补充修改为社会主义市场经济的重要组成部分,并将国家对个体经济、私营经济采取的不同方针政策统一为"引导、监督和管理"。2002 年,党的十六大报告第一次提出"完善保护私人财产的法律制度"。随后,2004 年宪法修正案第 22 条规定:"公民合法的私有财产不受侵犯。国家依照法律规定保护公民的私有财产权和继承权。"

根据现行宪法规定,宪法上规定的与私有财产权有关的内容包括:(1) 增加规定"公民合法的私有财产不受侵犯"。一方面,与第 12 条"社会主义的公共财产神圣不可侵犯"形成对照,体现公私财产的平等保护。坚持平等保护,公有制经济财产权不可侵犯,非公有制经济财产权同样不可侵犯。另一方面,强调国家不得随意侵犯。(2)以财产私有制为存在基础的个体经济、私营经济,国家对其的方针,在过去的"引导、监督、管理"基础上,增加了"鼓励、支持",表明国家政策取向上由限制开始向推动其发展的方向转变。(3)对公民私有财产采取概括的方式加以确认,这表明宪法对私有财产的保障不再局限或偏重于对公民的合法收入、储蓄、房屋等生活资料的产权维护,而是将生产资料与生活资料置于同等地位,由此为私有财产以生活资料为主向生产资料的转变及私有财产的功能由消费领域向生产领域的转变奠定了法律基础。保护产权不仅包括保护物权、债权、股权,也包括保护知识产权及其他各种无形财产权。宪法对私有财产权的维护,不再仅囿于财产所有权,而是以内涵更丰富的"财产权"代替"所有权",扩大了宪法所保护的私有财产权的权利内容。(4)宪法规定,国家为了公共利益的需要,可以依照法律规定对公民的私有财产实行征收或者征用并给予补偿,使得确认私有财产的宪法规范与过去相比较有了一定的完善。

宪法对私有财产权的确认和保护,不仅使民事法律、刑事法律、行政法律等对私有财产的保护有了宪法基础,还使这些普通法律私有财产的保护在宪法的庇护下将更完整、更全面、更彻底。更值得关注的是,行政权对私有财产权的侵犯将受到宪法强有力的限制,非经合法程序,私有财产权将不再受到侵犯;受到侵犯时,也能寻求法律的救济。

党的十八届三中全会通过的《关于全面深化改革若干重大问题的决定》提出:"完善产权保护制度。产权是所有制的核心。健全归属清晰、权责明确、保护严格、流转顺畅的现代产权制度。公有制经济财产权不可侵犯,非公有制经济财产权同样不可侵犯。""国家保护各种所有制经济产权和合法利益,保证各种所有制经济依法平等使用生产要素、公开公平公正参与市场竞争、同等受到法律保护,依法监管各种所有制经济。"这是一项非常重要的决定,符合《宪法》第33条规定的平等原则的精神。

**五、市场经济制度**

中华人民共和国成立后相当长时间内,一直实行计划经济体制。现行宪法在1982年修改时,确立的是计划经济体制。《宪法》第15条规定:"国家在社会主义公有制基础上实行计划经济。国家通过经济计划的综合平衡和市场调节的辅助作用,保证国民经济按比例协调发展。禁止任何组织或者个人扰乱社会经济秩序,破坏国家经济计划。"这是当时计划经济为主的指导思想的产物。党的十四大报告正式确立了我国经济体制改革的目标模式——建立社会主义市场经济体制,并且指明了市场经济的内涵:"我们要建立的社会主义市场经济,就是要使市场在社会主义国家宏观调控下对资源配置起基础性作用,使经济活动遵循价值规律的要求,适应供求关系的变化;通过价格杠杆和竞争机制的功能,把资源配置到效益较好的环节中去,并给企业以压力和动力,实现优胜劣汰;运用市场对各种经济信息反映比较灵敏的优点,促进生产和需求的及时协调。"

市场经济是指社会经济资源的配置以市场为主的经济形式。市场经济体制则是市场运行的具体制度安排或运行方式。在市场经济体制下,国家通过价格、税收、利率等经济杠杆来调节市场,由市场来配置社会资源,企业的生产和经营活动由企业根据市场的需求自行决定。这一经济体制有利于社会资源的优化配置,激活经济发展动力,促进经济的发展。市场经济不是一种特定的社会制度,只是社会资源配置上的手段和经济运行方式。它可以存在于不同的社会制度下。1993年宪法修正案第7条放弃计划经济,明确"国家实行社会主义市场经济"。我国实行的是社会主义市场经济,它与社会主义基本制度紧密结合在一起,坚持以公有制为主体,坚持把共同富裕作为发展经济的最终目的;在我国社会主义市场经济体制下,国家的经济计划仍然是国家调控市场的重要手段之一,国家仍然要适当发挥管理经济的作用。为此,宪法强调"国家加强经济立法,完善宏观调控。国家依法禁止任何组织或者个人扰乱社会经济秩序"。

社会主义市场经济体制具有以下特征:(1)一切经济活动都直接或间接地处于市场关系之中,市场机制是推动生产要素流动和促进资源优化配置的基本运行机制;(2)所有企业都具有进行商品生产经营所应拥有的全部权利,自觉地面向市场;所有生产、经营活动都按照完整的法律体系来进行,整个经济运行有一个比较健全的法制基础;(3)政府部门不直接干预企业生产和经营的具体事务,而是通过各项经济政策、法律法规等调节和规范企业的经营活动。社会主义国家能够通过宏观调控,把人民当前利益与长远利益、局部利益与整体利益结合起来,更好地发挥计划和市场两种手段的长处;(4)在所有制结构上,以公有制为主体,多种所有制经济共同发展;在分配制度上,以按劳分配为主体,多种分配方式并存,把按劳分配和按生产要素分配结合起来,兼顾效率与公平。

宪法确立社会主义市场经济体制,不仅涉及转变社会资源的配置方式,还涉及各个方面深刻而广泛的变革,尤其是涉及国家权力的重新调整和利益的重新分配。因而宪法所确立的社会主义市场经济体制,是非常重大的改革:它将过去以行政配置资源为主的政府行为改变为市场对资源配置起基础性作用条件下的政府行为;它将过去以直接管理为主的政府行为转变为以间接手段为主进行调控的政府行为;它将过去以行政审批和直接插手经营管理企业为主的政府行为,转变为以总量平衡、结构调整、政策引导、宏观服务为主要任务的政府行为。因此,社会主义市场经济体制的建立意味着政府职能的根本转变。

党的十九大报告提出加快完善社会主义市场经济体制的任务。经济体制改革必须以完善产权制度和要素市场化配置为重点,实现产权有效激励、要素自由流动、价格反应灵活、竞争公平有序、企业优胜劣汰。要完善各类国有资产管理体制,改革国有资本授权经营体制,加快国有经济布局优化、结构调整、战略性重组,促进国有资产保值增值,推动国有资本做强做优做大,有效防止国有资产流失。深化国有企业改革,发展混合所有制经济,培育具有全球竞争力的世界一流企业。全面实施市场准入负面清单制度,清理废除妨碍统一市场和公平竞争的各种规定和做法,支持民营企业发展,激发各类市场主体活力。深化商事制度改革,打破行政性垄断,防止市场垄断,加快要素价格市场化改革,放宽服务业准入限制,完善市场监管体制。创新和完善宏观调控,发挥国家发展规划的战略导向作用,健全财政、货币、产业、区域等经济政策协调机制。完善促进消费的体制机制,增强消费对经济发展的基础性作用。深化投融资体制改革,发挥投资对优化供给结构的关键性作用。加快建立现代财政制度,建立权责清晰、财力协调、区域均衡的中央和地方财政关系。建立全面规范透明、标准科学、约束有力的预算制度,全面实施绩效管理。深化税收制度改革,健全地方税体系。深化金融体制改革,增强金融服务实体经济能力,提高直接融资比重,促进多层次资本市场健康发展。健全货币政策和宏观审慎政策双支柱调控框架,深化利率和汇率市场化改革。健全金融监管体系,守住不发生系统性金融风险的底线。

**六、发展经济的目标、目的、方法和手段**

(一)社会主义经济建设的根本任务和目标

《宪法》序言规定:"国家的根本任务是,沿着中国特色社会主义道路,集中力量进行社会主义现代化建设。……发展社会主义市场经济,……逐步实现工业、农业、国防和科学技术的现代化,推动物质文明、政治文明、精神文明、社会文明、生态文明协调发展,把我国建设成为富强民主文明和谐美丽的社会主义现代化强国,实现中华民族伟大复兴。"根本任务是集中力量进行社会主义现代化建设,目标之一是"把我国建设成为富强民主文明和谐美丽的社会主义现代化强国,实现中华民族伟大复兴"。

(二)社会主义经济建设的目的

《宪法》第 14 条规定,"国家合理安排积累和消费,兼顾国家、集体和个人的利益,在发展生产的基础上,逐步改善人民的物质生活和文化生活。"这说明,改善和提高人民物质和文化生活需要是我国经济发展的目的所在。党的十九大报告指出:我国社会主要矛盾已经转化为人民日益增长的美好生活需要和不平衡不充分的发展之间的矛盾。我国稳定解决了十几亿人的温饱问题,总体上实现小康,不久将全面建成小康社会,人民美好生活需要日益广泛,不仅对物质文化生活提出了更高要求,而且在民主、法治、公平、正义、安全、环境等方面的要求日益增长。同时,我国社会生产力水平总体上显著提高,社会生产能力在很多方面进入世界前列,更加突出的问题是发展不平衡不充分,这已经成为满足人民日益增长的美好生活需要的主要制约因素。我们要在继续推动发展的基础上,着力解决好发展不平衡不充分问题,大力提升发展质量和效益,更好满足人民在经济、政治、文化、社会、生态等方面日益增长的需要,更好推动人的全面发展、社会全面进步。

(三)发展经济的方针政策和手段方法

(1)坚持改革开放。《宪法》序言规定,坚持改革开放,不断完善社会主义的各项制度,发展社会主义市场经济。(2)《宪法》第 14 条规定,国家通过提高劳动者的积极性和技术水平,推广先进的科学技术,完善经济管理体制和企业经营管理制度,实行各种形式的社会主义责任制,改进劳动组织,以不断提高劳动生产率和经济效益,发展社会生产力。国家厉行节约,反对浪费。还规定,国家合理安排积累和消费,兼顾国家、集体和个人的利益。尤其是通过发展科学技术推动经济建设的发展尤为重要。正如十九届四中全会指出的:完善科技创新体制机制。弘扬科学精神和工匠精神,加快建设创新型国家,强化国家战略科技力量,健全国家实验室体系,构建社会主义市场经济条件下关键核心技术攻关新型举国体制。加大基础研究投入,健全鼓励支持基础研究、原始创新的体制机制。建立以企业为主体、市场为导向、产学研深度融合的技术创新体系,支持大中小企业和各类主体融通创新,创新促进科技成果转化机制,积极发展新动能,强化标准引领,提升产业基础能力和产业链现代化水平。完善科技人才发现、培养、激励机制,健全符合科研规律的科技管理体制和政策体系,改进科技评价体系,健全科技伦理治理体制。(3)保护经营自主权和民主管理。《宪法》第16条规定:"国有企业在法律规定的范围内有权自主经营。国有企业依照法律规定,通过职工代表大会和其他形式,实行民主管理。"第17条规定:"集体经济组织在遵守有关法律的前提下,有独立进行经济活动的自主权。集体经济组织实行民主管理,依照法律规定选举和罢免管理人员,决定经营管理的重大问题。"这两个条文都是进一步保护企业生产经营自主权和企业民主管理制度。第一,明确企业经营自主权是企业适应市场经济发展的要求,它是改变过去政企不分的有效措施,也是促使政府转变职能的重要保证。第二,企业实行民主管理是企业职工当家作主的体现,符合《宪法》第2条第3款的规定,人民依照法律规定,通过各种途径和形式,管理国家事务,管理经济和文化事业,管理社会事务。同时也是搞活企业活力、发展企业的重要举措。没有民主管理,企业就很难发展下去。

## 第三节 文化制度和政策

### 一、文化制度的含义

文化是一个民族、国家的智慧和文明的集中体现,也是维系一个民族和国家的精神纽带。一国通过宪法和法律来调整的以社会意识形态为核心的各种基本文化关系的规则、原则和政策等内容的总和即为文化制度。文化制度的外延十分广泛,包括教育制度、科技制度、文艺制度、卫生制度、体育制度等。近代宪法的产生以一定的文化发展为条件,文化制度是宪法不可缺少的重要内容。但不同时期不同国家的宪法对文化制度的规定则有很大差异。早期宪法的文化制度以自然法学理论为依据,强调人人生而平等、天赋人权等文化精神,以1919年《魏玛宪法》为标志的现代宪法比较详细规定了公民广泛的文化权利,并且明确了国家基本文化政策,这为后来诸多国家的宪法所效仿。第二次世界大战后,除了传统的资本主义宪法类型的文化制度外,还涌现了大量社会主义类型与民族民主主义的文化制度。社会主义国家的宪法一开始就重视对文化制度的规定。

我国宪法重视文化制度的规定。《共同纲领》专章规定了文化教育政策:"中华人民共和国的文化教育为新民主主义的,即民族的、科学的、大众的文化教育。"还具体规定了宪法对文化的保护措施。1954年宪法在总纲中概括性地规定使生产力不断提高,以改进人民的物质生活和文化生活。1982年宪法从社会主义精神文明的角度规定了我国的文化制度和政策。文化建设是我国社会主义现代化建设的重要内容。

现行宪法重新调整了宪法规范与文化的关系,更具科学性与严肃性。从条文上看,第19条至第24条规定了文化制度。从内容上看,宪法对文化制度的规定有着明显的进步与发展。一方面,宪法把建设社会主义精神文明作为国家的一项根本建设任务和目标,准确而全面地规定了社会主义精神文明建设的基本政策与措施。另一方面,重视文化建设,在总纲和具体条款中都规定了文化建设的内容。主要有国家必须发展社会主义教育事业,提高全国人民的科学文化水平;国家发展文学艺术事业、新闻广播、出版发行事业、图书馆、博物馆和文化馆等文化建设事业,开展群众性的文化活动。还有,现行宪法重视知识分子的地位,为扩大知识分子的队伍创造条件,充分发挥知识分子在社会主义建设中的作用。

宪法颁布之后,党中央根据宪法精神,不断对精神文明建设和文化制度作出与时俱进的充实完善。党的十六大报告提出,要建立与社会主义市场经济相适应、与社会主义法律体系相协调、与中华民族传统美德相承接的社会主义思想道德体系。引导人们树立中国特色社会主义共同理想,树立正确的世界观、人生观和价值观。加强社会公德、职业道德和家庭美德教育,特别是要加强青少年的思想道德建设。加强和改进思想政治工作,广泛开展群众性精神文明创建活动。党的十八届三中全会《中共中央关于全面深化改革若干重大问题的决定》提出:"建设社会主义文化强国,增强国家文化软实力,必须坚持社会主义先进文化前进方向,坚持中国特色社会主义文化发展道路,培育和践行社会主义核心价值观,巩固马克思主义在意识形态领域的指导地位,巩固全党全国各族人民团结奋斗的共同思想基础。坚持以人民为中心的工作导向,坚持把社会效益放在首位、社会效益和经济效益相统一,以激发全民族文化创造活力为中心环节,进一步深化文化体制改革。"党的十九大报告指出:文化自信是一个国家、一个民族发展中更基本、更深沉、更持久的力量。必须坚持马克思主义,牢固树立共产主义远大理想和中国特色社会主义共同理想,培育和践行社会主义核心价值观,不断增强意识形态领域主导权和话语权,推动中华优秀传统文化创造性转化、创新性发展,继承革命文化,发展社会主义先进文化,不忘本来、吸收外来、面向未来,更好构筑中国精神、中国价值、中国力量,为人民提供精神指引。

党的十九届四中全会提出,坚持和完善繁荣发展社会主义先进文化的制度,巩固全体人民团结奋斗的共同思想基础。具体工作和任务包括:坚持马克思主义在意识形态领域指导地位的根本制度;坚持以社会主义核心价值观引领文化建设制度;健全人民文化权益保障制度;完善坚持正确导向的舆论引导工作机制;建立健全把社会效益放在首位、社会效益和经济效益相统一的文化创作生产体制机制。

**二、思想道德建设的制度和政策**

(1)《宪法》序言规定了社会主义现代化建设必须坚持的指导思想:马克思列宁主义、毛泽东思想、邓小平理论、"三个代表"重要思想、科学发展观、习近平新时代中国特色社会主义思想,规定了精神文明建设的任务和把我国建设成为文明的社会主义现代化强国,实现中华民族伟大复兴。

(2)《宪法》第24条规定:"国家通过普及理想教育、道德教育、文化教育、纪律和法制教育、通过在城乡不同范围内的群众中制定和执行各种守则、公约,加强社会主义精神文明的建设。国家倡导社会主义核心价值观,提倡爱祖国、爱人民、爱劳动、爱科学、爱社会主义的公德,在人民中进行爱国主义、集体主义和国际主义、共产主义的教育,进行辩证唯物主义和历史唯物主义的教育,反对资本主义的、封建主义的和其他的腐朽思想。"

2018年第五次修宪时在第24条第2款"提倡爱祖国、爱人民、爱劳动、爱科学、爱社会主义的公德,在人民中进行爱国主义、集体主义和国际主义、共产主义的教育,进行辩证唯物主义和历史唯物主义的教育,反对资本主义的、封建主义的和其他的腐朽思想"之前增加:"国家倡导社会主义核心价值观"。

2013年,中共中央办公厅印发的《关于培育和践行社会主义核心价值观的意见》指出,培育和践行社会主义核心价值观,是推进中国特色社会主义伟大事业、实现中华民族伟大复兴中国梦的战略任务。党的十八大提出,倡导富强、民主、文明、和谐,倡导自由、平等、公正、法治,倡导爱国、敬业、诚信、友善,积极培育和践行社会主义核心价值观。这与中国特色社会主义发展要求相契合,与中华优秀传统文化和人类文明优秀成果相承接,是我们党凝聚全党、全社会价值共识作出的重要论断。富强、民主、文明、和谐是国家层面的价值目标,自由、平等、公正、法治是社会层面的价值取向,爱国、敬业、诚信、友善是公民个人层面的价值准则,这24个字是社会主义核心价值观的基本内容,为培育和践行社会主义核心价值观提供了基本遵循。

党的十九大报告提出,社会主义核心价值观是当代中国精神的集中体现,凝结着全体人民共同的价值追求。要以培养担当民族复兴大任的时代新人为着眼点,强化教育引导、实践养成、制度保障,发挥社会主义核心价值观对国民教育、精神文明创建、精神文化产品创作生产传播的引领作用,把社会主义核心价值观融入社会发展各方面,转化为人们的情感认同和行为习惯。坚持全民行动、干部带头,从家庭做起,从娃娃抓起。深入挖掘中华优秀传统文化蕴含的思想观念、人文精神、道德规范,结合时代要求继承创新,让中华文化展现出永久魅力和时代风采。

(3) 2004年宪法修正案新增国歌内容。规定"中华人民共和国国歌是《义勇军进行曲》"。应该说,国歌的规定即是完善了我国宪法关于国家标志的规定,也是进行爱国主义教育,加强思想道德建设的重要内容。《宪法》第四章关于国旗、国徽、首都的内容也是爱国主义教育的重要内容。

### 三、教育科学文化制度

(一) 教育发展的目标和措施

(1)《宪法》第19条第1款规定了我国教育科学文化制度的总目标,即"国家发展社会主义的教育事业,提高全国人民的科学文化水平"。

(2) 由国家大力举办各种学校,发展学校教育。"国家举办各种学校,普及初等义务教育,发展中等教育、职业教育和高等教育,并且发展学前教育。"

(3) 国家发展各种教育设施,发展业余教育。"国家发展各种教育设施,扫除文盲,对工人、农民、国家工作人员和其他劳动者进行政治、文化、科学、技术、业务的教育,鼓励自学成才。"

(4) 鼓励社会力量办学。宪法规定:"国家鼓励集体经济组织、国家企业事业组织和其他社会力量依照法律规定举办各种教育事业。"

(5) 国家推广普通话。《宪法》第19条规定:"国家推广全国通用的普通话。"这对于教育科学文化建设有重要的作用。消除语言上的障碍,以实现教育科学文化建设成果的互通有无。但根据我国多民族的客观现实,《宪法》第139条规定:"各民族公民都有用本民族语言文字进行诉讼的权利。人民法院和人民检察院对于不通晓当地通用的语言文字的诉讼参与人,应当为他们翻译。在少数民族聚居或者多民族共同居住的地区,应当用当地通用的语言进行审理;起诉书、判决书、布告和其他文书应当根据实际需要使用当地通用的一种或者几种文字。"在确保统一性基础上,充分重视与尊重少数民族特点与传统,可以促进我国教育科学文化事业持续性与多样性。

(二)科学事业的发展

宪法重视科学建设与发展。第 20 条规定:"国家发展自然科学和社会科学事业,普及科学和技术知识,奖励科学研究成果和技术发明创造。"

(三)发展医疗卫生事业

《宪法》第 21 条规定:"国家发展医疗卫生事业,发展现代医药和我国传统医药,鼓励和支持农村集体经济组织、国家企业事业组织和街道组织举办各种医疗卫生设施,开展群众性的卫生活动,保护人民健康。"

(四)发展体育事业

《宪法》规定:"国家发展体育事业,开展群众性的体育活动,增强人民体质。"

(五)文化事业的发展

《宪法》第 22 条规定:"国家发展为人民服务、为社会主义服务的文学艺术事业、新闻广播电视事业、出版发行事业、图书馆博物馆文化馆和其他文化事业,开展群众性的文化活动。国家保护名胜古迹、珍贵文物和其他重要历史文化遗产。"

(六)强调重视知识分子的地位和方针政策

《宪法》第 23 条规定:"国家培养为社会主义服务的各种专业人才,扩大知识分子的队伍,创造条件,充分发挥他们在社会主义现代化建设中的作用。"教育是发展科学技术和培养人才的基础,在现代化建设中具有先导性、全局性作用。坚持教育创新,深化教育改革,全面推进素质教育,这是当今我国教育制度的核心内容。

## 第四节 社会制度和政策

### 一、社会制度的含义

社会制度有不同的含义。一种是指反映社会形态的制度,是作为整个社会发展史的制度形态之一,即建立在一定生产资料基础上的反映一个国家经济、政治、文化等整个制度的状态。如《宪法》第1条规定:"社会主义制度是中华人民共和国的根本制度。""禁止任何组织或者个人破坏社会主义制度。"据此规定,我国的社会制度是社会主义制度。它是与资本主义相对应的一种社会制度。另一种是指与经济制度、政治制度和文化制度相对应的社会领域的制度,本书指后者,是在社会建设意义上使用的。宪法意义上的社会制度是指由宪法确认的调整社会关系中形成的规范人们社会行为的规则和原则的总和,属于宪法范畴的社会制度主要包括就业、教育、医疗卫生、社会保障、社会管理等内容。此外,党的十八大报告还提到分配制度及居民收入。党的十九大报告指出,改善民生要抓住人民最关心最直接最现实的利益问题,既尽力而为,又量力而行,一件事情接着一件事情办,一年接着一年干。具体包括优先发展教育事业、提高就业质量和人民收入水平、加强社会保障体系建设、坚决打赢脱贫攻坚战、实施健康中国战略、打造共建共治共享的社会治理格局、有效维护国家安全。

**二、社会制度的内容**

(一)教育制度

它是指由宪法规定的调整和规范各类教育机构、组织体系、教育方式以及发展教育的各种规则、方针政策和原则的总称。我国宪法多个条文涉及教育制度和政策:(1)总的方针政策。国家发展社会主义的教育事业,提高全国人民的科学文化水平。(2)确立了发展各类学校的教育体系。国家举办各种学校,普及初等义务教育,发展中等教育、职业教育和高等教育,并且发展学前教育;国家发展各种教育设施,扫除文盲,对工人、农民、国家工作人员和其他劳动者进行政治、文化、科学、技术、业务的教育,鼓励自学成才。(3)确立了多种社会主体举办教育的方针政策。国家鼓励集体经济组织、国家企业事业组织和其他社会力量依照法律规定举办各种教育事业。(4)国家和社会帮助安排盲、聋、哑和其他有残疾的公民的教育。(5)国家培养青年、少年、儿童在品德、智力、体质等方面全面发展。(6)国家对于从事教育的公民的有益于人民的创造性工作,给予鼓励和帮助。(7)大力促进教育公平,合理配置教育资源。《宪法》第33条平等原则和第46条公民受教育权利和义务结合起来,要求国家推动教育平等权的实现,促进教育公平则是实现公民平等教育权的必由之路。(8)国家机关承担教育方面的职责。全国人大设立社会建设委员会;国务院有权领导和管理教育工作;县级以上地方各级政府依照法律规定的权限,管理本行政区域内的教育行政工作,发布决定和命令;民族自治地方的自治机关自主地管理本地方的教育事业,保护和整理民族的文化遗产,发展和繁荣民族文化。

很多教育方面的法律法规规定了更为具体的教育政策和制度。

党的十九届四中全会提出,要构建服务全民终身学习的教育体系。全面贯彻党的教育方针,坚持教育优先发展,聚焦办好人民满意的教育,完善立德树人体制机制,深化教育领域综合改革,加强师德师风建设,培养德智体美劳全面发展的社会主义建设者和接班人。推动城乡义务教育一体化发展,健全学前教育、特殊教育和普及高中阶段教育保障机制,完善职业技术教育、高等教育、继续教育统筹协调发展机制。支持和规范民办教育、合作办学。构建覆盖城乡的家庭教育指导服务体系。发挥网络教育和人工智能优势,创新教育和学习方式,加快发展面向每个人、适合每个人、更加开放灵活的教育体系,建设学习型社会。

(二) 劳动就业制度

它是为调整劳动和就业社会关系而制定的各种规则、原则、方针政策等各种规范的总称。就业是民生之本,推动实现更高质量的就业是现代国家积极履行宪法义务的必然要求。我国宪法规定了涉及劳动就业制度的内容。(1)宪法规定的社会主义公有制消灭人剥削人的制度,实行各尽所能、按劳分配的原则,有助于公民通过自主劳动就业,实现自我发展。(2)国家实行社会主义市场经济。这为国家贯彻劳动者自主就业、市场调节就业、政府促进就业政策提供了依据。(3)国家在社会主义初级阶段,坚持公有制为主体、多种所有制经济共同发展的基本经济制度,这些政策可以引导转变就业观念,为公民多渠道多形式就业提供经济基础和活动场所。(4)国家通过提高劳动者的积极性和技术水平,推广先进的科学技术,完善经济管理体制和企业经营管理制度,实行各种形式的社会主义责任制,改进劳动组织,以不断提高劳动生产率和经济效益,发展社会生产力。这些规定将从根本上提升公民自身素质,促进公民就业和创业能力的提高,促进就业的稳定,提升高质量的就业。(5)宪法规定了企业自主经营和民主管理,极大地调动公民劳动积极性,可以从单位内部找到劳动就业的力量源泉。(6)国家提倡爱劳动公德,公民必须遵守劳动纪律,尊重社会公德。这些规定可以为公民劳动就业打下良好的道德和行为规范基础。(7)公民有劳动的权利和义务。国家通过各种途径,创造劳动就业条件,加强劳动保护,改善劳动条件,并在发展生产的基础上,提高劳动报酬和福利待遇。国家对就业前的公民进行必要的劳动就业训练。这些规定可以提升公民就业和创业能力,保障公民劳动就业权的有效实现。强化劳动义务也有助于公民劳动就业的充分实现。(8)宪法规定的劳动者休息权、社会保障权、男女同工同酬等制度,为公民实现就业权提供基本保障。

党的十九届四中全会提出,要健全有利于更充分更高质量就业的促进机制。坚持就业是民生之本,实施就业优先政策,创造更多就业岗位。健全公共就业服务和终身职业技能培训制度,完善重点群体就业支持体系。建立促进创业带动就业、多渠道灵活就业机制,对就业困难人员实行托底帮扶。坚决防止和纠正就业歧视,营造公平就业制度环境。健全劳动关系协调机制,构建和谐劳动关系,促进广大劳动者实现体面劳动、全面发展。

(三)社会财富分配制度

这是社会制度的重要内容,宪法确立了一些重要的制度和政策。(1)社会主义公有制消灭人剥削人的制度,实行各尽所能、按劳分配的原则。这些为公民通过自己的勤劳致富奠定了政策基础,这种分配制度要求完善劳动、资本、技术、管理等要素按贡献参与分配的初次分配机制。(2)国家合理安排积累和消费,兼顾国家、集体和个人的利益,在发展生产的基础上,逐步改善人民的物质生活和文化生活。这就确立了发展成果由人民共享,明确了社会主义生产的目的。它要求国家要坚持实现居民收入增长和经济发展同步、劳动报酬增长和劳动生产率同步提高的原则。(3)国家建立健全同经济发展水平相适应的社会保障制度。这一规定要求国家在初次分配和再分配中要兼顾效率和公平,再分配更加注重公平。社会保障制度就是实现公平的重要制度保障,要注重增加低收入者收入、调节过高收入。除此之外,还要健全以税收、转移支付为主要手段的再分配调节机制。(4)公民的合法的私有财产不受侵犯。国家依照法律规定保护公民的私有财产权和继承权。国家为了公共利益的需要,可以依照法律规定对公民的私有财产实行征收或者征用并给予补偿。宪法这些规定要求保护公民的合法财产和收入。

党的十九大报告对社会主要矛盾作了新的表达:中国特色社会主义进入新时代,我国社会主要矛盾已经转化为人民日益增长的美好生活需要和不平衡不充分的发展之间的矛盾。我国稳定解决了十几亿人的温饱问题,总体上实现小康,不久将全面建成小康社会,人民美好生活需要日益广泛,不仅对物质文化生活提出了更高要求,而且在民主、法治、公平、正义、安全、环境等方面的要求日益增长。同时,我国社会生产力水平总体上显著提高,社会生产能力在很多方面进入世界前列,更加突出的问题是发展不平衡不充分,这已经成为满足人民日益增长的美好生活需要的主要制约因素。我们要在继续推动发展的基础上,着力解决好发展不平衡不充分问题,大力提升发展质量和效益,更好满足人民在经济政治文化社会生态等方面日益增长的需要,更好推动人的全面发展、社会全面进步。

2018年修宪时没有对社会主要矛盾条文进行修改,但在序言中作了修改,内容为"推动物质文明、政治文明、精神文明、社会文明、生态文明协调发展,把我国建设成为富强、民主、文明、和谐、美丽的社会主义现代化强国,实现中华民族伟大复兴"。其中,五大文明建设和富强、民主、文明、和谐、美丽包含了丰富的内涵,特别是人民的多种需求,应当根据党的最新政策贯彻落实。

(四)医疗卫生制度

宪法上的健康权是指政府对公民健康负有责任,即国家以一定的作为或不作为来保障公民所享有的和应当享有的保持其躯体生理机能正常、精神状态完满并由此对社会适应的权利。[①]我国宪法没有规定健康权概念,但是确立了一系列以保障健康权为目的的保障措施。(1)确立了国家保障一般公民健康权的举措。《宪法》第21条规定:"国家发展医疗卫生事业,发展现代医药和我国传统医药,鼓励和支持农村集体经济组织、国家企业事业组织和街道组织举办各种医疗卫生设施,开展群众性的卫生活动,保护人民健康。国家发展体育事业,开展群众性的体育活动,增强人民体质。"(2)规定了国家在维护公民健康方面的某些责任。国家推行计划生育,使人口的增长同经济和社会发展计划相适应。《宪法》第42条规定:"国家通过各种途径,创造劳动就业条件,加强劳动保护,改善劳动条件,并在发展生产的基础上,提高劳动报酬和福利待遇。"加强劳动保护、改善劳动条件是促进健康的重要措施。公民在年老、疾病或者丧失劳动能力的情况下,有从国家和社会获得物质帮助的权利。国家发展为公民享受这些权利所需要的医疗卫生事业。国家义务是通过发展医疗卫生事业,使年老、疾病、丧失劳动能力的人的健康权获得保障。(3)宪法规定了对公民的健康保障。任何人不得利用宗教进行损害公民身体健康的活动;婚姻、家庭、母亲和儿童受国家的保护;夫妻双方有实行计划生育的义务。(4)公民享有医疗卫生事业的参与管理权。宪法规定,人民依照法律规定,通过各种途径和形式,管理国家事务,管

---

[①] 参见杜承铭、谢敏贤:《论健康权的宪法权利属性》,载《河北法学》2007年第1期,第56页。

理经济和文化事业,管理社会事务。(5)国家机关的组织和职责保障。全国人大设立社会建设委员会;国务院有权领导和管理卫生体育和计划生育工作;县级以上地方各级政府依照法律规定的权限,管理本行政区域内的卫生、体育事业和计划生育等行政工作,发布决定和命令;民族自治地方的自治机关自主地管理本地方的卫生、体育事业。(6)将医疗卫生事业作为群众自治组织的重要职责。

《中华人民共和国基本医疗卫生与健康促进法》规定,国家和社会尊重、保护公民的健康权。国家实施健康中国战略,普及健康生活,优化健康服务,完善健康保障,建设健康环境,发展健康产业,提升公民全生命周期健康水平。国家建立健康教育制度,保障公民获得健康教育的权利,提高公民的健康素养。此外还有大量的行政法规、地方性法规和规章等,落实宪法精神。党的十九届四中全会提出,要强化提高人民健康水平的制度保障。坚持关注生命全周期、健康全过程,完善国民健康政策,让广大人民群众享有公平可及、系统连续的健康服务。深化医药卫生体制改革,健全基本医疗卫生制度,提高公共卫生服务、医疗服务、医疗保障、药品供应保障水平。加快现代医院管理制度改革。坚持以基层为重点、预防为主、防治结合、中西医并重。加强公共卫生防疫和重大传染病防控,健全重特大疾病医疗保险和救助制度。优化生育政策,提高人口质量。积极应对人口老龄化,加快建设居家社区机构相协调、医养康养相结合的养老服务体系。聚焦增强人民体质,健全促进全民健身制度性举措。《民法典》规定,自然人享有健康权。自然人的身心健康受法律保护。任何组织或者个人不得侵害他人的健康权。自然人的生命权、身体权、健康权受到侵害或者处于其他危难情形的,负有法定救助义务的组织或者个人应当及时施救。

(五)社会保障制度

它是指为保障全体社会成员的基本生存与生活需要而制定的有关社会福利、社会保险、社会救助、社会优抚、社会安置及其相关机关职权职责、保障机制体制等一系列规则、原则和方针政策的总和。其重点是指国家对公民在年老、疾病、伤残、失业、遭受灾害、生活困难等情况下给予物质帮助的制度。它是国家和社会依据宪法、法律等的规定,通过收入的再分配,对公民的基本生活权利予以保障的制度安排,是现代化社会文明的重要标志。

党的十九届四中全会提出,要完善覆盖全民的社会保障体系。坚持应保尽保原则,健全统筹城乡、可持续的基本养老保险制度、基本医疗保险制度,稳步提高保障水平。加快建立基本养老保险全国统筹制度。加快落实社保转移接续、异地就医结算制度,规范社保基金管理,发展商业保险。统筹完善社会救助、社会福利、慈善事业、优抚安置等制度。健全退役军人工作体系和保障制度。坚持和完善促进男女平等、妇女全面发展的制度机制。完善农村留守儿童和妇女、老年人关爱服务体系,健全残疾人帮扶制度。坚决打赢脱贫攻坚战,巩固脱贫攻坚成果,建立解决相对贫困的长效机制。加快建立多主体供给、多渠道保障、租购并举的住房制度。

我国宪法主要有以下内容:(1)国家建立健全同经济发展水平相适应的社会保障制度。这是一个总的方针政策。(2)国家依照法律规定实行企业事业组织的职工和国家机关工作人员的退休制度。退休人员的生活受到国家和社会的保障。(3)公民在年老、疾病或者丧失劳动能力的情况下,有从国家和社会获得物质帮助的权利。国家发展为公民享受这些权利所需要的社会保险、社会救济事业。(4)国家和社会保障残废军人的生活,抚恤烈士家属,优待军人家属。国家和社会帮助安排盲、聋、哑和其他有残疾的公民的劳动、生活和教育。(5)国家机关的职权职责。宪法规定国家机关的职责中虽然没有具体列举社会保障方面的职责,但《宪法》第33条规定国家尊重和保障人权、第14条规定了国家建立健全与经济发展水平相适应的社会保障制度。这些都要求国家机关承担起履行实施社会保障权的责任。

20世纪90年代,我国开始进行社会保障制度的重构。国务院发布了《关于建立城镇职工基本医疗保险制度的决定》《失业保险条例》《城市居民最低生活保障条例》和《社会保险费征缴暂行条例》《工伤保险条例》。中共中央、国务院发布《关于推进社会主义新农村建设的若干意见》,国务院发布《关于完善企业职工基本养老保险制度的决定》《关于解决农民工问题的若干意见》《关于在全国建立农村最低生活保障制度的通知》《关于开展城镇居民基本医疗保险试点的指导意见》。2010年,全国人大常委会制定《中华人民共和国社会保险法》(以下简称《社会保险法》)。

根据法律法规和政策,我国社会保障制度主要包括以下内容:

1. 养老保险制度

按照《社会保险法》的规定,我国城镇居民实行基本养老保险制度。基本养老保险实行社会统筹与个人账户相结合的办法,在全国范围内建立城镇居民个人基本养老保险个人账户。这标志着我国从制度上实现了养老保险对城乡居民的全面覆盖。2015年,国务院印发《关于机关事业单位工作人员养老保险制度改革决定》,决定改革机关事业单位工作人员养老保险制度,改变城镇居民养老保险与机关事业单位养老保险双轨制的做法,以建立更加公平、可持续的养老保险制度。

2. 医疗保险制度

1998年,国务院发布《关于建立城镇职工基本医疗保险制度的决定》,规定城镇所有用人单位,包括企业、机关、事业单位、社会团体、民办非企业单位及其职工,都要参加基本医疗保险。基本医疗保险费由用人单位和职工共同缴纳。2003年,劳动和社会保障部下发《关于进一步做好扩大城镇职工基本医疗保险覆盖范围工作的通知》,提出加快建设和完善城镇职工基本医疗保险制度。2004年,医疗保险制度扩展到城镇灵活就业人员。2007年,医疗保险又由职业人群拓展到城镇非职业人群。

2003年,国家开始探索建立新型农村合作医疗制度,以个人缴费为主、集体扶持、政府补贴为筹资方式,通过"大病统筹"实现农民医疗互助共济。中共中央、国务院《关于深化医药卫生体制改革的意见》、国务院《关于进一步完善城乡医疗救助制度的意见》等政策促使"新农合"筹资标准和保障水平不断提高,新型农村合作医疗制度得以全面实施,这标志着我国农村医疗保障制度体系基本建成。

3. 失业保险制度

1999年,国务院发布《失业保险条例》,建立了比较完善的失业保险制度。将城镇企业、事业单位职工纳入失业保险范围。

4. 工伤保险制度

它是指劳动者在生产经营或在某些规定情况下,遭遇意外事故,造成伤残、职业病、死亡等伤害,为劳动者提供医疗救治和康复服务,保证劳动者及其家属生活的社会保障制度。2003年,国务院发布《工伤保险条例》,规定所有企业及其职工都要参加工伤保险制度,由用人单位交纳工伤保险费,工伤保险实行社会统筹,设立工伤保险基金,对工伤职工提供经济补偿和实行社会化管理服务。该条例对工伤的范围及其认定、劳动鉴定和工伤评残、工伤保险待遇、工伤保险基金的管理和使用等问题都作了具体规定。

5. 生育保险制度

生育保险是通过国家立法,在职业女性因生育子女而暂时中断劳动时由国家和社会及时给予生活保障和物质帮助的一项社会保险制度。其宗旨在于通过向职业女性提供生育津贴、医疗服务和产假,帮助她们恢复劳动能力,重返工作岗位。1994年,原劳动部颁发的《企业职工生育保险试行办法》和2012年国务院发布的《女职工劳动保护特别规定》作了规定。

6. 社会救助制度

2014年,国务院制定《社会救助暂行办法》,设立了最低生活保障、特困人员供养、受灾人员救助、医疗救助、教育救助、住房救助、就业救助、临时救助等。还规定了社会力量参与、监督管理和法律责任制度等。

7. 其他社会救济

主要包括以下三方面：

(1) 社会福利。它是指国家和社会组织通过建立文化、教育、卫生等设施,免费或优惠提供服务,以及实物发放、货币补贴等形式,向特定人群提供帮助,以保障和改善其物质文化生活的制度。社会福利包括的内容十分广泛,涉及生活、教育、医疗、交通、文娱、体育等多方面待遇。其目的在于提高广大社会成员的物质和精神生活水平,使之得到更多的享受。国家为保障特殊困难群体,颁布了《中华人民共和国老年人权益保障法》《残疾人保障法》《农村五保供养工作条例》等法律法规,保障和促进了我国社会福利事业的发展。

(2) 优抚安置。优抚安置是指国家对从事特殊工作者及其家属,如军人及其亲属予以优待、抚恤、安置的一项社会保障制度。优抚安置是中国社会保障制度的组成部分,《宪法》第45条规定,"国家和社会保障残废军人的生活,抚恤烈士家属,优待军人家属"。保障优抚安置对象的生活是国家和社会的责任。优抚安置制度的建立,对于维持社会稳定,保卫国家安全,促进国防和军队现代化建设,推动经济发展和社会进步具有重要的意义。

根据国务院1988年颁布并经2004年修订的《军人抚恤优待条例》,优抚安置的对象主要是烈军属、复员退伍军人、残疾军人及其家属;优抚安置的内容主要包括提供抚恤金、优待金、补助金,举办军人疗养院、光荣院,安置复员退伍军人等。优抚安置具有补偿和褒扬性质,优抚安置的待遇高于一般的社会保障标准。

(3) 社会互助。社会互助是指在政府鼓励和支持下,社会团体或社会成员自愿组织和参与的扶弱济困活动,其目的是帮助那些不属于政府政策支持范围之内、但仍需外界提供资金或服务的困难居民。社会互助主要形式有:工会、妇联等团体组织的群众性互助互济;民间公益事业团体组织的慈善救助;城乡居民自发组成的各种形式的互助组织等。社会互助的资金来源主要是社会捐赠和成员自愿交费,政府从税收方面给予支持。目前,我国制定了《中华人民共和国公益事业捐赠法》,对社会捐赠活动的经常化、制度化进行了立法规范和鼓励。

(六) 社会治理制度

社会治理制度是为维护人民群众权益、促进社会公平正义、保持社会良好秩序而制定的各种规则、原则和方针政策的总和。其基本任务包括协商社会关系、规范社会行为、解决社会问题、化解社会矛盾、促进社会公正、应对社会风险、保持社会稳定。[1]社会治理是国家治理的重要方面。坚持完善这一制度是为了保持社会稳定、维护国家安全。要加强和创新社会治理,完善党委领导、政府负责、民主协商、社会协同、公众参与、法治保障、科技支撑的社会治理体系,建设人人有责、人人尽责、人人享有的社会治理共同体,确保人民安居乐业、社会安定有序,建设更高水平的平安中国。宪法作了相应规定。

1. 规定了国家承担社会治理的任务及其目的

《宪法》序言规定,国家的根本任务是,沿着中国特色社会主义道路,集中力量进行社会主义现代化建设。坚持改革开放,不断完善社会主义的各项制度。据此,"完善社会治理"是我国宪法规定的国家任务之一。

2. 规定了各类主体共同参与社会治理的体制和机制

(1) 中国共产党在社会治理中发挥领导的作用,党起着总揽全局、协调各方的作用。《宪法》序言和第1条都规定了坚持中国共产党的领导,这是社会治理取得成效的根本政治和组织保障。(2)《宪法》第27条规定了责任制原则,要求国家机关在社会治理中各负其责、齐抓共管。(3) 宪法规定了国家机关的各自职权职责。人大及其常委会主要通过行使立法权、重大问题决定权、人事权、监督权等方式来行使社会治理权。政府及其工作部门主要通过实施法律法规和规章等方式来实施社会治理职责。法院检察院通过行使审判权、法律监督权来实施社会治理权。

3. 规定了国家维护社会安全和国家安全的职责

《宪法》第28条规定,国家维护社会秩序,镇压叛国和其他危害国家安全的犯罪活动,制裁危害社会治安、破坏社会主义经济和其他犯罪的活动,惩办和改造犯罪分子。第29条规定,国家的武装力量属于人民。它的任务是巩固国防,

---

[1] 参见《宪法学》编写组编:《宪法学》,高等教育出版社、人民出版社2011年版,第188页。

抵抗侵略,保卫祖国,保卫人民的和平劳动,参加国家建设事业,努力为人民服务。据此,相关国家机关通过行使权力,确保国家和人民的安全,依法防范和惩治违法犯罪活动,保障人民生命财产安全。为此,需要做好以下工作:(1)完善社会治安防控体系。坚持专群结合、群防群治,提高社会治安立体化、法治化、专业化、智能化水平,形成问题联治、工作联动、平安联创的工作机制,提高预测、预警、预防各类风险能力,增强社会治安防控的整体性、协同性、精准性。(2)健全公共安全体制机制。完善和落实安全生产责任和管理制度,建立公共安全隐患排查和安全预防控制体系。构建统一指挥、专常兼备、反应灵敏、上下联动的应急管理体制,优化国家应急管理能力体系建设,提高防灾减灾救灾能力。加强和改进食品药品安全监管制度,保障人民身体健康和生命安全。(3)完善国家安全体系。坚持总体国家安全观,统筹发展和安全,坚持人民安全、政治安全、国家利益至上有机统一。以人民安全为宗旨,以政治安全为根本,以经济安全为基础,以军事、科技、文化、社会安全为保障,健全国家安全体系,增强国家安全能力。完善集中统一、高效权威的国家安全领导体制,健全国家安全法律制度体系。加强国家安全人民防线建设,增强全民国家安全意识,建立健全国家安全风险研判、防控协同、防范化解机制。提高防范抵御国家安全风险能力,高度警惕、坚决防范和严厉打击敌对势力渗透、破坏、颠覆、分裂活动。

4. 确立了正确处理新形势下人民内部矛盾解决的有效机制和维护群众权益机制

《宪法》第41条规定,公民对于任何国家机关和国家工作人员,有提出批评和建议的权利;对于任何国家机关和国家工作人员的违法失职行为,有向有关国家机关提出申诉、控告或者检举的权利,但是不得捏造或者歪曲事实进行诬告陷害。对于公民的申诉、控告或者检举,有关国家机关必须查清事实,负责处理。任何人不得压制和打击报复。由于国家机关和国家工作人员侵犯公民权利而受到损失的人,有依照法律规定取得赔偿的权利。据此规定,要坚持和发展新时代"枫桥经验",畅通和规范群众诉求表达、利益协调、权益保障通道,完善信访制度,完善人民调解、行政调解、司法调解联动工作体系,健全社会心理服务体系和危机干预机制,完善社会矛盾纠纷多元预防调处化解综合机制,努力将矛盾化解在基层。

5. 确立了特殊人群的管理服务制度

《宪法》第32条规定,国家保护在中国境内的外国人的合法权利和利益,在中国境内的外国人必须遵守中国的法律。中国对于因为政治原因要求避难的外国人,可以给予受庇护的权利。第48条规定,妇女在政治的、经济的、文化的、社会的和家庭的生活等各方面享有同男子平等的权利。国家保护妇女的权利和利益,实行男女同工同酬,培养和选拔妇女干部。第49条规定,婚姻、家庭、母亲和儿童受国家的保护。禁止破坏婚姻自由,禁止虐待老人、妇女和儿童。第50条规定,国家保护华侨的正当的权利和利益,保护归侨和侨眷的合法的权利和利益。《宪法》第27条规定国家机关要坚持为人民服务的原则,因此保障和服务特殊人群,是宪法施加的重要责任。

宪法规定,国家维护社会秩序,镇压叛国和其他危害国家安全的犯罪活动,制裁危害社会治安、破坏社会主义经济和其他犯罪的活动,惩办和改造犯罪分子。《国家安全法》确立了总体国家安全观。《反间谍法》《网络安全法》《生物安全法》等确立了不同方案的安全制度。《中华人民共和国社区矫正法》(以下简称《社区矫正法》)规定,为了推进和规范社区矫正工作,保障刑事判决、刑事裁定和暂予监外执行决定的正确执行,提高教育矫正质量,促进社区矫正对象顺利融入社会,预防和减少犯罪,根据宪法,制定本法。对被判处管制、宣告缓刑、假释和暂予监外执行的罪犯,依法实行社区矫正。对社区矫正对象的监督管理、教育帮扶等活动,适用本法。社区矫正工作坚持监督管理与教育帮扶相结合,专门机关与社会力量相结合,采取分类管理、个别化矫正,有针对性地消除社区矫正对象可能重新犯罪的因素,帮助其成为守法公民。

6. 构建基层社会治理新格局

宪法保障人民、社会组织享有参与社会治理的权利。《宪法》第2条规定,人民依照法律规定,通过各种途径和形式,管理国家事务,管理经济和文化事业,管理社会事务。据此,人民有广泛的社会治理参与权。(1)社会组织、社会团体等要遵守宪法。(2)企业、社会组织参与相关社会管理。《宪法》第16条、第17条规定了国有经济组织和集体经济组织实行民主管理,国家鼓励集体经济组织、国有企业事业组织和其他社会力量依照法律规定举办各种教育事业,各种医疗卫生设施,开展群众性的卫生活动,保护人民健康。据此,社会组织可以积极参与开展医疗卫生事业,这是社会制度的重要领域。(3)群众自治组织参与治理。《宪法》第111条规定,"居民委员会、村民委员会设人民调解、治安保卫、公共卫生等委员会,办理本居住地区的公共事务和公益事业,调解民间纠纷,协助维护社会治安,并且向人民政府反映群众的意见、要求和提出建议。"据此,群众自治组织是群众参与社会治理的重要平台。(4)《宪法》第36条规定,"任何国家机关、社会团体和个人不得强制公民信仰宗教或者不信仰宗教,不得歧视信仰宗教的公民和不信仰宗教的公民。宗教团体和宗教事务不受外国势力的支配。"据此,社会团体和宗教团体受到宗教领域的管理。(5)任何组织或者个人不得以任何理由侵犯公民的通信自由和通信秘密。(6)退休人员的生活受到国家和社会的保障。公民在年老、疾病或者丧失劳动能力的情况下,有从国家和社会获得物质帮助的权利。国家和社会保障残废军人的生活,抚恤烈士家属,优待军人家属。国家和社会帮助安排盲、聋、哑和其他有残疾的公民的劳动、生活和教育。这里的"社会"包含社会团体和社会组织,在社会保障领域承担重要的职责。

在新时代,必须完善群众参与基层社会治理的制度化渠道。健全党组织领导的自治、法治、德治相结合的城乡基层治理体系,健全社区管理和服务机制,推行网格化管理和服务,发挥群团组织、社会组织作用,发挥行业协会商会自律功能,实现政府治理和社会调节、居民自治良性互动,夯实基层社会治理基础。加快推进市域社会治理现代化。推动社会治理和服务重心向基层下移,把更多资源下沉到基层,更好提供精准化、精细化服务。注重发挥家庭、家教、家风在基层社会治理中的重要作用。加强边疆治理,推进兴边富民。

## 第五节 生态文明政策和制度

### 一、生态文明制度的含义

它是指为了保护和改善生活环境和自然环境,改善人与自然关系,促使人与自然、人与人、人与社会形成和谐共生、良性循环、全面发展、持续繁荣而制定或者形成的各种规则、原则、方针和政策的总和。建设生态文明,是关系人民福祉、关乎民族未来的长远大计。面对资源约束趋紧、环境污染严重、生态系统退化的严峻形势,必须树立尊重自然、顺应自然、保护自然的生态文明理念,把生态文明建设放在突出地位,融入经济建设、政治建设、文化建设、社会建设各方面和全过程。

### 二、生态文明建设的内容

我国宪法规定的诸多内容涉及生态文明建设。

(1) 将生态文明作为国家的重要任务和现代化强国的重要指标。2018年第五次修宪时,在序言规定:"推动物质文明、政治文明、精神文明、社会文明、生态文明协调发展,把我国建设成为富强、民主、文明、和谐、美丽的社会主义现代化强国,实现中华民族伟大复兴。"将"生态文明""美丽的社会主义现代化强国"作为我国现代化建设的重要目标和任务。

(2) 保护和改善生态环境的总政策。《宪法》第26条规定:"国家保护和改善生活环境和生态环境,防治污染和其他公害。国家组织和鼓励植树造林,保护林木。"这是直接规定保护生态环境的条文。还有一些更具体的规定保障自然资源、保护动植物。第9条规定,国家保障自然资源的合理利用,保护珍贵的动物和植物。禁止任何组织或者个人用任何手段侵占或者破坏自然资源。第10条规定,一切使用土地的组织和个人必须合理地利用土地。合理利用是从经济属性方面考虑,而保护动植物是从生态属性方面考虑的。二者之间要协调一致起来,才能实现经济、社会和环境保护的可持续发展。

上述规定给国家机关施加了多方面法律责任。第一,加快完善保障生态文明建设的法律制度。《中华人民共和国环境保护法》规定,为了保护和改善环境,减少污染物排放,推进生态文明建设,制定本法。《中华人民共和国循环经济促进法》规定,为了促进循环经济发展,提高资源利用效率,保护和改善环境,实现可持续发展,制定本法。2020年修正的《中华人民共和国固体废物污染防治法》规定,为了保护和改善生态环境,防治固体废物污染环境,保障公众健康,维护生态安全,推进生态文明建设,促进经济社会可持续发展,制定本法。第二,宪法要求国家采取各种措施,妥善处理生态文明与权利保护之间的平衡关系。生态文明建设对国家权力的行使和公民个人权利的享有构成相应的限制。如国家不能过度开发使用自然资源,限制过度开发利用自然资源,特别是限制一些地方不顾环境进行毁灭性利用的行为。国家要对保护自然资源和保护公民权利进行协调和平衡:要处理好生态保护与资源开发利用、财产权保护的关系;处理好环境刑法与人权保障的关系。第三,要求国家机关设定良好的制度,推动民众广泛参与环境保护、促进生态文明建设的开展。要求创新司法制度,充分发挥司法在维护环境、推动生态文明建设中的积极作用,如降低原告资格、承认公益诉讼等。第四,生态文明建设对国家机关设置及其调整也要有相应的要求;宪法设立国家机关,并配置相应的权力,课予国家机关行使权力,予以保障和建设生态文明;课予立法者对生态管理行政权力的配置要相对完整;做好行政权的相对集中行使和协调冲突问题;设立专门性法定协调机构,增强管理权和执法权之间的协调。

党中央、国务院基于宪法精神及时出台相关政策予以落实。2015年,中共中央、国务院发布《关于加快推进生态文明建设的意见》,提出健全生态文明制度体系的任务,具体要求包括:健全法律法规、完善标准体系、健全自然资源资产产权制度和用途管制制度、完善生态环境监管制度、严守资源环境生态红线、完善经济政策、推行市场化机制、健全生态保护补偿机制、健全政绩考核制度、完善责任追究制度。

党的十九届四中全会提出"坚持和完善生态文明制度体系,促进人与自然和谐共生"的任务:生态文明建设是关系中华民族永续发展的千年大计。必须践行"绿水青山就是金山银山"的理念,坚持节约资源和保护环境的基本国策,坚持节约优先、保护优先、自然恢复为主的方针,坚定走生产发展、生活富裕、生态良好的文明发展道路,建设美丽中国。具体制度包括:实行最严格的生态环境保护制度、全面建立资源高效利用制度、健全生态保护和修复制度、严明生态环境保护责任制度。

(3) 提高劳动者技术水平,提高劳动生产率。《宪法》第14条规定,"国家通过提高劳动者的积极性和技术水平,推广先进的科学技术,完善经济管理体制和企业经营管理制度,实行各种形式的社会主义责任制,改进劳动组织,以不断提高劳动生产率和经济效益,发展社会生产力。"这个规定为通过发展科技,提升环境保护和生态建设的水平提供了政策依据。"国家厉行节约,反对浪费。国家合理安排积累和消费,兼顾国家、集体和个人的利益,在发展生产的基础上,逐步改善人民的物质生活和文化生活。"

(4) 发展教育、科学、文化的政策,为保护环境和合理利用生态资源提供科学条件。《宪法》第19条规定,"国家发展社会主义的教育事业,提高全国人民的科学文化水平。""国家发展各种教育设施,扫除文盲,对工人、农民、国家工作人员和其他劳动者进行政治、文化、科学、技术、业务的教育,鼓励自学成才。"个人文化知识水平的提高不仅可以增强环境保护和生态建设的理念,而且可以直接转化为环境保护和开展生态文明建设的生产力。

《宪法》第20条规定:"国家发展自然科学和社会科学事业,普及科学和技术知识,奖励科学研究成果和技术发明创造。"自然科学和社会科学的发展对于科学推进生态文明建设工作是非常重要的。第 22 条规定:"国家发展为人民服务、为社会主义服务的文学艺术事业、新闻广播电视事业、出版发行事业、图书馆博物馆文化馆和其他文化事业,开展群众性的文化活动。国家保护名胜古迹、珍贵文物和其他重要历史文化遗产。"这一规定为生态文化建设的发展提供政策条件。

(5) 国家发展人才政策,为生态建设培养人才。《宪法》第 23 条规定:"国家培养为社会主义服务的各种专业人才,扩大知识分子的队伍,创造条件,充分发挥他们在社会主义现代化建设中的作用。"知识分子队伍是推动生态文明工作科学发展的人力资源。

(6) 计划生育政策为环境保护工作提供良好条件。《宪法》第 25 条规定:"国家推行计划生育,使人口的增长同经济和社会发展计划相适应。"该条虽然没有提到生态文明建设,但它是生态文明建设必须要处理的问题。中华人民共和国成立之初就是从人口压力提出对某些自然资源的保护的。2015 年 10 月,党的十八届五中全会公报指出:促进人口均衡发展,坚持计划生育的基本国策,完善人口发展战略,全面实施一对夫妇可生育两个孩子政策,积极开展应对人口老龄化行动。

(7) 宪法权利对生态文明建设提供的支持。第一,默示性环境权。我国宪法没有规定公民享有环境权,但是《宪法》第 33 条规定"国家尊重和保障人权"原则。环境权作为一种人权理应受到保障。把第 33 条的原则与第 26 条关于保护环境的规定结合起来,可以推导出公民享有环境的权利。另外,如果把宪法第 38 条人格尊严扩大解释为人性尊严,那么保障公民享有基本尊严所需要的环境权也应当是宪法的宗旨。这一点也受到德国的启发。在德国,环境权被视为一种新的社会权,认为人民应该充分享有健康、无污染的环境的权利。环境权乃是一"综合权",其所涉及的是限制污染来源者之财产权、企业权等,与重新对人类尊严的诠释。[1]

第二,有利于生态文明建设的其他宪法权利。以环境保护为核心的生态文明可作为实现人权保障的方法,如基于宪法保障言论自由的意旨,人民可以发表与环境保护有关的意见;基于宪法保障结社自由的意旨,人民可以组成环保团体,从事环保活动;基于宪法保障集会游行示威自由的精神,在发生环境污染事

---

[1] 参见陈新民:《宪法导论》,新学林出版股份有限公司 2008 年版,第 109 页。

件时,公民有权以这些形式表达意见或提出诉求;基于宪法保障财产权与工作权的旨趣,人民可以经营废弃物清理的事业等。

第三,宪法保障人民参与维护环保的活动,支持公益诉讼等。《宪法》第2条规定,人民依照法律规定,通过各种途径和形式,管理国家事务,管理经济和文化事业,管理社会事务。据此,民众参与生态事务建设是其内在的要求。第27条规定,一切国家机关和国家工作人员必须依靠人民的支持,经常保持同人民的密切联系,倾听人民的意见和建议,接受人民的监督,努力为人民服务。据此,国家机关要采取有效措施,保障人民参与,听取人民意见。第41条规定:公民对于任何国家机关和国家工作人员,有提出批评和建议的权利;对于任何国家机关和国家工作人员的违法失职行为,有向有关国家机关提出申诉、控告或者检举的权利,但是不得捏造或者歪曲事实进行诬告陷害。对于公民的申诉、控告或者检举,有关国家机关必须查清事实,负责处理。任何人不得压制和打击报复。由于国家机关和国家工作人员侵犯公民权利而受到损失的人,有依照法律规定取得赔偿的权利。公民可以据此对国家机关及其工作人员在生态环境方面的违法或者不当行为予以投诉,要求进行处理。公益诉讼也应该据此推导出来。2017年,全国人大常委会对《民事诉讼法》作出修改:第55条增加第2款:"人民检察院在履行职责中发现破坏生态环境和资源保护、食品药品安全领域侵害众多消费者合法权益等损害社会公共利益的行为,在没有前款规定的机关和组织或者前款规定的机关和组织不提起诉讼的情况下,可以向人民法院提起诉讼。前款规定的机关或者组织提起诉讼的,人民检察院可以支持起诉。"对《行政诉讼法》作出修改,第25条增加第4款:"人民检察院在履行职责中发现生态环境和资源保护、食品药品安全、国有财产保护、国有土地使用权出让等领域负有监督管理职责的行政机关违法行使职权或者不作为,致使国家利益或者社会公共利益受到侵害的,应当向行政机关提出检察建议,督促其依法履行职责。行政机关不依法履行职责的,人民检察院依法向人民法院提起诉讼。"这正是宪法精神的体现。

(8)宪法为国家机关开展生态文明建设确立了若干必须遵循的原则,如法治原则、人权保障原则等。《宪法》第5条确立了法治原则、第33条确立了人权保障基本原则,国家机关必须根据法治原则行使权力。此外,《宪法》第27条还规定了为人民服务、精简效率原则和责任制原则。《宪法》第89条将"领导和管理经济工作和城乡建设、生态文明建设"作为国务院的重要职责。

（9）宪法为生态文明建设提供了处理国际关系的基本原则。序言规定："中国革命、建设、改革的成就是同世界人民的支持分不开的。中国的前途是同世界的前途紧密地联系在一起的。中国坚持独立自主的对外政策，坚持互相尊重主权和领土完整、互不侵犯、互不干涉内政、平等互利、和平共处的五项原则，坚持互利共赢开放战略，发展同各国的外交关系和经济、文化交流，推动构建人类命运共同体；坚持反对帝国主义、霸权主义、殖民主义，加强同世界各国人民的团结，支持被压迫民族和发展中国家争取和维护民族独立、发展民族经济的正义斗争，为维护世界和平和促进人类进步事业而努力。"其中，"推动构建人类命运共同体"是2018年修宪时新增加的内容。这一原则同样适用于处理生态文明建设问题，需要我国加强与其他国家和地区的合作。

# 第五章 宪法运行

宪法运行是展现宪法生命力与权威的过程,是将宪法转化为宪治的过程,是全面推进依法治国的核心内容。宪法制定是宪法运行的第一步,制定一部良好的、科学的以及能反映现实生活的宪法是宪法得以有效运行的前提。宪法一旦制定就需要保持相对稳定,但社会生活总是千变万化,真正有效运行的宪法必须适应现实社会生活的变化,宪法修改与解释就是宪法变迁的两种方式。宪法实施是具体落实宪法规范内容的过程,是将静态宪法转化为动态宪法的过程。宪法实施的路径包括宪法遵守与宪法适用。宪法实施不是一个自然形成的过程,需要行之有效的监督宪法实施体制。监督宪法实施的核心问题为违宪审查体制的设立与运行。唯有当违宪现象与行为能得以及时、有效地制裁时,宪法才具有生命力与权威。

## 第一节 宪法制定

制宪权是制宪主体依照一定原则和程序创造宪法的权力。一方面,制宪权是一种事实上创造宪法的力量,是一种本源性的权力,而宪法制定也是一种本源性的行为。另一方面,制宪权具有将宪法加以合法与正当的权威力量。宪法之所以具有最高法律效力,并且成为其他立法的依据以及人们的最高行为准则,根本上在于它是由享有制宪权的主体行使制宪权的成果。

最早系统性提出制宪权理论的学者是法国大革命时期的西耶斯,在其政论性小册子《论特权第三等级是什么?》中建立了自由主义制宪权概念与理论。他指出:"在所有自由国家中——所有的国家均应当自由。结束有关宪法的种种分歧的方法只有一种,那就是要求助于国民自己,而不是求助于那些显贵。如果我们没有宪法,那就有必须制定一部,唯有国民拥有制宪权。"[①]通过制宪权的行使反映主权者的根本意志,同时建立以宪法为基础的权力制约机制,决定着国家具

---

① 〔法〕西耶斯:《论特权第三等级是什么?》,冯棠译,商务印书馆1990年版,第56页。

体权力活动的方式与界限。

制宪权、修宪权与立法权属于不同层次的权力形态。制宪权属于最高的、本源性的权力,修宪权则是依据制宪权而产生的一种权力,可以理解为制度化制宪权。[①] 它是在有宪法这一前提下,通过宪法规定的修宪主体、程序,以确保宪法运行中适应现实,保障宪法实施的必要手段。通过修宪发展宪法,是近代宪法的共同规律。即使一国国民试图通过投票决定宪法修改的权力,也源于制宪权归属于国民。立法权是由宪法加以规定,并由法定有权的立法机关制定、修改和废止法律的权力。有关立法权的主体、权限皆由宪法明文授权。立法权行使从属于制宪权并不得与制宪的目的与原则相违背。

谁有权制定宪法?这是宪法制定前得先确认的问题,也是宪法制定的先决条件。首先,制宪权不可能通过宪法来规定,而是先于宪法,源于宪法之外的因素。其次,制宪权事实上取决于宪法产生的客观基础与条件,近代宪法是在具备相应的经济、政治与文化等条件下诞生的。最后,根据近代宪法的精神,宪法内容须遵循主权在民的原则,制定宪法的权力也应归属于全体国民。国民拥有制宪权,是基于宪治理念,而不是也不可能以任何法律为依据。国民拥有制宪权是源于社会、经济、政治发展过程的自身规律以及在历史正当性中获得权力归属的合法性。制宪权归属全体国民,符合契约论的学说,是为当时的革命提供了理论依据,因而其更多的是多假设而少论证。[②] 可以说,制宪权归属全体国民只是赋予了宪法正当性的理由,只是宪法具有合法性的宣告,没有具体可操作性。

现代各国宪法普遍确认主权在民,都视国民为制宪权主体。宪法从属于国民,国民意志也永远是最高法律,只有国民才有权改变宪法。但是,享有制宪权的主体并不意味着其具体、直接行使制宪权。国民作为制宪权主体,只是表明制宪权的来源与权力的享有主体,事实上,全体国民不可能都直接参与制宪过程,实际行使制宪权的往往是经由选举产生的代表所组成的制宪机构。从本质上说,在政权没有出现更替的情形下,一个国家的制宪权实质上只是行使一次,此后剩下的应是宪法修改行为,尽管修改可能是局部的,也可能是全面性的。

为了实现制宪权,各国一般根据制宪的需要以及实际的情况,成立各种形式的制宪机关,如制宪会议、国民会议、立宪会议等。制宪机关的成员一般通过选

---

[①] 参见徐秀义、韩大元主编:《现代宪法学基本原理》,中国人民公安大学出版社 1999 年版,第 33 页。

[②] 参见王世杰、钱端升:《比较宪法》,中国政法大学出版社 1997 年版,第 328 页。

举产生,根据民意行使制宪权。制宪会议不同于一般的国会或民意机关,可不受旧宪法的约束,具有政治会议的性质。而且一旦宪法制定通过,制宪会议的历史使命完成,即行解散。

中华人民共和国成立后制定的第一部宪法是1954年宪法,1954年之前,中国人民政治协商会议制定并通过的《共同纲领》起了临时宪法的作用。在此期间,中国人民政治协商会议临时行使宪法制定的职权。1953年,中央人民政府委员会举行会议,一致通过制定宪法的决议,并决定成立以毛泽东为主席的宪法起草委员会。由宪法起草委员会通过的宪法草案在全国范围内广泛征求意见。1954年9月20日,第一届全国人大第一次会议表决通过并公告《中华人民共和国宪法》。全国人民代表大会建立于选举基础之上,具有广泛代表民意的合法性与正当性。虽然第一次全国人大第一次会议没有以制宪会议命名,但无论从宪法理论还是实践,此次会议事实上履行了制定中华人民共和国第一部宪法的具体职权,它是中华人民共和国宪法的制宪机关。

## 第二节 宪法修改

**一、宪法修改概述**

宪法的修改是指成文宪法制定后,在实施过程中,有宪法修改权的国家机关依宪法规定的程序对宪法条款进行变更或废止的行为。在宪法运行中,宪法既要求稳定性,这直接关系到宪法的权威以及稳定而良好的民主和法治秩序;又要求灵活性,以协调和适应现实社会,从而保证宪法调整社会秩序的功能。世界上绝大多数宪法规定宪法可以修改并规定修宪的主体及程序性要求。即使美国宪法仍是1787年通过的宪法,但它也借助宪法修改来推动宪法的发展。

社会现实的发展变化是宪法修改最基本和最主要的原因,而现代宪法也要求宪法以积极的态度回应社会现实的合理要求,以真实体现宪法的价值。依马克思主义的宪法学理论,宪法属于上层建筑,它必然以一定的社会为基础,受经济基础的制约,当经济基础变化时,作为上层建筑内容的宪法必然随之变化。而且,当新的经济、政治内容产生时,也需要通过宪法修改的方式来确认和巩固,从而保障经济、政治的进一步发展。同时,宪法之所以需要修改,也是基于特定时期人们的认识能力的限制。任何宪法的制定总是受制于其所处的时代,制宪者也必然受制于经验的不足及视野的局限。应该说,人的认识能力的局限性是必然的,虽然可以有部分的智者能做到超越特定时期的局限,将眼光放于远处,但其总是无法预见更远,而且当时能预见的也未必在未来就是准确的。"人们在预见一个新体制所产生的某种后果及状况方面的无能为力,实际上是一种认识的局限,即使是最有天赋、最为聪明的人也无从避免这种局限性。"①

### 二、宪法修改方式与限制

宪法修改采用何种方式?世界各国各不相同,主要包括全面修宪和局部修宪两种方式。全面修宪是指在原有宪法基础上全面更新,其与宪法制定的差别在于全面修宪并不修改宪法的根本精神与基本原则,也不改变原有的社会制度。全面修改往往是在一国发生重大社会变革,治国的路线和政策有了重大改变的情形下才采用。全面修改方式务必谨慎采用,因为这是对宪法稳定性的最大威胁。宪法价值的实现须有赖于宪法的稳定实施,确保宪法的权威也务必让宪法保持足够的稳定。全面修改的社会成本很高,因而宪法发展过程应尽量避免采用全面修宪的方式。我国 1982 年修宪是对 1978 年宪法的全面修改,而之前亦有 1975 年和 1954 年两部宪法。与其他国家相比较,从 1954 年宪法制定起,在不到 30 年的时间内进行了三次全面修宪,确实过于频繁。这与当时中国特定的社会、政治条件直接有关。宪法的稳定还需稳定的社会、经济与政治条件作保障。局部修宪是对宪法的部分条款进行修改,往往采用废除、变更、增补等形式。当今世界很多国家采用宪法修正案的形式进行部分修改。即在不改变宪法原文的情况下,将依照特定程序通过的修正内容按先后顺序分条款附于原文之后而成为宪法的组成部分。我国现行宪法自 1982 年生效起,迄今已有五次修正,共计 52 条宪法修正条款。

宪法修改涉及社会和国家的根本性内容,因此对此修改进行限制是必要的,许多国家宪法都会对宪法修改加以限制。一是关于修改内容的限制。如宪法的基本原则不得修改,《德意志联邦共和国基本法》第 79 条第 3 款就规定宪法的基本原则不得修改,同时还规定联邦制的国家原则不得修改。还有规定国家政体不得修改,如《意大利共和国宪法》第 139 条规定共和政体不得成为宪法修改的

---

① 〔美〕E.博登海默:《法理学:法律哲学及法律方法》,邓正来译,中国政法大学出版社 1999 年版,第 521 页。

对象。法国现行宪法第 89 条也作了类似的规定。还有规定国家主权与领土完整问题不得进行修改。还有规定宪法所列举的基本权利不得修改。二是关于修改时间的限制。为了防止宪法修改过于频繁,有些国家的宪法规定在宪法生效后的一定时期内不得进行修改。如美国宪法就规定宪法中几种特殊条款得 1808 年后才能修改。还有如法国 1791 年宪法曾规定在宪法通过后第一届议会及第二届议会的任期内,此宪法的任何内容都不得由议会提议进行修改。还有的国家的宪法规定每隔若干年就必须修改一次,如葡萄牙共和国宪法规定每 10 年修改一次。

**三、我国宪法修改实践**

中华人民共和国第一部宪法为 1954 年宪法,此后相继进行了三次全面修改,即有 1975 年、1978 年和 1982 年宪法。现行宪法为 1982 年宪法,相继进行了五次局部性修改,分别为 1988 年、1993 年、1999 年、2004 年、2018 年修正,共计有 52 条修正案。

(一)程序

1. 宪法修改议案的提出

《宪法》第 64 条规定:"宪法的修改,由全国人民代表大会常务委员会或者五分之一以上的全国人民代表大会代表提议"。据此,有权提出宪法修改议案的法定主体有两类,一是全国人大常委会,二是 1/5 以上的全国人大代表联名提出宪法修改议案。

2. 宪法修正案的审议与通过

宪法的修改,由全国人大以全体代表的 2/3 以上多数通过。这意味着我国宪法修改由全国人大审议并表决通过。但是,我国宪法并未就修正案通过之后的生效时间以及公布程序作出规定。从修改实践看,修正案通过后由全国人大主席团公告公布,并且从公告之日起生效。

(二)宪法修改实践效果及评价

现行宪法实施后的五次修改,都采用局部修改的方式,相比于之前以全面修改为主要方式的修宪实践具有进步意义。采用局部修改的方式,既能保障宪法的稳定性,又能确保宪法与现实的适应性,特别是我国处于社会转型时期,诸多新问题都可以通过修改宪法得到及时体现。由于 1975 年与 1978 年宪法对经济制度规定得过于具体,缺乏原则性与灵活性,与之相比,1982 年宪法虽然有了较大的改变，但整体上涉及经济制度的规定还是过于具体。随着改革开放和经济体制改革的深入，宪法所规定的经济制度明显已不适应现实的情况，通过宪法修改，既确保了改革成果，也为进一步改革获得宪法上的依据。

宪法修改有其必然性，也有其价值，但如果频繁修改，必然会影响宪法的权威性。现行宪法从1982年到2018年在短短的36年不到的时间内，进行了五次修改，有52条修正案，修改频率过高。导致如此频繁修宪有一定的客观原因，如改革开放政策使得中国社会发生了翻天覆地的变化，经济体制性质上有了根本的变化，这必然会导致宪法的修改。另外，我国的宪法解释机制未能有效发挥功能。宪法修改与宪法解释是推动宪法发展的两条道路。两者之间，宪法解释理应是常态化的，是使宪法适应现实变迁的首选，而宪法修改是宪法解释不能为时即的选择，即宪法解释的极限才是宪法修改的开始。宪法解释机制的不畅是宪法修改频繁的客观原因。频繁修宪也有主观原因。

另外，五次修宪实践有一个共同点且无宪法明文规定。即全国人大常委会提出宪法修正议案前，都经历过中共中央修宪建议这一环节。中共中央向全国人大常委会提出修宪建议，全国人大常委会将修宪建议转变为议案向全国人大提出修宪议案，最终由全国人大表决通过。中共中央提出修宪建议本身不是问题，问题是此修宪建议经由中共中央提出，由于建议都是具体详细的内容，决定了全国人大常委会宪法修正议案的内容。根据党的政策内容进行修宪成为我国宪法修正的基本模式，体现出明显的"政策性修宪"特点。这一修宪模式有一定的优点，可让宪法及时地适应社会的发展。但其也有局限性。首先，政策性修宪与宪法价值目标之间的差异，导致政策确立与制度完善之间的背离。宪法规定的是国家的根本制度和任务，而政策往往是国家阶段性的目标与任务，宪法修改的目的在于通过制度的完善来充分实现公民权利要求，而政策性修宪往往用阶段性目标取代长远目标与根本目标，从而导致背离宪法基本价值目标的实现。其次，政策性修宪对政策主导性地位的默认，导致修宪往往只是政策的体现，一旦政策变化，宪法就要随之变化，宪法成了政策的附庸。再次，政策性修宪影响宪法的权威性和稳定性。当政策变化时，如果进行相应的宪法修改，宪法的稳定性被破坏，如果不进行修改，则导致大量违宪事实的存在及合理化，这是对宪法权威的极大破坏。[①] 这一政策性修宪的后果直接反映在我国修宪内容上，1999

---

① 参见殷啸虎主编：《宪法学教程》，上海人民出版社、北京大学出版社2005年版，第100页。

年修宪的 6 条内容中有 3 条是对 1988 年和 1993 年修正案的再修正,而仅现行《宪法》的序言第七自然段就修改多次且每次有多处修改,如此修改的原因就在于这些年我国政策上变动频繁,进行了多次调整,因而宪法也随之修正。因此,我们应该在明确修宪的根本目的在于完善民主宪治制度这一基础上,改变以往过分依赖政策而修宪的现状,建立科学、合理的修宪机制,使宪法内容更加完善。

## 第三节 宪法解释

宪法解释是解决宪法规范与社会现实之间冲突的最基本、最经常的手段。

### 一、概念

关于宪法解释的概念,学术界争论不一。我们认为,宪法解释是指在宪法实施过程中,由有权机关就宪法规范,依据立宪原则和精神阐明其含义,并具法律效力的权力行为。理解宪法解释行为,需要把握这么几点:第一,它是基于宪法实施的需要,以实施为目的,而不是纯为说明而说明,那种抽象的、不以实施为目的的宪法解说或解读不是真正的宪法解释。第二,它是对成文宪法的解释,即对宪法文本的解释。在不成文宪法国家,宪法体现于法律之中,对宪法性法律的解释从本质言是法律解释而非宪法解释。第三,它是有权解释,即由有权的国家机关依职权进行解释,解释具有宪法上的法律效力。

### 二、功能

(一)客观认识宪法,保障宪法实施

由于宪法文本的高度概括性与原则性,需要通过宪法解释加以明确化与具体化。通过宪法解释进一步明确宪法规范的内涵与外延,可以客观认识宪法,从而有效保障宪法得以实施,特别是当实施中宪法规范与社会生活不一致时,就需要通过宪法解释来消除分歧与争议。

(二)发现宪法问题,补充宪法的遗漏

由于制宪的特定社会环境以及制宪者认识水平的局限性,制宪者所欲表达的意愿也未见得在文本中完整展现。宪法文本中存在遗漏,需要通过宪法解释加以扩张或限缩,这对于宪法而言就具有补充功能。同时,通过宪法解释,可以发现宪法存在的问题,并以解释的方式弥补,使宪法在实施中产生的问题得以有效解决。

(三) 适应社会现实,协调宪法规范价值与现实价值的统一

宪法规范具有相对稳定性,而现实生活具有动态性。当宪法规范与社会现实发生冲突时,必须随社会变迁而调整宪法。宪法修改是调整宪法的方式,但不是最佳选择,因为宪法的频繁修改会影响宪法的权威性。宪法作为根本法须具有不宜轻易变动的特点。宪法解释以不修改文本的形式就宪法在新时期出现的新问题、新争议进行内涵或外延上的解释,使得宪法文本内容具有新的含义,从而适应社会现实,使得宪法的规范价值与现实价值得以有机统一。

(四) 增强公民宪法意识,有效维护法制统一

宪法实施过程中,通过宪法解释能有效地解决宪法争议,使公民在具体的宪法解释个案中深切感受宪法的存在,并能体会到宪法给予国家、社会以及个体所能带来的作用,感受到宪法并不是高高悬挂的国家根本法,而是存在于日常生活之中,这样就能激发公民在实际生活中关注宪法问题,增强宪法意识。通过宪法解释可以统一人们对宪法的认识,最大限度上减少人们对宪法的误解或歧义。特别是通过宪法解释对法律进行违宪判断,以宪法为标准,合宪的加以保留,违宪的令其无效,从而有效地维护法制统一。

### 三、原则

一是遵循宪法的根本精神与基本原则,不得与宪法基本原则相违背。宪法基本原则是宪法的灵魂,贯穿于整部宪法,是宪法得以成立并具有正当性的基础。就世界范围而言,各国宪法具有不同内容与规定,都会基于本国国情规定宪法基本原则,如我国宪法确立了社会主义原则、四项基本原则等内容。但各国宪法又具有宪法的一般原则,即宪法之所以为宪法所必须具备的基本精神,如基本权利保障原则、人民主权原则与法治原则等。

二是符合宪法制定的目的和任务,以实现宪法目的为导向。每一部宪法都有其制定的目标以及为实现目标而提出的任务。如美国宪法序言规定:"为了组织一个更完善的联邦,树立正义,保障国内的安宁,建立共同的国防,增进全民福利和确保我们自己及我们后代能安享自由带来的幸福,乃为美利坚合众国制定和确立这一部宪法。"我国宪法序言就规定我国的根本任务是沿着中国特色社会主义道路,集中力量进行社会主义现代化建设。宪法解释不仅仅要着眼于宪法文本上的规定,更要明确制定宪法的目的,并以其为解释导向。

三是遵循适应社会发展的原则,确保宪法发展的长期性与稳定性。社会是不断发展变化的,随着社会政治、经济和文化等情况的变化,宪法需要通过解释适应社会发展。宪法解释着眼于全局性与发展性,在不修改宪法文本的前提下,使宪法规范在新时期依然能发挥作用。通过宪法解释来使宪法适应社会发展,可以确保宪法的长期性与稳定性。但当宪法规范无法解释,若强行解释就可能导致解释本身违反宪法时,则不宜继续采用宪法解释。

四是遵循法定原则,依照法定的权限和程序,确保宪法解释的正当性与科学性。无论是基于宪法的明文规定,还是在长期宪法实践中形成并被确认的宪法解释权都应由有权主体行使。有权主体基于宪法原则与目的,当社会发展中出现与宪法不一致的问题并需要通过解释进行解决时,依法定要求与程序进行宪法解释。宪法的权威有赖于对宪法的尊重,任何对宪法的越权解释都是无效行为并须承担相应责任。

**四、宪法解释的主体**

宪法解释由何种有权机关进行解释是核心问题。从世界各国宪法规定和实践看,基于不同的传统与现实,有不同的宪法解释权限配置。大体上,宪法解释的主体主要有三种类型。

(一)司法机关解释宪法

由普通法院根据宪法规定或宪法原则与精神对涉及宪法的问题进行说明和阐述并就违反宪法的行为予以否认或宣布无效。各级普通法院在审理与宪法有关的案件时,可以附带审查案件所涉及的适用法律是否违宪,从而可以决定是否认可效力并加以适用或拒绝适用,但宪法解释的最终决定权归于最高法院。这一解释主体模式源于1803年美国的马伯利诉麦迪逊案。美国宪法文本中并未明确规定宪法解释权主体。但主审大法官马歇尔在此案的判决中认定联邦最高法院有解释美国宪法的权力。此种解释模式的形成,是由于美国制宪者理念中,认为宪法解释权归于法院是当然的权力。[①]这种解释宪法制度为世界上诸多国家所效仿,如日本、澳大利亚、加拿大等国。此种模式为多数国家采纳。由司法机关解释宪法,其特点是由普通法院结合具体个案才可能对审理所涉及的法律进行宪法解释并作宪法判断。

---

① 〔美〕汉密尔顿、杰伊、麦迪逊:《联邦党人文集》,程逢如、在汉、舒逊译,商务印书馆1997年版,第392—393页。

## （二）立法机关解释宪法

这一模式源自英国，为早期资本主义国家所采用。资本主义国家受人民主权观念的影响，议会被赋予最高的地位，议会至上或议会主权亦是早期资本主义国家宪法的基本原则，议会权力往往会被认为不受制约。由议会来解释宪法被认为是当然的。同时，当时欧洲大陆国家受罗马法传统观念影响，认为法官的职责在于适用法律，不是创造法律，而宪法解释往往隐含创造的可能性，因此不允许法官解释宪法以及法律。《拿破仑法典》和《普鲁士法典》均明文规定禁止法官解释宪法，即使有疑义，也只能由法官申请议会解释。在宪法运行实践中，逐渐发现由立法机关解释宪法具有诸多不现实性：一方面，立法机关人数众多，意见分歧大，很难对某一宪法条文的含义达成一致。另一方面，立法机关行使立法权，面临庞杂的立法事务，使其很难顾及宪法的解释事务。而且，宪法解释的最主要内容是通过解释来裁决某法律是否违反宪法，由制定法律的主体来裁定其自己制定的法律是否违宪，这违反回避原则，很难通过宪法解释裁决自己制定的法律无效。从世界各国宪治的实践发展来看，由立法机关解释宪法的模式被大多数国家所抛弃。

## （三）专门机关解释宪法

由立法机关或司法机关以外的特设机关行使宪法解释的权力，专门机关有宪法法院、宪法委员会。第二次世界大战后，越来越多的国家采用此种模式，如德国、法国、韩国等。此类专门机关设立的宗旨是处理宪法争议和解释宪法，与普通司法机关解释的最大区别在于其具有较强的政治性与政策性，其组成人员除资深法官外，还有政治家，如法国规定卸任后的总统是宪法委员会的当然成员。解释的方式多样，既可能在审查中进行解释，也可能针对某一问题进行专门解释，还有可能事前就法律问题进行宪法审查并加以解释。

## 五、我国宪法解释制度

我国《宪法》第 67 条规定，全国人大常委会"解释宪法，监督宪法的实施"。据此，我国采用立法机关解释宪法的模式。由全国人大常委会解释宪法，其优点是全国人大常委会作为参与修宪的机关，对宪法的含义有清楚的认识，最能理解宪法的原意与目的，通过其解释宪法，可以保证宪法解释符合宪法的本意，也可以监督违宪，提高宪法实施的水平。另外，全国人大常委会属于我国最高立法机关的组成部分，在国家权力体系中，其居于最高权力的核心地位，可以有效监督其他国家机关,确保宪法解释的权威性与执行力。

这种模式很难有效地发挥宪法解释的作用。从法理上言,立法机关本身是立法主体,而宪法解释的核心内容是就法律是否违反宪法作出解释。立法者同时是宪法解释者情形下,由立法者审查自己制定的法律是否违宪并宣布自己制定的法律无效,这陷入立法者既是"参赛者"又是"裁判者"的困境,无法保证解释的公平性与科学性。

将宪法解释权赋予立法机关,从人民主权理论角度,是符合理论逻辑的,但是,将立法权与解释权混同,势必使宪法解释失去制度上行使的空间。在我国宪法实践中,全国人大虽然是最高立法机关,但由于其会议制度及程序的限制,在一年只召开一次会议并只有不到半个月的时间内,它很难履行全部立法职权,实际上,全国人大常委会担负着大量而又繁重的立法工作,除立法工作外,它还要担负监督其他国家机关,审议工作报告,决定国家机关有关公职人员的任免以及外交、特赦等重要事宜。

虽然,学术界也会总结归纳一些我国宪法解释的实例。如认为1983年全国人大常委会《关于国家安全机关行使公安机关的侦查、拘留、预审和执行逮捕的职权的决定》是对宪法的解释,因为我国宪法文本中并没有设置国家安全机关。在1983年设置国家安全机关后,便通过对宪法中公安机关职权条款的解释来明确国家安全机关的职权。又如很多学者认为,全国人大常委会的立法本身就是对宪法的解释,因为宪法内容都比较原则与抽象,全国人大常委会依据宪法,通过法律将宪法内容具体化,这本身就是一种宪法解释。但是,这些学术上的讨论与总结都有些勉强,都是试图在没有明确的宪法解释实践中找出一些宪法解释的内容。我国宪法解释制度处于休眠状态这一事实没有办法忽视,更不容忽视。与其他宪法实施较完善与成熟的国家相比,我国的宪法解释工作很不理想,宪法解释制度上有诸多需要完善的地方。

## 第四节 宪法实施

"宪法的生命在于实施,宪法的权威也在于实施。我们要坚持不懈抓好宪法实施工作,把全面贯彻实施宪法提高到一个新水平。"[①]宪法实施情况决定了宪

---

① 参见《习近平:在首都各界纪念现行宪法公布施行30周年大会上的讲话》,www.xinhuanet.com/politics/2012-12/04/c_113907206.htm。

法是否具有生命力,决定其能否真正发挥社会规范与价值的功能。

## 一、概念

宪法实施是指宪法规定的内容在实际生活中得以贯彻落实,将宪法文本层面上的权利与义务转化为现实生活中具体的权利与义务,有效调整宪法关系各方主体的行为规则。通过宪法实施,宪法作用于现实社会,宪法实施的质量决定着宪法所预设的目标能否实现。宪法实施的形式多种多样。

### (一) 遵守宪法是实施宪法的基础与首要的方式

所有国家机关、社会组织或个人都有遵守宪法的义务。这是以消极形式实施宪法的方式。

宪法遵守是我国宪法实施的首要路径。《宪法》第5条明确规定:"一切国家机关和武装力量、各政党和各社会团体、各企业事业组织都必须遵守宪法和法律。一切违反宪法和法律的行为,必须予以追究。"另外,宪法序言中规定,宪法"是国家的根本法,具有最高的法律效力。全国各族人民、一切国家机关和武装力量、各政党和各社会团体、各企业事业组织,都必须以宪法为根本的活动准则,并且负有维护宪法尊严、保证宪法实施的职责"。从宪法规定可以明确,遵守宪法是所有宪法法律关系主体的共同义务,不仅如此,每个人还有维护宪法尊严与保证宪法实施的职责。

不遵守宪法的教训是惨重的。历史教训告诉我们,与普通个体遵守宪法相比较,执政党遵守宪法、国家机关及工作人员尤其是领导者严格遵守宪法对于一国宪法的实施是多么重要。掌握和运用国家公权力越多的宪法主体不遵守宪法的社会危害就越大,也越难得以有效纠正,这是历史所告诉我们的沉痛教训。此外,普通社会组织或个人不遵守宪法不可能构成违宪行为,公民个体不遵守宪法其所承担的责任是相应的法律责任而不是直接的宪法责任。如我国宪法规定公民有纳税的义务,当公民符合纳税条件而没有纳税,这可以说没有遵守宪法规定,但其所应承担的是税收法律、法规上的具体责任,不可能通过宪法直接追究其责任。从宪法本源上看,宪法本意在限制国家公权,而不是限制公民私权,宪法本意在于保障公民权利。因此,虽然说所有宪法主体都有遵守宪法的义务,但宪法遵守中最为重要的还是国家公权力机关或组织的遵守行为与意识。

### (二) 适用宪法

宪法适用可以分解为宪法的立法适用、行政适用与司法适用。

1. 全国人大及其常委会的宪法适用

首先,全国人大及其常委会的立法活动是最常用的宪法适用方式。全国人大及其常委会根据宪法,制定和修改法律。将宪法规定的内容以法律形式加以落实,将宪法规范内容转化为具体化的法律内容,从而确保宪法的实施。其次,全国人大依宪法规定行使宪法修改权,全国人大常委会依宪法规定行使修宪提案权和宪法法律解释权,使宪法适应现实社会的发展需要,这是宪法实施过程中必不可少的环节。最后,全国人大及其常委会享有监督宪法实施的职权。全国人大有权改变和撤销全国人大常委会不适当的决议,全国人大常委会有权撤销国务院制定的同宪法相抵触的行政法规、决定和命令,有权撤销省、自治区、直辖市国家权力机关制定的同宪法、法律和行政法规相抵触的地方性法规和决议;有权撤销同宪法和法律相抵触的地方性法规。

2. 国务院的宪法适用

国务院是我国最高国家权力机关的执行机关,是最高国家行政机关。国务院根据宪法和法律,规定行政措施,制定行政法规,发布决定和命令。这意味着国务院可以直接根据宪法制定行政措施、行政法规或决定与命令,将宪法内容与精神在行政领域得以贯彻与落实,这是宪法实施在行政权领域内的重要方式。

3. 司法机关适用宪法

首先,宪法规定人民法院是国家的审判机关、人民检察院是国家的法律监督机关,法院、检察院行使审判权和法律监督权是直接依据宪法取得的权力。其次,宪法确立了司法机关行使权力的相关原则,比如宪法第5条法治原则、法制统一原则。法院在审理案件中,贯彻法制统一原则,遇到下位法与上位法冲突的,应当直接适用上位法。宪法中公开审判、辩护原则、独立行使审判权检察权等也是司法机关必须遵守的原则。再次,司法机关在依据法律法规作出裁判时,须基于宪法精神解读法律法规。法院在判决书中引用宪法不等于进行违宪审查,而主要是为司法机关理解法律规范提供符合宪法的根据。根据宪法精神理解和解释法律规范是司法机关适用宪法的重要特点。

(三)其他国家机关实施宪法

国家主席依据宪法行使职权职责的行为;中央军委主席及中央军委依据宪法行使职权职责的行为;地方各级人大以及县级以上人大常委会依据宪法精神行使法律规定的职权职责等,都是宪法适用的重要形式。

(四)公民和其他社会主体实施宪法

宪法实施不只是国家机关的职责,公民个人或者其他主体也有实施宪法的责任。其中,公民积极根据宪法精神主张权利是实施宪法的重要内容。[①] 律师依据宪法为当事人辩护。其他主体认为法律法规规章和规范性文件违反宪法法律,请求全国人大或其常委会审查,这些都是维护宪法尊严的行为,是宪法实施的重要内容。如 2015 年 10 月 10 日,杭州市民潘洪斌骑着一辆外地牌照的电动自行车,途经杭州一路口时,被执勤的交警拦了下来。依据《杭州市道路交通安全管理条例》中的规定,交警要查扣他的电动车并托运回原籍。2016 年 4 月,潘洪斌致信全国人大常委会法工委,建议对《杭州市道路交通安全管理条例》进行审查,请求撤销该条例中违反行政强制法设立的行政强制措施。全国人大常委会法工委启动了规范性文件备案审查机制。浙江省人大常委会批准了《杭州市人民代表大会常务委员会关于修改〈杭州市道路交通安全管理条例〉的决定》,相关条例内容被修改和删除。可见,宪法和法律实施需要公民积极参与。

总之,在我国实施宪法是所有国家机关及其工作人员、政党组织、公民个人的职责。

**二、宪法实施的保障**

宪法是一国法律制度的基础,法治精神和宪治秩序都集中体现于宪法。为了维护宪法权威,保证宪法规范在社会生活中贯彻实施,就需要建立完备而有效的宪法实施保障制度,切实保障宪法得以真正实施并发挥其作用。一国宪法颁布后,最重要的问题就是如何将宪法付诸实施,宪法的实施需要一整套有效机制。宪法实施的保障是保证宪法实施的一系列条件、措施和制度的总称,其外延极其宽泛,既有静态意义上的保障,如法律层面的保障,政治、经济与文化等制度层面的保障。也有动态层面的保障,如宪法遵守、宪法适用、宪法监督等具体活动方面的有效保障。

建立行之有效的宪法实施保障制度有其必要性。首先,法律规范的实现必须以国家强制力作为后盾和威慑。宪法的实施仅仅寄希望于国家机关和政治人物的政治操守和法律自觉是远远不够的。没有强有力的宪法保障制度不足以确保掌握公权力的主体不违反宪法侵犯公民权利以及不破坏宪法规定的权力配置和运行规则。其次,宪法保障制度已是法治国家宪法制度的重要组成部分。宪法能否成为真正根本大法,摆脱一纸文书的困境,以真正实现对国家公权力的规

---

[①] 参见张千帆:《宪法实施靠谁?——论公民行宪的主体地位》,载《比较法研究》2014 年第 4 期。

范和制约,对公民基本权利的有效保障,与宪法实施保障制度是否存在以及其是否有效运行密切相关。再次,保障宪法实施的核心制度是违宪审查制度。对违宪现象与违宪行为能否及时作出有效的判定并予以制裁,这是确保宪法权威性的关键所在,而宪法实施本身就是一个宪法权威的落实过程。最后,缺乏宪法实施保障制度而最终导致宪法失灵的案例很多,其中,德国《魏玛宪法》就是典型。1919年《魏玛宪法》曾被视为欧洲民主宪法的蓝本,也是宪法从近代转向现代的开端。其宪法内容之完整、宪法结构之严密以及率先规定了公民的社会经济权利等,足以证明这是一部体现民主、共和、法治的优秀宪法。但是,随着希特勒上台,他使用了宪法赋予国家元首的"紧急命令权"而抛弃了宪法的其他内容。民主被其邪恶地利用,法治遭受野蛮破坏。历史教训充分证明缺乏有效的宪法实施保障机制必然会导致宪法的名存实亡。

宪法实施的保障是一个系统工程,其涉及多方面的设计与运作,依赖于各方面的统筹与配合。具体而言,可以从法律本身的保护以及制度性保障两方面考察一国的宪法实施保障。

(一) 法律层面的保障

1. 宪法自身的保障

宪法条文中设立相应条款宣告宪法的最高法律地位并设置相应的严格的修改或解释程序与限制性内容,通过宪法自身的"防御性条款"来保障宪法的实施。如《意大利共和国宪法》第139条规定:"共和政体不得成为宪法修改的对象。"法国《法兰西第五共和国宪法》第89条规定:"政府的共和体制不能成为修改的对象。"《巴西联邦共和国宪法》规定:"宪法于戒严期间不得修改。"此外,宪法还通过设计科学的实施机制以确保宪法实施。

2. 一般法律的保障

通过立法将宪法的原则与内容转化为普通的、具体的法律,从而通过法律的执行与适用来保证宪法实施。宪法是其他一切立法行为的立法依据,"根据宪法,制定本法"是立法的基本准则,必须严格遵守。一般法律层面上对于宪法实施的保障,首先是加强立法工作,通过立法机关制定体现宪法的法律,建立一整套符合宪治要义的法律体系。其次是通过行政机关的严格执法和司法机关的独立并准确地适用法律,这是宪法实施的法律基础。没有一般法律作基础,很难想象宪法中所确认的公民基本权利如何得以维护。

## (二) 制度性保障

### 1. 政治制度的保障

从宪法历史发展看,宪法本身就是民主革命胜利后的产物,"世界上历来的宪政,不论是英国、法国、美国或者苏联,都是在革命成功有了民主事实之后,颁布一个根本大法,去承认它,这就是宪法。"① 因此,民主政治制度的建立与完善是宪法实施的政治制度性保障,具备民主政治的环境是宪法有效实施的土壤。如果一个国家缺乏基本的民主事实,统治者施行独裁专制,政局动荡,那即使有宪法也只可能成为一纸空文,形同虚设。如德国《魏玛宪法》的命运、我国历史上《中华民国临时约法》的命运。当然,宪法的制定与颁布,也会进一步促进和保障民主政治的发展,这是宪法与民主政治的辩证关系。

### 2. 经济制度的保障

近代宪法与市场经济有着必然的联系,市场经济的发展引发社会生产关系的变革。市场经济意味着利益主体的多元化与平等性,市场参与主体须是自由地并有独立的法律地位。产权清晰、公平交易、意思自治、自由竞争的市场经济氛围中才能孕育与发展公平、正义与自由的宪法精神,才能培育出权利意识与规则意识,这些都是宪法实施的必要条件。市场经济的发展不仅催生了宪法的出现,也是宪法实施的强有力的保障。

### 3. 文化制度的保障

历史传统、社会文化和公民的法律意识等文化制度层面的因素是影响宪法实施和贯彻的重要条件。如法国著名学者托克维尔在考察美国的基础上得出结论,认为美国维护其宪法制度的原因在于自然环境、法制和民情。② 其中民情就是一国的历史传统和文化氛围。也正因如此,在有些国家行得通的宪法实施制度,在另一些国家未必行得通。

总之,宪法保障过程实际上是形成社会生活基本秩序的过程,是社会价值体系的综合反映。它并不仅仅是单纯的法的问题,也是社会的政治、经济与文化等问题的综合呈现。

## 三、我国宪法实施保障的规定

现行宪法制定于 1982 年,是在清理和总结历史经验教训基础上进行反思后

---

① 《毛泽东选集》(第 2 卷),人民出版社 1991 年版,第 735 页。
② 〔法〕托克维尔:《论美国的民主》(上),董果良译,商务印书馆 2003 年版,第 358 页。

制定的一部宪法。现行宪法设计了比较详细的宪法保障制度,并通过普通法律落实宪法保障制度。

(一) 宪法规定

(1)《宪法》序言确立了宪法的根本法地位和最高法律效力。宪法序言最后一自然段规定:"本宪法以法律的形式确认了中国各族人民奋斗的成果,规定了国家的根本制度和根本任务,是国家的根本法,具有最高的法律效力。全国各族人民、一切国家机关和武装力量、各政党和各社会团体、各企业事业组织,都必须以宪法为根本的活动准则,并且负有维护宪法尊严、保证宪法实施的职责。"这是我国宪法保障制度建立的法律基础和依据。

(2) 宪法总纲确立了宪法的最高法律效力,违反宪法的法律和行为都无效,这是宪法保障的基本原则。第5条规定:"一切法律、行政法规和地方性法规都不得同宪法相抵触。一切国家机关和武装力量、各政党和各社会团体、各企业事业组织都必须遵守宪法和法律。一切违反宪法和法律的行为,必须予以追究。"

(3)《宪法》第3章国家机构规定了宪法保障机构主体并规定了相应的职权及行使方式。我国宪法保障机构主体呈现多样化,不同的机构在其职权范围内以不同方式发挥宪法保障功能。

首先,全国人大及其常委会的保障。全国人大有权修改宪法与监督宪法的实施,并规定了其有权改变或者撤销全国人大常委会不适当的决定。全国人大常委会有权解释宪法与监督宪法的实施,并有权撤销国务院制定的同宪法、法律相抵触的行政法规、决定和命令;有权撤销省、自治区、直辖市国家权力机关制定的同宪法、法律和行政法规相抵触的地方性法规和决议。

其次,在行政领域内,国务院担负着关键的宪法保障使命。国务院有权根据宪法和法律,规定行政措施,制定行政法规,发布决定和命令;有权改变或者撤销各部、各委员会发布的不适当的命令、指示和规章;有权改变或者撤销地方各级国家行政机关的不适当的决定和命令。

最后,地方各级人大在本行政区域内,保证宪法、法律、行政法规的遵守和执行。县级以上的地方各级人大有权改变或者撤销本级人大常委会不适当的决定。县级以上的地方各级人大常委会有权撤销本级政府的不适当的决定和命令以及有权撤销下一级人大的不适当的决议。另外,县级以上的地方各级政府领导所属各工作部门和下级政府的工作,有权改变或者撤销所属各工作部门和下级政府的不适当的决定。

### (二) 立法法的规定

《立法法》于 2015 年进行了修改。《立法法》规定的相关制度措施包括：(1) 就不同立法主体的不同立法权限作出相对清晰的划分与界定。这从立法上防止了越权立法，以确保法制上的统一。如第 76 条规定，规定本行政区域特别重大事项的地方性法规，应当由人民代表大会通过。(2) 明确了以宪法为最高法的法律效力等级体系。《立法法》第 87 条至第 89 条规定，宪法具有最高的法律效力，一切法律、行政法规、地方性法规、自治条例和单行条例、规章都不得同宪法相抵触。法律的效力高于行政法规、地方性法规、规章。行政法规的效力高于地方性法规、规章。地方性法规的效力高于本级和下级地方政府规章。省、自治区的人民政府制定的规章的效力高于本行政区域内的设区的市、自治州的人民政府制定的规章。(3) 严格控制规章对权利的限制或者新增设义务。部门规章规定的事项应当属于执行法律或者国务院的行政法规、决定、命令的事项。没有法律或者国务院的行政法规、决定、命令的依据，部门规章不得设定减损公民、法人和其他组织权利或者增加其义务的规范，不得增加本部门的权力或者减少本部门的法定职责。没有法律、行政法规、地方性法规的依据，地方政府规章不得设定减损公民、法人和其他组织权利或者增加其义务的规范。(4) 对于改变或撤销法律、行政法规、地方性法规、自治条例和单行条例以及规章的权限以及程序作了明确规定，突显其可操作性。(5) 2015 年修改的《立法法》在总结经验的基础上进行下列修改：其一，进一步规范了授权立法，使获得的授权不再放任。其二，加强了规范性文件的备案规定。行政法规、地方性法规、自治条例和单行条例、规章应当在公布后的三十日内依照下列规定报有关机关备案：行政法规报全国人大常委会备案；省、自治区、直辖市的人大及其常委会制定的地方性法规，报全国人大常委会和国务院备案；较大的市的人大及其常委会制定的地方性法规，由省、自治区的人大常委会报全国人大常委会和国务院备案；自治州、自治县制定的自治条例和单行条例，由省、自治区、直辖市的人大常委会报全国人大常委会和国务院备案；部门规章和地方政府规章报国务院备案；地方政府规章应当同时报本级人大常委会备案；较大的市的政府制定的规章应当同时报省、自治区的人大常委会和政府备案；根据授权制定的法规应当报授权决定规定的机关备案。其三，强化了审查规定。国务院、中央军事委员会、最高人民法院、最高人民检察院和各省、自治区、直辖市的人大常委会认为行政法规、地方性法规、自治条例和单行条例同宪法或者法律相抵触的，可以向全国人大常委会书面提出进行审查的要求,由常务委员会工作机构分送有关的专门委员会进行审查、提出意见。规定以外的其他国家机关和社会团体、企业事业组织以及公民认为行政法规、地方性法规、自治条例和单行条例同宪法或者法律相抵触的,可以向全国人大常委会书面提出进行审查的建议,由常务委员会工作机构进行研究,必要时,送有关的专门委员会进行审查、提出意见。还规定了向申请人反馈与公开机制:全国人大有关的专门委员会和常委会工作机构可以将审查、研究情况向提出审查建议的国家机关、社会团体、企业组织以及公民反馈,并可以向社会公开。其四,针对目前实践中司法解释存在的诸多问题,对司法解释作了约束性规定。包括:最高人民法院、最高人民检察院对审判工作、检察工作中具体应用法律的解释,应当主要针对具体的法律条文,并符合立法的目的、原则和原意;最高人民法院、最高人民检察院作出具体应用法律的解释,应当报全国人大常委会备案。最高人民法院、最高人民检察院以外的审判机关和检察机关,不得作出具体应用法律的解释。

2017年12月24日,十二届全国人大常委会第三十一次会议审议了全国人大常委会法制工作委员会关于十二届全国人大以来暨2017年备案审查工作情况的报告,这是全国人大常委会首次听取备案审查工作报告。十二届全国人大以来,截至2017年12月上旬,常委会办公厅共接收报送备案的规范性文件4778件,其中,2017年度889件。针对部分地方出台法规突破法律规定、损害法律尊严,少数地方规定的预算审查监督内容超出本级人大及其常委会的职权范围,部分地方涉税规范性文件违法违规,个别地方没有根据修改后的《选举法》及时修改相关地方性法规,以及一些地方关于自然保护区的法规与上位法规定不一致等问题,全国人大常委会法工委多次开展专项审查。同时,全国人大常委会法工委要求各省级人大常委会对涉及自然保护区环境保护和生态文明建设的地方性法规进行全面自查和清理。截至2017年12月,有30个省区市及部分设区的市在内,已修改、废止相关地方性法规35件,拟修改或废止680件。沈春耀向全国人大常委会作报告时指出,上述1527件审查建议中,属于全国人大常委会备案审查范围的有1206件。其中,建议对行政法规进行审查的有24件,建议对地方性法规进行审查的有66件,建议对司法解释进行审查的有1116件。

2018年12月,全国人大法工委向全国人大常委会报告工作,2018年,制定机关共向全国人大常委会报送备案行政法规、地方性法规、司法解释1238件,其中,行政法规40件,省级地方性法规640件,设区的市地方性法规483件,自治条例和单行条例33件,经济特区法规24件,司法解释18件。据不完全统计,截至2018年11月底,制定机关共向全国人大常委会报送备案现行有效行政法规、地方性法规、司法解释12397件,其中,行政法规755件,省级地方性法规6083件,设区的市地方性法规3519件,自治条例和单行条例995件,经济特区法规335件,司法解释710件。2018年,法制工作委员会共收到公民、组织涉及规范性文件的各类来信来函4578件,可以明确为审查建议的有1229件,其中,属于全国人大常委会备案审查范围的有112件,占9.1%。112件审查建议中,建议对行政法规进行审查的5件,占4.5%;建议对地方性法规进行审查的63件,占56.3%;建议对司法解释进行审查的44件,占39.2%。没有收到有关国家机关提出的审查要求。

2019年12月,全国人大常委会法工委向全国人大常委会工作报告指出,2019年,国务院、最高人民法院、最高人民检察院以及有地方立法权的地方人大及其常委会,依照宪法法律规定的权限和程序开展法规和司法解释制定工作,按照规定报送全国人大常委会备案的行政法规、地方性法规、司法解释共1485件,其中,行政法规53件,省、自治区、直辖市地方性法规516件,设区的市、自治州、不设区的地级市地方性法规718件,自治条例和单行条例99件,经济特区法规58件,司法解释41件。

对公民、组织提出的138件审查建议进行了审查研究,提出了处理意见并向建议人作了反馈。并将88件不属于全国人大常委会审查范围的审查建议分别移送有关机关,其中,移送中央办公厅法规局5件,移送中央军委办公厅法制局1件,移送司法部40件,移送最高人民法院12件,移送最高人民检察院5件,移送省级人大常委会6件,同时移送司法部和省级人大常委会19件。

法工委作出以下建议处理措施:第一,督促制定机关纠正与宪法法律规定有抵触、不符合的规范性文件。第二,督促制定机关根据上位法变化对法规及时修改完善。第三,推动对不适应现实情况的规定作出废止或调整。第四,允许和鼓励制定机关根据实践需要和法治原则进行立法探索。第五,对通过衔接联动机制移送的地方性法规进行审查研究,2019年5月和10月,司法部通过备案审查衔接联动机制先后移送地方性法规200件,法工委逐一审查研究,区分不同情况提出研究处理意见。对79件地方根据实际情况作出的具有探索或者先行先试性质的规定,对上位法有关规定进行细化、补充、延伸的规定,符合党和国家有关精神的,允许地方进行探索;对84件生态环保领域法规,建议纳入正在进行的集中清理工作范围统筹研究修改完善；对未及时跟进上位法变化调整完善的，建议制定机关尽快启动修改或者废止工作；对于理解上可能存在歧义、执行中可能带来上位法有关规定不落实等问题的，提示制定机关予以关注并加强研究；对其中4件存在与法律有关规定相抵触问题的，已向有关制定机关提出纠正意见。此外还开展专项清理工作：持续开展生态环保领域法规、司法解释等规范性文件集中清理工作；根据党中央有关精神组织开展食品药品安全领域地方性法规专项清理。

(三)《监督法》的规定

《监督法》是直接规范各级人大常委会行使宪法所授予监督权的法律依据。其核心在于规范监督职权的行使，规定行使监督职权的具体程序，从而将宪法中权力机关监督保障宪法实施的制度加以贯彻，有效推动宪法实施。监督的具体行使内容与方式包括听取和审议政府、法院和检察院的专项工作报告；审查和批准决算，听取和审议国民经济和社会发展计划、预算的执行情况报告，听取和审议审计工作报告；法律法规实施情况的检查；规范性文件的备案审查；询问和质询；特定问题调查；撤职案的审议和决定。

## 第五节 宪法实施的监督

宪法保障制度的价值既表现为合理的制度设计，也表现为具体的运行过程。现行宪法已实施30多年，但在宪法实施实践中仍面临诸多新的问题与挑战。宪法实施效果差依然是困扰我国宪治建设的难题，社会现实与宪法规范相冲突是宪法保障制度中迫切需要解决的重大实践问题，是当务之急的宪法建设大事。制裁违宪现象与行为，有效解决社会现实与宪法规范的冲突，就需要行之有效的宪法实施的监督机制。监督宪法实施的核心是违宪审查制度。

### 一、违宪审查概述

(一)违宪与违宪责任

违宪行为的存在是违宪审查制度的前提，也是启动宪法实施的监督程序的起点。简单说，违宪就是违反宪法，既包括违反宪法明文规定的具体规范，也包括违反宪法的原则与精神。宪法调整国家与公民之间这一最基本的社会关系，其调整的基本方法是通过规范和控制国家权力运行，以保障公民的基本权利与自由。因此，构成违宪的行为只能是国家机关行使国家公权力的行为，而成为违宪主体的只能是国家公权力主体而非普通公民。宪法中虽然可能规定公民的义务,如我国宪法就规定了公民的义务,但此义务不具有直接操作性,而必须转化为具体的法律、法规方可约束公民。与此相反,国家公权力主体根据宪法授权行使职权,受宪法直接约束,未依宪法规定行使或超出宪法范围行使都属于违反宪法行为。

违宪行为的存在是违宪责任发生的前提。违宪责任是一种特殊的法律责任,往往表现为政治上、领导上的责任,而不是一般意义上的民事责任或刑事责任。我国《宪法》第 5 条规定:"一切违反宪法和法律的行为,必须予以追究。"但如何追究,宪法未作出明确规定。违宪责任与其他一般法律责任相比,具有下述特点:(1)违宪责任主体为承担国家公权力的机构、组织及其领导成员,其中尤其主要表现为国家立法机关及其执行机关。(2)违宪责任的追究程序多元化。民事责任与刑事责任单一采用司法机关追究的程序,而违宪责任追究往往通过特设的特定机关依特定程序进行。(3)违宪责任既具有法律属性,也具有政治属性。(4)违宪责任的承担方式也具有特殊性,其承担方式主要表现为弹劾、罢免、宣告无效、撤销等。

(二)违宪审查概念

违宪审查是指由特定的国家机关依据特定的程序和方式对宪法性的行为是否符合宪法进行审查并作出裁决的制度。理解这一概念,须注意以下几点:

(1)一般情况下,违宪审查由宪法明确规定的特定国家机关进行。违宪审查权必须通过宪法加以明确规定。但美国宪法制定时并未明确规定违宪审查机构,是马歇尔大法官于 1803 年在马伯利诉麦迪逊案中认定由普通法院实施违宪审查是法院的应有之义,此后历史中,美国宪法既没有通过修改确认此职权,也没有通过修改否认此职权,而是由法院以判例形式使用此职权,最终形成由普通法院进行违宪审查的制度。

(2)违宪审查的对象是宪法性的行为。国家机关或授权主体直接依据宪法所进行的行为是宪法性的行为,既包括规范行为,也包括具体行为。即使是事后进行审查的违宪审查也不就所涉及的具体法律案件进行,而是审查具体法律案件所依据的法律或行为是否符合宪法,进而根据是否合宪的判断作出不同的裁决结论。

(3)违宪审查主体只进行违宪或合宪判断。无论何种模式的违宪审查体制,其违宪审查机关只作违宪或合宪判断,不作违法或合法的判断。由于宪法的实施而引起的问题只能是宪法问题,所引起的纠纷也是宪法纠纷。而由于法律的实施而引起的问题是法律问题,是法律纠纷,由普通法院通过普通的司法程序加以解决并作出相应的裁判。

## 二、现代国家违宪审查的类型

从世界范围看,由于深受各国政治理念和政治体制、法律传统和历史传统的影响,不同国家所采用的违宪审查模式不尽相同,依违宪审查主体及其审查方式,大致有三。

(一)普通法院审查模式

指普通法院在审理民事、刑事或行政案件的过程中,附带对正在审理的案件所适用的法律、法规或行政命令等规范性文件的合宪性进行审查并作出裁判的制度。此类型由美国联邦最高法院在1803年的马伯利诉麦迪逊案中所创立,后为很多国家效仿,如日本、加拿大、澳大利亚、印度、智利、瑞典等。此案中,首席大法官马歇尔代表联邦最高法院宣布:阐明和解释法律的意义是司法机关的职责,与宪法相抵触的法律无效。

这种审查的最基本特点在于,各级法院结合具体案例对其所适用的法律、法规或行政命令进行合宪性审查,属于事后附带性审查,不专门对某个宪法行为进行独立的违宪审查。经审查后,在判决理由部分对法律是否违宪进行判断。如果认定案件所依据的某项法律、行政命令或某项法律中的某些条款违反宪法,则可以拒绝适用但无权改变或撤销。因此,判决结论只就此案本身发生法律效力,但一般采用此种模式的多为判例法国家,所以判决会影响并作用于类似案件的审理。

(二)专门机关审查模式

违宪审查由专门机关进行,全国只有一个违宪审查机关集中行使违宪审查权,这与美国分散式的违宪审查有很大差异。这种模式因专门机关名称的不同,又可分为德国的宪法法院审查模式、法国的宪法委员会审查模式与德—法混合的西班牙模式。专门机关审查模式多集中于欧洲国家,所以又称为欧洲模式。

(1)德国模式,又称为凯尔森模式或奥地利模式,是由凯尔森于20世纪20年代在奥地利首创。1920年,《奥地利联邦宪法》率先设立宪法法院。此模式特点是联邦和州都分别设立相应的宪法法院,在各自管辖范围内集中行使违宪审查权和处理不同国家机关之间的权限争议,对有关法律、法规既可以抽象审查,也可以具体审查。宪法法院不属于普通的司法系统,不行使司法权。宪法法院的基本权能包括违宪审查权、宪法解释权、权限争议裁决权、弹劾案审判权、政党违宪裁判权、选举诉讼等。当今国家，除了德国外，实行此模式的国家还有比利时、意大利、韩国、乌克兰、土耳其等国。

(2) 法国模式是法国现行宪法即1958年宪法的产物。法国集中行使违宪审查权的机构为宪法委员会。宪法委员会成员为9人，任期9年，不得连任，每3年改选1/3。9人中，3人由总统任命，3人由国民议会议长任命，3人由参议院议长任命。除上述9人外，历届前任共和国总统为宪法委员会终身当然成员。此委员会应其他国家机关首脑或代议机关一定数量议员的提请，可对议会已通过但尚未颁布生效的法律文本或有关条款的合宪性进行预防性审查。原来设定的机制明确规定，已生效的法律不能被提请审查，也没有宪法诉愿制度，普通公民被排除在违宪审查制度之外。但在2008年《第五共和国宪法》制定50周年之际，这一缺点被克服。2008年第2008—724号宪法性法律通过修宪从三方面完善了宪法解释机制。一是新增了第三种宪法解释程序，即合宪性先决程序。在普通诉讼程序中，若认为法律规定对宪法所保障的权利与自由构成侵害，可经最高行政法院和最高司法法院向宪法委员会移送宪法审查申请，由宪法委员会在确定期限内予以裁决，在宪法委员会阐明宪法含义并解决普通法律的合宪性问题后，行政法院和司法法院再继续审理普通法律诉讼。这种设计在宪法解释机制与普通诉讼程序之间搭建了一个"连通器"。二是扩大了强制解释程序的适用范围，全民公决的法律在其提交公决以前，必须提交宪法委员会以宣告其是否符合宪法。三是增强宪法委员会成员任命的民主性，议会两院议长实施之任命必须向本院的有关常设委员会征求意见，总统的任命也应当公开咨询议会各院常设委员会意见并取得其同意。

法国式违宪审查模式在法语国家范围内有较大影响，如非洲的阿尔及利亚、摩洛哥、塞内加尔等国。

(3) 西班牙宪法法院是根据1978年西班牙宪法和有关法律建立的，并从1980年开始工作。宪法法院由12名大法官组成。其中，参众两院各提名4名，最高司法委员会和政府各提名2名。宪法法院法官任期9年，每3年有1/3进行换选。西班牙违宪审查模式试图兼容德、法两种模式之优点。其主要运行特点有：宪法法院既有权对法律、法规的合宪性进行预防性审查，也有权通过受理个案，对已生效的法律、法规的合宪性进行抽象规范审查和具体规范审查。政府首脑、50名众议员或参议员、自治区当局都有权提出法律合宪性审查请求。西班牙宪法法院的主要职责：一是对违宪案件和违宪争议进行审理，保护公民的基本权利。二是具有撤销违宪法律的权力，具有维护合宪法律的权力。法律被宪法法院撤销后，任何法院或机构均不得再适用。故西班牙宪法法院的法官被称为"否定的立法者"。三是解决立法、司法和行政三机构之间的冲突和矛盾，调整中央政府与各自治大区之间的矛盾。

(三) 国民代表机关审查模式

指由最高民意代表机关审查宪法行为是否违反宪法的制度。历史上，奉行议会至上的国家最先确立此种违宪审查模式。欧洲大陆法系的诸多国家，深受其政治理念、历史传统以及资产阶级革命方式等影响，革命以后大多建立了议会至上的政治体制，即议会内阁制。议会是民意代表机关，由其产生行政机关，并对其实施监督。英国属于此模式的典型代表国家。英国在上院内设立一个上诉委员会，由该委员会结合议会其他机构进行非直接性的违宪审查。如当国内法违反《欧洲人权公约》转化而来的1998年《人权法》(宪法性法律)时，它有权宣布有关法律与公约确认的权利不相容，从而对议会形成政治压力，迫使其修改法律。2009年10月1日，英国成立最高法院，取代上议院成为英国的最高终审司法机构。12个法官席位中，其中10个由原来的上议院常任上诉法官出任。受历史因素影响，英国过往行政、立法及司法三权未有明确分清，而一旦司法人员同时拥有立法或行政权力，使得司法审讯存在潜在不公平的因素，有可能违反《欧洲人权公约》的规定。设立最高法院的建议，最初在2003年6月正式提出，最终《2005年宪制改革法案》获通过而予以落实。联合王国最高法院的主要职责，是审理来自英格兰、威尔士及北爱尔兰三个司法管辖地区的上诉案件。最高法院尤其关注对一般大众具重要影响的司法案件，一如昔日的上议院上诉委员会，商业纠纷、家庭问题、涉及公共机构的司法复核，以至于涉及《1998年人权法案》等各类型的诉讼，都可由最高法院审理。另外，最高法院亦可审理刑事上诉案件，不过在苏格兰，刑事案件最高只可上诉至苏格兰的高等法院，由于不设上诉权的关系，苏格兰高等法院是当地的最高刑事法院。这说明，由议会行使最高司法审查权的时代结束。第二次世界大战后，欧洲诸多采用国民代表机关审查模式的国家转而实行专门机关审查的模式。当前，瑞士、新西兰、卢森堡等国家仍然采用此模式。自1918年《俄罗斯苏维埃社会主义联邦共和国宪法》确立由最高国家权力机关监督宪法实施以来，社会主义国家宪法都明确规定由最高国家权力机关监督宪法的实施。

### 三、我国违宪审查制度

**（一）历史沿革**

1954年宪法第27条第3项规定，全国人大有权监督宪法的实施，第31条第6项与第7项规定，全国人大常委会有权撤销国务院同宪法、法律、法令相抵触的决议和命令，改变或撤销省、自治区、直辖市国家权力机关的不适当的决议。可见，中华人民共和国第一部宪法所确立的违宪审查主体首先是全国人大，其具有监督宪法实施的职权。全国人大常委会虽然没有被明确授权具有监督宪法实施的职权，但规定了其对国务院以及省、自治区、直辖市人大及其常委会的违宪行为的监督权，即可以撤销或改变同宪法相抵触的规范性文件。

1975年宪法对宪法监督制度未作规定，1978年宪法基本恢复了1954年宪法的规定，即全国人大有权监督宪法的实施，全国人大常委会监督国务院的工作以及改变或撤销省、自治区、直辖市国家权力机关的不适当的决议。同时，还新增加规定全国人大常委会有权解释宪法。现行宪法沿袭1954年与1978年宪法规定，采用由最高权力机关监督宪法实施的体制。

**（二）基本内容**

1. 宪法确立了违宪审查制度的基本框架

（1）违宪审查主体：《宪法》第62条第2项规定全国人大监督宪法的实施，第67条规定全国人大常委会有权解释宪法与监督宪法的实施。（2）抽象式审查：全国人大有权改变或撤销全国人大常委会不适当的决议；全国人大常委会有权撤销国务院制定的同宪法、法律相抵触的行政法规、决定和命令；有权撤销省、自治区、直辖市国家权力机关制定的同宪法、法律、行政法规相抵触的地方性法规和决议。《监督法》规定了全国人大常委会有权对两高的司法解释进行审查监督。《全国人民代表大会常务委员会关于国家监察委员会制定监察法规的决定》规定，"国家监察委员会根据宪法和法律，制定监察法规。监察法规可以就下列事项作出规定：（一）为执行法律的规定需要制定监察法规的事项；（二）为履行领导地方各级监察委员会工作的职责需要制定监察法规的事项。"同时规定："监察法规不得与宪法、法律相抵触。""监察法规应当在公布后的三十日内报全国人民代表大会常务委员会备案""全国人民代表大会常务委员会有权撤销同宪法和法律相抵触的监察法规。"

（3）工作式审查：全国人大及其常委会监督国务院、中央军事委员会、国家监察委员会、最高人民法院与最高人民检察院的工作。听取和审议国务院、最高人民法院、最高人民检察院的工作报告成为最主要的工作监督内容。

2. 我国违宪审查制度的运作机制

(1) 各专门委员会是协助全国人大及其常委会行使监督宪法实施职权的主要机构。《宪法》第 70 条规定，全国人大设立各专门委员会，在全国人大及其常委会领导下，研究、审议和拟订有关议案，《中华人民共和国全国人民代表大会组织法》第 37 条第 3 款规定，各专门委员会协助全国人大及其常委会行使宪法监督权，各专门委员会审议全国人大及其常委会交付的被认为同宪法、法律相抵触的国务院的行政法规、决议和命令，省级权力机关制定的地方性法规以及各部、委与省级地方政府的规章，并提出报告。各专门委员会属于常设机关，承担大量事务性准备工作，以保证全国人大及其常委会行使监督宪法的实施的权力。全国人大常委会《关于全国人民代表大会宪法和法律委员会职责问题的决定》规定："一、《中华人民共和国全国人民代表大会组织法》《中华人民共和国立法法》《中华人民共和国各级人民代表大会常务委员会监督法》《中华人民共和国全国人民代表大会议事规则》《中华人民共和国全国人民代表大会常务委员会议事规则》中规定的'法律委员会'的职责，由宪法和法律委员会承担。二、宪法和法律委员会在继续承担统一审议法律草案等工作的基础上，增加推动宪法实施、开展宪法解释、推进合宪性审查、加强宪法监督、配合宪法宣传等工作职责。"

(2) 必要时候，可以设立特定问题的调查委员会。《宪法》第 71 条规定，全国人大及其常委会认为必要时，可以组织有关特定问题的调查委员会，并根据调查委员会的报告作出相关的决议。就违宪问题，自然可以通过成立特定问题调查委员会的形式解决。

(3) 通过批准或备案制度就规范性文件进行违宪审查。《宪法》第 100 条规定，省、直辖市的人大和它们的常委会，在不同宪法、法律、行政法规相抵触的前提下，可以制定地方性法规，报全国人大常委会备案。设区的市的人大和它们的常委会，在不同宪法、法律、行政法规和本省、自治区的地方性法规相抵触的前提下，可以依照法律规定制定地方性法规，报本省、自治区人大常委会批准后施行。第 115 条规定，自治区、自治州、自治县的自治机关行使《宪法》第三章第五节规定的地方国家机关的职权。据此，自治区人大及其常委会有权制定地方性法规。自治州人大及其常委会有权制定地方性法规，经省级人大常委会批准后实施。第 116 条规定，自治区的自治条例与单行条例须报全国人大常委会批准后生效。

《立法法》第98条规定了行政法规、地方性法规、自治条例和单行条例、规章应当在公布后的30日内依照下列规定报有关机关备案：行政法规报全国人大常委会备案；省、自治区、直辖市的人大及其常委会制定的地方性法规，报全国人大常委会和国务院备案；设区的市、自治州的人大及其常委会制定的地方性法规，由省、自治区的人大常委会报全国人大常委会和国务院备案；自治州、自治县的人大制定的自治条例和单行条例，由省、自治区、直辖市的人大常委会报全国人大常委会和国务院备案；自治条例、单行条例报送备案时，应当说明对法律、行政法规、地方性法规作出变通的情况；部门规章和地方政府规章报国务院备案；地方政府规章应当同时报本级人大常委会备案；设区的市、自治州的人民政府制定的规章应当同时报省、自治区的人大常委会和人民政府备案；根据授权制定的法规应当报授权决定规定的机关备案；经济特区法规报送备案时，应当说明对法律、行政法规、地方性法规作出变通的情况。

3. 违宪审查的具体内容

全国人大及其常委会先后通过《立法法》与《监督法》，以及全国人大常委会委员长会议制定的《法规、司法解释备案审查工作办法》，对我国广义法范畴内的各级规范性文件的违宪审查作出具体可操作性的程序性规定。

(1) 违宪审查的对象。全国人大只负责审查全国人大常委会通过的法律与决议。全国人大常委会的审查对象为国务院的行政法规、国家监察委员会的监察法规、最高人民法院、最高人民检察院的司法解释，地方人大及其常委会制定的地方性法规，自治区的自治条例与单行条例、自治州和自治县的自治条例和单行条例、经济特区法规（以下统称法规）。

《法规、司法解释备案审查工作办法》规定：对国务院的决定、命令和省、自治区、直辖市人大及其常委会的决议、决定以及最高人民法院、最高人民检察院的司法解释以外的其他规范性文件进行的审查，参照适用本办法有关规定。地方各级人大常委会参照本办法对依法接受本级人大常委会监督的地方政府、监察委员会、人民法院、人民检察院等国家机关制定的有关规范性文件进行备案审查。对香港特别行政区、澳门特别行政区依法报全国人大常委会备案的法律的备案审查，参照适用本办法。

(2) 审查职责和方式。对法规、司法解释可以采取主动审查（依职权审查）、依申请审查、移送审查、专项审查等方式进行审查。

第一，主动审查。包括：专门委员会、法制工作委员会对法规、司法解释依职权主动进行审查;对法规、司法解释及其他有关规范性文件中涉及宪法的问题,宪法和法律委员会、法制工作委员会应当主动进行合宪性审查研究,提出书面审查研究意见,并及时反馈制定机关。

第二,依申请审查。包括:国家机关依照法律规定向全国人大常委会书面提出的对法规、司法解释的审查要求,由常委会办公厅接收、登记,报秘书长批转有关专门委员会会同法制工作委员会进行审查;国家机关、社会团体、企业事业组织以及公民依照法律规定向全国人大常委会书面提出的对法规、司法解释的审查建议,由法制工作委员会接收、登记;法制工作委员会对依照前款规定接收的审查建议,依法进行审查研究。必要时,送有关专门委员会进行审查、提出意见。

经初步研究,审查建议有下列情形之一的,可以不启动审查程序:建议审查的法规或者司法解释的相关规定已经修改或者废止的;此前已就建议审查的法规或者司法解释与制定机关作过沟通,制定机关明确表示同意修改或者废止的;此前对建议审查的法规或者司法解释的同一规定进行过审查,已有审查结论的;建议审查的理由不明确或者明显不成立的;其他不宜启动审查程序的情形。

第三,移送审查。法制工作委员会对有关机关通过备案审查衔接联动机制移送过来的法规、司法解释进行审查。

对不属于全国人大常委会备案审查范围的规范性文件提出的审查建议,法制工作委员会可以按照下列情况移送其他有关机关处理:对党的组织制定的党内法规和规范性文件提出的审查建议,移送中央办公厅法规局;对国务院各部门制定的规章和其他规范性文件提出的审查建议,移送司法部;对地方政府制定的规章和其他规范性文件提出的审查建议,移送制定机关所在地的省级人大常委会,并可同时移送司法部;对军事规章和军事规范性文件提出的审查建议,移送中央军委办公厅法制局;对地方监察委员会制定的规范性文件提出的审查建议,移送制定机关所在地的省级人大常委会,并可同时移送国家监察委员会;对地方人民法院、人民检察院制定的属于审判、检察工作范围的规范性文件提出的审查建议,移送制定机关所在地的省级人大常委会,并可同时移送最高人民法院、最高人民检察院。法制工作委员会在移送上述审查建议时,可以向有关机关提出研究处理的意见建议。

第四,专项审查。法制工作委员会结合贯彻党中央决策部署和落实常委会工作重点,对事关重大改革和政策调整、涉及法律重要修改、关系公众切身利益、引发社会广泛关注等方面的法规、司法解释进行专项审查。在开展依职权审查、依申请审查、移送审查过程中,发现可能存在共性问题的,可以一并对相关法规、司法解释进行专项审查。

(3) 审查启动主体。《立法法》第 99 条规定,国务院、中央军事委员会、最高人民法院、最高人民检察院和各省、自治区、直辖市的人大常委会认为行政法规、地方性法规、自治条例和单行条例同宪法或者法律相抵触的,可以向全国人大常委会书面提出进行审查的要求,由常务委员会工作机构分送有关的专门委员会进行审查、提出意见。

上述以外的其他国家机关和社会团体、企业事业组织以及公民认为行政法规、地方性法规、自治条例和单行条例同宪法或者法律相抵触的,可以向全国人大常委会书面提出进行审查的建议,由常委会工作机构进行研究,必要时,送有关的专门委员会进行审查、提出意见。

另外,新修改后的《立法法》还规定有关的专门委员会和常务委员会工作机构也可以对报送备案的规范性文件进行主动审查。

(4) 审查程序。《立法法》第 100 条规定,全国人大专门委员会、常委会工作机构在审查、研究中认为行政法规、地方性法规、自治条例和单行条例同宪法或者法律相抵触的,可以向制定机关提出书面审查意见、研究意见;也可以由宪法和法律委员会与有关的专门委员会、常务委员会工作机构召开联合审查会议,要求制定机关到会说明情况,再向制定机关提出书面审查意见。制定机关应当在两个月内研究提出是否修改的意见,并向全国人大宪法和法律委员会,及有关的专门委员会或者常务委员会工作机构反馈。

全国人大宪法和法律委员会、有关的专门委员会、常务委员会工作机构根据前款规定,向制定机关提出审查意见、研究意见,制定机关按照所提意见对行政法规、地方性法规、自治条例和单行条例进行修改或者废止的,审查终止。全国人大宪法和法律委员会、有关的专门委员会、常委会工作机构经审查、研究认为行政法规、地方性法规、自治条例和单行条例同宪法或者法律相抵触而制定机关不予修改的,应当向委员长会议提出予以撤销的议案、建议,由委员长会议决定提请常务委员会会议审议决定。

另外,新修改后的《立法法》第 101 条还规定,全国人大有关的专门委员会和常务委员会工作机构应当按照规定要求,将审查、研究情况向提出审查建议的国家机关、社会团体、企业事业组织以及公民反馈,并可以向社会公开。

《法规、司法解释备案审查工作办法》第 27—35 条对程序作了更加详细的规定。

综上,根据现行宪法以及《立法法》《监督法》等内容,我国的违宪审查模式属于代表机关审查模式。在其他违宪审查模式下,违宪审查的最主要对象是法律,即由最高国家权力机关制定的法律。而在国民代表机关审查模式下,违宪审查对象主要不是最高权力机关制定的法律,而是低于法律效力的其他的规范性文件。

无论在理论上还是实践上,最高国家权力机关制定的法律都有存在违宪的可能,根据国民代表机关审查模式,最高国家权力机关制定的法律违反宪法时,只能通过其自我纠正而不是外在监督力量。而且由最高国家权力机关审查自己制定的法律是否违反宪法也不具有可行性。从理论上言,由最高国家权力机关行使违宪审查权具有极大的权威性,但在实践中,实际效果不太理想。这从我国违宪审查的实践中可以得以验证。在我国的国家生活和社会生活中,诸多违宪现象与行为并未纠正,而涉及违宪的规范性文件尚未由全国人民代表大常务委员会依据宪法进行违宪审查的实践。如2003年广州孙志刚案引发对收容遣送制度所涉及的违宪问题的关注,但《城市流浪乞讨人员收容遣送办法》这一行政法规虽然被废止,但并不是通过启动全国人民代表大会常务委员会的违宪审查程序加以撤销,而是由国务院进行自我纠正来完成。要确保宪法的实施,真正体现宪法权威,全面推进依法治国,必须高度重视违宪审查制度,既要完善此制度,更要落实此制度,真正推动违宪审查的实践。党的十九大报告提出:"加强宪法实施和监督,推进合宪性审查工作,维护宪法权威。"如何采取切实有效的措施开展合宪性审查工作,还要认真研究落实。

(5)审查标准。《法规、司法解释备案审查工作办法》规定了更加具体多样的审查标准。

对法规、司法解释进行审查研究,发现法规、司法解释存在违背宪法规定、宪法原则或宪法精神问题的,应当提出意见;发现存在与党中央的重大决策部署不相符或者与国家的重大改革方向不一致问题的,应当提出意见。

发现法规、司法解释违背法律规定,有下列情形之一的,应当提出意见:违反《立法法》第8条,对只能制定法律的事项作出规定;超越权限,违法设定公民、法人和其他组织的权利与义务,或者违法设定国家机关的权力与责任;违法设定行政许可、行政处罚、行政强制,或者对法律设定的行政许可、行政处罚、行政强制违法作出调整和改变;与法律规定明显不一致,或者与法律的立法目的、原则明显相违背,旨在抵消、改变或者规避法律规定;违反授权决定,超出授权范围;对依法不能变通的事项作出变通,或者变通规定违背法律的基本原则;违背法定程序;其他违背法律规定的情形。

发现法规、司法解释存在明显不适当问题,有下列情形之一的,应当提出意见:明显违背社会主义核心价值观和公序良俗;对公民、法人或者其他组织的权利和义务的规定明显不合理,或者为实现立法目的所规定的手段与立法目的明显不匹配;因现实情况发生重大变化而不宜继续施行;变通明显无必要或者不可行,或者不适当地行使制定经济特区法规、自治条例、单行条例的权力;其他明显不适当的情形。

4. 审查之后的其他相关规定

(1) 处理

《法规、司法解释备案审查工作办法》规定的处理主要有以下情形。

第一,专门委员会、法制工作委员会可以与制定机关沟通,或者采取书面形式对制定机关进行询问;需要予以纠正的,在提出书面审查研究意见前,可以与制定机关沟通,要求制定机关及时修改或者废止;经沟通,制定机关同意对法规、司法解释予以修改或者废止,并书面提出明确处理计划和时限的,可以不再向其提出书面审查研究意见,审查中止;经沟通没有结果的,应当依照《立法法》第100条规定,向制定机关提出书面审查研究意见,要求制定机关在两个月内提出书面处理意见。

第二,制定机关收到审查研究意见后逾期未报送书面处理意见的,专门委员会、法制工作委员会可以向制定机关发函督促或者约谈制定机关有关负责人,要求制定机关限期报送处理意见。

第三,制定机关按照书面审查研究意见对法规、司法解释进行修改、废止的,审查终止。

制定机关未按照书面审查研究意见对法规及时予以修改、废止的,专门委员会、法制工作委员会可以依法向委员长会议提出予以撤销的议案、建议,由委员长会议决定提请常委会会议审议。

制定机关未按照书面审查研究意见对司法解释及时予以修改、废止的,专门委员会、法制工作委员会可以依法提出要求最高法院或者最高检察院予以修改、废止的议案、建议,或者提出由全国人大常委会作出法律解释的议案、建议,由委员长会议决定提请常委会会议审议。

第四,经审查研究,认为法规、司法解释不存在规定的审查标准,但存在其他倾向性问题或者可能造成理解歧义、执行不当等问题的,可以函告制定机关予以提醒,或者提出有关意见建议。

第五,专门委员会、法制工作委员会应当及时向制定机关了解有关法规、司法解释修改、废止或者停止施行的情况。法规、司法解释审查研究工作结束后,有关审查研究资料应当及时归档保存。

(2)反馈与公开

第一,国家机关对法规、司法解释提出审查要求的,在审查工作结束后,由常委会办公厅向提出审查要求的机关进行反馈。国家机关、社会团体、企业事业组织以及公民对法规、司法解释提出审查建议的,在审查工作结束后,由法制工作委员会向提出审查建议的公民、组织进行反馈。第二,反馈采取书面形式,必要时也可以采取口头形式。对通过备案审查信息平台提出的审查建议,可以通过备案审查信息平台进行反馈。第三,对不属于全国人大常委会备案审查范围的规范性文件提出的审查建议,法制工作委员会依照规定移送有关机关研究处理的,可以在移送后向提出审查建议的公民、组织告知移送情况;不予移送的,可以告知提出审查建议的公民、组织直接向有权审查的机关提出审查建议。第四,专门委员会、常委会工作机构应当将开展备案审查工作的情况以适当方式向社会公开。

(3)报告工作

第一,法制工作委员会应当每年向全国人大常委会专项报告开展备案审查工作的情况,由常委会议审议。备案审查工作情况报告根据常委会组成人员的审议意见修改后,在全国人大常委会公报和中国人大网刊载。第二,专门委员会、常委会办公厅向法制工作委员会提供备案审查工作有关情况和材料,由法制工作委员会汇总草拟工作报告,经征询专门委员会、常委会办公厅意见后按规定上报。备案审查工作情况报告的内容一般包括:接收备案的情况,开展依职权审查、依申请审查和专项审查的情况,对法规、司法解释纠正处理的情况,开展备案审查制度和能力建设的情况,根据备案审查衔接联动机制开展工作的情况,对地方人大常委会备案审查工作进行业务指导的情况,下一步工作建议、考虑和安排等。